公共消防安全调研文集

消防局政策研究处 主编

中国社会科学出版社

图书在版编目（CIP）数据

公共消防安全调研文集／消防局政策研究处主编 . —北京：
中国社会科学出版社，2018.4

ISBN 978 - 7 - 5203 - 2538 - 7

Ⅰ. ①公… Ⅱ. ①消… Ⅲ. ①消防—安全管理—中国—文集

Ⅳ. ①D631.6 - 53

中国版本图书馆 CIP 数据核字（2018）第 109001 号

出 版 人　赵剑英
责任编辑　黄　山
责任校对　古　龙
责任印制　王　超

出　　　版　中国社会科学出版社
社　　　址　北京鼓楼西大街甲 158 号
邮　　　编　100720
网　　　址　http://www.csspw.cn
发 行 部　010 - 84083685
门 市 部　010 - 84029450
经　　　销　新华书店及其他书店

印　　　刷　北京明恒达印务有限公司
装　　　订　廊坊市广阳区广增装订厂
版　　　次　2018 年 4 月第 1 版
印　　　次　2018 年 4 月第 1 次印刷

开　　　本　710×1000　1/16
印　　　张　37
插　　　页　2
字　　　数　533 千字
定　　　价　68.00 元

《公共消防安全调研文集》
编　委　会

前　言

　　调查研究是我们党一以贯之的优良传统，是谋划工作、科学决策的重要依据。毛泽东同志一直强调："没有调查就没有发言权"。习近平总书记深刻指出："调查研究是谋事之基成事之道"。消防工作一头连着经济社会，一头连着千家万户，是一项理论性、实践性、系统性极强的复杂工程。纵览我国消防事业发展史，消防工作每一次创新发展，都离不开深入细致的调查研究作支撑。

　　近年来，全国消防部队紧盯重点、难点问题，大兴调查研究之风，广大官兵深入基层"解剖麻雀"、蹲下身子研究对策，产生了一大批带着实践泥土、沾着基层地气、凝结智慧汗水的调研文章。2017 年是党的十九大召开之年，也是消防调研工作"丰收之年"，全国消防部队认真学习贯彻党的十九大精神，以习近平新时代中国特色社会主义思想为强大理论武器，瞄准消防工作和队伍建设的重大理论和实践问题，不断加大调查研究的力度、深度和广度，形成了一批立足基层实际、深剖问题根源、富含真知灼见的调研成果，为服务决策和推动工作提供了有力支撑。

　　考虑到消防工作的社会属性，为满足社会消防安全领域专家学者、管理从业人员和热心群众参阅需要，进一步凝聚消防安全理论研究合力，厚植消防工作智力支持，推动新时代公共消防事业创新发展，我们改变往年编印内部资料的形式，从 2017 年全国消防部队推荐的优秀调研成果中，遴选了一批高质量的调研文章结集，由中国社会科学出版社公开出版。

　　需要说明的是，本书所录调研文章发轫于诸位作者在火热的消防工作实践中的悉心观察和切身体会，熔炼自深入的调查研究和熟思审处，具有较强的理论和实践价值，但其中也不乏争议、商榷之处，敬请广大读者批评斧正。

编　者

2018 年 4 月

目　　录

综　合

火灾防控

监督执法

灭火救援

智慧消防

消防装备

综　合

模范践行"四句话、十六字"总要求 奋力推动首都消防"走前列、创一流"

夏夕岚[*]

习近平总书记在会见全国公安系统英雄模范立功集体表彰大会代表时的重要讲话，内涵丰富、思想深邃，特别是对全国公安机关提出的"对党忠诚、服务人民、执法公正、纪律严明""四句话、十六字"总要求，深刻揭示了公安机关的基本属性和公安队伍的职业特点，精辟阐述了公安工作和公安队伍建设带有根本性、原则性、方向性的重大问题，科学指明了新形势下建警治警的指导思想、基本原则和目标方向，是新形势下加强公安工作和公安队伍建设的总纲领、建警治警的总方略、立警从警的座右铭。首都消防部队一定要坚决牢记总书记的谆谆教诲和殷殷嘱托，模范践行"四句话、十六字"总要求，强化首都意识，树牢首善标准，坚持"四个第一"理念，奋力推动首都消防"走前列、创一流"，以"两个稳定"的新业绩、党和人民满意的新形象迎接党的十九大胜利召开。

---

* 夏夕岚，男，1962年1月出生，籍贯江苏泰县，北京市公安消防总队党委书记、政治委员，副军职，武警少将警衔。

一 模范践行"四句话、十六字"总要求，最核心的 是切实铸牢对党忠诚的政治灵魂，让听党指挥的 信念磐石更加坚实

对党忠诚，是人民公安的血脉基因和精神密码，是党对公安队伍第一位的政治要求。首都消防部队地位作用特殊、使命任务特殊、所处环境特殊，必须坚定不移地把政治建警摆在首位，确保在旗帜鲜明讲政治上最清醒、最坚决、最有力。

（一）要在看齐追随中厚植忠诚本色

坚持不懈地用习近平总书记系列重要讲话精神举旗引路，自觉将习近平总书记两次视察北京的重要讲话和"5·19""7·26""7·30""8·1"重要讲话作为"案头卷""工具书"和"座右铭"，引导官兵牢固树立"四个意识"，切实提高政治站位，始终在思想上、政治上、行动上同以习近平同志为核心的党中央保持高度一致，全力推进首都消防工作和队伍建设在京华大地落地生根，形成生动实践。

（二）要在激浊扬清中提纯忠诚品质

紧密结合意识形态领域的尖锐斗争和安保维稳的严峻复杂形势，教育引导官兵不断提高"天下未乱京先乱""首都无小事、事事连政治"的政治敏锐性和政治鉴别力，彻底肃清周永康、郭伯雄、徐才厚等人的流毒和影响，坚定自觉地在重大问题上站稳立场、在是非问题上坚持原则、在根本问题上坚决遵循，做到党中央提倡的坚决响应、党中央决定的坚决执行、党中央禁止的坚决不做。

（三）要在铸魂育人中赓续忠诚血脉

深入推进"维护核心、听从指挥"主题教育、"两学一做"学习教育常态化制度化和"迎接十九大、忠诚保平安"主题教育实践活动，不断补足精神之钙、把稳思想之舵、筑牢信仰之基，教育引导官兵随时随地以"忠诚"自省，一言一行以"忠诚"自律，在血与火的斗争实践中锤

炼党性、在繁重艰巨的安保工作中体现忠诚，坚决做到高举旗帜、听党指挥、忠诚使命，坚决为党中央站好岗、放好哨。

二　模范践行"四句话、十六字"总要求，最重要的是时刻牢记服务人民的根本宗旨，让人民消防为人民的精神底色更加厚重

服务人民，保障人民安居乐业，是公安消防部队的职责所在、使命所系。做好首都消防工作，必须着眼建设国际一流和谐宜居之都和人民幸福、社会和谐的首善之区，践行以人民为中心的发展思想，筑牢维护首都消防安全稳定、保障人民安居乐业的"铜墙铁壁"，让人民群众感到更安全、更满意、更有获得感。

（一）要深怀爱民之心，着力提升人民群众安全感

推动落实党委政府第一责任、行业部门监管责任、企业单位主体责任、乡镇街道直接责任，不断创新完善首都立体化、信息化火灾防控体系，提高政治中心区等重点地区火灾防控标准，打好高压除患组合拳、持久战，确保消防安全形势稳定。紧盯"一高一低一大一化工"等重点要害部位，多措并举开展大练兵、大比武活动，深入推进消防救援与反恐防恐"一体化规划、一体化建设、一体化运用"，全面提升灭火救援和反恐处突能力水平。

（二）要多办惠民之事，积极回应人民群众新期待

紧紧抓住公安改革的有利契机，推进简化消防审批手续等"放管服"改革，完善网上"一窗式受理、一站式服务"，促进"互联网＋"与消防管理服务深度融合，建立健全运行高效、覆盖全面的"两微一端"平台，推出更多接地气、惠民生、促发展的政策和措施；深化消防宣传"七进"活动，不断增强公众消防安全意识和自防自救能力，充分调动群众参与消防工作的积极性、创造性，努力为消防工作赢得最可靠、最牢固的群

众基础和力量源泉。

（三）要恪尽安民之责，奋力推动首都消防事业大发展

牢牢把握北京"四个中心"城市战略定位和京津冀协同发展、建设国际一流和谐宜居之都目标，自觉把消防工作置于首都经济社会发展大局和维护首都安全稳定全局中考量、谋划和推动；以北京建设具有全球影响力的科技创新中心为牵动，深化消防物联网、大数据、云计算建设和应用；因地制宜推进市、区两级"十三五"消防规划落地，以"钉钉子精神"抓好消防队站、"两大基地"、装备、水源、力量体系和人防物防技防建设，推动首都消防事业实现科学发展、均衡发展、可持续发展。

三　模范践行"四句话、十六字"总要求，最关键的是始终坚守执法公正的价值取向，让公平正义的浩然正气更加彰显

执法公正，是社会公平正义的基本取向，是依法治国的具体体现。首都消防部队必须把维护公平正义作为"生命线"，不断提升消防执法水平和执法公信力，使每一个细节、每一道程序都经得起法律的检验。

（一）要坚定法治信仰，矢志不渝做公平正义的捍卫者

常态化开展遵纪守法教育和触动思想、触及灵魂的警示教育，深化落实规范执法大培训，教育引导官兵明辨"是与非、对与错、法与非法"的基本界限，自觉尊法学法守法用法，严格依照法定权限、时限和程序履行职责、行使权力，努力营造"遵纪守法从我做起、安全稳定人人有责、良好形象大家维护"的浓厚氛围。

（二）要增强法治思维，矢志不渝做公平正义的践行者

紧紧围绕法治中国首善之区和法治公安建设目标，持续推动消防执法规范化建设提档升级，全面规范消防执法信息网上录入、执法流程网

上管理、执法活动网上监督和执法质量网上考核；注重方式方法，突出人文关怀，既要保持严格公正执法的"力度"，也要体现宽严相济、文明执法的"温度"，让人民群众在每一项消防执法活动中都能感受到公平正义。

（三）要严密制度机制，矢志不渝做公平正义的守护者

建立健全消防执法全过程记录制度，充分借助视频监控、移动执法终端、执法记录仪等信息化手段，加强对消防执法活动的全程、实时监督；不断深化消防执法公开，依托政府政务网站和业务受理窗口向社会公示各类执法信息，主动接受社会和舆论监督，以群众看得见的方式体现公平正义，以诚实、信用取信于民、服务于民。

四　模范践行"四句话、十六字"总要求，最根本的是着力锻造纪律严明的过硬队伍，让风清气正、干事创业的良好生态更加纯正

纪律严明是全面从严治党、从严治警的必然要求，是公安队伍保持凝聚力、战斗力的根本保障。首都消防部队必须在纪律作风上树立更高标准、落实更严要求。

（一）要坚持抓好"关键少数"与引领"绝大多数"相结合

坚持党管干部原则和军队"好干部"标准，突出政治标准、事业为上，公平公正地把好干部选出来、用起来，努力锻造一支与首都地位匹配、忠诚干净担当的高素质干部队伍；牢固树立抓好党建是最大政绩的理念，坚持以党章为根本遵循，主动对照《准则》《条例》，认真落实"三会一课"、民主（组织）生活会、党员领导干部过双重组织生活、民主评议党员等基本制度，坚定不移地把全面从严治党引向深入。

（二）要坚持严明纪律与改进作风相结合

严格遵守中央"八项规定"，严格落实条令条例和各项禁令警规，扎实开展安全工作大检查和"严法纪、守底线、保安全"主题活动，深入细致抓好"两个经常性"工作，全面提升队伍正规化水平；始终把"两个稳定"作为检验各级领导班子和领导干部担当履职的硬性标准，教育引导督促各级领导干部以"五个一定要、五个带头"为标尺，模范践行"五个亲力亲为"①，自觉做到接受任务不讲条件、执行任务不找借口、完成任务不打折扣，以好的作风凝聚警心。

（三）要坚持严管与厚爱相结合

坚定不移地推进党风廉政建设和反腐败斗争，压实"两个责任"和"一岗三责"，用好监督执纪"四种形态"，切实做到正风肃纪不停步，反腐惩恶不手软，努力实现"一个不能少、一个不能掉队"的目标。坚持严到极端、爱到极致，扎实抓好以官兵保障性住房和"就医、就业、就学"为重点的爱警实事落实，建好用好队史馆、红门影院等警营文化阵地，全面推进老旧消防中队改造，着力打造政治上有关心、人文上有关怀、健康上有关爱、生活上有关照的"温暖警营"。

五　模范践行"四句话、十六字"总要求，最紧要的是牢牢把握"四个不发生"总体目标，坚决打赢党的十九大消防安保攻坚战

做好党的十九大消防安保工作，是当前摆在首都公安机关面前的首要政治任务。首都消防部队必须以首善标准、"万无一失、一失万无"标准和"细致、精致、极致"标准抓落实，全力为党的十九大胜利召开营

---

① "五个亲力亲为"：对事关火灾形势稳定、加强火灾防控的重点事项必须亲力亲为；对事关部队安全稳定、预防事故案件的工作必须亲力亲为；对较大灭火救援行动、重大消防安保任务必须亲力亲为；对可能影响内部安全稳定、和谐警民关系以及部队形象的问题处理必须亲力亲为；对上级党委的决策部署和领导交办工作的推进落实必须亲力亲为。

造优良的消防安全环境。

（一）要把深入的政治动员和思想发动贯穿始终

以"学讲话、见行动，迎接十九大、忠诚保平安"系列活动为载体，做深做细做实战时思想政治工作，让官兵心无旁骛、饱含激情地投身安保实战；从严抓好执勤人员政审、背审、延审和"五个一"即审工作，确保所有执勤官兵干干净净，绝对忠诚纯洁可靠；充分发挥党组织战斗堡垒作用和党员先锋模范作用，健全安保一线临时党团组织，广泛开展岗位建功、创先争优活动，确保"忠诚至上、国家至上、安全至上"融入灵魂、融入血脉，内化于心、外践于行。

（二）要把严密的岗位责任和安保措施贯穿始终

优化重大活动消防安保"北京模式"，实名制组建安保运行团队，细化完善消防安保方案预案体系和"时间表""路线图""责任清单"，确保各项工作有条不紊推进、不折不扣落实；立足"防患于未然"，借力"疏解整治促提升"专项行动、夏季消防检查和"忠诚·2017平安行动"，打好攻坚除患主动仗，特别对会场、住地、行车路线及周边不放心的部位进行反复摸排、死看死守，坚决确保"点"上万无一失、"线"上绝对安全、"面"上平稳可控。

（三）要把严格的队伍管控和纪律要求贯穿始终

紧紧围绕实现"三不一少"目标，有针对性地抓好形势政策教育、纪律作风教育和队伍素质形象教育，以安全工作大检查和"严法纪、守底线、保安全"主题活动为抓手，全面落实战时队伍严管严控十项刚性措施，全面启动战时驻队督察工作机制，最大限度下沉机关警力，分片区、不间断地开展日夜督察，切实做到教育管理监督涵盖全员额、覆盖全时段、渗透全细节、贯穿全过程，确保整个队伍在高强度、高负荷的安保工作中始终保持集中统一和安全稳定。

参考文献

[1] 孟建柱：《在全国公安系统英雄模范立功集体表彰大会上的讲话》，2017 年 5 月 19 日。

[2] 郭声琨：《切实做到对党忠诚服务人民执法公正纪律严明》，《人民公安报》2017 年 6 月 2 日。

[3] 王小洪：《不断提升维护首都安全稳定工作水平》，《学习时报》2017 年 10 月 2 日。

以习近平总书记"四句话、十六字"总要求为引领　锻造能打仗打胜仗的辽宁消防铁军

李建春[*]

习近平总书记在会见全国公安系统英雄模范立功集体表彰大会代表时强调，全国公安机关和公安队伍要坚持党对公安工作的领导，牢固树立"四个意识"，坚持人民公安为人民，全面加强正规化、专业化、职业化建设，做到对党忠诚、服务人民、执法公正、纪律严明。习总书记从政治全局的战略高度，以睿智的眼光和宽广的视野审视国家安全和社会环境的发展变化，明确提出了对党忠诚、服务人民、执法公正、纪律严明这"四句话、十六字"总要求，寄托着党和人民的期望和重托，为在新的起点上加强公安工作和公安队伍建设提供了根本方针、明确了指导思想。我们必须将学习贯彻习总书记"四句话、十六字"总要求，作为当前首要政治任务，深刻领会核心要义、准确把握核心要求，凝心聚力锻造"能打仗、打胜仗"的辽宁消防铁军，以党和人民满意的新形象、维护安全稳定的新业绩、助力老工业基地发展的新作为迎接党的十九大胜利召开。

---

* 李建春，男，1966年3月出生，籍贯北京怀柔，辽宁省公安消防总队总队长。

一　筑牢"对党忠诚"的政治灵魂，必须始终坚持铁心向党的坚定信念

天下至德，莫大于忠。消防部队作为一支党绝对领导下的纪律部队，必须坚定不移地作中国特色社会主义的建设者、捍卫者，永远做党和人民的忠诚卫士。

（一）忠诚于党的核心，维护中央权威

中国共产党的领导是中国特色社会主义最本质的特征，也是中国特色社会主义制度的最大优势。党的十八届六中全会确立习近平同志为党中央的核心、全党的核心，这是我们党的郑重选择、人民的郑重选择。坚持党的领导，就必须坚持党中央集中统一领导，维护党中央权威，维护党中央的核心和全党的核心，自觉贯彻和维护军委主席负责制，坚决听从党中央、中央军委和习主席的号令指挥。消防官兵对党绝对忠诚，必须在维护党中央权威、维护习近平同志核心地位上始终保持清醒头脑，不断增强政治意识、大局意识、核心意识、看齐意识，做到党中央号召的坚决响应、党中央要求的坚决照办、党中央禁止的坚决不干、党中央部署的坚决落实。

（二）忠诚于党的纲领，坚定理想信念

忠诚于党的纲领，坚定理想信念，关键是要坚持马克思主义这一我们立党立国的根本指导思想，自觉运用中国特色社会主义理论体系武装头脑，不断增强"四个自信"，在各种复杂形势、困惑诱惑面前保持定力，练就"金刚不坏之身"，始终做到信仰不变、立场不移、方向不偏。要始终坚持把学习习近平总书记系列重要讲话精神作为武装思想的最直接手段，深入开展"维护核心、听从指挥"主题教育，推进"两学一做"学习教育常态化、制度化，始终牢记自己的第一身份是共产党员、第一职责是为党工作，打牢公安消防部队高举旗帜、听党指挥、忠诚使命的

思想根基，在任何情况下都必须做到对党的理想高度认同、对党的信仰忠贞不渝、对党的要求坚决恪守。

（三）忠诚于党的事业，弘扬英模精神

广大公安英模在平凡岗位辛勤耕耘、无私奉献，在重大任务面前不畏艰辛、连续奋战，在关键时刻挺身而出、冲锋在前，之所以能够在长期的斗争中不惧艰险、赤胆忠心、永不变节，靠的就是对党和人民的忠诚信仰。我们必须广泛开展向英模学习活动，大力宣传表彰集体个人的英雄壮举和感人事迹，深入开展公安消防部队职能使命和光荣传统教育，不断增强广大官兵的奉献精神和战斗精神。要积极整合教育资源，利用网络、手机等新型舆论阵地，通过组织座谈交流、举办事迹报告会等方式，拓宽学习渠道，丰富学习内容，努力推动营造浓厚的学习讨论氛围，进一步激发广大官兵献身使命、积极工作的热情，形成以先进典型引领方向、感召部队、推动发展的良好格局。

二　践行"服务人民"的根本宗旨，必须始终坚持铁肩担当的为民情怀

民之所望，改革所向。必须始终坚持人民公安为人民，以人民期盼为念，为人民利益而战，准确把握新形势下人民群众需求的新变化，不断增强人民群众的获得感和满意度。

（一）把人民放在心中，做到我保人民平安

党中央决定实施东北老工业基地新一轮振兴战略以来，习近平总书记多次作出重要指示，强调东北老工业基地已经到了滚石上山、爬坡过坎的关键阶段，并提出了"四个着力"的总要求。消防部队必须站在全省发展大局的高度，想方设法推动振兴、服务振兴、保障振兴，积极借助"平安辽宁"和社会治安防控体系建设的东风，坚持以打促稳、以打促安，探索研发"四位一体""五员防控"系统和推行"双随机"

交叉互检，集中约谈消防安全重点单位法人和管理人，从严落实消防安全常态化火灾隐患排查整治机制，把分散型、运动式专项行动转化为集约型、常态化新型打击整治模式，努力把全省火灾形势稳定住、巩固好。

（二）把人民放在心中，做到我为人民服务

消防部队作为一支有着优良传统和领先优势的救援专业力量，必须按照"正规化、专业化、职业化"的要求，牢固树立战斗力这个唯一的根本标准，着眼遂行任务特点和和灭火救援实战需要，坚持从"短板"补起，走精兵、精训、精装之路，积极改进和创新训练内容、训练方法、训练手段，真正构建一整套适合新形势下消防任务特点的训练新模式，不断增强能力素质，稳步提升部队攻坚打赢能力。我们针对辽宁各地灾害特点，充分发挥装备建设优势，大力加强特勤队伍和石化、高层、综合体等灭火救援专业队伍建设，结合实战创新战术操法，最大限度地将装备优势转化为战斗力优势，全力做好消防安全"守护神"。

（三）把人民放在心中，做到我让人民满意

"人民对美好生活的向往，就是我们的奋斗目标。"让群众感到身边的消防安全更放心，办理消防事务更满意是公安消防工作的出发点和落脚点。总队不断深化简政放权，简化审批程序，对重点工程开辟绿色服务通道，加强"一对一"服务，服务企业、服务经济、服务民生，让企业安心生产、放心经营。深入开展"迎接十九大、忠诚保平安、担当促振兴"主题实践活动，出台了《辽宁省公安消防部队优化营商环境三十条便民利企举措》，全力营造利企便民的软环境。总队还聘请410名优化营商环境特约监督员，召开座谈会95次，走访人大、政协、纪委、司法和社会单位1825家次，收集问题线索461余条，发放《消防监督执法回执单》4687份，广泛征求群众意见建议。

三　坚守"执法公正"的价值取向，必须始终坚持铁面无私的职业操守

平出于公，公出于道。我们必须以严格规范公正文明执法为总要求，不断提升执法素质、健全执法制度、规范执法行为、强化执法监督，使执法行为更加规范。

（一）完善制度体系促进执法公正

当前由于经济社会发展带来的新变化、提出的新要求，促使我们必须按照消防立法和消防标准修订工作要求，从容易发生问题的薄弱环节入手，及时将行之有效的经验做法上升为法律法规，将重特大火灾暴露出的事故教训上升为制度设计，将影响消防工作科学发展的体制性、机制性和保障性问题纳入制度建设的视野，着力健全和完善相关法律法规制度。总队先后推动出台《辽宁省各级人民政府及其有关部门消防工作职责规定》和《火灾防控体系建设的意见》，修订完善《辽宁省公共消防设施管理办法》，制定《具有一定规模的公众聚集场所和个体工商户的界定标准》，配合部消防局开展《消防法》修订工作，组织开展《消防安全责任制实施办法（稿)》征求意见座谈会，不断强化执法指引，规范执法行为，堵塞执法漏洞。

（二）加强信息公开促进执法公正

总队全面推进执法公开互联网平台建设，研发行政处罚职能裁量系统，逐步实现执法信息网上录入、执法程序网上流转、执法活动网上监督、执法量处网上裁定，切实加强对执法活动的即时性、过程性、系统性管理。经过广泛调研论证，反复调试，完成了全省消防行政执法公开系统研发工作，并搭建了执法公开互联网平台，现已公开审核验收类348项，安检类168项，监督检查类9114项，行政处罚类363项，火灾调查类87项，让执法在阳光下接受监督。

总队还将继续加强网上行政服务工作，努力让数据多跑腿、让群众少跑腿，使群众打开电脑就能查询有关事项、足不出户就能享受公共服务。

（二）强化监督制约促进执法公正

总队全面推行消防监督执法终身责任制，明确执法过程必须使用执法记录仪、执法项目必须网上流转、纪检部门参与重大执法行为的硬性措施。按照依法、科学、有效、统一的原则，建立健全执法评议考核指标体系，定期组织开展执法质量专项考评，随机抽取行政许可、行政处罚、行政强制、火灾事故调查等各类案卷，并将考评成绩在网上进行了公示，考评结果将纳入年度执法质量考评分数范围，切实解决"没有指标不干活，有了指标乱干活"的问题，引导执法人员自觉履行法定职责、严格规范执法行为。

四　锻造"纪律严明"的过硬队伍，必须始终坚持铁纪如山的规矩底线

令严方可肃军威，命重始足整纲纪。消防部队性质特殊、任务特殊，必须紧绷打仗这根弦，扭住安全这根筋，毫不动摇地坚持从严治警，以铁的纪律带出一支铁的公安消防队伍。

（一）靠规矩底线严上带下

"将欲治人，必先治己。"各级领导机关既是立规者，又是执行者，部队最怕的就是破规矩的往往是那些立规矩的。作为党员领导干部必须认真学习贯彻落实《准则》《条例》，按照"三严三实"标准，坚持以身作则，打掉"特权思想"，在规矩面前当好普通一兵。在工作和生活实践中做到"公"字当头、勤俭节约、注意小节，自觉接受法律和官兵的监督，始终做到领导给干部作表率、干部给战士作表率，切切实实地用自己的所作所为，凝聚人心，树立榜样。总队党委结合部队实际，

制定了《辽宁省公安消防总队党委常委纪律规定》等制度措施，充分发挥总队党委常委示范引领作用，努力提升总队党委工作效率和服务水平，真正把纪律规矩挺在前面，进一步严肃党内政治生活，把从严治党落到实处。

（二）让规矩底线带电生威

规矩的生命力在于执行，执行的生命力在于坚决。无数事故案件的教训警示我们，出问题、惹麻烦往往都是从破坏规矩开始的。无论是管理教育、还是作战训练，规矩不带电比没有规矩危害更大。只有规矩"带电"，才能让铁规生威。执行规矩必须不讲条件、没有例外，对违反规矩踩"红线"、闯"雷区"零容忍，不以权势大而破规，不以问题小而姑息，不以违者众而放任。各级公安消防部队必须牢牢扎紧规矩的口子不松手，扣好第一粒扣子，把条令条例和各项禁令警规作为依法治警、从严治警的法律准绳，成为政治建军、改革强军、依法治军的重要保证，坚持以整风精神革弊鼎新、兴利除弊，着力解决队伍管理和执勤执法工作中存在的突出问题，切实让铁规发力、禁令生威，使规矩的利剑高悬，形成震慑。

（三）以规矩底线锻铸警心

治本重在治心。讲规矩、守规矩的最高境界，就是让规矩内化于心、外化于行。锻造铁一般的过硬队伍，必须让守规矩转化为一种文化基因、价值导向和良好风尚，使规矩意识、规矩精神、规矩理念、规矩文化渗入骨髓、融入血脉，让实干的人实惠，让有为的人有位，吃苦的人吃香，提升带队伍的"正能量"和"加速度"。总队党委定期组织研判队伍内部形势，研究制定应对措施，从严纠治突出问题，教育引导广大官兵不断强化责任意识、廉洁意识、担当意识，弘扬正气，凝聚警力，不断营造风清气正的良好警风。同时，注重从严治警与从优待警有机结合，用解决实际问题的具体行动积极回应基层部队和官兵的新期盼和新需求，以为基层官兵做好事、办实事、解难事为落脚点，连续 5 年出台《为基层官兵办十件实事》，着力改善执勤条件，竭力体现人文关怀，倾力解决实际困难，提升队伍凝聚力、向心力、战斗力。

在全省消防部队推行"四长"
包保责任制的思考与探索

王　勇[*]

支队长、参谋长、防火监督处处长和大队长（以下简称"四长"）是消防部队的中坚力量，既是防火、灭火工作的组织领导者，也是具体实施者。包保责任制是目标责任制的一种灵活运用，从字面上来看，"包"即分片包干、分块包干、分地区包干；"保"即确保落实、保证落实。推行"四长"包保责任制，明确包保消防安全重点单位的任务和要求，最大限度发挥"四长"作用、最强力度落实包保责任，对于提升社会单位消防安全管理水平进而带动全省防、灭火整体水平提升具有十分重要的意义。

一　推行"四长"包保责任制的初衷

决定在全省消防部队推行"四长"包保责任制主要基于三点考虑：

（一）破解社会单位消防难题的需要

据公安部消防局统计数据显示，90%以上的重特大火灾事故都发生在社会单位。抓好社会单位的消防安全就牵住了火灾防控工作的"牛鼻

---

* 王勇，男，1963年6月出生，籍贯吉林长春，山西省公安消防总队总队长。

子"。因此，如何"瞄准靶心""精准施策"，着力解决社会单位尤其是消防安全重点单位消防安全问题显得尤为重要。推行"四长"包保责任制，从领导层面落实监督检查、熟悉演练、指导帮扶措施，可以更有效地推动消防安全重点单位落实责任、整改隐患、提高火灾防范能力，是解决社会单位消防难题的一项创新举措。

（二）"四长"沉到基层抓落实的需要

"四长"作为领导干部不应"开着车子转""隔着窗户看""围着桌子听"，而应该深入一线、沉到一线，扑下身子、哈下腰去，一步一个脚印把工作抓在基层、干在基层，真正参与到一线的监督执法和灭火救援行动中，与一线防火、灭火官兵责任捆绑。通过包保单位，"四长"可以熟悉了解掌握一线情况，检查党委的安排部署在基层落实没落实、工作干到什么程度，进而为作决策、抓工作提供第一手资料和依据，对于"四长"摆脱官僚主义、打消靠经验吃老本的"痼疾"具有积极的意义。

（三）提升防灭火一线官兵素质的需要

一线监督员、指挥员自身素质的高低直接决定着防火、灭火工作开展的好坏。提升一线官兵素质的途径有很多种，但是最直接也最有效的途径离不开"传、帮、带"的传统做法。"四长"经历多元、经验丰富、方法众多，通过言传身教可以教会一线官兵工作的方式方法、可以纠正工作中错误的做法，可以在短时间内帮助提高官兵的素质和能力。

正是基于这样的考虑，总队决定在全省消防部队推行"四长"包保责任制，通过给"四长"下任务、压担子，利用3—5年的时间对全省的消防安全重点单位全部检查熟悉一遍，进而达到压实消防安全责任、弥补工作短板、提升消防管理水平的目的。

二　坚持问题导向，正视面对的矛盾和存在的问题

推行"四长"包保责任制绕不开体制的因素，也离不开人的因素，

需要正视存在的突出矛盾和问题。

（一）受限现役体制，警力配备与任务需求"不对等"

以山西消防总队为例，全省支（大）队仅有监督执法干部780余名，其中大队监督员540余名，平均每个大队不足4名干部，难以满足日益繁重的监督检查、宣传教育等任务，特别是对诸如"一高、一低、一大、一化、一文物①"等重点场所监管方面做得还不够，甚至有的监督检查引不起单位法定代表人的重视，指出的问题得不到有效解决等。全省119个县（市、区）中就有49个县、区没有现役消防中队，而且现有的现役消防中队人数普遍较少，除承担繁重的灭火救援任务以及日常训练、学习、工作外，对近1.2万家消防安全重点单位的熟悉演练就显得较为吃力。

（二）囿于事务缠身，"四长"难以抽身沉到基层一线

消防部队由于体制的特殊性，不仅要接受上级机关的领导，还要接受地方党委、政府和公安机关的领导。"四长"由于需要经常参加各类会议、活动以及迎接各种考核、检查等，无法抽出大量时间检查指导社会单位消防工作，常常是"走马观花""浅尝辄止"，而且由于沉不到一线，看不到深层次的问题，缺乏应有的思考，不利于工作开展。

（三）多种因素交织，人员素质与形势发展不相适应

从监督执法方面看，一是多数监督员是"半路出家"，缺乏系统的学习和培训，执法队伍素质参差不齐；二是由于监督执法干部面临定期交流、更换的实际情况，导致人员流动性大、很不稳定；三是由于监督执法容易受到行政干预、地方保护主义等影响，消防部门碍于地方政策、碍于人情，致使消防监督执法难免失之于软，失之于宽。从灭火救援方面看，一是近年来随着部队"土生土长"干部比例减少，充实一线灭火救援力量"生手"多，干工作缺乏得心应手的"招数"；二是随着任务的增加以及考核、评比、会议、活动等多方面因素交织，导致部分中队干

---

① 一高、一低、一大、一化、一文物：高层建筑、地下建筑、大型综合体、石油化工企业、文物建筑。

部精力难以集中，抓熟悉演练工作相对较弱、质量不高；三是当前受部队体制改革影响，部分基层官兵思想波动明显，"离心力"大于"向心力"。

三 具体构想

"四长"包保责任制要求"四长"以普通防火监督员和灭火救援指挥员的身份，常态化对辖区一定数量的消防安全重点单位进行监督检查和灭火战斗熟悉，以点带面推动整个社会面火灾防控工作。

（一）量化任务，明确"干什么"

重点围绕"一高、一低、一大、一化、一文物"，按照"建筑规模较大、行业代表性强、社会影响突出、安保等级较高"的原则，每年在支队、大队列管的消防安全重点单位中指定一定数量的单位、场所开展监督检查及熟悉演练。其中，支队长、大队长每半年分别需要对总队指定的5个、10个辖区消防安全重点单位按照监督员和指挥员的标准开展监督检查和灭火熟悉演练；防火监督处处长对10个消防安全重点单位开展监督检查；总队从各支队长、防火监督处处长、大队长选定的单位中确定10家单位由各支队参谋长组织熟悉演练。

（二）细化职责，明白"怎么干"

在监督检查方面，各支队长、防火监督处处长、大队长每年对包保的单位至少进行一次消防监督检查，指导开展重点单位安全评估，并约谈一次单位消防安全责任人。对检查发现的消防安全隐患，及时督促单位整改；对符合重大火灾隐患立案标准的一律立案挂牌，并跟进整改进度；对辖区消防监督员在工作中存在的问题予以纠正。在熟悉演练方面，各支队长、参谋长、大队长每年对包保的消防安全重点单位至少进行一次熟悉，重点熟悉包保单位基本情况、类型灾害事故处置对策、主要装备、社会联动单位和专家组的基本情况；同时，对辖区灭火救援指挥员工作中存在的问题予以纠正。

（三）实化措施，确保"干出成效"

一是研发上线"四长"包保系统。设置包保单位情况、类型灾害事故处置对策、扑救此类灾害事故主要装备、社会联动单位及专家组基本情况等内容，并逐一进行细化。二是开设"四长"包保责任制专栏。定期公布并更新各支队"四长"人员名单及包保重点单位名单、单位基本信息和监督检查信息。同时，及时反映各地动态和做法。三是核定工作任务。落实填表制度，认真填写《"四长"包保工作台账》，列出问题清单，整改清查，量化工作落实成果，确保包保一家，检查一家，放心一家。

四　推行"四长"包保责任制取得的成效
及下一步需要努力的方面

推行"四长"包保责任制度是山西消防总队结合工作实际进行的一次探索，无经验做法可以借鉴。从 2016 年实行以来，已取得明显成效，通过对部分支队进行实地调研、问卷调查，普遍反映较好。一是倒逼消防执法进一步规范。各支队建立了更加科学的消防执法评价体系，完善了执法过错追究机制，厘清了权力清单和责任清单，网上执法意识进一步增强，交叉执法专项评查蔚然成风。二是隐患整改能力进一步加强。"四长"跟班跟点跟踪督导，对包保单位的火灾隐患问效力度加大，各方途径压缩火灾隐患的生存空间，取得明显效果。三是单位主体责任进一步落实。推行"四长"包保责任制提高了与社会单位法定代表人的见面率，社会单位对消防工作的重视程度大大提高，消防安全管理水平不断提升。社会单位发现隐患率提升 18%、整改隐患率提升 21%、单位员工掌握消防常识率提高 35%。四是一线官兵素质得到提升。监督员在发现和督改隐患能力、执法规范化水平等方面都有了明显改善。基层指挥员在重点单位掌握程度、灾害事故处置等方面的能力也得到了相应提升。

但是也暴露出一些不足：一是个别"四长"认识不到位，没有站在提升整体一线火灾防控水平的高度来对待；二是部分"四长"虽然能够按照要求落实包保单位的检查、熟悉演练工作，数量可以保证，但是质量有待提高；三是"四长"对基层监督员、指挥员的帮助指导不够。针对这些问题和不足，下一步重点需要从以下几方面努力：

（一）"四长"要打消"编外干部"的思想

"四长"要把对重点单位的包保工作当作"自己的事"来办，不能当成一种负担，要打消"看一看，走一圈""拍几张照，发个信息"等消极思想，真正把自己看成一名普通的监督员、指挥员，变"蜻蜓点水"为"全程落实"，沉下心来认真开展监督检查、熟悉演练，认真记录包保工作的点点滴滴，认真思考存在的不足和短板。同时，"四长"应该把做好包保工作放在心上，按照下达的包保单位任务，科学合理安排时间，做好前期准备工作，切实做到包保一个单位就有一个单位的效果。

（二）切实发挥"输血＋造血"的作用

"四长"包保的过程实际上也是与基层责任捆绑、手把手帮肩并肩工作的过程。一方面，要发挥"输血"的作用，通过"四长"的示范、指导，把工作的经验、方法、心得等传授给一线防、灭火官兵。另一方面，一线官兵要通过观摩、学习"四长"包保工作，看到自身工作中的不足，掌握工作的方式方法，有效应对"本领恐慌"，提高业务水平，逐步实现"造血"的功能。

（三）落实"自评＋实地考评"的机制

为确保工作高效推进，总队要求各支队定期组织自查互查，查找工作漏洞以及存在的问题，拿出整改的措施和办法。同时，总队将"四长"包保责任制的落实情况纳入年终验收的重要内容，组织司令部、防火监督部开展实地考评，随机抽取一定比例"四长"人员及其包保单位，核查执法记录仪视频内容，检查包保责任制落实情况。对工作突出、成绩优秀的通报表扬，对工作不认真、成绩较差的组织对责任人进行诫勉谈话，督促各项工作落到实处。

参考文献

［1］李伟：《在今冬明春火灾防控工作动员部署电视电话会议上的讲话》，2017 年 11 月 2 日。

［2］于建华：《在 2017 年消防工作会议上的讲话》，2017 年 1 月 21 日。

学深悟透做实党的十九大精神
奋力开创新时代上海消防事业新局面

党的十九大吹响了决胜全面建成小康社会、夺取新时代中国特色社会主义伟大胜利的时代号角。上海消防部队要把学习贯彻党的十九大精神作为当前最首要的政治任务，紧密结合新时代城市消防管理和队伍建设的特点规律，紧扣问题、需求、效果三个导向，加快构建符合时代特征、契合市情社情的社会消防治理体系，全力服务保障超大型城市的运行安全和消防安全，努力争当全国消防部队改革发展的排头兵和先行者，积极适应时代发展的客观需要，切实肩负起时代赋予的崭新使命。

一 始终坚持问题导向,充分认清当前消防工作 和队伍建设面临的风险挑战

目前，上海正处于加快建设"四个中心"和社会主义现代化国际大都市，向具有全球影响力的科创中心进军，努力建设具有全球资源配置能力和国际竞争力的卓越的全球城市的关键阶段。随着城市创新发展、经济转型升级的不断加快，既要看到这为消防工作改革创新、破解难题

---

* 张兴辉，男，1964年2月出生，籍贯湖北襄阳，上海市公安消防总队总队长。

提供了新的契机和动力，同时又必须看到新发展带来的是各类致灾因素的急剧增加，加之当前城市火灾防控体系不健全、责任不落实、管理手段不充分、基层建设不平衡、高危复杂灾害处置能力不对称等深层次问题还没有从根本上得到解决，城市开发建设、人口总量和结构性矛盾又时刻考验着公共消防服务承载能力，这些因素都对城市公共消防安全工作带来了极大挑战。

问题一：城市消火灾风险隐患"防不胜防、管不胜管"。一方面，"老大难问题"久治不愈。危棚简屋、违章建筑、低端商市场等消防安全乱象较为严重，高层、地下、养老机构、易燃易爆等难啃的消防管理"硬骨头"还有待进一步攻坚，而且还遇到人口高度密集、老龄化加剧衍生出的消防安全"副产品"，尤其是旧式里弄、危棚简屋等耐火等级低、通道堵塞、电器线路私拉乱接、电瓶车违规停放充电等隐患集中显现，前店后住、底店上铺、群租群居、"三合一"等问题就像"定时炸弹"，随时可能引发群死群伤恶性火灾事故。另一方面，"新风险难题"超前显现。上海正处在劳动密集型产业加快调整，现代服务业、战略新兴产业提速发展的过渡阶段，随着新技术、新工艺、新材料的广泛运用，地上地下空间立体开发，城市更新力度加大，一大批以大体量、大纵深、大跨度、大交通、大物流为特征的公共场所建成投用，防范应对无先例可循、无经验可考。同时，受电商模式冲击、群租治理等因素影响，一些单位降低消防安全投入，一些大型商市场擅自改变区域功能和防火分区，一些厂房和商务楼变性改造为白领公寓、蓝领宿舍等规模租赁建筑，诱发火灾的不稳定因素增多。

问题二：消防安全责任难以落实到"最后一公里"。从党委政府层面看，近年来，党委政府对消防工作重视程度不断提升，尤其在贯彻上级精神、出台政策规定、落实基础保障等方面做了大量工作，取得了明显成效。各级领导在召开会议部署、带队督导检查、协调推动工作等方面都做到了率先垂范，但具体落实到街镇、居村委等基层组织以后，往往容易出现消防责任"缺失"、管理"缺位"等问题，越到基层、任务越重、隐患越多，但管理机制越不完善、力量越薄弱。从行业部门层面看，依法监管责任落实相对弱化一些，一些行业部门落实"管行业必须管安全"要求还不到位，一些部门行业主抓主管的意识淡薄、作为不够，对《消防法》等规定的责任，并没有在具体落实中得到系统体现和呼应关联，"谁主抓、谁负责""抓行业、行业抓"的格局还未真正形成。从社会单位层面看，目前，最薄弱环节还是单位主体责任落实。一些社会单位负责人在"守法成本高、违法成本低"的利益驱动下，想方设法隐藏问题、降低标准、规避责任，尤其是一些社会单位消防安全主体责任意识不强，单位"明白人"不明白、管理人不履责，主体责任落实与"四个能力"建设要求相差甚远。

问题三：队伍自身建设与当前形势任务不相适应。精神状态方面，少数班子和领导干部缺乏干事创业的激情，一些官兵自感任务比以前重、压力比以前大、要求比以前严，职业成就感、归属感不强。工作作风方面，对标习近平总书记"城市治理要像绣花一样精细"的要求，有的部门和单位部署推动工作方式粗放，没有责任单、任务书和时间表，上面不过问，下面没反馈，横向不联动，没有形成闭环的责任链条，导致末端落实不到位；有的部门和单位不注重研究谋划，干工作没有层次、毫无章法，尤其在对下部署工作、指导帮扶等方面缺乏统筹，客观上造成机关乱忙、基层忙乱。

二　坚持需求导向，努力在服务保障城市经济社会发展和实现市民群众美好生活向往上有新作为

牢固树立"以人民为中心"的工作理念、发展理念，坚持硬件建设与软件升级统筹推进，坚持补齐短板与创新发展齐头并进，系统保障城市消防安全，让人民群众有更多获得感。

（一）聚焦"更干净、更安全、更有序"城市建设目标，持之以恒治顽疾、补短板、防风险

力促融合治理。将风险最突出、整治最困难的重大隐患顽症纳入"城市病"治理范畴，借船出海、推动融入"无违建"居村（街镇）创建、城市更新"留改拆"等党委政府战略工程，结合市委主抓主推的平安社区创建、居改非整治等重点工作，持续优化消防规划和制度设计，统筹推进实施火灾隐患排查整治。突出精准防控。紧盯人员密集、高低大化、规模型"三合一"等火灾高危单位和重点敏感场所，持续开展动态风险评估，针对性加强人防、物防、技防措施，坚决预防群死群伤恶性火灾事故发生；针对无自动消防设施但人员较为集中的小作坊、小旅馆、出租房等场所以及孤寡老人、留守儿童等弱势群体家庭，推广安装独立式火灾探测报警装置、简易喷淋系统，全力遏制"小火亡人"。坚持从严执法。用足用好"查、改、罚、停、拘、判"刚性手段，综合采取政府挂牌、行业督办、约谈警示、媒体曝光等高压措施，最大限度控制增量、减少存量、压低总量。注重创新管理。依托政府相关管理服务平台，嫁接自贸区行政监管服务模式，大力培育发展消防中介组织和技术服务机构，加快消防审验由"事前准入"向"事中事后监管"转变，以行政管理"减法"换取市场活力"加法"。强化科技支撑。按照"急需先建、内外共建"原则，强力推进城市物联网消防远程监控系统、数字化灭火救援预案应用和基于"一标六实"实战指挥平台建设，试点应用"智慧社区"消防泛在感知和消防出警线路智能引导，持续优化"智慧消防"建设制度规范，进一步优化逻辑框架、细化技术项目、完善数据标准。

（二）着眼消防事业长远发展，全力以赴打基础、解难题、求突破

坚持以法治为引领。主动应对更高、更大、更奇特、更复杂建筑带来的消防技术难题，坚持"一流标准"高效服务与"底线不松"从严把关相结合，加快完善"高于国标、契合市情"的地方消防法规标准体系，跟进落实专班咨询服务、专题攻关难点、专业强化管理，源头提升火灾设防等级。坚持以服务为中心。部署开展"规范执法行为、争创人民满意"专项活动，建立每案一评、公述民评制度，全面推广应用执法记录仪和移动执法 APP，将消防执法纳入属地行风政风和窗口评议范畴，推出"调整消防行政许可权限，缩小建设工程行政许可范围，调整备案项目抽查比例和场所"等一批新的便民利民措施，持续开展渗透式、点题式、嵌入式、覆盖式消防宣传，不断提升人民群众消防安全感和满意度。坚持以基层为依托。加强与住建、综治、安监等网格力量的统筹整合，在街镇综治中心、社区综治工作站和安全办中深度嵌入并做实消防管理职能，做实做强消防安全网格化管理，配齐街道（乡镇）、社区（村）两级网格工作人员，建立实名制工作台账，真正将消防责任落实到网格长、楼长、房长、门幢长等基层末端、最小防范单元。坚持"站点跟着需求建、警力随着警情走"，科学规划，合理布点，持续把特勤站建专、把普通站建强、把小型站建精、把流动站建密、把微型站建实，进一步缩短到场时间、强化联勤联动，提升实战效能。

（三）牢记习总书记"四句话、十六字"总要求，坚持不懈铸警魂、正警纪、树警威

时刻看齐追随。通过学习贯彻党的十九大精神，教育引导广大官兵毫不动摇地坚持党对公安消防部队的绝对领导，强化"四个意识"、践行"三个维护"，坚决做到听习主席指挥、对习主席负责、让习主席放心，坚决拥护、全力支持、积极投身部队改革。坚持战斗力标准，紧紧围绕"能打仗、打胜仗"的目标，牢固树立"重调度、强指挥、保安全、打初战"的理念，深化全员岗位练兵，优化指挥调度体系，狠抓灭火救援技术培训，强化初中级指挥员梯队建设和高级指挥员定向培育，试点推广火灾高危敏感区域实施前置备勤、显性用警机制，不断提高部队初战控火和攻坚打赢能力。依法从严治警，把各项禁令铁规作为部队管理的基本遵循，做深做细"两个经常性"工作，深化"法治警营"建设，坚持机关先试先行和基层同步发展相结合，努力打造党委依法决策、机关依法指导、部队依法行动、官兵依法履职的良好局面。

三 始终坚持效果导向,努力在攻坚创新破题、力推责任落地上实现新突破

推动一切工作的目的是效果,检验一切工作的标准是效果。必须紧扣实效,在转变思考模式、健全责任体系、狠抓工作落实上狠下功夫。

(一)要依靠思维转变提升实效

要提高站位,更加自觉地将消防工作放在城市建设发展大局中思考谋划和分析研判,善于向属地党委政府和职能部门借力借势,找准自身定位,主动搞好对接。要勇于创新,前瞻预判城市"创新驱动、转型发展"的大气候、大趋势,在构建城市公共安全火灾防控体系、创新社会消防治理、夯实消防基层基础等方面提高标准、先行先试。要求真务实,立足摸实情,深入基层、深入群众,立足出实招,从解决根本性、实质性问题入手制定政策、方案和措施,确保"执而有行、行则有力"。要正视矛盾,多到困难较多、矛盾聚集的地方去深入了解问题,与官兵们一道抓工作、谋事业、促发展。

(二)要依靠责任驱动促进实效

要推动知责明责。抢抓国务院办公厅《消防安全责任制实施办法》出台、国务院省级政府安全生产和消防工作考核以及安全生产巡查等契机,及时出台本地化员彻落实意见,以"责任清单"形式明晰各区政府和各委办局工作职责。要推动扛责担责。善用安委会、综治办、消防委等平台,完善落实签约明责、形势研判、定期会商、情况通报、联合办公、年底考核等机制,实化运作项目推进、隐患抄告、联合执法、信息共享等制度,确保属地、条线消防管理责任落地。要推动问责问效。坚持赏罚分明,逗硬奖惩,做到有功必赏、失责必究。将各地消防工作绩效考评纳入党政督察室和监察部门日常工作,对好的经验做法,及时通

报表扬和总结推广；对未完成"规定动作"以及消防工作不作为、乱作为的，要严肃倒查问责；对因工作失职、渎职导致发生重特大或有责火灾事故的，要依法依纪严肃追究责任。

（三）要依靠狠抓落实保证实效

一分部署，九分落实。要规范制度抓落实。按照制度和规范实施责任层层分解，压力层层传递，使事有专管之人，人有专管之责，时有限定之期，形成全方位、多层次抓落实的体系。要科学统筹抓落实。紧紧牵住消防工作的"牛鼻子"和"七寸"，紧密结合区域实际，讲究章法，把握重点，弹好钢琴，集中精力解决制约和影响当前消防工作的主要矛盾。要持之以恒抓落实。以"功成不必在我"的境界以及"一张蓝图干到底"的韧劲，坚持把阶段性工作与长期性目标统筹起来，千方百计地排除和化解困难和障碍。

参考文献

[1] 国务院法制办公室：《中华人民共和国消防法书》，中国法制出版社2010年版，第35—58页。

[2] 李振华、李继繁：《新常态下社会消防管理创新发展的思考》，《消防科学与技术》2016年第11期，第1627—1630页。

[3] 李增波、徐鑫、刘璐等：《我国消防安全形势及管理对策研究》2015年第8期，第152—156页。

自觉当好学习贯彻党的十九大精神排头兵
为浙江省加快"两个高水平"建设
创造一流消防安全环境

杨国宏[*]

刚刚胜利闭幕的党的十九大，吹响了决胜全面建成小康社会、夺取新时代中国特色社会主义伟大胜利的时代号角，极大地鼓舞了全党全国人民为实现中华民族伟大复兴的中国梦而奋斗的信心和力量。浙江消防部队战斗在习近平总书记工作过的地方，守卫着"物质富裕、精神富有"的之江大地，理应自觉当好学习贯彻党的十九大精神的排头兵，主动将十九大确立的时代主题、指导思想、科学论断、战略布局、重点工作贯穿于消防工作和部队建设全过程，始终秉持浙江精神，干在实处、走在前列、勇立潮头，为全省高水平全面建成小康社会、高水平推进社会主义现代化建设创造一流的消防安全环境。

一 学习贯彻好党的十九大精神，必须在学深悟透上下功夫，深刻领会精神实质

习总书记所作的十九大报告，以"八个明确"阐述了新时代中国特

---

* 杨国宏，男，1968 年 9 月出生，籍贯辽宁锦州，浙江省公安消防总队总队长。

色社会主义思想，以"三个前所未有"标定了中国发展的新方位，以"十四个坚持"构建了新时代坚持和发展中国特色社会主义的新方略，字字珠玑、句句经典，鼓舞人心、催人奋进。学习贯彻十九大精神，最根本的就是学习贯彻习近平新时代中国特色社会主义思想，深刻领会丰富内涵和精神实质。对公安消防部队来说，关键是做到"四个坚持"。

（一）坚持绝对忠诚的政治底色

习总书记在报告中指出："建设一支听党指挥、能打胜仗、作风优良的人民军队，是实现'两个一百年'奋斗目标、实现中华民族伟大复兴的战略支撑。"公安消防部队作为党领导下的现役力量，必须始终坚持以习近平新时代中国特色社会主义思想武装官兵头脑，坚定不移维护习总书记的核心地位，切实增强"四个意识"，自觉在思想上、政治上、行动上同党中央保持高度一致，确保政治上绝对忠诚、绝对纯洁、绝对可靠。

（二）坚持履职为民的责任担当

消防部队履行公共服务职能，以保卫人民生命财产安全、维护社会稳定、服务民生为己任，以人民对美好生活的向往为追求的目标。十九大报告对加强社会治理、实现安全发展作出了明确部署强调，对消防工作服务社会经济发展、满足人民安全需求的定位更加明确，要求更加具体，这就要求部队各级领导务必更加认真履职，强化责任担当，最大限度地消除火灾隐患、减少灾害损失，更好地服务人民对美好生活的向往，回应群众最广泛的关切。

（三）坚持改革创新的发展理念

习总书记在报告中高瞻远瞩地指出，要"倡导创新文化""培养造就一大批具有国际水平的战略科技人才、科技领军人才、青年科技人才和高水平创新团队"，为消防工作发展、部队建设描摹了更加清晰的路线图。消防工作作为新常态下社会治理的重要组成，只有始终坚持改革创新、与时俱进，才能具备长盛不衰的生命力。这就迫切要求我们结合时代发展和群众需求，努力在社会面火灾防控、队伍管理等各个领域作出新思考、产出新成果，积极推动浙江消防事业取得新发展。

（四）坚持勤恳务实的工作作风

习总书记谆谆告诫全党"一定要保持艰苦奋斗、戒骄戒躁的作风，以时不我待、只争朝夕的精神，奋力走好新时代的长征路"。历史只会眷顾坚定者、奋进者、搏击者，而不会等待犹豫者、懈怠者、畏难者。对浙江消防人来说，就是要紧紧围绕推动浙江消防工作和部队建设这一中心，进一步坚定创业干事的信心，坚持问题导向，把握工作重心，强化工作定力，一件一件抓落实，一钉一锤敲到底，脚踏实地，形成常态，取得实效。

二　学习贯彻好党的十九大精神，必须在攻坚破题上下功夫，主动直面现实挑战

十八大以来，在各级党委、政府的高度重视支持下，浙江消防官兵筚路蓝缕、负重奋进，消防工作和部队建设取得了长足发展。习总书记在十九大报告中指出，"我国社会主要矛盾已经转化为人民日益增长的美好生活需要和不平衡、不充分的发展之间的矛盾"。反映到浙江消防工作上，集中体现为"四个不协调"。

（一）高水平全面小康目标与火灾多发高发之间的不协调

浙江是中国第三批自由贸易试验区，也是中国经济最活跃的省份之一，2016 年，全省 GDP 达 4.65 万亿元，位居全国第四。但浙江也是全国火灾"大户"，火灾总量长期高位运行。今年以来火灾起数、伤亡人数、经济损失数三项指标占到全国 1/10，还发生了 2 起重大火灾，已经直接影响了全国的公共安全形势，引起了中央领导的关注。如果任其发展，势必严重损害经济社会发展成果，甚至影响党和政府的威信及执政基础。

（二）日益增长的民生安全需求与滞后的公共消防基础之间的不协调

浙江素有"藏富于民"的特点，人均可支配收入多年雄踞全国各省区首位。但从消防工作实际看，基础总体比较薄弱，产业结构"低小散"，区域性隐患未彻底消除，单位主体责任不落实、宣传培训不深入等问题比较普遍。市政消火栓、消防水源等公共消防设施规划建设不到位，消防站欠账率在40%以上。与邻近省份相比，广大民众尤其是2640万流动人口的消防安全意识和自防自救能力偏弱，许多人既是火灾的肇事者，又是受害者。

（三）日趋繁重的工作任务与较为紧张的警力之间的不协调

浙江作为经济大省，有消防安全重点单位23159家，各类市场主体500多万户，规上企业160多万家，高层建筑总数占全国1/10强，石化企业规模居全国前列，监管对象为数众多，火灾防控任务非常艰巨；台风、洪涝、山体滑坡等自然灾害频发，各类传统和非传统安全问题不断增多，接处警总量连续四年超过8万起，灭火救援难度越来越大；此外每年还要承担大量重大安保任务。但浙江消防现役警力仅6000余人，以全国1/30的警力，承担了1/10的任务量。

（四）高度密集的社会关注与亟待提升的能力作风之间的不协调

进入自媒体时代，群众对消防部队的关注度明显加大。浙江省网民规模全国第六，互联网普及率全国第五，政务微信总量高居全国榜首。部队每一次执法执勤、每一起灭火救援，都是在"放大镜"下进行，火灾责任倒查、涉消信访和舆情明显增多，官兵履职能力、工作作风方面的短板暴露得更为明显。此外，随着消防改革日渐临近，部分官兵心存疑虑、等待观望，精力外移、状态一般，影响了整体工作质量。

三　学习贯彻好党的十九大精神，必须在知行合一上下功夫，指引推动工作实践

新时代要有新作为。今后，浙江消防部队将以高度的政治责任感和历史使命感，学深悟透十九大精神，做到内化于心、外化于行、学以致用，把学习中焕发出的强烈政治热情转化为做好消防工作的强大动力，把收获转化为推动消防工作和部队建设又好又快发展的能力本领。结合浙江消防特点，努力在"五个推动"上用真劲、出实招、见实效。

（一）推动党委政府抓消防工作常态机制全面固化

十九大报告明确提出"要加强社会治理制度建设，完善党委领导、政府负责、社会协同、公众参与、法治保障的社会治理体制"，为我们推动党委政府抓消防工作提供了有力抓手。我们要善于借水行船、借势借力，依托G20峰会以来浙江"全民抓消防"的良好氛围，把政治优势、组织优势转化为工作优势，形成"推政府、促部门、强行业、查村镇"的有利格局。要继续推动将消防工作纳入平安、综治、安全生产等考核范畴，逐步解决重大疑难问题。要有效发挥安委会、消安委平台作用，推动调度研判、统筹协调常态化、规范化。要最大限度发动全社会力量参与，打造共建共享共治的消防治理体系，使消防安全成为最广大群众的广泛共识，为消防事业发展奠定深厚的社会基础。

（二）推动消防安全问责、追责、查责长效机制全面建立

要抓住十九大报告强调"完善安全生产责任制"的机遇，加快健全党政同责、一岗双责、齐抓共管的消防安全责任体系，细化落实党委政府属地管理责任、部门依法监管责任，不断完善定期通报、考核评价和追责问责机制。制定完善部门消防安全职责规定，指导部门主动履职。针对"三合一"场所、居住出租房、民宿（农家乐）等突出的区域性隐患，要一手抓专项打击，综合运用行政、经济、法律手段开展排查整治，

去隐患存量；一手抓源头治理，推进消防安全大拆大整，控隐患增量。要前移消防安全责任追究关口，落实消防安全不良行为公布、火灾事故分级调查追责制，对发生火灾事故以及不依法履行消防工作职责的，实行"一案四查"（查主体责任、查监管责任、查领导责任、查直接责任）。

（三）推动部队攻坚制胜能力水平全面提升

我们必须始终坚持战斗力标准，深入推进战训工作改革和党委议战研战，磨砺打造一支战无不胜、攻无不克的浙江消防铁军。一方面，坚持"重调度、强指挥、保安全、打初战"，加强指挥调度，优化作战编成，规范行动规程，健全"1＋4""1＋2＋2"全勤指挥部遂行指挥团组模式，联动专职队、微型站强化初战控火能力；另一方面，坚持"固强点、补弱点、抓重点、攻难点"，组织力量专攻"高低大化"等典型课题战术研究，基于陆搜基地、特勤队伍、攻坚班组建强三级灭火救援专业队，实施专业训练，配强精良装备，提升处置风险和灾害事故的能力。

（四）推动官兵工作水平和战斗激情全面强化

习总书记在十九大报告结束时强调"青年兴则国家兴，青年强则国家强"，消防事业的发展必须依靠青年人的力量。对内，要健全人才培养和保留机制，建立部队院校教育、基层工作实践、地方高校深造等多渠道人才培养体系，推行分级分岗分类分层培训，培育有潜质、有朝气、有干劲的后备力量。各级领导干部不仅要当"首长"抓部署、抓指挥、抓落实，更要当"良师"教理念、教思路、教方法，带头营造学习研究氛围，培养官兵自主学习、自主思考的能力。对外，要引导和规范社会消防培训工作，积极探索将注册消防工程师、消防职业资格制度引入社会单位管理，为全社会培养一批消防领域的专门人才。要面向镇街、社区负责人；网格员，派出所民警和专职队；微型站人员等群体全面开展消防安全普训，更好地发挥其在消防监管、排查隐患、早期处置方面的作用，织密基层消防安全网络。

（五）推动消防信息化建设全面深化

信息化是主导社会发展的大方向。十九大报告专门提出了"数字中国""智慧社会"的概念。浙江省公安厅作出了"云上公安、智能防控"第一战略决策部署，为我们推进消防信息化建设指明了方向和目标。总队召开"湖州会议"，在全省全面推广"智慧消防、智能防控"建设，各地前期作了大量探索实践，未来消防信息化建设的路径已逐步清晰。下一步，我们要立足"智慧城市"建设和大型互联网企业等浙江特有优势，更好地发挥信息化引擎驱动作用，建立消防"最强大脑"，推动治理理念、工作机制和方法手段全面改革创新，从而实现工作效能的几何提升和全省消防安全环境的本质改善。

参考文献

[1] 习近平：《决胜全面建成小康社会　夺取新时代中国特色社会主义伟大胜利——在中国共产党第十九次全国代表大会上的报告》，2017年10月18日。

[2] 车俊：《坚定不移沿着"八八战略"指引的路子走下去　高水平谱写实现"两个一百年"奋斗目标的浙江篇章——在中国共产党浙江省第十四次代表大会上的报告》，2017年6月12日。

[3] 车俊：《紧密团结在以习近平同志为核心的党中央周围　在贯彻十九大精神上干在实处走在前列勇立潮头——在浙江省委领导干部会议上的讲话》，2017年11月4日。

[4] 《浙江统计年鉴》（2017），中国统计出版社2017年版。

顺应美好生活新向往　凝聚创新发展新动能　在新时代新起点奋力开创湖南消防事业新局面

万志祥[*]

党的十九大是在全面建成小康社会决胜阶段、中国特色社会主义进入新时代的关键时期召开的一次十分重要的大会。大会报告高擎习近平新时代中国特色社会主义思想，科学擘画了中华民族伟大复兴科学蓝图，是我党进入新时代、踏上新征程、书写新篇章的政治宣言和行动纲领。消防部队要准确把握社会主要矛盾发生改变、建设社会主义现代化国家新征程等重大论述，做好政治对标、理念对标、行动对标，以让党放心、人民满意、历史公认的优秀业绩，为顺应人民美好生活新向往、决胜全面建成小康社会、实现中华民族伟大复兴中国梦而努力奋斗。

---

* 万志祥，男，1963 年 8 月出生，籍贯甘肃庄浪，湖南省公安消防总队总队长。

一　深刻领会习近平新时代中国特色社会主义思想，迅速推动贯彻落实，全面凝聚现代化新征程磅礴动力

（一）主动拥抱新时代，用新思想领航消防事业前进方向

习近平新时代中国特色社会主义思想，是马克思主义基本原理同中国具体实际相结合的又一次飞跃，既有对时代之问的系统回答，又有对重大课题的正面回应，定位了中国方位、明确了中国方向、展现了中国方略，是我们必须长期坚持的指导思想。消防部队必须以习近平新时代中国特色社会主义思想为指引，必须主动地将消防事业置身于实现中华民族伟大复兴中国梦的伟大实践中，深刻领会其精神实质和丰富内涵，以先进理念指导消防工作，以宽广视角审视消防工作，以战略思维研判消防工作，紧紧抓住迈入新时代的重要战略机遇期，理顺制约消防事业发展的体制性、机制性难题，明确消防事业发展的战略方向和战略重心，推动传统消防向现代消防的转变，确保消防事业发展与我国现代化进程相适应，坚决做到"对党忠诚、服务人民、执法公正、纪律严明"。

（二）勇于担当新使命，用新思想谋求消防工作创新发展

党的十九大报告指出"坚持总体国家安全观""以人民安全为宗旨"，我们要牢牢把握国家安全这个安邦定国的重要基石，充分发挥推进"平安中国"建设生力军作用，打好防范化解社会稳定重大风险攻坚战，为决胜全面建成小康社会、实现中华民族伟大复兴的中国梦营造安全稳定的社会环境。要积极应对时代发展、社会进步和人民日益增长的消防安全需求，迅速更新执法理念、主动完善执法制度，努力做到融法、理、情于一体，实现执法效果与社会效果的有机统一。要加大火灾防范力度，主动应对传统产业转型升级、新兴业态飞速发展、安全风险耦合聚变等带来的挑战，完善消防安全责任体系，加强消防宣传教育，提升灭火救

援能力，形成综合治理体系，推动消防工作社会化、法治化、智能化、专业化。

（三）全面迈开新征程，用新思想凝聚消防部队前行动力

党的十九大报告要求"全党同志要以永不懈怠的精神状态和一往无前的奋斗姿态，继续朝着实现中华民族伟大复兴的宏伟目标奋勇前进。"在开启社会主义伟大征程中，必定会面对风浪、遇到挫折、经受考验，必须要保持战略定力，牢固"四个意识"，坚定"四个自信"，毫不动摇地坚持党的绝对领导，毫不动摇地贯彻执行军委主席负责制，毫不动摇地坚持政治建警方针，不断强化忠诚核心、拥戴核心、维护核心、捍卫核心的思想自觉、政治自觉和行动自觉，始终在思想上、政治上、行动上同以习近平同志为核心的党中央保持高度一致。要着力推进"两学一做"学习教育常态化制度化，深入开展"不忘初心、牢记使命"主题教育，引导广大消防官兵准确把握习近平新时代中国特色社会主义思想的科学内涵、精神实质和实践要求，切实打牢高举旗帜、听党指挥、忠诚使命的思想根基，矢志不渝做中国特色社会主义事业的建设者、捍卫者。

二　准确把握我国社会主要矛盾的变化，回应人民美好期待，积极应对破解消防事业发展不平衡、不充分的问题

（一）精准定位人民对美好生活的向往，积极回应群众期待、提升工作质效、优化服务环境

党的十九大报告中指出，"要永远把人民对美好生活的向往作为奋斗目标"。创建平安和谐稳定的公共消防环境，是实现人民追求美好生活的重要保障，是全面建成小康社会的重要内容。要大力推行"数据政务"，充分运用大数据、万联网、人工智能等现代科技，建成集执法、审核、验收、监督等功能的"大数据"服务平台，进一步推进消防执法决策、执行、管理、服务、结果公开。要全面落实"放管服"要求，主动服务"双创"经济发

展大局，抓好"亮窗工程"，深化简政放权，出台利民措施，增强执法公信力和执行力，最大限度地激发社会创造创新活力，为促进改革发展、创新创业营造优质高效的服务环境。要提高消防服务质效，开展消防监督队伍岗位练兵，组织消防监督执法比武竞赛，建立单位和个人执法责任制与执法档案定期考核制度，探索建立第三方执法评价机制。

（二）客观分析消防工作不平衡的问题，主动应对风险挑战、强化共治共享、构建综治体系

党的十九大报告指出"社会矛盾和问题交织叠加，全面依法治国任务依然繁重，国家治理体系和治理能力有待加强"。目前，新业态、新产业呈指数级增长和消防管控机制难以迅速跟上的矛盾、人民群众要求共享消防安全与偏远老弱群体难以享受消防公共服务的矛盾、消防工作管控措施日趋严格与消防工作认知程度依然不高的矛盾，需要我们进一步加强社会治理制度建设，完善政府负责、社会协同、公众参与、法治保障的社会治理体制。要坚持责任引领。落实国办《消防安全责任制实施办法》，构建包含党委政府研判、规划体系纳入、多方参与评估、考评激励问责的"大消防"格局，推动居民住宅和基层社会面消防安全基础提质，实施农村消防工作"五改"，深化消防网格"四合一"平台建设，实现社会消防管理齐抓共管。要建好法制消防。指导各地出台物业服务企业消防管理、公共消防设施建设管理、后勤经费保障等地方法规，逐步建立起与《消防法》及《湖南省实施〈消防法〉办法》相配套、与经济社会发展相适应、与民主法治进程相衔接的消防法规体系。要实施多元共治。实施重大火灾隐患整改攻坚，推动重点单位100%落实消防安全"户籍化"管理、"六加一"措施，建立消防风险评价长效机制。要深化全民宣教。大力开展政府购买消防教育"服务外包"、消防安全社区创建、消防宣传"七进"等一系列针对性强、实用性好的消防安全宣传教育活动，让全社会共同关注消防、参与消防，共同学习消防知识、维护消防环境。

（三）清醒认识消防发展不充分的问题，全面推动警务改革、实行创新驱动、强化科信支撑

党的十九大要求"建设平安中国，加强和创新社会治理，维护社会和谐稳定"。随着传统与非传统消防安全因素相互交织、相互渗透，火灾防控压力不断增加，灭火救援风险越来越大，虽然我们在制度建设、装备建设、信息化建设等方面做了大量的工作，但和形势任务相比仍然差距明显，要进一步牢固创新驱动理念，用现代科技成果破解防控难题。要全面发力"智慧消防"建设。将"智慧消防"纳入"智慧城市"平台同步规划、同步推进、同步应用，持续推进《湖南消防信息化建设三年规划》，加快消防监督信息管理中心、消防大数据中心等项目，推广消防远程监控、高层住宅智能消防预警、智慧社会消防安全管理等系统，充分运用"大数据""可视化"资源分析研判火灾风险，为防控精准发力提供支撑。要创新实施警务机制改革。结合全省公安机关"4＋X"警务改革模式，走职能重组、流程再造、资源整合的内涵式改革路径，建立"评估研判、指挥实战、治理防控、新闻舆情"等指挥平台，打造扁平化警务体系，提高警务管理和实战效能。要推动装备提质升级。强力实施《湖南消防装备建设三年规划》，打造"结构合理、性能优越、整合有序、使用高效"的装备体系，优化消防车辆、个人防护、灭火攻坚、执法监督、营区安防等9大类装备结构。

三　聚焦党在新时代的强军目标强军思想，全力锻造三湘消防铁军，切实提升能打仗打胜仗能力水平

（一）始终紧盯"打胜仗"标准，切实提升灭火救援能力

党的十九大报告指出"军队是要准备打仗的，一切工作都必须坚持战斗力标准，向能打仗、打胜仗聚焦"。我们要聚焦能打仗、打胜仗这个根本目标，切实把提升部队战斗力和专业化水平作为战训工作的核心。

要强化"战斗队"意识，深化练兵备战。把"实战化"贯穿理论、体能、技能、装备、熟悉、演练等8大练兵模块，结合湖南灾情特点积极探索单兵、班组、合成训练新模式，加大"三化"训练比重，牢牢把握攻坚致胜主动权。解决训风演风不实、实操实战能力偏弱、指挥调度不规范等问题，把体能练强、技能练精、战术练活。要坚持"战斗力"标准，确保攻坚打赢。坚定不移地走湖南消防特色"精兵之路"，积极推动战斗力生成从"数量规模型"向"质量效能型""科技密集型"转变，加大专业化、模拟化、基地化、实战化练兵力度，加强研判、调度、指挥、预警能力建设，落实等级调派、遂行指挥、指挥长负责制，提升整体战力。要做好"打硬仗"准备，积极履行职责。聚焦"高、低、大、化"等作战难点，如岳阳的石化企业、长沙的高层建筑、大湘西地区的农村团寨等，加强实地熟悉和针对性演练，用好高层、化工等专业处置队，打造不同类型、不同主攻方向的突击队、"尖刀队"。

（二）严格对标"规范化"要求，强力推进部队正规化水平

在"全面从严治党治警"大背景下，带好兵、管好队伍，确保部队纯洁稳定的前提基础。要坚持依法依规抓建。依托"条令条例学习月""法制警营创建"等活动，加强法制教育，构建"党委依法决策、机关依法指导、部队依法行动、官兵依法履职"的良好局面。强化《湖南省公安消防部队兵员管理办法》执行，利用部局"部队管理教育网络服务平台"和"消防微社区"微信公众号，搭建部队—官兵—家庭三位一体的管理格局，把按"纲要"抓、按"大纲"训、按"条令"管、按"规章"办的准则融入部队建设始终。要坚持齐抓共管履责。坚持"两手抓，两手硬"，把部队管理、安全工作等当作"硬任务""硬指标"，要尤为注重"一头一尾"两个责任落实，各级主官要担主责、唱主角，在抓管理上主动作为、亲力亲为；各级一线带兵人要狠抓管理制度的末端执行，从严抓好各项工作落实。要找准短板亮点突破。向全军部队的管理标准看齐，找准"瓶颈"和"短板"，在推动硬件提质升级的基础上，更加注重软件的正规化提升，认真执行交接班、车场

日、战备检查等操作规程，严格执行查铺查哨、请销假、晚点名、出入营门登记等制度，加强"八小时外""营区外"人员的管理，防止失控漏管。

（三）立足需要"强战力"保障，推动消防事业多元发展

党的十九大报告指出"要发展新型作战力量和保障力量"。随着社会经济快速发展，现役消防警力不足的问题逐步凸显，要按照"做精公安消防队、建强专职消防队、做实微型消防站"的思路，着力构建覆盖城乡的灭火救援力量体系。加强多种形式消防力量建设。积极协调党委政府和行业部门出台制度文件，推动现役消防队、政府专职队、志愿消防队、微型消防站协同发展，推动行业系统建立高速、轨道交通、水域救援等专业消防救援队伍，承担部分行业领域应急救援任务。织密体系化灭火救援网络。根据"集约节约""精明增长""提高质量"的总要求加强消防队站建设，在长沙试点探索大型城市"中心消防站"建设，实行"中心站""普通站""微型站"优势互补；在全国重点镇和其他符合建队条件的乡镇全部建立专职消防队，未建立专职消防队的乡镇和自然村建立志愿消防队，提升农村地区快速控火能力。强化专职消防队伍管理。落实《湖南省公安机关警务辅助人员管理工作规定》，将政府专职消防员纳入警务辅助人员队伍建设大框架，推行持职业资格证上岗制度，建立专职消防员考评奖惩激励机制，推进队伍职业化建设。

学用结合　务实攻坚

——践行习近平总书记"四句话、十六字"总要求推动甘肃消防事业和部队建设提质增效

吴振坤[*]

习近平总书记提出的对党忠诚、服务人民、执法公正、纪律严明"四句话、十六字"总要求，立意高远、内涵丰富、思想深邃，精辟诠释了公安工作的政治灵魂、根本宗旨、价值取向和队伍属性，科学指明了新形势下建警治警的指导思想、基本原则和目标方向，是指导消防工作和部队建设科学发展的总纲领、总指引、总遵循。学习践行"四句话、十六字"总要求，必须在掌握精髓、把握要义，学用结合、务实攻坚，依法治警、从严治警上下功夫，求突破、见成效，真正把"对党忠诚、服务人民、执法公正、纪律严明"总要求内化为全体官兵的价值认同和情感归属，外化为服务人民和履职尽责的实际行动，推动全省消防工作和队伍建设取得新进步、实现新发展、开创新局面。

---

* 吴振坤，男，1968年5月出生，籍贯安徽枞阳，甘肃省公安消防总队总队长。

一 在领会精神实质上下功夫,掌握精髓、把握要义, 将"四句话、十六字"总要求融入灵魂血脉

一是旗帜鲜明讲政治，筑牢对党忠诚的政治灵魂。对党忠诚是公安现役部队的政治本色，也是广大官兵最重要的政治品格，更是消防部队永不变色的魂魄所在。对党忠诚最根本的就是要毫不动摇地坚持党对公安消防部队的绝对领导，毫不动摇地贯彻执行军委主席负责制，坚决听从党中央、中央军委和习主席指挥。对党忠诚，就是要旗帜鲜明地讲政治，牢固树立"四个意识"，坚决维护以习近平同志为核心的党中央权威，永葆绝对忠诚、绝对纯洁、绝对可靠的政治本色。对党忠诚，就是要始终保持高度的政治自觉，深入学习贯彻习近平总书记系列重要讲话精神和治国理政新理念、新思想、新战略，努力以理论上的清醒确保理想信念上的坚定。

二是忠实履职保稳定，践行服务人民的根本宗旨。服务人民是党的根本宗旨，是消防部队的优良传统。作为党绝对领导下的公安现役部队，必须始终把人民群众的利益放在至高位置，时刻把人民群众的安危冷暖挂在心上，想群众之所想、急群众之所急，用自己的"辛苦指数"顺应民心、回应民意、满足民需，不断提高人民群众的安全感、满意度和获得感。要在执法服务中体现为民宗旨，真正把"民本"理念内化为政治素养、外化为自觉行动，完善消防窗口建设管理制度，改进网上服务、上门服务等便民措施，努力为群众提供便捷、高效、文明的办事服务。要在提升打赢能力上赢得群众信赖，坚持实战导向，创新组训方式，强化官兵基本功训练，锻造强健体魄，练就过硬技能，全面提升灭火救援打赢能力，最大限度保护人民群众生命财产安全。

三是规范执法树公信，坚守执法公正的价值取向。执法公正是维护社会公平正义的客观要求，也是消防部队执法活动必须坚守的核心价值

追求。要把培育法治信仰、弘扬法治精神、强化法治思维置于消防执法规范化建设的首要位置，引导官兵争做法治建设的忠实崇尚者、自觉遵守者、坚定捍卫者。要坚持立法先行，将消防安全薄弱环节作为消防立法工作的切入点，进一步完善符合省情的地方消防法规体系。要不断推陈出新，提高执法制度建设的科学性、系统性，围绕执法重点领域和重点环节逐级明确权力清单，落实"双随机、一公开"①等制度，从源头上杜绝执法随意性。要严格执法监督，建立完善执法评价体系，定期开展执法专项检查，逐步落实"一案一评"，强化执法责任追究，提升执法质量。

四是从严治警强作风，打造纪律严明的过硬队伍。纪律严明是全面从严治党、全面从严治警的必然要求，是建设听党指挥、能打胜仗、作风优良的公安消防部队的根本保证。要严格执行《中国共产党廉洁自律准则》《中国共产党纪律处分条例》和《关于新形势下党内政治生活的若干准则》等制度规定，切实将纪律严明贯穿到党的建设各个方面、贯穿于队伍建设各个环节。要严格实行"一案双查"，坚决从严执纪，以刚性问责倒逼全面从严治党治警责任落地见效。要抓好中央军委《关于新形势下深入推进依法治军从严治军的决定》、公安部消防局《关于加强公安消防部队"法治警营"建设的指导意见》的学习贯彻，把条令条例和《军队基层建设纲要》作为部队建设的法规和依据，努力形成党委依法决策、机关依法指导、部队依法行动、官兵依法履职的良好局面。

二　在狠抓贯彻落实上求突破，学用结合、务实攻坚，将"四句话、十六字"总要求落实到消防工作中

一是在火灾防控体系建设上求突破。强化顶层设计，提请省政府出

---

① "双随机、一公开"：随机抽取检查对象，随机选派执法检查人员，抽查情况及查处结果及时向社会公开。

台《消防安全责任制实施办法》《消防安全诚信行为信息管理规定》，切实将消防安全责任制和联合失信惩戒体系建设落到实处。强化目标引领，提请省委、省政府以目标责任书形式，将年度重点任务逐级分解到各地、各部门，采取年初专题部署、年中专项督导、年底专班考核，全省表彰通报的方式推动落实。强化作用发挥，进一步健全消防安全委员会工作机制，常态落实消防安全约谈、专项督办和责任制考评，充分发挥委员会领导、决策、协调、督导作用，真正实现消防工作齐抓共管。

二是在社会消防管理创新上求突破。延伸监管触角，把抓实消防安全网格化管理作为破解"小火亡人"的有效手段，研发消防网格化管理系统，直接部署在"政务云"，并嵌入社会综治平台，明确基层网格、行政村（社区）、乡镇街道、公安派出所、消防监督员、微型消防站6类人员职责，厘清信息采集、隐患查改、宣传教育、火灾扑救、检查督导5项任务，发动全省10.1万个综治网格、13.8万名网格员，统一使用手机综治E通APP软件，常态开展消防安全网格化管理工作。推进示范创建，加强重点单位户籍化管理，将消防安全重点单位逐一分解绑定到494名监督员身上，落实实名制监管。制定16类单位创建标准和检查验收细则，将"四个能力"① 和"六加一"② 措施、户籍化管理、微型消防站等内容全面融入其中。研发与户籍化管理系统融合对接，监督员和单位管理人员同步使用的手机APP软件，将创建标准转化为表单式创建程序，实现创建进程实时监控。

三是在执法规范化建设上求突破。强化责任落实，逐级建立监督干部任期考核审计制度，对提拔晋职干部，将监督执法、示范单位创建、网格化、户籍化管理等具体工作业绩考量，作为干部考核的重要内容。对离任调动干部，全面审计规范执法、履职尽责等情况，组织移交执法

---

① "四个能力"：检查消除火灾隐患能力，扑救初起火灾能力，组织疏散逃生能力，消防宣传教育能力。

② "六加一"：开展一次消防安全评估，签订一份消防安全承诺书，维护保养一次消防设施，组织检查一次电气和燃气线路设施，全面清洗一次油烟道，集中培训一次全体员工，建立一支志愿消防队。

档案台账。加强日常督促，坚持定期通报情况，总队每季度召开执法例会，面对面通报具体单位、具体人员的具体问题，取得红脸出汗、督促鞭策的效果。提升监督水平，各级公安机关统一组织，分批举办市、县区公安局长和派出所专兼职民警培训班，提升公安机关消防工作指导实施能力和派出所消防监督执法规范化水平。总队集中举办消防监督员、法制员以及专兼职火调人员等培训班，积极邀请全国知名专家授课，提升监督执法水平。

四是在提升核心战斗力上力求突破。以数字化预案全覆盖为导向，研发预案管理使用系统平台，将全省消防安全重点单位预案编制任务绑定到568名战训干部身上，纳入业绩考评指标，充分运用卫星遥感地理信息、三维建模、大数据等技术手段，统一制作三维立体数字化预案，年内总队完成"一高一低一大一化工"① 4类数字化预案的制定和演练，各支队、大中队100%完成辖区重点单位预案编制和修订任务。以锤炼部队实战打赢能力为导向，开展全省消防部队业务技能比武竞赛，全面掀起岗位练兵热潮。本着"从灭火中学习灭火"的态度，立足最危险情况，最不利局面，组织开展层级最高、范围最广、难度最大的高层建筑、石油化工企业、大型城市综合体跨区域灭火救援演练，进一步理顺联动处置机制，提升部队攻坚打赢能力。

五是在智慧消防建设上求突破。推进大数据运维中心建设，年内建成运行集部队管理、指挥决策、火灾预警、远程监控、网格化管理、联动共享等功能于一体的全省消防大数据运维中心，构建全省一体、内外兼容的"智慧消防"体系。推行物联网监控，按照"政府投资建设、消防负责管理、单位免费接入"的公共服务模式，开展以消防远程监控系统为主要内容的物联网建设，实现对重点单位消防设施的实时动态监测。整合现有资源，依托公安边界平台和政府信息共享平台，打通公安网、互联网、政务网数据交换通道，实现"三网融合"，建立贯通消防监督管

---

① "一高一低一大一化工"：高层建筑、地下工程、大型商场、化工企业。

理系统、户籍化管理系统，派出所警务工作平台的移动消防安全服务系统，为全省消防大数据深度应用提供网络保障。强化分析研判，分步建设全省消防大数据综合业务管理服务平台，统一挂载防灭火业务应用，依托大数据、云计算等技术手段，科学研判火灾形势风险，提升监管效能。

六是在综合保障能力建设上力求突破。加快推进消防队站建设，以年度目标任务形式一次性推进 94 个消防队站新建、改建项目，积极提请各级政府加大投入、落实保障。成立总队营房基建领导小组，出台建设工作流程和考评细则，采取领导分片负责、时间倒排工期、任务跟踪督导等措施快速推进。全面提升经费保障水平，推动各级政府高标准落实财政部新下发的 336 号文件，提请省财政厅科学修订全省地方消防经费管理办法，整体提高经费保障标准，实现年均消防经费总量增幅 30% 以上的目标。强化车辆器材装备配备，开展新一轮消防装备建设评估论证，科学制订消防装备发展规划，优先配置功能多样、性能优良、灵活便捷的初战、主战消防车，推动消防装备优化升级、提质增效。

三　在强化队伍建设上见成效，依法治警、从严治警，将"四句话、十六字"总要求体现到过硬队伍建设上

一是在部队正规化建设上见成效。着力贯彻落实"两个经常性工作推进会"精神，以"酒泉经验"为"可复制"的管教模式，部署开展实地跟班见学活动，带动全省消防部队正规化建设管理看齐"酒泉标准"。充分发挥信息化手段在部队管理中的作用，研发应用部队管理服务平台、队情直通车、勤务效能考评、车辆 GPS 定位等系统，实现对车辆派遣运行、人员请销假、管理措施落实等动态掌控。严格落实党风廉洁建设责任制，进一步完善经济责任审计、重大事项报告、廉政风险评估、责任倒查等制度，切实以从严治警的实际行动关心爱护官兵，以勤政廉政的

实际成效取信于民。

二是在消防力量发展上见成效。大力消除县级现役消防力量"空白点"，以"内部调剂拆分、社会招录补充"的模式，试行现役官兵与政府专职队员混编执勤模式，拆分组建 22 个消防中队，力争年内将县级现役消防力量"空白率"由 37% 降至 19.7%。大力发展多种形式消防力量，按照"规范县级、壮大乡镇、发展企业"的总体建设思路，将县级政府专职消防队统一交由属地消防部门管理，真正将专职消防队纳入公安消防指挥调度和管训体系。提请省公安厅、财政厅等部门联合下发《甘肃省专职消防员招聘管理办法》，建立进退、奖惩和管理使用长效机制，将各级政府专职消防队经费全额纳入财政预算。

三是在提升全员素质上见成效。以全员练兵强化素质，部署开展分岗位、分层次的干部全员岗位大练兵活动，通过督促自学、实地带训、比武竞赛等多种形式组织干部培训，提升干部队伍整体素质。充分发挥培训基地的主阵地作用，实施分层分级、全员轮训、集中培训，突出抓好灭火指挥、消防监督执法和新任职干部的专业培训，努力提升部队专业化水平。改进竞争性选拔干部方式，加快专业人才队伍建设，完善专业技术人才培训和保留机制，为消防事业可持续发展提供有力人才支撑。

四是在创新发展理念上见成效。引导各级党员领导干部牢固树立正确的政绩观、权力观，进一步增强机遇意识、使命意识和忧患意识，克服等待观望、被动应付、因循守旧等倾向，坚持以改革精神破解工作难题，以创新思路打开建设局面，运用前瞻性思维和科学理念引领部队各项建设。引导全省官兵树立强烈的集体荣誉感和进位争先意识，在谋划工作、部署任务和贯彻执行上，学会"走到窗外看风景""跳出甘肃看甘肃"，勇于破难题，敢于探新路，善于寻规律，主动向先进看齐，努力推动全省消防工作和部队建设上台阶、有突破。

基于长沙创建国家中心城市的历史契机 对消防事业跨越发展的战略思考

温国坤[*]

作为湖南省会城市，长沙是著名的历史古城、文化名城和"山水洲城"，全市建成区面积 364 平方公里，下辖芙蓉、天心、岳麓、开福、雨花、望城 6 区和长沙县 1 县，代管宁乡市、浏阳市 2 个县级市，常住人口为 731.1 万人。作为中南地区重要的商业中心，全市经济社会呈现了稳中有进、稳中向好的发展态势，地区生产总值 9250 亿元，位居全国省会城市第 6 位，连续 10 年获评"中国最具幸福感城市"。在决胜全面建成小康社会的关键阶段，全市上下按照"稳住、进好、调优"总体目标，以供给侧结构性改革[①]为主线，全面打造"三个中心[②]"、建设"四更[③]"长沙。如何抢抓发展新机遇、主动适应新常态，全力为转型升级、创新发展中的长沙提供更高质量、更加便捷、更为精准的消防安全服务，成为长沙消防官兵亟待破解的重大课题。

---

* 温国坤，男，1971 年 9 月出生，籍贯湖南浏阳，湖南省长沙市公安消防支队支队长。

① 供给侧结构性改革：我市出台《中共长沙市委长沙市人民政府关于推进供给侧结构性改革三年行动的实施意见（2016—2018）》，制定了"增动能""优投资""去产能""去杠杆""去库存""降成本""补短板"七个实施方案。

② 三个中心：国家智能制造中心、国家创新创意中心、国家交通物流中心。

③ 四更：能量更大、实力更强、城乡更美、民生更爽。

一　挖潜提质、主动作为，牢牢把握长沙创建国家中心城市的历史契机

（一）从顶层设计看，机遇来自消防发展规划日臻完善

2016—2018 年，长沙市政府先后审定下发了《长沙市消防工作"十三五"发展规划》《长沙市消防专业规划（2012—2020）》以及《进一步加强和改进消防工作的意见》三个政策性文件，并连续两年将"建设完成 6 个中心消防站[①]和 11 个应急取水设施"写入了政府工作报告，站在城市发展的高度，对基础建设、人员招募、装备配备、技术革新等消防重点工作作了细致科学的统筹和部署，为消防事业可持续发展提供了宏观性、战略性的蓝图指引。

（二）从外部环境看，机遇来自消防安全责任层层落实

省委常委、市委书记胡衡华，市委副书记、市长陈文浩等党政主要领导高度重视消防工作，听取消防工作汇报 120 余次，就消防工作和部队建设作出批示指示 40 余次，在重大活动、节庆时段带队开展消防安全检查、慰问基层作战部队 220 余次，积极推动了消防工作上升为党委意志、政府行为。各级党委政府以党委常委会、政府常务会、消防工作专题会等形式专题研究消防工作 80 余次，有效解决了制约消防发展的一揽子问题。

（三）从内生动力看，机遇来自全体消防官兵务实奋进

2017 年 5 月 12 日，中央军委主席习近平、国务院总理李克强签署命令，授予望城消防大队"学雷锋模范消防大队"荣誉称号，这是长沙消防部队历年来取得的最高荣誉，也为长沙消防事业健康发展注入了不竭

---

① 中心消防站：集执勤备战、官兵区域轮训、实战化演练和物质储备等功能，净用地面积不少于 20 亩，建筑面积不少于 8000 平方米，同时具备特勤站和战勤保障站"两站合一"功能的综合性消防站。

动力。在望城消防精神指引下，全市消防官兵实现全省比武竞赛团体总分"两连冠"，连续打赢了"3·30"建坤储料塔倒塌事故、"6·22—7·7"历史罕见特大洪水救援中望城团山湖垸溃堤、京广高铁浏阳河隧道积水等大仗硬仗。支队被省委省政府表彰为"抗洪救灾先进集体"，支队党委被总队评为"先进党委班子"，共有 12 个集体、80 余名官兵获评国家、省市级殊荣。

（四）从工作成效看，机遇来自消防安全环境持续净化

结合长沙市情、社情和火情，全市消防官兵紧盯防大火"靶心"，综合运用隐患治理、标准化建设、风险评估等措施手段，深入开展火灾防控"四大"行动①。全市形成了政府专职消防队与公安现役消防队"双管齐下、竞相迸发"的工作态势，建全乡镇消防队 74 支，建密微型消防站 2537 个。在从严治火的高压态势下，2017 年成为近年来火灾形势最为平稳的一年，全市共发生火灾 1592 起、死亡 2 人、受伤 23 人、直接财产损失 2714 万元，其中火灾起数、伤亡人数、直接财产损失同比分别下降 42%、84%、55%，未发生任何较大的有影响的火灾事故，支队被市安委表彰为年度安全生产目标管理"优秀单位"。

二   科学研判、提高认识，积极应对
长沙城市建设衍生的风险挑战

（一）风险挑战来自城市发展突飞猛进，消防基础建设整体滞后

目前，长沙已经全面进入地铁时代、磁悬浮时代和城际铁路时代。但消防建设的理念、规划整体滞后于经济发展的步伐，尚未实现与主城区同步规划、同步建设、同步使用。对照《城市消防队站建设标准》，长沙主城区应建设 107 个消防站，而目前全市仅有 35 个消防站投入执勤，欠账率达 67%。站点布局不合理、中心城区建站难、消火栓缺建率高、

---

① 火灾防控"四大"行动：大排查、大研判、大演练、大管控行动。

公共设施维修保养不到位的现实情况为灭火救援工作带来了困难和风险。

（二）风险挑战来自产业结构转型升级，火灾防控压力叠加释放

当前，长沙大力开展人才引进政策，持续推动贸易、物流、生活服务产业快速发展，大量互联网、物联网、大数据企业在大学科技城、马栏山文化创意集聚区、临空经济示范区等新兴产业园区落地生根，大部分创新创业企业处于发展初期，企业体量小、员工人数少、制度不完善，消防设施安装不完备、安全责任落实不到位的情况客观存在。目前，全市共有市区两级列管的消防安全重点单位2345家，高层建筑12388栋，其中百米以上超高层建筑298栋。火灾隐患增量难控、存量难减的现状尚未发生根本改变，如何立足现有条件"能打仗、打胜仗"成为亟待攻克的业务课题。

（三）风险挑战来自民众安全意识不断增强，消防部队警力不足的困境纵横交织

开启全媒体、自媒体的社会监督模式后，民众对消防安全期待值越来越高，对安全事故容忍度越来越低，官兵的言行举止进入公众视线，执勤执法、灭火救援活动必须接受来自社会、企业、个人的监督，工作标准和工作压力不断提高。与此同时，全体消防官兵坚持"有警必出、有灾必救、有险必除"的职责要求，年均接警出动超1.2万次，以全省近五分之一的警力承担了全省近三分之一的接处警任务，职能拓展与警力不足、带压运行之间的矛盾长期持续，也不利于消防部队内部的安全稳定。

三　瞄准实战、科学用兵，全力推动长沙消防部队防火、灭火中心工作创新发展

（一）坚持战区主导，构建快速响应的现代作战指挥体系

一是构建"五城两郊"独立战区。以全市灾害事故发生特点和灭火

救援力量分布为依据，科学设置东、西、南、北、中五个城区战区及浏阳、宁乡两个郊县战区，同时配备特勤大队这支全天候、全要素的应急救援队伍，缩小作战半径，优化出动速度，构建"5 + 2 + 1"立体化战区作战体系，确保全市消防部队能够同时应付两场以上大火硬仗。二是完善"战区主战"顶层设计。战区专注作战指挥职能，全面推动装备保障、后勤管理、人员培养为"谋主战、强备战、练指挥"服务，构建训战一体、常态运行、专司主营的联合指挥机构。从基层大中队选拔业务精通、经验丰富的精兵强将，建立建强战区指挥部，轮流担任战区指挥长。每周进行一次战区级别熟悉演练，修订预案，提升战力；每月举行一次视频研讨会，汇总战讯，研讨战例；每季度召开一次专题联席会，通报战果，完善战术。三是明确扁平快速指挥系统。作战指挥中心优化组织编成，调整人员结构，依据事故等级持续优化"中队、战区、支队"三级指挥调度体系：日常灭火救援由辖区中队负责，带队干部担任现场指挥员；战区内出动两个以上中队，由战区指挥长现场指挥；跨区域处置急难险重任务，涉及多个大队的多个中队，由支队全勤指挥部亲临指挥。

（二）坚持强基固本，推进立足实战的队站装备建设体系

一是高定位建设中心消防站。严格落实"战区主战"总要求，对照"功能分区最齐全、平面布局最合理、营区环境最优美"的建设标准，在长沙各区县（市）以及高新区、经开区、湘江新区建设包括芙蓉张公岭、雨花洞井、浏阳经开、望城月亮岛在内的 12 个中心消防站，将相同类型消防车中性能最优的车辆优先编配在中心消防站①，并实现车辆装备与队站建设同步推进、同步进驻。二是高标准配强乡镇消防站。制订乡镇消防发展"三年计划"②，通过财政倾斜、乡镇自筹、大队支持等多种经费

---

① 中心消防站编配 1 台整车进口的多功能城市主战消防车、1 台整车进口的具有救援功能的举高消防车、1 台进口底盘的抢险救援车以及 1 台带有举高喷射功能的大吨位水罐车。

② 三年计划：2015 年年底，全市 65% 的全国重点镇、50% 的其他符合条件的建制镇建立乡镇专职消防队；2016 年，100% 的全国重点镇、75% 的其他符合条件建制镇建立乡镇专职消防队；2017 年，符合条件的 74 个建制镇全部建成乡镇专职消防队。

筹措渠道，布点完成乡镇消防建设工作，并按照"常规装备配好，常用装备配精，常备装备配足"原则，实现"两室两库一车一泵"① 标准化建设，结合《长沙市政府专职消防员管理规定》，制定出台岗位职责、执勤训练、灭火救援等管理制度，切实提升乡镇消防灭火救援实战能力，补齐乡镇农村地区的消防安全"最后一公里"。三是高密度布点微型消防站。结合消防安全示范社区创建、重点单位标准化管理达标创建等活动，在重点单位、街道社区完成微型消防站建设任务，并按照"位置相邻、行业相近、业态相似"原则，完善区域联防机制，将全市微型消防站联勤、联训、联战工作纳入支队统一指挥，形成"一处起火、多站出动"的工作格局，实现"灭早、灭小、灭初期"的初期控火目标。

（三）坚持锤炼精兵，形成科学专业的灭火救援编队体系

一是推动部队向实战化聚焦。大力实施"铁拳尖刀"计划，牢牢把握"冬春练兵"和"全员岗位练兵"两大活动，制订工作方案，明确奖惩措施，通过普考与抽考相结合、练兵与比武相促进等模式，达到让"尖刀发亮、后进磨刀"的训练效果，确保全员参训、定期考核、人人达标。选调灭火专业骨干，组建战训培训团队，每月定期举办战训业务大讲堂，集中讲授灭火救援战术知识，持续提升基层指战员战术素养。二是推动部队向专业化靠拢。结合城市发展变化和辖区灾害特点，优先采购城市主战、化学事故、举高喷射、远程供水等各类高精尖消防车辆，深化实施攻坚组轮训、驾驶员复训、通讯员培训、医疗救护培训等多岗位、多批次技能培训，建立建强高层建筑灭火、地震水域救援、石油化工处置等各类典型火害专业救援队，高规格开展"一高一低一大一化工"② 综合演练，完善跨行业、跨部门的综合应急救援机制，着力构建有长沙特色的灭火救援力量体系。三是推动部队向职业化发展。全面探索实施政府专职消防队单编执勤模式，制定出台培训教育、岗位职级、等

---

① 乡镇消防站设置备勤室、通信值班室、装备器材库以及消防车库，配备一辆消防摩托车、灭火救援类消防车或增设了加压系统可接消防水带的洒水车以及一台手抬机动泵。

② 一高一低一大一化工：高层建筑、地下工程、大型商场、化工企业。

级晋升等 8 个方面制度设计，组建 20 支政府专职消防队，选拔 32 名专职干部担任一线指挥员。同时提请市政府制定"不低于事业单位职工同等福利待遇"的收入标准，将队员人均保障经费纳入市政府年度财政预算，由 5.8 万元/年增至 7.2 万元/年，为政府专职消防员提供入党、学技术、立功受奖、入住公寓房的福利待遇，有效破解政府专职队伍体制不明确、保障不充分、队伍不稳定等瓶颈性难题。

（四）坚持多措并举，创新多元立体的火灾防控治理体系

一是在重点领域监管上求实效。针对商场市场、宾馆酒店、学校医院等不同类型消防安全重点单位开展标准化管理达标建设，督促落实自查评估、设施维保、电气检测等"六加一"措施。充分运用省政府重大事故隐患"一单四制"①，对重大火灾隐患的单位下发整治任务交办单，对短期无法整改的单位及时抄报政府备案，并在特殊时期安排专人进行了重点看护、全程巡查。二是在执法执勤服务上求突破。始终坚持把人民满意作为检验消防工作成绩的出发点和落脚点，大力倡导公平公正、优质高效的执法服务新理念，组建学雷锋执法服务队、学雷锋服务窗口，充分利用"三大平台"② 倾听民众消防安全诉求，全面落实网上预约、人工提醒、资料公开等便民利民措施，定期开展消防监督质量考评、集中执法、专项检查活动，定时通报执法记录仪使用、项目超期、案卷办结情况，确保群众满意度逐年上升。三是在宣传教育培训上求普及。秉持"教育一个孩子、影响一个家庭、带动整个社会"的工作理念，向更多的长沙普通市民、中小学生推送更高质量、更加便捷、更为精准的宣传教育服务。各区县（市）政府全面实施政府购买消防宣教服务模式，不断扩大消防教育的受众群体和覆盖范围，切实增强居民逃生意识和自救能力。积极建设消防安全教育基地，向全市中小学师生传播普及消防知识。

---

① 一单四制：分行业建立隐患清单、实行交办制、台账制、销号制、通报制管理。
② 三大平台："96119"火灾隐患举报投诉热线、"12345"市民服务热线以及"119"消防报警电话。

参考文献

［1］申洁：《长沙市政务信息资源开发利用研究》，国防科学技术大学硕士论文，2006 年。

［2］徐子强：《2013 年上半年交通港航火灾形势分析》，《水上消防》2013 年第 5 期，第 6—7 页。

［3］杨仁厚：《指导中华民族伟大复兴的强大思想武器——学习习近平关于中国梦的重要论述》，《贵州社会科学》2014 年第 12 期，第 23—29 页。

［4］崔宏莉：《吕梁市多种形式消防队伍发展建设实践与思考》，《科学之友》2013 年第 5 期，第 106—108 页。

火灾防控

北京城市火灾风险评估的探索与实践

张先来[*]

北京是全国政治中心、文化中心、国际交往中心和科技创新中心，面积 16410 平方公里，常住人口 2151.6 万人，属于超大型城市。北京市人口密度大、工商业发达、物资集中、建筑密集，致灾因素多，火灾风险大；北京市作为首都，地位特殊，重大活动多，消防安全工作标准高、要求严。火灾风险评估，是对火灾事故给人们的生活、生命、财产等方面造成的影响和损失的可能性进行评估，帮助人们更客观、更准确地认识火灾的危险性和危害性，为火灾预防、扑救提供理论依据和技术支持。因此，通过火灾风险评估，综合评价城市面临的火灾威胁、火灾影响，提升火灾预测、预警、预防水平，对于北京来说非常必要、非常重要。

一 明确评估思路

（一）评估单元空间化

这次组织的北京市火灾风险评估，是以城市空间的用地地块作为评估单元，除了可以得出整体的城市火灾风险评估结果，还可以全面了解

---

* 张先来，男，1966 年 5 月出生，籍贯安徽马鞍山，北京市公安消防总队总工程师。

各个用地地块的风险值，得到火灾风险的空间分布结果，实现整体和局部评估的有效结合。

（二）评估方法定量化

这次组织的北京市火灾风险评估充分利用大量的关联数据，按照相关规范标准，采取数理统计的方法分析、处理相关数据，得出各个指标的计算结果，实现了火灾风险评估过程的定量化。

（三）评估数据矢量化

这次组织的北京市火灾风险评估利用 GIS① 平台强大的分析能力，对指标结果进行叠加处理，实现了评估数据的矢量化和可视化。

二　建立指标体系

北京市火灾风险评估从火灾风险状况和灭火应急救援能力两方面着手，建立四级指标体系，结构如图 1 所示。

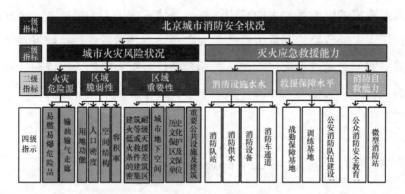

图1　北京市火灾风险评估指标体系图

---

① GIS 系统：地理信息系统。

（一）城市火灾风险状况

主要考虑遵从火灾发生的可能性、对火灾的抵御水平以及火灾发生后果的系统过程，分为火灾危险源、区域脆弱性和区域重要性三个三级指标。

1. 火灾危险源。指可能引起目标对象遭受火灾影响的所有根源，又分为易燃易爆危险品、输油输气走廊两个四级指标。其中，易燃易爆危险品是将全市危险化学品生产经营单位，按照危化品生产、使用企业，有存储设施的危化品经营企业，油库，加油加气站，输气设施分类，分别根据类型、等级进行因素值分级量化；输油输气走廊是按照输油管线、输供气管线的等级、状态、安全防护距离进行因素值分级量化。

2. 区域脆弱性。指区域对潜在的火灾事故造成损失的抵抗能力，又分为用地功能、人口密度、空间结构、容积率四个四级指标。其中，用地功能是基于历史火灾数据与城市用地性质对应分析，通过对比其与用地功能间的关系进行分级量化；人口密度是根据全市人口密度进行分级量化；空间结构是按照首都功能核心区、核心区以外中心城区、城市副中心、平原地区新城、生态涵养区平原区、山区的空间布局，结合消防安全重点单位的数量、等级，对空间区域进行分级量化；容积率是通过全市容积率反映从事的生产、生活活动或涉及的人员相对数量，并进行分级量化。

3. 区域重要性。指区域由于潜在的火灾事故发生而导致的损失程度，又分为建筑耐火等级低或灭火救援条件差的建筑密集区、城市地下空间、历史文化街区及历史文保单位、重要公共服务设施及建筑四个四级指标。其中，建筑耐火等级低或灭火救援条件差的建筑密集区主要评价因素为老旧小区、劳动密集型集体企业、大型市场，分别通过占地面积、规模进行分级量化；城市地下空间主要考虑城市轨道交通，按照车站级别和性质进行分级量化；历史文化街区及历史文保单位是按照其保护等级进行分级量化；重要公共服务设施及建筑是按照综合医疗中心、大型体育文化设施、交通枢纽、大型商业综合体、超高层建筑的面积、等级、高度进行分级量化。

（二）灭火应急救援能力

即评价火灾发生过程中不同地区能否及时处置初期火灾、得到有效救援、及时疏散人员的重要指标，综合反映不同地区的灭火救援能力，分为消防设施水平、救援保障水平、消防自救能力三个三级指标。

（1）消防设施水平。反映一个地区灭火救援设施、设备的基础条件，又分为消防站、消防供水、消防装备、消防车通道四个四级指标，消防站、消防供水、消防装备是按照现状情况及覆盖范围进行分级量化，消防车通道是根据路网密度进行分级量化。

（2）救援保障水平。反映一个地区灭火救援保障水平的基础条件，主要指消防灭火救援的外部支撑及保障条件，又分为战勤保障基地、消防训练基地、万人消防员数三个四级指标，分别通过现状覆盖情况进行分级量化。

（3）消防自救能力。反映一个地区社会力量参与灭火救援的实际能力，主要指公众防灾意识和自救能力，又分为公众消防教育水平、微型消防站两个四级指标，消防安全教育水平是根据全市居民消防安全知晓率进行分级量化，微型消防站是根据消防安全重点单位和社区有无微型消防站进行分级量化。

三　确定指标权重

北京市火灾风险评估采用专家参与的层次分析法和集值统计分析法确定火灾风险评价指标权重。

（一）层次分析法

该方法把复杂问题分解为不同的要素，将这些要素归并为不同的层次，从而形成多层次结构，在每一层次按某一规定准则对该层要素进行逐对比较建立判断矩阵,通过计算判断矩阵的最大特征值和对应的正交化特征向量,得出该层要素对于该准则的权重,计算出各层次要素对于总体目标的组合权重。

(二)集值统计分析

鉴于北京市火灾风险评估涉及的指标较多,评估中通过对传统 AHP[①]法进行改进,在层次分析法的基础上融合聚类分析的思想,并与每位专家所构造的判断矩阵的一致性程度结合起来。通过加权平均得到群组 AHP 的综合排序向量,即指标的权重。

(三)指标权重结果

通过层次分析法和集值统计分析法计算得到指标权重,其中,二、三、四级指标对应的权重值和四级指标下的因素权重计算结果如表 1、表 2所示。

表1　　　　　　　　　　二、三、四级指标权重值

二级指标	权重	三级指标	权重	四级指标	权重
城市火灾风险状况	0.7	火灾危险源	0.38	易燃易爆危险品	0.61
				输油输气走廊	0.39
		区域脆弱性	0.22	用地功能	0.31
				人员密度	0.23
				空间结构	0.35
				容积率	0.11
		区域重要性	0.4	建筑耐火等级低或灭火救援条件差的建筑密集区	0.38
				城市轨道交通	0.15
				历史文化街区及文保单位	0.3
				重要公共服务设施及建筑	0.17

---

① AHP:层次分析法。

续表

二级指标	权重	三级指标	权重	四级指标	权重
灭火应急救援能力	0.3	消防设施水平	0.44	消防站	0.36
				消防供水	0.32
				消防装备	0.16
				消防车通道	0.16
		救援保障水平	0.30	消防战勤保障基地	0.33
				消防训练基地	0.29
				公安消防队伍	0.38
		消防自救能力	0.26	公众消防安全教育	0.57
				微型消防站	0.43

表2　　　　　　　　　　　四级指标下因素权重计算结果

四级指标	因素	权重
易燃易爆危险品	危化品生产、使用企业	0.42
	有存储设施的危化品经营企业	0.23
	油库	0.11
	加油加气站	0.12
	输气设施	0.12
输油输气走廊	输油管线	0.5
	输供气管线	0.5
建筑耐火等级低或灭火救援条件差的建筑密集区	老旧小区	0.31
	劳动密集型集体企业	0.3
	大型市场	0.39
历史文化街区及文保单位	文保单位	0.50
	历史文化保护区	0.50
重要公共服务设施及建筑	综合医疗中心	0.09
	大型文化体育设施	0.17
	交通枢纽	0.21
	大型商业综合体	0.23
	超高层建筑	0.3

续表

四级指标	因素	权重
消防站	公安消防站	0.86
	专职消防队	0.14
消防供水	市政给水管网	0.50
	市政消火栓	0.50
消防装备	消防装备	0.75
	消防通信	0.25
公众消防安全教育	消防安全防控意识	0.50
	火场自救逃生知识技能	0.50

四　划定评价等级

针对北京市可能引发火灾的致灾因子和受灾个体种类繁多、数量庞大的现实情况，综合考虑全市个体火灾风险水平、各因素之间的相互影响以及不同区域灭火应急救援能力的高低，通过确定评估指标权重，将北京市消防安全状况划分为 5 个等级：

（1）Ⅰ级（相对安全）：风险水平可以接受，安全隐患较少，安全风险较小，风险控制重在维护和管理。

（2）Ⅱ级（相对较安全）：风险水平基本可以接受，存在一般性安全隐患，在适当采取措施后可达到接受水平，需要加大消防力量部署，加强风险管控，重在局部地区加强消防管理力度。

（3）Ⅲ级（中等）：火灾风险性较高，火灾风险处于较难控制的水平，可能发生较大火灾，风险控制重在整体布局整改和消防管理措施完善。

（4）Ⅳ级（相对较危险）：存在较大安全隐患，火灾风险性高，火灾风险处于较难控制的水平，可能发生重大火灾，应采取措施加强消防基础设施建设和提高消防管理水平。

（5）Ⅴ级（相对危险）：存在较大安全隐患，火灾处于较难控制的水平，火灾风险性极高，可能发生重大或特大火灾，应及时整改火灾隐患，加强管控，加大消防资源投入，采取有力措施完善主动防火设施，加强危险源管控，增强消防管理和救援力量。

五　统一数据采集

这次组织的北京市火灾风险评估，采集了大量的消防关联数据，录入 GIS 系统，为数理统计分析和可视化呈现奠定了基础。

（一）火灾和救援数据

采集了最近 10 年的全市火灾数据，包括火灾地址、火灾时间、起火场所、火灾原因、火灾损失等情况；采集了最近 5 年消防部队参与的抢险救援和社会救助数据，包括事故地址、事故类别、处置力量等情况，并进行分析应用。

（二）消防设施和力量数据

采集了 800 多辆消防车辆分布、6800 余名公安现役消防官兵分布、4.93 万座市政消火栓位置和运行状态、124 个专职消防队力量、7062 个微型消防站分布和力量等情况，并采集了全市消防车通道数据。

（三）社会单位数据

采集了全市 1502 家易燃易爆危险品企业、10816 家消防安全重点单位、985 家劳动密集型企业、1118 家文物古建筑、115 栋超高层建筑、26 家超大型综合体建筑、115 家大型市场、356 个轨道交通站点等单位相关数据。

六　分析风险评估

（一）城市火灾风险状况评估结果

火灾危险源、区域脆弱性和区域重要性三个指标矢量图和城市火灾风险状况矢量图如图 2、图 3、图 4、图 5 所示。

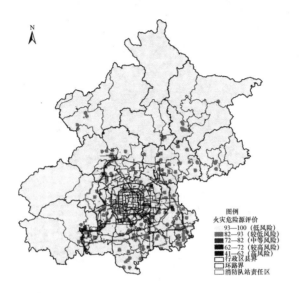

图2 火灾危险源矢量

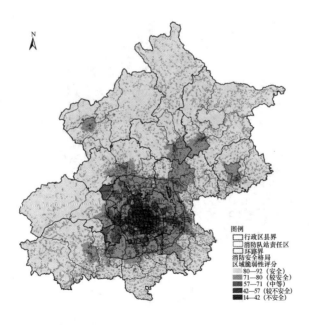

图3 区域脆弱性矢量图

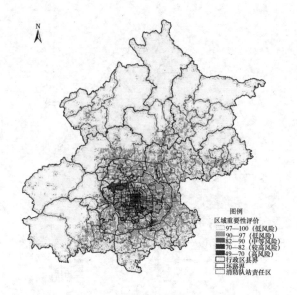

图4　区域重要性矢量

图5　火灾风险状况矢量

（二）城市灭火应急救援能力评估结果

消防设施水平、救援保障水平和消防自救能力三个指标矢量图和城市灭火应急救援能力矢量图如图6、图7、图8、图9所示。

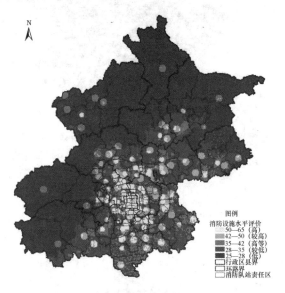

图6　消防设施水平矢量

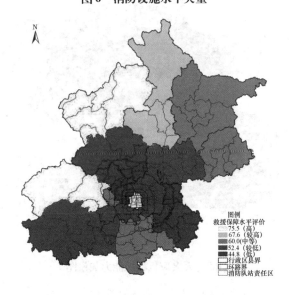

图7　救援保障水平矢量图

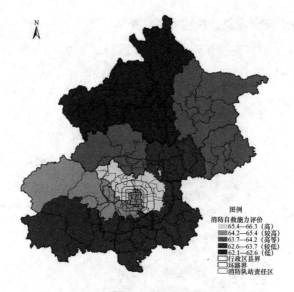

图8 消防自救能力矢量图

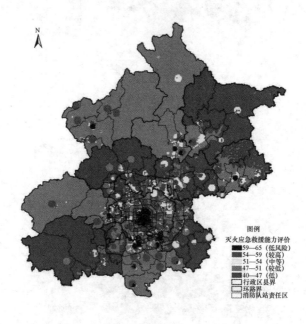

图9 灭火应急救援能力矢量图

（三）北京市火灾风险评估结果

通过对城市火灾风险状况和灭火应急救援能力加权叠加，得到北京市火灾风险评估图，如图10所示。总体来看，全市消防安全状况为"相对较安全"，但是消防布局还不合理，公共消防设施还比较欠缺。

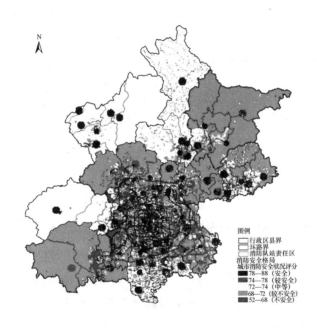

图10　全市火灾风险评估结果矢量图

七　评估结果应用

（一）以火灾风险评估为基础，编制北京城市消防规划

紧紧抓住《北京城市总体规划》修编机会，启动《北京城市消防规划》编制工作，将全市火灾风险评估作为城市消防规划编制的基础和重要内容。根据火灾风险评估结果，在城市消防规划中对全市消防安全布局进行重新划分和优化，对火灾风险较大的区域提出疏解、腾退、调整、整改等控制性措施；对全市公共消防设施进行重新配置和完善，特别是

加大消防安全状况相对较差区域的消防站、消防水源建设；根据全市火灾风险的高低，按照"先风险大、后风险小"的原则，确定首都消防事业发展建设的近期、中期、远期目标。

（二）以火灾风险评估为依据，提升消防工作决策水平

北京城市火灾风险评估既评估了全市火灾风险状况，也评估了灭火应急救援能力，有助于从"防"的方面认清全市火灾风险的高低和轻重缓急，从"消"的方面认清灭火救援水平的高低和优势短板，为更好落实消防工作方针提供现实依据；北京城市火灾风险评估既按产业形态类别考虑了石油化工企业、高层建筑、人员密集场所、文物古建、老旧小区等重点环节的线性问题，也按城市功能布局考虑了核心区、中心城区、城市副中心、新城等空间的区域性问题，确定了全市区域范围内的火灾风险区域，为确定重点地区火灾隐患整治和各区域发生火灾后出动消防力量数量提供支撑，为各级领导科学决策提供依据。

（三）以火灾风险评估为指导，加强社会消防安全管理

北京城市火灾风险评估是在采集大量消防关联信息的基础上开展的，综合考虑了 25 项致灾因素，点多、面广、要素全，得到了比较符合现实情况的评估结论。北京市结合火灾风险评估制定出台《关于加强火灾防控体系建设的意见》等规范性文件，修订《北京市消防安全责任监督管理办法》，采取集中整治等消防工作强化措施。另外，根据火灾风险评估结果，对某一时期、某一区域火灾趋势进行预判，及时发布火灾风险预警和工作提示，研究制定针对性防控措施，推进火灾防控工作精细化、信息化。

总之，火灾风险评估是现代化城市合理安排消防安全布局、优化配置公共消防设施、全面建立城市消防安全体系、科学制定消防安全管理措施的基础和主要依据，非常重要。但是，目前开展城市火灾风险评估的技术方法还不多，研究还不够深入，还需要做大量深入细致的工作。

参考文献

［1］《北京城市总体规划》（2016—2035 年）。

［2］ 马春红：《GIS 城市区域火灾风险评估系统研究》，《测绘科学》2011
年第 1 期。

［3］ 徐宗国：《城市区域消防安全评估方法研究》，《建材与装饰》2013
年第 6 期。

城市区域消防安全评估指标体系研究及应用

刘 钧*

一 引言

随着经济的发展，我国城市规模不断扩大。规模巨大的城市综合体、纵横交错的地下空间、密集的燃气管线以及错综复杂的城乡结合部，致使城市区域的传统性和非传统性火灾致灾因素不断增加。这些因素导致城市发生重大火灾事故的风险迅速增大。而通过全面的消防安全评估可以针对性地强化防控措施，从而降低火灾风险。因此，城市区域消防安全评估的重要性日益突出。

消防安全评估是以某单独建筑物、某一企业（多为化工生产企业）或某一区域为研究对象，为消防管理等提供科学依据。其重点是消防安全指标，即消防安全评价内容的载体。近年来，前人先后以临沂、北京、成都、大连等城市为例，对城市区域进行火灾风险评估。本文旨在根据前人的研究实例及其成果，对其分析过程进行总结，得出一套全新的完整的安全评估指标体系，并以株洲市为例，使用层次分析法进行实例分

* 刘钧，男，1969 年 9 月出生，籍贯湖南岳阳，湖南省株洲市公安消防支队支队长。

析，旨在准确评价城市区域消防安全水平，提出有效的预防和控制措施，为科学规划消防工作提供依据。

二　城市区域消防安全评估指标体系

参考公安部消防局印发的《建立消防安全形势分析评估制度的指导意见》，并通过对大量城市火灾风险评估案例进行分析，总结了许多使用过的评估指标。将其中风险抵御能力、消防能力、设施、管理和安全教育、建筑单元和建筑单位等指标总结为火灾防范工作、公共消防基础设施建设、灭火救援能力这3个指标；火灾风险、火灾灾情、火灾危险程度、危险源等指标，均与城市消防安全形势有关，归纳为城市消防安全形势指标；城市区域通常作为一个非常大的区域，其地理、气候等因素也会对火灾的发生有所影响，因此，在安全指标体系中增加城市的地理、气候、人口等基础指标也是很有必要的。

这套全新的具有参考价值的指标体系，由一个目标层（城市消防安全水平P）、四个基准层（城市消防安全形势A、火灾防范工作B、公共消防基础设施建设情况C、灭火救援能力D）以及各个基准层包含的一级指标（Ai、Bi、Ci、Di）和各项基本指标（Aii、Bii、Cii、Dii）组成。基本指标涵盖对目标层产生影响的所有因素。

建立的全新的城市区域消防安全评估模型框架，如表1所示。

表1 **城市消防安全指标体系**

基准层	一级指标	二级指标
城市消防安全形势 A	自然条件	气候特征
		地理环境特征
	经济社会发展情况	常住人口
		人均 GDP
		道路交通情况
		产业分布特点
	火灾情况及规律特点	火灾起数
		死亡情况
		直接财产损失
	消防安全出现的新情况、新问题	
	重大火灾隐患情况、分布现状及整改率	
	重大火灾危险源及区域性、行业性消防安全突出问题分布情况	
	年度消防工作落实情况	
火灾防范工作 B	已采取的火灾防控措施发挥作用情况	
	政府相关部门履行消防安全职责	
	消防安全经费投入情况	
	消防部门审批监督执法	审批通过率
		人均执法次数
	火灾高危单位定期开展消防安全评估情况	万人拥有数量
		评估率
		落实严管严控措施
	落实消防安全职责情况	社会单位
		乡镇、街道
	公民参与消防工作、举报投诉火灾隐患情况	
	消防宣传工作开展情况	
	消防安全知识普及和公民消防安全知识掌握程度	
	消防安全教育开展情况	幼儿园
		中小学校
		高等学校
		有关部门和党校、行政学院
	单位消防安全培训情况	
	消防行业特有工种职业资格培训情况	

基准层	一级指标	二级指标
公共消防基础设施建设情况 C	城乡消防规划制定及实施情况	城乡消防规划制定
		城乡消防规划实施
	公共消防设施建设情况	消防站
		消防装备
		消防供水
		消防通信
		消防车通道
	消防队建设情况	多种形式消防队建设率
		万人拥有消防员数量
灭火救援能力 D	政府应急救援能力	政府制定应急预案
		开展消防应急演练情况
	消防队灭火救援能力	装备灭火救援能力
		战勤保障能力
	灭火救援工作及消防演练情况	出警次数
		出动至抵达现场时间
		消防演练

三　指标体系分析

层次分析法，是将与决策有关的全部元素分解成目标、准则、方案等层次，在此基础之上进行定性和定量分析的决策方法。层次分析法与城市消防安全指标体系相结合，能准确评价城市区域消防安全水平。

（一）指标权重计算

在建立递阶层次结构后，需要对所有定性指标进行处理，利用两两比较的判断矩阵确定各项指标的权重，使其以定量的形式参与到消防安全评估计算中。

1. 构造判断标度

将两个指标之间的相对重要性分为九个级别，分别对应的标度为 1—9。各级别具体含义及标度值如表 2 所示。

表 2 判断标度值及含义

标度 a_{ij}	含义
1	指标 i 相对指标 j 的重要性相同
3	指标 i 相对指标 j 的重要性一般明显
5	指标 i 相对指标 j 的重要性非常明显
7	指标 i 相对指标 j 的重要性一般强烈
9	指标 i 相对指标 j 的重要性极端强烈
2、4、6、8	为以上级别的中间状态
倒数	若指标 j 相对指标 i 的重要性大，则 $a_{ij} = 1/a_{ji}$

2. 判断矩阵计算

本文判断矩阵的计算依次按照基准层、一级指标、二级指标的层次结构进行。先计算各层次指标相对上一级别的相对权重 $\acute{\omega}$，然后，计算二级指标相对目标层 P 的权重 ω。

以基准层为例，其相对目标层 P 的权重计算如下：在城市消防安全水平 P 中，有 A、B、C、D 四个基准层，则构造的判断矩阵 P 为：

$$P = \begin{bmatrix} a_{AA} & a_{AB} & a_{AC} & a_{AD} \\ a_{BA} & a_{BB} & a_{BC} & a_{BD} \\ a_{CA} & a_{CB} & a_{CC} & a_{CD} \\ a_{DA} & a_{DB} & a_{DC} & a_{DD} \end{bmatrix} \qquad (2—1)$$

式中，a_{ij} 表示指标 i 与指标 j 相比较的判断标度。

在得到判断矩阵后，本文采用求和法计算 A、B、C、D 的指标权重。计算公式如下：

$$\acute{\omega}_i = \frac{1}{m} \left(\frac{a_{i1}}{\sum_{i=1}^{n} a_{i1}} + \frac{a_{i2}}{\sum_{i=1}^{n} a_{i2}} + \frac{a_{i3}}{\sum_{i=1}^{n} a_{i3}} + \cdots + \frac{a_{im}}{\sum_{i=1}^{n} a_{i4}} \right) \qquad (2—2)$$

式中，$\dot{\omega}_i$ 表示指标 i 的权重。例如，$\dot{\omega}_a$ 表示指标 A 的权重，其计算方式为：

$$\dot{\omega}_A = \frac{1}{4}\left(\frac{a_{AA}}{a_{AA}+a_{BA}+a_{CA}+a_{DA}} + \frac{a_{AB}}{a_{AB}+a_{BB}+a_{CB}+a_{DB}} + \frac{a_{AC}}{a_{AC}+a_{BC}+a_{CC}+a_{DC}} + \frac{a_{AD}}{a_{AD}+a_{BD}+a_{CD}+a_{DD}}\right)$$

(2—3)

通过以上方法，可以得到各指标相对上一级别的相对权重。最终，计算二级指标相对目标层 P 的权重 ω 为：

$$\omega = \dot{\omega}（基准层）\times \dot{\omega}（一级指标）\times \dot{\omega}（二级指标）\quad (2—4)$$

（二）专家打分

结合上述内容，确定城市消防安全火灾风险评估权重，采用专家打分法进行赋值，采取满分为 100 分的方法。例如，对于气候特征，根据亚热带季风气候打分 85；对于应该设置自动报警系统的场地，有报警系统且完好，得 100 分，有报警系统但不能正常使用得 50 分，无报警系统得 0 分。同理对其他指标可根据其特性及影响程度进行赋值。其赋值方法不唯一，打分方法也应根据实际情况而有所变动。

（三）评估结果量化分级

为了准确、全面评价一个区域的消防安全水平，在评估结果方面，笔者参照公安部发布的火灾事故等级分级标准中的火灾风险分级，按百分制将区域消防安全水平分为四级，如表 3 所示。

表 3　　　　　　　　　　区域消防安全风险分级

风险等级	Ⅰ 级	Ⅱ 级	Ⅲ 级	Ⅳ 级
名称	低风险	中风险	高风险	极高风险
量化范围	[85, 100]	[65, 85)	[25, 65)	[0, 25)

四 城市消防安全评估实例分析

以株洲市为例，通过对消防相关数据的统计分析，得到城市区域消防安全评估的基础数据。

（一）株洲市消防安全形势情况

关于城市消防安全形势，主要包括以下五方面的内容。

（1）株洲市地处湖南东部，属于中亚热带季风湿润气候区，水量充沛。2015 年全市年末常住人口 400.1 万人，地区生产总值完成 2335.1 亿元，比上年增长 9.5%。

（2）从 2014 年 1 月至 2016 年 12 月，株洲市共发生火灾 3767 起，死亡 19 人，受伤 10 人，直接经济损失 3549.7 万元。平均每年发生火灾 1256 起，直接经济损失 1183.2 万元。百起火灾亡人率为 0.50，高于同期省内平均水平（0.46）、低于 2013 年全国平均水平（0.81）；平均每起火灾的直接经济损失为 0.94 万元，低于同期湖南省平均数（1.53 万元）及 2013 年全国平均数（1.6 万元）。

（3）随着经济社会发展，株洲市消防工作出现了新问题、新情况，如高层建筑与大型综合体建筑增多为灭火救援带来了新的挑战，机动车保有量增长给灭火救援力量的通行带来了新的难题。

（4）株洲市共有 912 家消防安全重点单位，其中火灾高危单位 114 家。2014 年 1 月 1 日至 2016 年 9 月 30 日，共立案重大火灾隐患单位 1 家即芦淞市场群，截至 2016 年 12 月，仍有部分整改工作未完成。株洲市区域性行业性消防问题和难点，主要集中在市区交通道路堵塞、公共消防设施不完善等方面。

（5）针对存在的消防安全问题，株洲市 2016 年通过持续完善制度建设，不断强化经费保障，依法执行监督检查，积极开展消防队伍建设，大力推进重大火患整改等多种方式开展消防工作。

（二）评估结果分析

分别对各项基本指标进行评分，通过上述计算过程得到株洲市四个指标方面的分值以及区域总体火灾风险等级。结果如表4所示。

表4　　　　　　　　　　**株洲市消防安全评估结果**

一级指标	二级指标	三级指标	权重	赋分	三级分数	二级分数	一级分数
城市消防安全形势 0.3	自然条件 0.03	气候特征	0.02	85.0	1.7	2.54	19.776
		地理环境特征	0.01	84.0	0.84		
	经济社会发展情况 0.06	常住人口	0.01	64.9	0.649	4.722	
		人均GDP	0.01	87.3	0.873		
		道路交通情况	0.02	75.0	1.5		
		产业分布特点	0.02	85.0	1.7		
	火灾情况及规律特点 0.11	火灾起数	0.04	44.3	1.772	4.724	
		死亡情况	0.05	20.0	1		
		直接财产损失	0.02	97.6	1.952		
	消防安全出现的新情况、新问题		0.02	65.0	1.3		
	重大火灾隐患情况、分布现状及整改率		0.02	70.0	1.4		
	重大火灾危险源及区域性、行业性消防安全突出问题分布情况		0.04	85.0	3.4		
	年度消防工作落实情况		0.01	85.0	0.85		
	已采取的火灾防控措施发挥作用情况		0.01	84.0	0.84		

续表

一级指标	二级指标	三级指标	权重	赋分	三级分数	二级分数	一级分数
火灾防范工作0.2	政府相关部门履行消防安全职责		0.015	80.0	1.2		14.829
	消防安全经费投入情况		0.01	82.0	0.82		
	消防部门审批监督执法 0.025	审批通过率	0.01	77.4	0.774	2.519	
		人均执法次数	0.015	89.0	1.335		
	火灾高危单位定期开展消防安全评估情况 0.025	万人拥有数量	0.005	82.0	0.41	1.478	
		评估率	0.01	35.0	0.35		
		落实严管严控措施	0.01	71.8	0.718		
	落实消防安全职责情况0.03	社会单位	0.015	71.0	1.065	2.157	
		乡镇、街道	0.015	72.8	1.092		
	公民参与消防工作、举报投诉火灾隐患情况		0.01	57.5	0.575		
	消防宣传工作开展情况		0.015	80.2	1.203		
	消防安全知识普及和公民消防安全知识掌握程度		0.01	65.1	0.651		
	消防安全教育开展情况 0.04	幼儿园	0.01	64.9	0.649	2.809	
		中小学校	0.01	64.9	0.649		
		高等学校	0.01	67.5	0.675		
		有关部门和党校、行政学院	0.01	83.6	0.836		
	单位消防安全培训情况		0.01	80.2	0.802		
	消防行业特有工种职业资格培训情况		0.01	61.5	0.615		

续表

一级指标	二级指标	三级指标	权重	赋分	三级分数	二级分数	一级分数
公共消防基础设施建设 0.3	城乡消防规划制订及实施情况 0.06	城乡消防规划制定	0.03	70.9	2.127	3.807	20.5335
		城乡消防规划实施	0.03	56.0	1.68		
	公共消防设施建设情况 0.18	消防站	0.04	59.8	2.392	12.8535	
		消防装备	0.035	75.0	2.625		
		消防供水	0.035	69.4	2.429		
		消防通信	0.035	79.5	2.7825		
		消防车通道	0.035	75.0	2.625		
	消防队建设情况 0.06	多种形式消防队建设率	0.03	70.5	2.115	3.873	
		万人拥有消防员数量	0.03	58.6	1.758		
灭火救援能力 0.2	政府应急救援能力 0.05	政府制定应急预案	0.025	80.0	2	3.615	14.409
		开展消防应急演练情况	0.025	64.6	1.615		
	消防队灭火救援能力 0.06	装备灭火救援能力	0.03	66.4	1.992	3.942	
		战勤保障能力	0.03	65.0	1.95		
	灭火救援工作及消防演练情况 0.09	出警次数	0.04	82.3	3.292	6.852	
		出动至抵达现场时间	0.025	65.6	1.64		
		消防演练	0.025	76.8	1.92		
评估总分				69.55			

　　根据计算结果，该市的整体火灾风险分值为 69.55 分，等级为 Ⅱ 级，在适当采取措施进行局部整改和加强管理后，消防安全处于可控制的水平。株洲市目前的火灾风险较大的指标项有：道路交通状况、产业特点、

人口密度、电气火灾、用火不慎、吸烟不慎、消防车通道、消防装备配备水平、消防站、消防安全制度制定与落实、公民消防安全知识掌握、火灾高危单位消防评估情况。

五　结论

1. 本文根据一些实际案例总结了一套全新的城市消防安全评估指标体系，改良后的指标体系除扼要地总结前人使用过的指标外，还额外增加了城市消防安全形势指标，为以后的城市消防安全评估提供了参考。

2. 在评估实例中，得分不足60分的指标项总共有7项，分数由低到高排序依次为：死亡情况、有火灾高危单位定期开展消防安全评估率、火灾起数、公民参与消防工作和举报投诉火灾隐患情况、城乡消防规划实施、万人拥有消防员数量、消防站。其中死亡人数得分20分，说明对于火灾扑救中的疏散救人工作是重中之重。

3. 在利用改良后的消防安全指标体系对株洲市的消防安全评估中，城市消防安全形势指标几乎得到了完全的应用，但在以后的工作中还需不断完善和优化。

参考文献

[1] 杨瑞、侯遵泽：《城市区域消防安全评估方法研究》，《武警学院学报》2003年第19卷第5期，第17—21页。

[2] 唐烨：《成都市青白江区城区消防安全评估》，重庆大学硕士论文，2005年。

[3] 董新明、程旭东、张和平：《城市区域化消防安全评价》，《消防科学与技术》2003年第19卷第5期，第17—21页。

[4] 胡传平：《区域火灾风险评估与灭火救援力量布局优化研究》，上海同济大学硕士论文，2006年。

[5] 陈朝阳：《城市区域火灾风险评估的实践与探讨》，《消防科学与技

术》2008 年第 27 卷第 9 期。

［6］许佳华、杨大伟:《城市区域火灾风险综合评估方法研究》,《建筑科学》2010 年第 26 卷第 9 期。

［7］陈国良、胡锐、卫广昭:《北京市火灾风险综合评估指标体系研究》,《中国安全科学学报》2007 年第 17 卷第 4 期, 第 119—124 页。

确保重大安保"点线"消防安全
"万无一失"对策措施探析

吴清松[*]

2017 年是安保大年，北京消防总队在市委、市政府、公安部、部局、市局坚强领导下，不断创新丰富重大活动消防安保"北京模式"，圆满完成了党的十九大、"一带一路"国际合作高峰论坛等系列重大活动消防安保任务，确保了"点线"消防安全零失误、零差错。作为亲历者、参与者，笔者结合安保特点，就完善固化工作对策措施进行探讨。

一 安保特点

（一）规格高规模大

党的十九大有 140 位党和国家领导同志及党的十九大代表、特邀代表、列席人员和来宾共 2899 人出席，3068 名中外记者报名采访大会；高峰论坛有 29 位外国元首、政府首脑以及来自 130 多个国家和 70 多个国际组织约 1500 名嘉宾出席，会议规格和安保级别极高，消防安保作为安保工作重要方面，任何工作疏忽都可能造成重大政治影响和国际影响，带来严重后果。

---

* 吴清松，男，1964 年 8 月出生，籍贯北京怀柔，北京市公安消防总队副总队长。

（二）任务重要求严

党的十九大涉及会场 1 处、住地 15 处、展览场所 1 处、服务保障单位 86 家、行车路线 12 条；高峰论坛涉及活动现场 5 处、住地 35 处，横跨北京 7 个区，其间密集举行各级别多边、双边活动 478 场次，消防安保点多、线长、面广，多线作战。各级领导对安保工作极为重视，明确了"不起火、不冒烟"的工作目标。

（三）形势紧难度大

自 2016 年 11 月接到高峰论坛消防安保任务，距论坛正式开幕不足半年时间。2017 年 3 月全国"两会"安保任务一结束，立即转入高峰论坛安保。8 月建军 90 周年纪念活动，10 月国庆系列活动，紧接着迎来党的十九大。其间，6 月、7 月面临安保维稳重要节点，加之五一、暑期等规律性安保工作，任务头尾相接、密集连续、交织关联，衔接紧、节奏快。特别是高峰论坛首次举办，中央提出了"厉行节俭、不要扰民"以及"不大兴土木、不停工、不放假"的"三不"指示要求，实现安保政治效果、安全效果和社会效果有机统一面临较大挑战。

二　做好安保工作的对策措施

牢固树立底线思维、红线意识，坚持"万无一失、一失万无"的工作标准和"细致、精致、极致"的工作作风，充分借鉴历次重大活动安保成功经验，精心组织、精准防控、精细落实，不断丰富固化重点场所团队专班负责制、重点区域"安全岛"理念、现场勤务"4 + 1"应急联动等工作机制，坚决确保"点线"消防安全万无一失。

（一）优化顶层设计，严密工作体系，牢牢把握主动

（1）建立高效顺畅的指挥调度体系。在军政主官牵头负责的总队安保指挥部直接指挥下，成立分管领导具体负责的总队级安保团队，严密

方案预案，强化整体协同，统筹组织推进会场、住地消防安保工作。进入决战决胜安保阶段，转入联勤指挥部运行模式，总队、支队两级党委班子成员分兵把口，实体化运行各活动现场、会场以及住地前沿指挥部，实时图传、视频指挥、移动执法 APP、远程物联网监控等功能一体化运行，联络、防火、作战、保障等岗位人员 24 小时在岗值守，扁平化调度指挥。

（2）夯实规范运行的基础支撑体系。研究下发指导性意见，明确住地前指、工作专班、住会干部、前置车组每日工作内容及流程，制发"消防安保工作日志"，每日记录工作，进一步强化岗位职责；印制社会单位"消防监督检查记录本"，由单位连续记录各层面监督检查情况，使单位整改火灾隐患、纠正消防违法行为、落实火灾防控措施过程"能延续、有痕迹、可追溯"，确保监督检查效果；定制含主要实用器材的执勤包，勤务期间，外围防火巡视警力携带执法记录仪，对责任区域进行不间断防火巡查检查，现场执法。

（3）强化全程跟进的督导问效体系。总队两级党委班子成员分片包干，"四不两直"一线督导；总队纪委牵头成立安保督导检查组，对任务单位和执勤岗位履职尽责、措施落实等情况及时跟进巡察督导，针对发现的问题制作视频全总队通报警示；机关警力最大化沉入一线，与属地支队捆绑作战，实行驻在督导；从不直接承担会场住地安保任务的支队抽调业务骨干，异地用警交叉互查、重点督查，深入挖掘督改问题；通过监督管理系统定期核查检查录入情况，督促按时完成重点保卫区域量化任务；对住地周边分类型场所一日一重点开展督导，对照台账随机抽取单位实地核查措施落实情况，倒推方案部署、严管措施是否执行到位，发现问题第一时间严格督改。

（4）严密协同联动的无缝对接体系。派驻专员全程参加市公安局安保办工作，实体化运行安保办公室，实名制明确会场、住地总队级联络员，纵向加强与市局、部局安保指挥部以及各任务支队安保办、前沿指挥部的上下联动，无缝衔接落实工作，横向积极与警卫、内保等部门警种以及军队主管部门保持密切沟通，及时通报消防工作意见建议，第一时间掌握控制范围、踏勘检查、勤务流程、证件办理等情况，跟进强化工作措施，切实增强工作主动性、针对性、预见性。

（二）聚焦重点核心，精细精准管控，打造重点区域"安全岛"

（1）建强团队专班。落实重点场所团队专班负责制，实行"一会场一团队、一住地一专班"，每处会场组建不少于 10 名警力的安保团队，并随安保筹备进程梯次加强力量；每处住地按"1 + 2 + 6"模式，选派 1 名住会干部、2 名外围防火巡视警力和 6 人执勤车组，实名制组建住地工作专班，防灭火力量双进驻 24 小时驻守备勤；围绕行车路线，按照路线两侧 50 米范围、双向每 3 公里一个责任段的原则投入工作专班，统筹路线两侧火灾防控工作。针对住地分布较多、安保任务较重的支队，报请部局从全国调派增援警力，进一步充实住地专班及外围防控力量。

（2）全面深入摸排。依托会场团队和住地专班，提前组织对会场控制区以内、住地及周边 500 米范围、行车路线两侧 50 米范围单位场所进行滚动摸排，建立底数台账并保持动态更新。其中，针对会场住地及周边重点单位，从基本情况、消防设施、维保企业、重点部位、技防措施、门禁系统、应急力量等方面全面摸排，一单位一专档；针对其他一般单位及场所，区分居民社区、施工现场、易燃易爆、"六小场所"、餐饮、军管单位等类型及使用性质，逐一摸排登记；针对单位和社区微型消防站，逐一核实登记站长及联系方式、所在地址、备勤人数、值班电话等基本信息。在全面深入摸排的同时，综合会场住地及周边所有要素系统开展风险评估，切实增强防控工作针对性。

（3）集中检查整治。坚持边摸排、边检查，对会场控制区以内、住地及周边 500 米范围、行车路线两侧 50 米范围开展 3 轮"拉网式"排查检查，严查违规停放电动自行车及充电、易燃可燃彩钢板搭建、餐饮场所违规使用液化气罐、地下空间违规住人储存等行为，督促所有会场住地全部加装建筑消防设施物联网远程监控系统、电气火灾监控系统和灶台自动灭火系统 3 类技防设施，所有重点单位落实"6 + 1"措施、一般单位落实"六个一"措施，所有单位全部签订"社会单位消防安全管理承诺书"、逐一测试"1、3分钟"应急处置程序，同时，会同公安部天津、沈阳消防科研所技术专家，对所有住地逐一复检，对周边重要场所重点抽检，将隐患风险降至最低，把保险系数提至最高。

（4）严格整改清零。针对排查检查中发现的隐患问题，落实分类整改措施，总队主要领导集中约谈会场、住地消防安全责任人、管理人，属地分片区、分行业集中约谈单位场所消防安全负责人；对不能立即整改的隐患问题实行账单式管理、项目化推进，严格整改责任、措施、时限，逐一复查，整改不到位坚决不放过；对技术检测发现的隐患问题，系统分类梳理，集中约谈247家技术服务机构负责人，严格责任，督促提升维保质量。进入会议安保时段，重点加强会场住地外租单位、库房、地下室、员工宿舍、管道井等部位的巡查检查，不放过一处死角盲区；对会场住地周边和行车路线两侧，从实名制网格化管理、全时段防火巡查、微型消防站全天候备勤、维保企业驻守捆绑联动等方面，扎实落实严格管制措施，并梳理上账不放心、不托底、不把牢的场所及集中区域，实名制确定监管力量、看护力量，前置部署钩机、铲车、洒水车等应急处置装备，做到静态隐患全清零，动态风险全可控。

（5）强化精准管控。结合隐患成因、监管属性、封闭控制、施工改造等不同特点，"一事一策"落实针对性管控措施。对于个别住地因建设时间较早及规范修订等原因确实难以整改的历史遗留问题，督促单位实名、实岗、实责24小时不间断死看死守。对于军管单位，向主管部门发出进一步加强军队在京单位消防安全工作意见函，并联合相关主管部门集中约谈军管住地消防安全责任人，通报隐患问题，严格主体责任，强化工作合力。对于重点环节，对符合条件的住地，督促全部采用电磁阀控制的常开式防火门，并在直通室外的安全出口，推广安装具有紧急情况下手动打开或远程控制功能的门禁系统，解决消防管理与警卫封控之间的矛盾。对于大型成就展等施工改造项目，从方案设计环节提前介入，向主办、场地、施工搭建各方明确消防安全意见，落实施工人员培训合格进场作业和电气焊逐项申报制度，采取穿管、桥架保护方式规范电气线路敷设，落实配电柜实名制管理和统一供电措施，严禁墙壁插座直接供电，严格叉车、电动车充电管理。

（6）全程宣传演练。深化落实住地消防宣传"四个规定动作"，集中培训会场、住地消防安全管理人、消防控制室值班人员、内部员工、特殊工种人员、安保人员等"五类人员"，重点加强"1、3分钟"应急处置、消防水喉操作、厨房人员使用灶台灭火系统等方面培训演练。在住地房间闭路电视开机播放"宾馆消防安全"公益短片，在房间明显位置摆放统一制作的消防安全温馨提示卡和消防安全知识手册，在首层悬挂消防安全"三懂三会"和"三提示"易拉宝，在主要出入口、电梯间前室或电梯轿厢内张贴消防宣传海报，在住地、新闻中心及周边户外大屏、楼宇电视、LED屏幕滚动播放消防安全公益短片和提示信息。会场住地周边"六小单位"手机端安装"掌上119一般单位版"软件，强化内部巡更式检查。为住地武警执勤官兵和军管单位守卫力量配备灭火器材，开展消防安全专业培训和联勤联动实战演练，强化应急处置协同联动。

（三）突出贴身监护，强化应急联动，确保勤务绝对安全

（1）严密勤务部署。结合会场住地分布、行车路线设置，组织对勤务指挥体系搭建、前沿指挥部选定、警力调配等环节反复踏勘调研，对分区控制执勤点位反复核实推演，科学选定现场安保指挥部和住地前沿指挥部，严密制定"消防安保执勤方案"，落实实名制警力部署。逐个前指、逐个现场配套制作"勤务组织指挥体系图""执勤警力部署示意图""住地组织构架图"，汇编含基本情况、警力部署、通信联络等内容的安保工作手册，有效辅助勤务指挥和执勤保卫工作。住地执勤车组就近合理选定备勤点位，预设水带连接，前沿指挥部、执勤车组、单位微型消防站、住会干部和总队119指挥中心"4+1"应急联动，24小时前置备勤。

（2）精心过程看护。针对大型成就展等施工改造、搭建布展项目，安保团队提前主动介入，全程跟进落实方案审查、材料检验、电气检测、人员培训、巡查检查、现场监护等工作，逐个批次对装修装饰材料进行燃烧性能检测，逐个阶段开展全馆消防设施设备和满负荷电气防火检测，严把消防安全关，同时明确每日巡查检查重点及内容，每班定岗定人流动巡检，保证动态隐患每日清零。针对重点服务保障单位，全程跟进，部署防火警力、执勤车组落实驻点常态化勤务。针对住地，紧盯代表可能涉足的重要场所和重点部位，住会干部与住地安保力量捆绑作业，强化巡视检查和应急响应。

（3）全程严防死守。结合全要素演练和常态化安保工作，坚持把实战标准贯穿到末端一线，实名、实岗、实装、实责开展演练，全方位进行压力测试，不断磨合指挥流程，优化整体协作，针对在人员岗位职责熟悉、微型消防站调度、通信指挥、动态风险巡视检查等环节存在的不足，对警力部署、通信联络、安保措施再优化，把勤务机制调整到最佳。勤务期间，消防安保联勤指挥部联络、通信、防火、作战等岗位人员无缝衔接，各前沿指挥部高效运行，统筹调度各执勤点位落实现场巡视检查、重点部位监护、死面死角巡控等勤务措施；每日收集汇总各住地前指工作开展情况，以及住会干部和住地专班实名制检查情况，每天分3个时段对各住地前指、工作专班、住会干部、执勤车组不定时进行电台呼点，及时通报情况、提示工作；各执勤力量始终坚守岗位、尽职尽责，全程严防死守，确保消防安全万无一失。

论 G20 勤务指挥调度模式在
重大活动消防安保中的应用

何烨华*

二十国集团领导人第十一次峰会（以下简称 G20 峰会）于 2016 年 9 月在杭州召开，这一会议是近年来我国主办的级别最高、规模最大、影响最深远的国际会议。为确保峰会活动期间杭州地区灭火救援、火灾防控等各项安保工作快速高效，杭州支队全体官兵经过不断实践、不断创新、不断改良，逐步探索出了一套反应灵敏、协调有序、运转高效的 G20 勤务指挥调度模式，获得了前所未有的效果。笔者结合峰会安保的一些经验和做法，就 G20 勤务指挥调度模式的实际应用作一探索和思考，供大家参考。

一 G20 峰会消防安保任务特点及难点

此次 G20 峰会消防安保主要呈现五大特点，同时也是安保难点。

（一）规模大，参会人数多

峰会有 20 个成员国领导人出席，7 个嘉宾国全程参会，另有 3 个国际机构也受邀出席。代表团成员注册人数达到 7500 人以上。媒体记者等

* 何烨华，男，1972 年 8 月出生，籍贯浙江诸暨，浙江省杭州市公安消防支队副支队长。

也多达 5000 余人。

（二）规格高，警卫要求严

G20 峰会是我国历史上主办的规格最高的国家领导人峰会。参会国家和组织、邀请国全部作为一级警卫对象，外宾警卫对象有 70 多批，中宾警卫对象有 12 个。

（三）活动多，持续时间长

既有各主场次会议，又有游艇、演出、烟花大会等文化活动，还有配偶走访浙江大学、中国美院等各类活动。各类会议会期长达 6 天，共计 13 个场次会议。

（四）标准高，工作压力大

公安部提出了"在峰会周期间（8 月 30 日至 9 月 6 日），杭州市区及涉会场所视线范围内不冒烟、不起火，杭州市不发生有影响的火灾事故"的工作目标，标准高、要求严。

（五）范围广，防控难度大

中外嘉宾活动场所和要人住地共涉及上城、下城、拱墅、江干、西湖、滨江、景区、萧山 8 个区，会议场馆从奥体板块跨江至钱江新城板块，要人和媒体住地从西溪板块横跨至市东南萧山板块，地域面积达 2140.7 平方公里；涉及警卫路线共 90 条，全长约 122 公里，火灾防控和应急处置难度大。同时，面对如此繁重的安保任务，杭州支队警力仅 1400 余人，"点、线、面"全面布防难度大，警力严重不足。

二　G20 勤务指挥调度模式

基于 G20 峰会消防安保任务特点和安保难点，杭州支队在借鉴各地重大活动安保指挥调度模式的基础上，精心谋划，群策群力，着力打造了精准、灵敏、统一的 G20 勤务指挥调度杭州模式，有效确保了"点、线、圈、面"的绝对安全。

（一）突出"三个到位"，指挥调度精准化

（1）警力测算到位。注重安保警力的科学配置，先后实地踏勘各涉会场馆共计150余次，召开警力需求研商会、警力部署研讨会等50余次，根据峰会场馆分布对应设立G20前沿指挥部和现场指挥部、西湖安保圈前沿指挥部、B20前沿指挥部，确定了以"点、面、线、圈"为纲、指挥所为干、安保团队为核的警力调配模式。先后2次邀请部消防局安保专家实地指导，结合消防安全评估结果，针对峰会规模大、安保标准高、场馆分布广的特点，从火灾防控压力、涉会场馆保卫、安保圈管控、警卫沿线布防、基层派出所指导和不确定因素等方面对安保警力进行了精准测算，确保了安保警力充足。

（2）力量投放到位。统筹考虑场馆力量调派与警卫安全、沿线兵力部署与可视范围、圈内加强性管控与社会面火灾防控的均衡，对"点、线、圈、面"安保警力逐一进行优化完善。在G20现场指挥部和前沿指挥部下，设了3个指挥所，派驻了10辆执勤消防车和217名警力；在西湖安保圈前沿指挥部下，设了10个指挥所，派驻了34辆执勤消防车和557名警力；在B20安保圈前沿指挥部下，设了2个指挥所，派驻了15辆执勤消防车和164名警力实施保卫。同时成立了基地指挥部负责调度指挥社会面的火灾防控工作，在各区（县、市）消防大队和警卫沿线设立了20个指挥所，204辆执勤消防车，1410名警力，形成了"点上精兵严守、线上重兵严控、圈内大兵严防、社会面全兵压境"的安保格局。

（3）信息研判到位。"峰会周"期间，各指挥部落实1名支队党委成员实行24小时坐岗制，坚持每日一会商、每日一研判、每日一调度、每日一推动和每日一报告"五个一"工作机制。重点对每起火警情况、监督检查发现的突出问题、社会面火灾防控力量发动和工作开展情况、多种形式灭火力量的发动和准备情况、火灾防控重点工作落实情况进行科学分析，落实"五要素必研判"，即接警的时间、警情的区域、燃烧的物质、处置的对策和形成的后果，下达针对性、实效性强的工作指令，提出精准防控措施。

（二）建立"三项机制"，指挥调度灵敏化

（1）建立扁平的指挥调度体系。打破传统的从部局到中队五个层次逐级指挥模式，最大限度精简指挥层级，根据 G20 峰会安保工作实际，建立多个部局、总队、支队共同参与的合署平行指挥部，并将中队、指挥所或安保团队作为基本单元直接指挥，纵向减少了指挥层级，横向畅通了指挥关系，实现了由指挥部直接向一线安保人员"点对点"直接指挥。

（2）建立完善的信息互通机制。一方面实行资源共享：各级指挥部逐一搭建可视化指挥平台，接入支队级指挥中心、驻点安保力量、巡逻执勤车的 3G 图传和住地酒店、交通道路监控等视频资料，实时接收掌握现场、车队、人员出入、安保力量定位等情况，以视频调度全覆盖实现对"点、线、圈、面"安保力量的精准调度指挥。另一方面确保通信畅通：建立健全 G20 现场通信规则，对现场通信组织、现场通信指挥层次、无线通信组网、现场下达命令呼叫、汇报呼叫程序进行严格规范。利用 POC、卫星电话、350M 车载手持机等建立三级通信网络，确保信息指令上传下达。

（3）建立优化的作战指挥程序。以严格务实的举措落实战斗准备，着力形成计划指挥为基础、调度指挥为轴心、现场指挥为龙头"三位一体"的作战指挥程序。以计划指挥为基础：统筹考虑安保现场不同楼层、不同区域的功能用途及人流量等因素，提前制定与安保现场相适应的紧急事件处置预案。峰会期间，先后完成 9 大类型预案，1188 家中队级预案，387 家涉会场所、重点目标预案，17718 个"三不放心"对象的预案和 632 份作战信息卡，开展涉会场馆熟悉 2096 次、实战演练 3915 次，不断验证"1.3.5.10"处置预案的科学性、针对性和操作性。以调度指挥为轴心：安保圈内，借助"片区化"和"扁平化"指挥模式，不论安保过程中参战力量片区如何划分，灭火作战都以安保圈指挥部的调度指挥指令为绝对轴心，直接调派各前沿安保力量，确保各类参战力量能够合理分工、统一行动。社会面上，以基地指挥部调度指挥指令为绝对轴心，五大片区协同配合，强化单体作用发挥，提升处置合力。以现场指挥为龙头：在发生突发情况时，任何预案或战术的应用始终紧紧围绕"灵活机动"这一原则，坚决以现场实际情况为主导，确保有针对性地开展作战指挥。

（三）落实"三项举措"，指挥调度统一化

（1）建设作战指挥体系。强化支队全勤指挥部、片区指挥长、大队指挥员建设，落实支队全勤指挥部"1＋4"遂行指挥团组出动模式，完善"片区化"指挥体系，落实杭东、杭南、杭西、杭北和杭千高速沿线片等5个片区指挥长制度。联合建立应急办119调度平台，实现与森林警察、交通警察、机场消防队、环卫园林等25个应急部门的同步响应和联合调度作战。

（2）实行合署办公制度。横向上明确调派综合协调专员进驻市局峰会安保办和安保指挥部，与公安、警卫、武警等相关安保力量无缝对接；纵向上抽调各部门联络员与总队合署办公，建立省市合一的峰会安保实体化运作体系，第一时间传达总队峰会安保有关工作标准、措施，商讨安保对策；支队内部分阶段建立安保办和基地指挥部，各部门派员入驻，建立健全工作机制；同时市政府、区（县、市）政府分管领导直接到指挥部现场指挥。

（3）完善战时勤务机制。制定出台战时勤务机制、驻点消防安保和"网格化"执勤工作规范、实战阶段安保团队执勤要则等规范性文件，各指挥所按照管辖区域实行分片包干，统一、平行调度，全体官兵尽最大努力走出营门、走上社会，进街道、进社区、进农村、进单位，全面辐射点、线、面各个区域，实现"1、3分钟"灭火处置，时刻保持实战的状态。着力构建"准备充分、响应迅速、片区作战、指挥扁平、措施精准、处置高效"的勤务工作机制，提高灭火救援能力。

三　对重大活动消防安保指挥调度工作的经验启示

就重要程度而言，指挥调度工作在重大活动消防安保中居于关键地位，是火灾防控和应急处置的大脑中枢，直接决定消防安保工作的效能。G20 峰会相比其他重大活动，从安保任务特点上看，排除警卫级别差异，在活动规模、活动数量、持续时间、工作标准和开放程度等都有共通之处，其勤务指挥调度模式对重大活动消防安保指挥调度工作极具借鉴意义，都必须具备精准、灵敏、统一的特点。

（一）精准的指挥调度是实施有效防控的基本要素

涉会场馆的数量规模、火灾防控、应急处置工作的标准要求、进驻的时间长短、警卫的级别、消防力量的充足程度以及社会面火灾防控的现实需求等因素，都会影响大型活动点上的消防力量调配。只有力量布控精准到位，安保措施才能有序、高效地推进落实，才能实现精准指挥，有的放矢。

（二）灵敏的指挥调度是实现快速处置的现实需要

应急处置是重大活动消防安保工作的最后一道防线，直接决定了安保工作的成败；而快速的应急处置必须依托灵敏的指挥调度来支撑。如果指挥调度出现拖延，势必会影响应急处置的速度，往往会使现场情况更复杂、更难以掌控。

（三）统一的指挥调度是确保实战打赢的必然要求

消防安保力量必须服从一个上级的命令和指挥，才能保证政令统一，行动一致。如果两个或多个上级同时对某一安保力量进行指挥调度，就会出现混乱。而且重大活动往往点多面广，消防安保力量分散分布，如果没有统一的协调对接和指挥调度工作机制，各自为战，战斗力得不到保证，一旦发生突发情况，也难以有效控制，难以应对重大活动可能出现的复杂局面。

从具体措施上看，G20 警力测算、力量投放、信息研判等举措形成的精准指挥调度模式具有一定的普适性，但安保圈是否需要划分、如何划分以及具体兵力部署等方面应结合重大活动实际确定；基于扁平指挥调度体系、完善信息互通机制、优化作战指挥程序的灵敏指挥调度具有较高的普适性，能适应绝大多数重大活动消防安保指挥调度工作并发挥作用；而统一调度指挥方面，作战指挥体系建设应结合各地实际情况进行自我完善，合署办公和战时勤务机制成效明显，可广泛应用于各类重大活动消防安保指挥调度工作中。

四　结束语

随着社会的发展进步，各类重大活动越来越多，公安消防部队的职能也将发生一定的变化，今后的消防工作除了传统的火灾防控和灭火救援外，重大活动消防安保也会逐渐占据一定的比重。G20 勤务指挥调度模式在一定程度上实现了安保警力、防控措施的精准调度，提高了指挥调度的效率、效能，其成功经验和做法大多可学可做。但重大活动消防安保指挥调度工作机制的建立是一项系统工程，可能还有更适合、更有效、更完善的方式，既坚持相对独立又能满足联合作战需求，指挥调度任务指令更加精准，更具针对性和实效性，需要我们在实践中进一步探索，切实强化重大活动安保火灾风险管控和应急处置水平。

参考文献

[1] 朱力平：《公安消防部队预案体系预研》，《消防科学与技术》2009年第 2 期。

[2] 朱力平：《动态立体灭火救援圈》，群众出版社 2007 年版。

[3] 伍和员：《消防战训工作的改革和发展》，东南大学出版社 2008 年版。

[4] 《灭火救援教程》，2008 年。

[5] 郭铁男：《中国消防手册》，上海科学技术出版社 2006 年版。

以消防安全责任制落实为牵引
推动社会消防事业追赶超越发展

李程航*

习近平总书记在陕视察时发表重要讲话，指出陕西正处在追赶超越阶段。这一新的提法，是总书记对陕西发展阶段的全新定位和全新要求。如何推进社会消防事业与经济社会协调发展，实现提振增速、追赶超越，满足人民群众对消防安全的新需求、新期待，为促进社会经济发展创造良好的消防安全环境，是消防部门必须深入研究的一个大课题。结合工作实际，笔者认为，推动社会消防事业实现追赶超越发展，落实各级工作责任是根本。进一步完善政策机制，推动党委政府、部门行业和社会单位各级消防安全责任有效落实，构建起责任明晰、无缝对接的消防安全责任体系，是推动社会消防事业取得创新发展的强劲动力。

一　坚持党政同责、一岗双责、齐抓共管，
推动消防工作落地见效

陕西省委、省政府历来高度重视消防工作，不断夯实各级政府、部门和社会单位消防安全责任，始终坚持标本兼治、群防群治，逐步构建起了立体化的火灾防控体系，推动消防工作不断取得新成效。一是坚持

---

* 李程航，男，1963年2月出生，籍贯陕西宝鸡，陕西省公安消防总队副总队长。

党政同责齐抓消防安全。2016 年，陕西省在全国率先将消防工作纳入了全省目标责任考核体系，并与党政干部政绩挂钩，以最严的标准评价工作成效、衡量消防事业发展成果，以高级别的考核应用推动消防事业快速发展。从考核情况来看，全省各级政府、各行业部门、各社会单位的消防工作进一步加强，较好地完成了年度消防安全目标任务，消防安全责任体系日趋完善，全省防御火灾能力不断提高。二是坚持部门履责加强消防监管。贯彻习近平总书记"管行业必须管安全、管业务必须管安全、管生产经营必须管安全"指示要求，依托各级消防安全委员会每季度召开联席会议，做到对消防工作定期会商、互通信息，畅通各职能部门沟通、协调渠道，通过审批联动、联合执法、隐患抄告等多项机制措施，齐抓共管消防安全。三是坚持行业担责强化消防管理。针对集团化和连锁型企业区别于行业系统和社会单位的特点，探索创新适应企业经营管理方式的消防安全管理模式。省消防部门制定出台《陕西省集团化和连锁型企业消防安全管理工作的指导意见》，对全省集团化和连锁型企业消防安全工作对口联系指导，企业和从属企业属于消防安全重点单位的，其消防安全工作由辖区消防部门负责监管，未列入消防安全重点单位的，其消防安全工作由辖区公安派出所负责监管，各企业总部对从属企业落实消防安全管理责任，确保消防安全时时有人抓、有人管。四是坚持单位落责强化自主管理。紧紧围绕社会单位消防安全主体责任落实，强化单位法定代表人、消防安全管理人培训，提高消防安全意识和与之匹配的管理能力，通过倡导社会单位消防安全规范化、精细化以及"户籍化"管理等，确保单位明责落责。五是坚持公民尽责实现群防群治。始终坚持树立"全民消防"理念，省政府设立 119 消防奖，大力发展消防公益事业，奖励热心服务消防事业的优秀人士。开通 96119 火灾隐患举报投诉热线，赋予公众更多参与消防管理的机会和权利。通过社会公众服务平台及时受理群众咨询，正确引导公众履行消防安全义务、积极承担"消防监督员""消防宣传员"，形成消防安全群防群治的局面。

二　落实消防安全责任制面临的问题和挑战

做好消防工作是全社会的共同责任，尤其是消防基础性的工作，涉及部门多，分析消防工作社会化进程中存在的问题，消防安全责任制落实不到位，是消防事业创新发展的"绊马索"。一是个别基层党委政府消防安全理念意识不强。一些地方党委政府只注重城市发展速度，忽视城市公共基础建设。一些地方政府领导以优化投资环境为由，对招商引资项目建设一味强调开辟"绿色通道"，使一些经济开发区和工业园区建设工程"先上车后买票"，造成大量先天性火灾隐患。对一些重大火灾隐患，虽然是政府挂牌督办，但是批办由消防部门抓好落实，缺乏统一协调和多部门协作发力，致使一些重大火灾隐患长年挂牌，成为久拖难销之案。二是一些行业部门监管责任意识不强。一些行业部门片面认为消防工作是消防部门的事，对本行业消防安全重视不够，对整改火灾隐患不热心，对本行业、本系统单位的消防安全疏于监管，所谓的消防安全"明白人"对消防工作不清楚。有的部门消防联动协作意识不强，诸如在电气火灾综合治理工作中，电气设施设备从生产流通、设计施工到使用管理等领域的安全监管涉及多个部门，有的部门对信息共享、联合查处、案件移送等工作机制落实不到位，造成部分电气生产、销售、施工、使用单位失控漏管。再比如高层建筑消防安全综合治理中，物业服务企业对消防设施维护保养没有列入专项维修基金支出，造成设施故障等问题难以及时解决。三是一些单位主体责任落实不到位。重经济效益、轻消防安全依然是一些单位的"通病"，消防安全制度不健全、设施不到位、教育培训不落实、应急准备不充分，对火灾隐患久拖不改。一些人员密集场所依然存在疏散通道不畅，消防设施落后，电线乱拉乱接等问题。一些企业因生产不景气，无力顾及火灾隐患的整改。尤其是有的乡镇企业和私营企业的厂房设备简陋，消防安全条件差，厂房"三合一"现象严重。

三　健全完善消防安全责任体系的对策

（一）明确政府统揽和行业部门依法履职责任清单

建立完善各级政府统揽，部门齐抓共管的消防安全责任工程。推动党委政府贯彻落实《国务院关于加强和改进消防工作的意见》，始终把消防安全工作作为一项重要的工作任务来抓，做到消防安全工作与经济工作同部署、同推进、同考核。"十三五"期间，陕西省以"十三五"消防事业发展规划和陕西省消防能力提振建设计划全面实施为抓手，明确各级政府和相关行业部门消防安全责任，构建责任明晰、顺畅高效的消防安全责任体系。一是强化党委政府领导责任。贯彻落实习总书记"党政同责、一岗双责、失职追责"的要求，坚持政府主导地位，将消防安全纳入政府重要议事日程，定期召开党委常委会、政府常务会，听取消防工作专题汇报，协调解决涉及消防规划、消防设施和装备建设、消防力量发展、消防宣传教育、火灾隐患整治等重大问题，使消防工作与本地区经济社会发展相适应。加强对各级领导干部消防法律法规等知识的培训，加强对行业部门消防工作责任清单的对账检查，加强对社会单位消防安全的监督指导，坚持依法治火，稳控消防安全形势，实现消防工作的又好又快发展。二是强化行业部门监管责任。按照"管行业必须管安全"的要求，坚持"谁主管、谁负责"，建好用好消防联席会议平台，常态化落实消防工作例会、火灾形势研判、联合执法检查、定期考核通报等工作机制，确保消防工作抓的实、抓的细。督促各部门、行业将消防工作与业务工作统筹推进，加强对所属单位的消防安全检查、人员教育培训，严查火灾隐患。督促行政审批部门对涉及消防安全的事项严格依法审批，不符合消防安全条件的，一律不准办理相关审批手续，加强源头管控。三是强化乡镇街道网格化管理责任。将消防安全纳入社会服务管理体系，推动乡镇政府、街道办事处健全消防组织机构，落实专职消防管理人员，整合联防队员、消防协管员、保安队员、消防志愿者等力量，实现对消防工作的网格化管控，提升消防安全治理水平。借鉴综治、安监等管理信息系统，运用现代技术提升"网格化"管理手段，把基层消防管理工作做扎实。

（二）强化社会单位自防自救自我管理责任清单

各级政府和部门要推动社会单位法定代表人做出执行消防法律法规、制定消防工作计划、保障消防经费、组织防火检查、建立消防组织、制定灭火和应急疏散预案等承诺，做到单位"安全自查、隐患自除、责任自负"。一是大力培养消防安全"明白人"。从消防安全重点单位入手，督促每个单位配备专职消防管理人，负责本单位日常消防管理工作，督促高层建筑和大型人员密集场所落实消防安全经理人制度，对重点单位消防安全责任人、管理人、消防专兼职人员、消防控制室值班操作人员和保安等"五类人员"落实消防安全培训，培育履职尽责的"明白人"。二是严格落实消防设施维护保养制度。督促设有自动消防设施的单位与具有资质的维护保养企业签订维保合同，定期对消防设施维护保养，每年对单位消防设施进行一次全面检测，并将检测结果作为消防部门监督检查的重要内容。确保消防设施完好有效。三是推动建设有战斗力的微型消防站力量。指导社会单位依托自身安保力量建设微型消防站，成为单位消防安全巡查队、消防知识宣传队、灭火救援先遣队。推动超高层建筑和大型城市综合体在原微型消防站基础上，优化人员、装备和基础配置，建设专职微型消防站，强化应急联动机制，确保一旦发生火灾，3分钟内形成第一处置力量到场扑救，实现"灭早、灭小、灭初期"。四是推动火灾高危单位实施更为严格的管理措施。对高层地下建筑、大型城市综合体、石油化工等火灾高危单位和场所，实施更加严格的人防物防技防措施，提高消防安全设防等级。指导大型易燃易爆单位建立专职消防队和工艺处置队，严格落实陕西创新提出的消防安全"互查互学"活动和"一厂一策一演练"要求，提高易燃易爆单位管理水平和专业处置能力。推动设有自动消防设施的人员密集场所等火灾高危单位接入城市消防远程监控系统。推广应用热成像、电弧检测、智慧用电等技术手段，加强早期火灾的可视监测和电气火灾的智能化处置。

（三）建立完善对照责任清单科学合理的考核机制

建立和完善科学合理的考核工作机制，确保消防安全责任制的有效落实，进一步挖掘潜力，激发活力，强化社会化消防工作基础，使消防工作变得更加规范化、制度化。一是考核内容覆盖面广，紧密结合年度实际工作。每年的消防工作考核内容，严格按照年度省人民政府消防安全目标责任书、省人民政府行业系统消防安全目标责任书规定的各项任务，近几年考核还结合省"十三五"社会消防事业发展规划、省消防能力建设提振计划中的年度任务，制定具体考核实施细则。考核标准要求高，考核内容范围广，更加注重与年度实际工作的紧密结合，以考核促进工作落实，以考核推动全省消防事业发展的作用凸显。二是考核指标设置合理，激励导向作用明显。按照突出重点的原则和细化、简化、具体化的标准，科学设置考核任务指标，有效解决重视年终考评、忽视平时工作，重视专项考核、忽视社会评价，重视考核分值、忽视正向激励等问题，防止年终考核时搞突击、一阵风、走过场。使各级政府、各部门在工作中及时对标、查漏补缺、取得实效。通过消防目标责任考核，真正考出各级各部门干事创业的激情，考出追赶超越的动能。三是考核方式灵活，组织工作科学有序。抽调政府相关部门业务骨干成立考核组，采取听汇报、查资料、实地抽查等形式，对于各设区市政府，抽查县（区、市）公共消防设施建设情况、社会消防力量发展情况、社会单位消防安全管理情况及乡镇、街道消防安全网格化管理情况；对于行业系统主管部门，抽查行业系统内基层单位消防安全管理情况，除检查市县级政府有关台账资料外，还将实地抽查社会单位，检查面广，考核内容全面。考核组坚持公平、公正、公开的原则，严格按照考核细则实施，做到一把尺子量到底，全面综合考核评价消防工作情况，着力推动各级党委政府的领导责任、部门的监管责任、社会单位的主体责任落到实处。

关于广东省三大自由贸易试验区消防安全治理的探索和思考

洪声隆[*]

广东省自由贸易实验区于 2015 年 4 月 21 日挂牌成立，省消防总队积极探索自由贸易试验区消防治理新模式，以开放倒逼改革，以改革倒逼服务，创新推出了一系列服务自由贸易实验区发展的新举措。

一 自贸区消防安全体系现状

广东自贸区分广州南沙、深圳前海蛇口、珠海横琴三个片区，实施范围 116.2 平方公里，其中南沙新区片区 60 平方公里，前海蛇口片区 28.2 平方公里，珠海横琴新区 28 平方公里，其中前海蛇口片区又分为前海区块（15 平方公里，含前海湾保税港区 3.71 平方公里）和蛇口区块（13.2 平方公里）。南沙片区重点面向世界先进发达国家，建设以生产性服务业为主导的现代产业新高地和具有世界先进水平的综合服务枢纽；前海蛇口片区重点推动粤港深度合作，建设我国金融业对外开放试验示范窗口，世界服务贸易重要基地和国际性枢纽港；横琴片区重点推动粤澳深度合作，建设文化教育开放先导区、国际商务服务休闲旅游基地和

---

* 洪声隆，男，1970 年 9 月出生，籍贯福建福州，广东省公安消防总队防火监督部部长。

促进澳门经济适度多元发展的新载体。目前三个片区分别由广州市南沙经济技术开发区（含保税港区）管委会、深圳市南山区政府和珠海市横琴新区管委会管辖。

广州市南沙经济技术开发区（含保税港区）管委会、深圳市南山区政府和珠海市横琴新区管委会负责本行政区域内自贸区的消防工作，其中深圳前海蛇口自贸区中前海片区主要由南山街道办事处具体负责，蛇口片区主要由招商街道办事处负责。各区（管委会）及下辖各镇街均成立消防安全委员会，各有关镇街依托社会治安综合治理等城市管理平台，应用信息化手段全面推行消防安全"网格化"管理工作，自贸区在加强政府对消防工作的统一领导、部门依法监管、公共消防基础设施建设、消防宣传和灭火救援等方面积极探索，政府及有关部门消防安全责任制基本得到有效落实。

二　自贸区消防工作模式

（一）广州南沙沿用传统的防消结合模式

1. 公安机关消防机构设置情况

南沙自贸区设有1个现役公安消防大队，下辖四个消防中队，共有官兵182人，其中现役干部25名，现役战士60名，合同制消防员97人，现有消防车辆29台，消防船1艘。负责实施辖区的消防监督管理和灭火救援工作。

2. 消防立法情况

广州市未就消防工作进行立法，全市包括南沙自贸区在内执行国家及广东省颁布实施的消防法律法规。

3. 消防行政审批情况

南沙自贸区的消防行政审批工作，按照本市确定的分级审批权限分别由广州市公安消防支队和南沙公安消防大队共同承担。南沙公安消防大队在区行政服务中心设立业务受理窗口，进行消防审批一站式办理。

4. 消防监督检查情况

广州市公安消防支队和南沙公安消防大队按照分级监管权限对南沙自贸区范围内确定的消防安全重点单位以及其他非消防安全重点单位实施消防监督抽查；公安派出所依照《广东省公安厅关于公安派出所消防监督检查的工作规定》（以下简称《省派出所规定》）负责对辖区内居民住宅区的物业服务企业、居民（村民）委员会履行消防安全职责情况和五大类十五小类单位场所①实施日常消防监督检查，并对其他社会单位开展消防监督抽查；社会单位尤其是"三小"场所全面纳入镇街消防安全"网格化"管理。

5. 多种形式消防力量建设情况

广州南沙区现有政府、企事业专职消防队 19 支，其中镇（街）政府消防专职队 8 支，企事业单位消防专职队 11 支，共 329 人，车辆 29 台。此外，2014 年南沙区财政投入 1700 万元在全区 128 条村（居）和 28 个社区共建设 156 个微型消防站。微型消防站配备消防摩托车和基础实用型灭火器材、破拆器材、防护器材，队员 24 小时执勤巡查，接警后 3—5 分钟到场处置，既为抢救生命和财产赢得宝贵时间，也成为消防安全"网格化"管理的有效辅助。

（二）深圳前海蛇口、珠海横琴施行防消分离模式

1. 公安机关消防机构设置情况

（1）前海蛇口自贸区所在的南山区政府设有 1 个现役公安消防大队、1 个区公安分局消防监督管理大队。现役大队下辖 5 个消防中队，现有消防车辆 27 台，消防船 2 艘，其中蛇口中队、蛇口水上中队直接负责实施前海蛇口自贸区的灭火救援工作；公安大队下辖建审科和 1 个防火中队，共设人员编制 25 名（含辅助管理雇员编制 3 名），建审科负责消防行政

---

① 五大类十五小类单位场所是指需要行政许可的旅馆业（含提供住宿服务的洗浴业）、典当业、公章刻制业等；废旧金属收购业、旧货业、机动车修理业、报废机动车回收（拆解）业、印刷业；二手手机交易、开锁等行业；歌舞娱乐、电子游戏等娱乐场所；洗浴、按摩、美容美发等服务场所。

审批工作，防火中队负责消防监督检查工作。

（2）横琴自贸区设有1个现役公安消防大队、1个区公安分局防火监督大队。现役大队下辖1个合同制消防中队，大队官兵和中队干部为现役，共6名，中队消防员为合同制消防员，共32名，大队共有消防车4台，负责实施辖区的灭火救援工作；公安大队与横琴派出所合署办公（所队合一），派出所所长兼任防火监督大队大队长，共设消防专职民警3名，负责辖区的消防监督检查工作。

2. 消防立法情况

深圳市、珠海市分别出台了经济特区消防条例，进一步强化了消防安全责任制，明确了政府、职能部门、消防安全委员会、公安派出所和社会单位的消防工作职责，加大了消防执法力度。《珠海经济特区消防条例》提出了"小型场所"的概念①，并特别明确了镇街对"小型场所"的监管责任。

3. 消防行政审批情况

（1）前海蛇口自贸区的消防行政审批工作，按照本市确定的分级审批权限分别由市公安局消防监督管理局、南山公安分局消防监督管理大队共同负担。

（2）横琴自贸区的消防行政审批工作，按照本市确定的审批权限，全部由市公安消防局负责，横琴新区防火监督大队暂不负责消防行政审批工作。

4. 消防监督检查情况

（1）前海蛇口自贸区由区公安分局消防监督管理大队对辖区范围内确定的消防安全重点单位以及其他非消防安全重点单位实施消防监督抽查；南山派出所、招商派出所、蛇口派出所依照《省派出所规定》共同负责对辖区内居民住宅区的物业服务企业、居民（村民）委员会履行消

---

① "小型场所"是指建筑面积不超过200平方米，设置在二层及以下，有独立防火分隔和出口的场所。

防安全职责情况和五大类十五小类单位场所实施日常消防监督检查，并对其他社会单位开展消防监督抽查；社会单位尤其是"三小"场所全面纳入镇街消防安全"网格化"管理。

（2）横琴自贸区由于当地公安大队与横琴派出所合署办公（所队合一），派出所所长兼任防火监督大队大队长，因此负责对自贸区范围内除小型场所外的社会单位实施消防监督抽查；小型场所纳入镇街消防安全"网格化"管理。

5. 多种形式消防力量建设情况

前海蛇口自贸区另设有政府专职消防队1个（湾厦海湾专职消防队），消防员10人，消防车辆1台，消防摩托2辆。横琴自贸区另设有一支森林消防队，共有1台消防车，消防员19名，横琴长隆海洋王国设有1支企业志愿消防队，共有2台消防车，消防员15名。

三　自贸区消防规划编制情况

南沙、前海蛇口、横琴三个自贸区均已制订包含消防内容的总体规划，横琴自贸区已制订了消防专项规划，前海管理局正在组织制订前海片区的专项消防规划。截至2020年，南沙共规划设置25座消防站，其中22座陆上一级普通消防站、2座特勤消防站、1座独立水上消防站；前海蛇口共规划设置4座消防站，其中1座陆上一级消防站，2座普通消防站；横琴共规划设置6座消防站，其中5座陆上一级消防站，1座水上消防站。

四　自贸区消防安全管理方面存在问题

（一）现行消防行政审批模式与自贸区建设要求不适应

自贸区行政事务办理推行"一表申报，一口受理"工作机制，要求实现"区内事，区内办"，对审批事权充分下放。但各地对于建设工程审核验收和备案抽查工作，一般会根据建设工程的规模和审批事项的不同划分支队和大队的管辖权限，因此部分审批事项还尚未充分下放。

（二）土地大规模开发和现有土地使用性质调整给消防审批带来难题

现阶段自贸区在土地利用和管理上，面临着土地利用结构调整优化的问题。自贸区所在地区初期的土地性质，大量为工业用地，夹杂商业办公用地和少量市政公用类用地。自贸区成立后，存量土地大规模开发，短时间各类企业成批入驻，大量工业用地需要建起商业和办公类建筑。而消防法规明确了消防行政审批需要与所提供的建设工程规划许可证明文件所核准的建筑性质相一致。对于很多尚未取得规划许可或尚未转换用地性质的土地在进行建设活动前的消防审批报建往往遇到"进不了窗口"的问题。

（三）对易燃易爆危险物品、仓储物流的监管难度大

自贸区的投资管理施行"负面清单"管理制度，对"负面清单"以外的领域均允许投资开设，即"法无禁止皆可为"，随着自贸区建设的深入，必然出现大量涉及易燃易爆危险物品行业的企业，这一制度的确给易燃易爆危险物品的监管增加了难度。此外，自贸区内货物和集装箱吞吐量呈几何级增长态势，大量的物资高度集中于自贸区，将滋生大量的火灾隐患，给消防工作带来更大的隐忧和压力。

（四）公共消防基础设施尚不能满足自贸区的实际需求

一是消防站数量不足。目前自贸区内的专业灭火力量与《城市消防站建设标准》的有关规定存在较大差距，难以满足区内的灭火救援工作需要。以深圳前海区块为例，区内的专职队人员装备素质不高，而最近的蛇口现役消防站至前海行车距离约5公里，红绿灯10个，平均赶赴时间超过15分钟。二是消防水源建设与管理还不到位。目前，自贸区仍处于大建设与大发展时期，消防水源的建设与管理尚未完全与区内的整体建设发展同步。三是消防装备现代化程度不高。自贸区建成后，区内业态分布复杂，建筑类别多，扑救难度大，而当前在举高、大功率、大流量、远射程水罐/泡沫消防车、大排量排烟车等先进装备的配备上仍有较大缺口。

（五）消防监管模式与国际通行做法存在差距

欧美国家在社会单位消防管理方面注重的是单位的自我管理，运用市场的杠杠作用激励社会单位重视消防安全工作，减少火灾隐患产生和火灾事故发生。随着自贸区建设的深入，大量外商入区投资，消防监管部门如依旧采取"大包大揽"政策，以行政命令的形式开展消防监管工作，与自贸区应有的国际化管理方式存在一定的差距。

（六）消防专业人才队伍建设滞后

随着自贸区的发展，对外服务和交流合作日益增多，涉外消防业务将成为消防部门的重点工作内容，目前消防现役专业技术人员队伍尚处于发展期，监督员的国际化视野、外语水平、法律法规和消防规范的知识面还难以胜任自贸区消防工作的需要。此外，面对自贸区大建设大发展时期拔地而起的大量结构复杂、功能繁多的建筑物，基层消防部门在监督管理上确显吃力。

五　对策建议

（一）优化消防法规标准体系

运用法治理念和法治思维，更好地发挥法治在改革创新方面的引领和规范作用。按照"通行国标、契合国情、宽严适度"的标准，加快制定自贸区消防法规和技术标准，进一步填补新能源、新材料消防技术标准的空白，确保管有所依。对现行消防法规的可操作性、执行效果及漏洞等进行立体化、全过程跟踪，并及时加以完善更新；对经过试点被证明有效、成功的改革创新措施及时予以固化，使其成为可复制、可推广的法律规则；对已成为改革探索障碍的法律法规，综合运用改、废、释等形式，尽快废止或调整实施，以便消防部门科学实现前端防范、过程监管和事后处置。

（二）深化消防行政审批改革

主动融入自贸区战略，创新消防监管审批机制，在做到"一线放开"的同时，更加侧重事中、事后指导监督。借助政务网平台，推行建设工程全程监控，全面掌握建设工程基本信息。加大政府信息公开力度，坚持以公开为原则、不公开为例外，扎实做好政府信息公开工作，进一步拓展门户网站服务功能和行政执法信息共享机制，积极构建消防"阳光警务"机制，有效保障市民群众知情权、监督权和参与权。

（三）建立健全工作机制

坚持机制先行，与自贸区的管委会、管理局逐步建立协调机制，促进自贸区政府部门将区内消防队站和公共消防设施建设纳入相应规划，推进自贸区内消防执法体系的顶层设计落地见效，抽调消防业务精干力量组成现场办公小组，以适应自贸区"区内事、区内办"的要求。推动建立完善消防支队与自贸区公安分局的工作对接机制，由当地消防支队一名分管领导列席自贸区分局工作例会，落实沟通协调、监督执法、联勤联动、业务指导等工作，推动自贸区各派出切实担负起责任区消防监管任务，确保消防安全多警联勤机制无缝衔接、顺畅运行。

（四）发挥社会监督作用

将消防安全信用体系建设纳入自贸区诚信管理体系建设，内增企业规范消防安全行为的动力。一是搭建消防安全诚信管理平台。将自贸区内企业消防安全管理状况纳入诚信管理记录，编制企业消防安全诚信档案，并据此对企业的安全诚信等级进行年度评定和动态评定，将评定结果向社会公布，形成"企业自报隐患，消防机构检查报告是否属实"的消防监管新模式，打造安全、公平、有序、诚信的社会消防安全环境。二是建立"黑名单"单位常态曝光机制。将屡督不改、隐患回潮的重大火灾隐患单位和自身隐患报告不实、消防安全承诺不兑现的企业列入"黑名单"，并依托电视、报纸、广播等传统媒体阵地和网络新媒体平台，建立常态化的"黑名单"企业曝光机制，从而增加企业规范自身消防安全行为的内因。

（五）加快中介组织培育

以行政管理"减法"换取市场活力"加法"。规范技术服务市场，依法加强对审图、检测等消防中介组织的监管，加大从业单位消防安全不良行为公布力度。加强从业人员队伍建设，夯实注册消防工程师、消防职业技能鉴定制度，壮大社会消防技术队伍。引入第三方评估，积极鼓励社会中介力量开展单位消防安全综合评估，推动成果转化运用。

（六）注重重大项目保障

突出过程体现服务、结果体现把关。完善服务机制，采取重要区域成立专门服务机构、重大工程建立服务档案、建筑工程分段审验等个性化举措，长效保障重大工程项目建设进度和安全。加大攻关力度，通过专项课题研究、组织专家评审等方式，攻克部分"新、奇、特"项目消防技术难题。

（七）推进"智慧消防"建设

依托互联网、物联网、云计算等信息技术，实体化运作自贸区"智慧消防"体系。按照"政府提倡、居民自愿、市场主导、先行试点"原则，在具备条件的单位厂区、居住小区推广安装火灾无线报警等新型技防设施，带动火灾预警、逃生自救和物业应急响应能力"三提升"。研发"智慧消防"相关手机应用，将重要消防法律条文、消防审批流程指南、重点单位消防安全责任、防火安全注意事项等内容浓缩其中，借助智能手机扩大受众，提高公众对消防安全的认知度。建立与消防服务窗口同步运作的"网上消防服务窗口"，实行消防项目申请、审批、备案等业务的"平台化"运作，更好地服务自贸区建设发展。

（八）加强消防专业人才培养

针对自贸区防火监督、灭火救援将面临的新要求、新情况，着力培养适应新形势和任务条件下的灭火救援、防火监督、火灾调查、装备建设、服务管理等专业技术人才，确保消防人才队伍分布合理、结构优化、适应需要，充分驾驭好自贸区消防工作，保障各项工作任务的圆满完成。

参考文献

［1］《中华人民共和国消防法》2008年10月。

［2］《建设工程消防监督管理规定》2012年7月。

［3］《珠海经济特区消防条例》2013年11月。

［4］《城市消防站建设标准》2011年10月。

关于河北三河市燕郊地区公共安全消防高风险专项调研报告

迟　杨*　　贾文娜**

　　随着京津冀协同发展的全面推进，三河市燕郊地区城镇化建设进程不断加快，人流、物流、车流剧增，给公共消防安全工作和消防基础建设带来巨大的压力和挑战。近期，市公安局组织相关部门深入燕郊地区集中开展了城市公共安全消防高风险专项调研，重点摸排出6类消防安全高风险场所，研究提出了针对性改进措施。

一　十二五期间火灾形势分析研判

　　十二五期间燕郊地区共接警 2301 起，其中火灾 1669 起，应急救援 632 起，抢救被困人员 740 人，疏散被困人员 2500 人，直接经济损失 1.85 亿元。火灾起数、应急救援数以及直接经济损失，呈逐渐递增的趋势，但总体火灾形势较为平稳。

(一) 发生火灾的地域

　　农村火灾频发，共 796 起，占火灾总数的 47.7%；建成区发生火灾

* 迟杨，男，1982年6月出生，籍贯河北沧州，河北省廊坊市固安县公安消防大队大队长。
** 贾文娜，女，1983年12月出生，籍贯河北廊坊，河北省廊坊市公安消防支队防火监督处参谋。

871 起，占火灾总数的 52.2%。

（二）发生火灾的场所

垃圾废弃物火灾比例大，共 819 起，占火灾总数的 49%；居民住宅及宿舍共发生火灾 468 起，占火灾总数的 28%；交通工具火灾 118 起，占火灾总数的 7.1%；商场、饭店等人员密集场所火灾 85 起，占火灾总数的 5.1%；电线变压器火灾 147 起，占火灾总数的 8.8%。

（三）发生火灾的原因

电气火灾和生活用火不慎是导致火灾的主要原因。生活用火不慎火灾 744 起，占火灾总数的 44.6%；电气火灾 561 起，占火灾总数的 33.6%；其他起火原因的火灾 364 起，占火灾总数的 21.8%。

二　社会消防安全突出问题分析

（一）城中村消防基础设施差，村民消防意识淡薄

燕郊地区有城中村 6 个，共有出租楼（院）800 余个。小张各庄村较为典型，占地面积 400 亩，常住人口约 1700 人（共 374 户），租住人口约 4 万余人，出租楼（院）300 余户，平均每户 50 间，村民擅自将原有民房改扩建为商业公寓等公共建筑现象普遍，导致建筑耐火等级低、消防设施缺失、安全疏散通道不足、消防车道阻塞等先天隐患突出。

（二）商贸、农贸市场先天性隐患突出，管理混乱

燕郊地区有商贸、农贸市场 9 家，总建筑面积 22 余万平方米，该类场所大多都是由若干个小的零售商铺逐步扩容成为大市场，建筑耐火等级低，商品种类繁多，火灾荷载大，前期在消防投入、硬件设施上没有进行规划，留下诸多先天性火灾隐患，极易导致火烧连营。

（三）大型商业综合体功能划分复杂，风险点多

燕郊地区有大型商业综合体 13 个，总建筑面积 67.8 万平方米。该类场所建筑面积大、人员密集、业态多元、空间结构复杂，内部管井和通

道纵横贯通，火势蔓延速度快，灭火救援和人员疏散困难。

（四）公共娱乐场所可燃装修普遍，动态隐患多

燕郊地区有歌舞厅 20 家，网吧 106 家，洗浴中心 25 家。该类场所易燃可燃装修材料多，电气线路敷设复杂，一旦发生火灾产生大量有毒烟气，极易造成小火亡人事故。

（五）医疗机构私搭乱建现象严重，逃生困难

燕郊地区有医疗机构 26 家，总面积 39.1 万平方米，总床位 2829 个。该类场所人员多为病患等弱势群体，自我保护和逃生能力差，且人员流动性大，助燃气体、化学试剂和放射性物质等危险源多，一旦发生火灾容易造成群死群伤。

（六）居民小区量大面广，设施"带病"运行

燕郊地区有居民小区 147 个。燕郊地区作为北京人口承接地，居民小区高层住宅比例大，入住率高，装修豪华，私家车多，火灾危险性大。加之业主委员会消防安全意识不强、规范运作不够、维修基金续筹困难以及物业消防安全管理不到位等因素，导致存在消防设施维护保养不到位，消防器材缺失等隐患；居民"重维权，轻履责"的行为屡见不鲜，在疏散通道上堆放杂物、给电动车违规充电以及私家车占用消防车道等隐患普遍存在。

深入剖析上述 6 类场所的消防安全突出问题，归纳为以下几方面深层次原因：一是公共消防设施建设滞后于城市发展。燕郊仅有 1 支混编制政府专职队，规划建设的三个中队均未建设，市政消火栓也才建成 398 座，远未达到规划时间过半任务过半的要求。二是消防责任体系不健全。燕郊地区共 5 套基层管理组织，监管范围和对象多有交集，导致部分地区失控漏管存在真空地带。管理体制不顺畅，也是造成政府领导责任和行业部门监管责任不清、履职不到位的主要原因。三是社会单位主体责任不落实。部分单位消防安全意识淡薄，自我管理能力弱、水平低，依赖思想过重，在单位内见不到消防安全管理的痕迹，存在火灾隐

患整治、反弹，再整治、再反弹的现象，无法建立长久、自主的消防安全管理模式。四是公民消防安全意识相对薄弱。一些市民群众日常生产生活多以牺牲消防安全为代价，明知存在隐患、身处危险，依然心存侥幸心理，对火灾隐患视而不见、不督不改甚至督也难改，特别是老弱病残、外来务工人员等特殊群体，往往既是火灾事故的肇事者，也是主要受害者。五是现有消防警力不足。燕郊地区的消防监督执法工作由三河市公安消防大队 5 名现役消防监督干部和 5 个辖区派出所的 5 名专职民警具体实施。燕郊消防中队负责整个燕郊地区的灭火和应急救援，距离灭火辖区最远点 30km，辖区面积远远超出国家规定的 4—7km^2 的要求。

三　针对性改进措施

（一）着眼当前，采取管当前、利长远措施，确保燕郊地区消防安全形势平稳

（1）尽快弥补公共消防设施欠账。三河市政府 2016 年年底前，在主干道路新建市政消火栓不少于 500 座，2017 年年底前全部补齐欠账。三河市政府 2016 年 5 月底前完成不少于 16 座消防水鹤，2017—2019 年，消防水鹤建设任务新增总量不少于 30 个。三河市政府于 2016 年内完成燕郊地区 6 座规划消防站的征地工作，其中 2 座消防站开工建设，2017 年以前投入执勤。2020 年以前规划要求的另外 4 座消防站投入执勤。

（2）全面缓解消防警力不足。三河市公安局要进一步加大派出所专职消防民警的配备，每个派出所新增不少于 10 名专职消防文职人员。三河市公安局建立健全巡消结合机制，燕郊地区巡特警开展治安巡防时增加防火巡防职责，成为防火监督工作的有益补充。通过建设微型消防站，充分发挥微型消防站"一站三队、防消宣三结合"的作用，全面缓解燕郊地区站点不足以及灭火力量薄弱的问题。廊坊市公安局抽调市消防支队 3 名消防监督执法业务骨干，三河市公安局抽调 5 名派出所民警和 5 名消防文员，组成燕郊消防工作办公室，专职负责燕郊地区的消防监督工作。市消防支队抽调各中队 15 名执勤业务骨干、3 部消防车,在燕郊东南部增设燕郊执勤点,全面提升燕郊地区灭火救援综合能力。

(3)积极做好消防经费投入及车辆器材装备提档升级。三河市政府建立健全与城市经济发展水平相匹配的消防经费保障机制,进一步加大公共消防基础设施建设、装备更新升级、业务开支和专项经费投入,尽快弥补欠账,自 2016 年起至 2020 年前确保消防站建设、公共消防设施建设等 5 亿元专项经费逐年落实到位。在保证常规配置基础上,三河市政府应采取专项补充、批量采购等方式,为燕郊地区添置登高平台消防车、多功能城市主战消防车、强臂破拆消防车等车辆器材,添置六翼火场侦察机、全地形消防摩托用于特殊复杂火灾扑救的高精尖装备。

(二)立足长远,推动消防工作由"短期应急"向"常态长效"转型,确保燕郊地区消防安全长治久安

(1)在落实消防工作责任上下功夫。党委政府方面,市消委会研究制定了《关于开展联查联演联战工作的暂行规定》《消防区域联防机制建设方案》等文件,三河市政府结合燕郊地区的特点,进一步细化落实,先试先行,全面整合灭火与消防应急救援联动力量;三河市政府针对燕郊地区基层管理组织较多,管理体制不顺畅的问题,就如何做好燕郊地区消防工作研究制定出台相关文件明确燕郊地区消防工作牵头单位,成立燕郊地区消防安全委员会,定期召开联席会议研究解决燕郊地区消防工作重大问题,推动燕郊高新技术产业开发区、燕郊镇、高楼镇、行宫东大街街道办和迎宾北路街道办 5 套基层管理组织进一步细化任务、狠抓落实。乡镇、街道方面,三河市政府要将消防安全"网格化"管理纳入社会治安综合治理和平安建设重要内容,深入推进乡镇、街道消防安全"网格化"管理工作。派出所方面,进一步深化派出所消防监督"241"工作模式,建立健全派出所消防执法督察、考评制度,落实"周、月、季"定期量化考核。社会单位方面,督促社会单位落实消防安全主体责任,建立组织机构,健全制度规程,突出安全培训,全面实施消防标准化管理,提升消防安全自主管理水平。

（2）在提升公众消防安全素质上下功夫。三河市政府要扎实推进消防宣传教育进机关、进学校、进社区、进企业、进农村、进家庭、进网站，不断提高公众消防知识的"知晓率"。全面落实《全民消防安全宣传教育纲要》，将消防安全知识纳入领导干部及公务员培训、学校教育、职业培训的必学内容，定期组织城乡居民开展灭火疏散逃生演练，强化对"老、弱、病、残"等特殊群体的消防关爱监护。

（3）在严密消防工作考核评价上下功夫。按照《廊坊市消防工作考核办法》要求，每年三河市政府牵头，会同纪委、综治办和消委会成员单位组成考核工作组，对各部门、乡镇、街道年度消防工作进行考核，考核结果经市政府审定后，向各部门、乡镇、街道进行通报，交由市干部主管部门，作为对各部门、乡镇、街道主要负责人和领导班子综合考核评价的重要依据。对因工作失职、渎职导致火灾事故发生以及不依法履行职责的，依法依纪追究有关人员和领导责任。

（三）聚焦个性，提出针对性改进措施，坚决预防和杜绝群死群伤和小火亡人事故

（1）针对城中村。当地政府主导，组织相关部门实施综合治理，建立管理整治"城中村"的长效机制，对原有建筑，通过部门联合执法、信息通报以及定期汇报政府等机制，强力推进火灾隐患整改；对新建建筑物严把审核关，加大施工过程检查力度。依托各"城中村"村委会，加快建立与城市发展相适应的消防管理体制和运行机制，组建微型消防站，配备专兼职防、灭火人员，建立和完善消防安全检查和巡查机制。

（2）针对商贸市场。通过纳入新型城镇化建设、产业升级计划统筹改造、违章建筑强制拆除等方式，实施关停并转；属地政府牵头整合各部门、各行业的执法资源，明确执法目标，制定方案，开展火灾隐患整治工作，加强消防设施更新改造和维护保养。

（3）针对大型商业综合体。单位要建立消防安全管理及消防设施器材维护保养制度，与具备维护保养能力的单位签订维护保养合同，落实消防设施的维护保养、措施；通过多种形式开展消防安全教育，将消防安全纳入管理团队、单位员工、重点岗位人员教育培训范畴，切实加强社会单位"四个能力"建设。

（4）针对公共娱乐场所。组织人员消防培训，定期开展自查，定期对场所内的自动消防设施进行检测和保养，对于不具备维护保养能力的公共娱乐场所必须由专业消防公司或大厦的物业单位进行维护；消防用电设备的配电线路明敷时必须穿金属管并采取防火保护措施；严禁私搭乱接电线，对于老化、绝缘破损的线路要及时更换。

（5）针对医疗机构。对于新、改、扩建的医疗机构，建设单位应按照要求在工程施工前将工程消防设计图纸报当地消防机构审核。建立院长为消防安全第一责任人、各科室主任为本科室消防安全第一责任人的消防安全体系，做好每日工作，落实防火巡查、防火检查和用火、用电等消防安全制度，经常性的组织灭火疏散演练，提高自防自救能力。

（6）针对居民小区。依托《廊坊市住宅物业消防安全管理规定》，相关部门要督促小区物业管理单位履行消防安全职责；通过政府消防实事项目等形式，逐步为全市老旧小区实施旧电气线路改造，增配室内消火栓、简易喷淋、灭火器具等消防设施设备；发挥网格助理员的巡查监督作用，加大对小区的消防日常检查和督查力度，强化居民小区日常消防宣传和消防演练，提高全员的消防安全意识和自我防范意识。

参考文献

［1］《中华人民共和国消防法》，2009年。
［2］《建筑设计防火规范》，2015年。

广西少数民族村寨火灾防控对策研究

万绍杰[*]

在我国西南地区广西、贵州、云南、湖南等地，侗族、苗族、瑶族等少数民族村寨多为木结构连片建筑，例如吊脚楼、鼓楼、风雨桥等，依山而建，密集连片，容易造成连营大火。虽然历经多年整治，但由于各种原因，近年来少数民族村寨火灾仍然呈现高发态势。笔者作为公安部消防局特约研究员，重点分析了广西少数民族村寨消防安全问题，先后到广西柳州、桂林及贵州黔东南州进行了专题调研，提出加强少数民族村寨火灾防控工作的思路和建设性意见。

一 广西村寨防火改造工作概况

广西的少数民族村寨主要集中在桂西北的三江、融水、龙胜等县，山高路远，水源缺乏，木结构房屋密集连片，用火用电隐患多，历来是重大火灾多发区域。2008年起，广西自治区政府对少数民族村寨启动了以"水改、电改、灶改、寨改"为主要内容的防火改造工程（简称"四改"），将大寨划为小寨，开辟防火带，把村寨分隔成若干防火区域；在村寨修筑水池蓄水，安装消火栓，保障灭火用水；更换老旧线路，对电

* 万绍杰，男，1973年8月出生，籍贯江西南昌，广西壮族自治区公安消防总队防火监督部部长。

线进行穿管保护；新建炉灶，使用新能源，消除用火不安全因素。发改、住建、消防等部门联合印发《广西少数民族村寨防火改造项目技术规范》，制定出村寨改造的技术导则和验收办法，柳州市三江县、融水县还率先在全国成立了县村寨防火局，专司村寨防火工作。截至2014年，累计投入12.8亿元，完成了柳州、桂林、百色、河池4市14个县区2237个50户以上连片村寨和496个30—49户连片村寨防火改造任务，惠及20.1万户100多万群众，消防安全环境得到极大改善，基本杜绝了30户以上连营火灾。

二 广西村寨近年火灾状况

表1 广西少数民族村寨火灾情况统计表

年份	火灾起数	死亡人数	直接财产损失（万元）	受灾户数	受灾人数
2014	20	1	138.3	53	157
2015	20	6	225.6	63	287
2016	22	7	238.7	62	211
2017	23	10	497.6	119	365

村寨"四改"时，重点是对50户以上以及30—49户连片村寨进行改造，实际上30户以下连片村寨数量不在少数，且改造过的村寨消防安全管理不到位问题突出。从广西少数民族村寨火灾情况统计表可以看出，2015年以来火灾呈逐年增多趋势，因火灾造成的贫困户也呈增多趋势。从起火原因分析，2015年以来村寨因电气故障引发火灾43起，约占总数的66％；从起火时间段分析，发生在春节、元旦、中秋等节假日期间的火灾有16起，占火灾总数24.6％，2017年9月4日（中元节），三江县独峒镇干冲村一房屋发生火灾，造成6人死亡，2人受伤，32户118人受灾。

三　村寨火灾近年来多发主要原因

近年来，广西少数民族村寨消防安全形势出现了新的变化，导致火灾呈多发态势，主要体现在以下五个方面。

（一）村寨建筑存在先天性火灾隐患

少数民族村寨虽然进行了"四改"工作，但木结构房屋本质安全没有提高。少数民族村寨由于历史文化原因，缺少专业规划，村寨房屋多数是瓦木或砖木结构，例如富有特色的吊脚楼、鼓楼、风雨桥等建筑，墙壁、房顶、楼板大量采用木头、板皮等可燃材料搭建，一旦发生火灾，蔓延速度快，容易火烧连营。近年来，广西村寨旅游市场红火，不少村民受旅游商业化的利益影响，在未经监管部门审批情况下，擅自将自建房改建扩建为宾馆、饭店、"农家乐"，遗留下了很多先天性火灾隐患。

（二）村寨防火重视程度有所减弱

村寨防火改造后，不少地方对村寨防火工作产生了松懈麻痹思想，基层消防管理力度层层"衰减"、上热下冷，乡镇、村组等基层组织未认真履行消防安全职责，部分乡镇特别是偏远农村，存在懈怠情绪，消防工作甚至无人抓、无人管。虽然部分县成立了村寨防火局，但由于职责不明确、经费不落实等因素，村寨防火局职能被弱化，甚至面临"编制撤销"的困境。住建、水利等部门，虽然有相关农村基础设施建设职能，但因机构设置的原因，往往各自为政，导致部门在农村消防基础设施建设上履职不到位。

（三）村寨消防经费保障不到位

村寨防火改造后，广西村寨消防经费投入进入了低潮期，特别是三江、融水、龙胜等县都是国家级贫困县，地方财政主要依靠转移支付，导致消防设施建设和日常维护经费欠账严重。村寨配置的消防设施已经使用近10年之久，由于没有持续性经费进行设施维护保养，消防水池、管网、水枪、水带等消防设施，逐步出现损耗、渗漏、锈蚀等现象。以发生"9.4"火灾的三江县独峒镇干冲村为例，村内39个消火栓有10个损坏，7个露天水池6个漏水，4个高位水池只有1个泉眼可以补水，扑救火灾时所使用的两具消火栓均出现水压水量不足问题。

（四）电气消防安全问题日益突出

原来电线改造的标准不高，电线多采用2.5—4平方毫米的铝芯线，线径较小。近年来，随着少数民族村寨人民生活水平的提高，村寨家用大功率电器以及小型农产品加工设备增多，用电功率相比几年前标准提升了1.5—3倍。以融水县安太乡为例，2012年安太乡市政和生活用电为140万度，而2016年达340万度，上升2.4倍。村民购买无3C认证的劣质电器，私拉乱接电线，擅自将电气线路绕过空气开关进户、用铜铝线代替保险丝等现象较为普遍。此外，在节假日期间，外出务工人员纷纷返乡，根据风俗往往举办宴席、晚会等活动，用电磁炉打火锅、打油茶，用电量大幅增加，也容易引发火灾。

（五）村民自防自救能力不足

少数民族村寨数量多、分布广，消防宣传难以全面覆盖，效果不理想。特别是近几年，村寨青壮年大多外出经商、打工，留在村寨的大部分是老人、妇女、儿童等弱势群体，受条件限制，接受宣传教育的机会更少，没有掌握必要的用火、用电、用气安全常识，自防自救能力不足，容易造成伤亡。此外，近几年乡镇专兼职消防队员流失严重，导致火灾发生后不能及时有效地开展自救。以龙胜县龙脊镇平安村为例，在2009年组建的村寨志愿消防队伍共26人，目前仅剩下5人，能够履行消防安全管理职责的只有队长1人。

四　加强少数民族村寨火灾防控工作的对策措施

加强少数民族村寨消防工作，必须抓住中央和地方各级党委、政府开展农村脱贫攻坚、新农村建设的历史机遇，将消防工作与少数民族特色村寨保护相结合，加强政府主导，加大经费投入，创新消防安全管理模式。具体建议如下。

（一）全力争取政策支持，加大村寨防火建设工作力度

一是建议国家层面参照文化部对文物建筑保护、住建部对城中村改造等工作做法，在全面摸清全国少数民族村寨消防安全底数的基础上，建立村寨信息数据库，按照"中央支持、地方配套"的模式，设立村寨防火建设项目专项资金，逐年加大经费投入，争取每年彻底改造一批村寨，提升村寨本身消防安全水平。二是少数民族村寨密集的地区要加强村镇消防规划的编制、落实工作，将少数民族村寨消防通道、消防水源建设纳入乡镇总体规划中，并与村容村貌的治理改造同步实施。村寨防火改造要分类分批推进，对于传统村落和有保护价值的村寨，要结合风貌保护、旅游开发等进行消防设施建设，并将消防安全列入旅游资源评审要件。对于无保留价值的村寨，按照村寨大小和危险性，分批实施搬迁或彻底防火改造。三是各地依托精准扶贫政策优势，将村寨消防建设纳入精准扶贫的范畴，纳入"为民办实事"或民生工程，结合农村危房改造、人畜饮水工程等工作，多方筹措经费，加大资金保障力度。

（二）推进村寨消防立法工作，落实层级消防安全责任

一是建议国家层面出台农村消防安全管理条例，推动将农村消防工作走上法制化轨道，解决乡镇级以下农村无消防管理工作机构、无专职消防管理人员、无消防经费保障、无专业消防队伍的现状。二是省、自治区层面要出台少数民族村寨消防法规，明晰政府、行业部门和乡镇、村委等组织农村消防安全管理事务职责，推动各级政府更加重视村寨消防安全工作。三是地市层面要将村寨防火纳入综治目标、安全生产等考评体系，实行年度考评，奖优罚劣，并制定出台村寨火灾问责管理办法，严肃追究火灾相关失职、渎职人员责任，倒逼村寨落实责任。四是县区和乡镇层面要加强村寨防火组织机构建设，成立"村寨防火工作办公室"等组织机构，统筹管理县、乡、村委三级层面的村寨防火工作，从行政职能上理顺村寨防火管理工作层次。对于已建立村寨防火管理局的县级政府，要强化村寨防火局的职能作用。

（三）强化消防基础设施建设，利用科技手段提高防控水平

一是要完善村寨消防车道、消防水源、消防设施等基础设施工作，所有集中供水的村寨要安装消防管网、消火栓，设置消防水池，配齐消防设施，并强化消防设施维护保养，确保设施能够发挥作用。二是要推动传统保护村落、"农家乐"密集区域、100 户以上村寨，逐步推广安装火灾独立报警装置、简易喷淋设施，提高发现和处置初起火灾的能力。三是针对村寨电气火灾高发的特点，分步骤开展电气安全检查和实施村寨电气防火改造计划，大力整治铜铝线代替保险丝和绕过保险、空气开关乱拉乱接电气线路等问题，推进村寨电气线路改造，规范家庭入户电线的设计、审查、安装，加快推进老旧线路的更换工作。四是学习推广贵州村寨智能火灾防控经验，在少数民族村寨分批推广运用"农村电气火灾监控大数据平台"。在村寨家庭电表箱安装灭弧式电气防火保护装置，采集农户电流、负荷等用电数据，及时预警用电异常信息，自动快速切断电路短路、过流、漏电等线路，从根本上杜绝电气火灾。通过安装物联网传感器，对村寨消防水池水位、消防设施水量、水压等进行实时监控，监控水位、水压偏低等故障和隐患情况。通过手机 APP 动态采集、监管村寨防火工作开展情况，如鸣锣喊寨、入户检查、演练培训等，对未按规定完成任务的，进行实时预警、督促和提醒。

（四）加强多种形式队伍建设，构建群防群治工作格局

一是国家级、自治区级重点镇、木结构村寨密集乡镇、历史文化名村、有重要保护价值的文物古建筑村寨，要组建政府专职消防队，配备消防车和灭火装备器材，其他乡镇依托现有力量组建兼职消防队负责村寨火灾扑救。二是在 50 户以上村寨配备消防协管员，由政府出资，招募协管员履行防火巡查和消防宣传职责，在 30 户以上村寨要组建由驻村干部、民警、村干部和成年公民组成的志愿消防队。三是乡镇政府对村寨防火工作进行合理分工，整合村干部、农村治安巡查员、村寨防火协管员、鸣锣喊寨员等多项工作职能，提高基层防火工作人员待遇，提升工作积极性。四是根据少数民族村寨青壮年外出打工多的特点，鼓励发动劳动妇女加入志愿消防员队伍，并指导村内留守青壮年按流动时间排班分工，轮流开展巡查检查、值班备勤，解决志愿消防员在位率问题。

（五）广泛开展消防宣传培训，提高村民消防安全意识

一是多方组织消防培训。协调农业、科技、人力资源等部门定期举办县、乡、村领导干部和相关专业岗位人员的消防培训班，将农村消防工作纳入县级党校教育培训内容；开展对公安派出所消防业务培训，提升派出所农村消防监督管理水平；将消防安全知识纳入妇联、扶贫组织机构培训内容，对农村妇女、外出务工人员开展消防安全知识培训；定期组织农村专兼职消防队伍培训和演练。二是加强村寨宣传员配置。要聘请村寨有威望的族长、寨老等代言消防宣传，每个村寨都要将"鸣锣喊寨员"明确为消防宣传员，并由乡镇定期组织短期消防培训班，以提高宣传员的消防知识水平。三是大力宣传消防安全常识。通过开展"三下乡"、普法教育活动等，增强村民消防法制观念。在乡镇、村寨设立消防宣传栏、固定宣传牌、设置防火标语、发放重特大火灾典型案例和防火知识挂图等措施，普及消防知识，并广泛利用民族节日、文化和风俗习惯，通过山歌、民谣、消防运动会等群众喜闻乐见的形式宣传消防安全常识，全面提高群众消防安全意识。

参考文献

[1] 周宏骞、林六：《湘、桂、黔交界地区少数民族村寨消防工作的思考与探讨》，《消防技术与产品信息》2015 年第 5 期。

[2] 陈为民：《桂北偏远贫困山区少数民族村寨防火改造工程探析》，

《中小企业管理与科技》2011 年第 1 期。

［3］袁涓文、马兴群：《贵州省侗族村寨消防研究》，《发展》2016 年第
　　　7 期。

关于加强工厂企业火灾防控能力的思考

姜自清*

2017 年，笔者带队先后赴菏泽、济宁、烟台、潍坊等市对化工、纺织、造纸、木业、食品等 9 个行业类型的工厂企业，进行消防安全管理情况调研。其间与企业消防安全责任人、管理人及保卫干部以及消防控制室值班、车间、班组、仓库保管等各类人员进行广泛座谈，并实地检查了企业落实消防安全主体责任情况。结合调研情况，就落实工厂企业消防主体责任，加强工厂企业火灾防控能力，浅谈几点粗浅的思考。

一　工厂企业火灾事故直接原因分析

据统计，2012 年以来，山东省共发生各类火灾 137210 起，其中工厂企业火灾 6768 起，造成 46 人死亡、51 人受伤，直接经济损失 57377 万元，分别占全省总火灾的 4.93%、16.67%、23.61% 和 42.74%。工厂企业火灾事故的起数虽然不多，但易造成群死群伤，直接经济损失巨大，社会影响严重。同时，相较民用建筑火灾，还具有火势猛烈、蔓延迅速，易突发泄漏、爆炸事故，易形成大面积流淌性、立体性火灾，易积聚高温、有毒烟气，易发生倒塌以及灭火救援难度大等特征。引发工厂企业

* 姜自清，男，1964 年 1 月出生，籍贯山东临沂，山东省公安消防总队总工程师。

火灾事故的直接原因主要有以下几方面。

（一）电气故障引发火灾高居首位

工厂企业火灾事故中，由电气故障引起的占比高达 32.42%。工厂企业的生产设备多为电气设备，用电负荷大，线路敷设长，潜在危险多。如果电气设备和路线存在选型不合理、质量差、安装不当、检修维护不到位等问题，都会导致过负荷、短路、接触不良等故障，引发火灾事故；而且车间内温度高、湿度大、灰尘多的环境特点，也会对电气设备、线路造成腐蚀，影响正常运行，甚至引发火灾、爆炸。

（二）生产作业操作不当引发火灾占比较高

由于生产作业操作不当引发的工厂企业火灾事故（含电气焊作业）占比达 15.9%。目前工厂企业生产趋于综合化、自动化、连续化，工艺程序复杂，设备操控点多，泄漏风险大。在生产作业过程中，员工安全意识薄弱，图省事、方便、快捷，违反安全操作规程，未尽职守护装卸作业，造成某一工艺环节错误或设备故障，导致物料泄漏，引发泄漏爆炸着火事故。

（三）电气焊动火违章作业引发火灾现象突出

工厂企业火灾事故中，由电气焊动火违章作业引发火灾占火灾总数的 1%，生产作业操作不当引发火灾的占 36.4%。生产设备的检修、维修工作往往都需要动用电气焊，电气焊作业时必须持证操作，佩戴专业防护装备和灭火器材，在专人监护下进行，而且要清理干净操作地点周边易燃可燃物或进行有效防火防爆隔离。如果可燃物清理不干净或未进行有效防火隔离，电气焊产生的高温喷溅电火花或电流经路上的漏电火花都可能引燃周围可燃物，引发火灾。

（四）静电火花引发火灾不容忽视

静电原因在工厂企业火灾原因中占比较低，仅 0.4%，但静电火灾往往与人员的操作有关，易造成人员伤亡。设备运转时机件间摩擦，易燃液体、气体输送过程中与管道摩擦，金属储存容器运输过程中物料撞击、摩擦和人体运动过程中都会产生静电，如果这些静电不能及时导除，便会造成电荷积累并放电，引发火灾爆炸事故。

二　工厂企业消防安全管理问题研判

（一）企业消防安全主体责任意识仍然淡薄

（1）逐级消防安全责任制落实不到位。从调研情况看，多数企业虽然明确了消防安全责任人、管理人，层层签订了《消防安全责任书》，制定了各类消防安全规章制度、操作规程，但从实际情况看，责任制的落实仅仅停留在嘴上、挂在墙上、浮在面上，没有落实到日常消防安全管理中；消防安全管理人普遍存在业务素质不高、管理水平低、主观能动性差等问题；有的对调研组提出的合理化意见、建议，不是虚心接受，而是以种种理由来搪塞。

（2）消防安全制度不切实际。从调研情况看，部分企业的消防安全管理规定制度不符合生产经营实际，没有具体执行部门，没有责任人员，没有奖惩措施。企业层层签订的《消防安全责任书》千篇一律，既无考核考评的具体指标，也无落实的具体方式方法，更无明确的奖惩措施。企业有电气设施消防安全管理制度，却对电气线路私接乱拉习以为常；有仓库消防安全管理制度，却对库内物品乱堆乱放行为无人问津。消防安全管理人员对企业日常的违章现象、违规操作等没有及时纠正、有效制止，使违章现象和违规操作成为一种岗位操作"习惯"，这是引发工厂企业火灾事故的最主要诱因。

（3）企业专（兼）职队消防员的业务素质普遍不高。从调研情况看，有4家企业设置了企业专职消防队，配备了消防队员和车辆装备，但企业专职消防员的业务素质普遍较低，对配备的消防装备性能指标了解不充分，对单位消防水池的容量、补水时间，泡沫灭火系统的操作及维护保养，化工装置的紧急停车系统等掌握不到位，处置突发火灾能力较弱。各企业微型消防站区域联防组织停留在文件上、协议上，远未达到形成有效战斗力的标准。单位之间没有互防互救意识，多数企业不了解联防单位情况，不了解其他单位消防设施情况，单位之间未开展安全互查。

（4）企业的消防安全教育培训演练流于形式。各企业均开展了消防培训和演练，但培训演练内容大多是灭火器、消火栓的使用方法，学习基本的消防法律法规条文等。大多数企业都未根据本单位的建筑布局、安全出口位置、工艺流程设计等情况制定符合实际的演练方案；有的企业虽然明确了灭火组，但人员安排不符合单位轮班上岗规定，导致部分班次出现真空；有的演练停留在口头讲解，员工只会讲、不会做；多数企业员工不具备发现排查本岗位、本工段火灾隐患的能力，对车间内随处可见的粉尘、锯末、棉絮不清理，甚至习以为常，视而不见。

（5）建设工程先天性火灾隐患仍然存在。笔者年内调研的14家企业中，有4家未获得消防行政审批或备案手续，存在严重的先天性火灾隐患。虽然有11家获得了消防手续，但从实际情况看也不理想，一些建筑工程仍然存在较大的火灾隐患。如有的建筑工程防火分区面积严重超规范；有的应安装而未安装自动防灭火系统；有的建筑工程耐火等级低，防火分隔不符合规范要求；有的储罐区泡沫管道未留半固定接口；有的将氮封系统检查装置安装在储罐顶部，既不利于日常检查，发生火灾时也无法开启直通氮气或应急注氮灭火。

（二）当地政府政策对消防安全的影响

（1）政府部门消防安全检查责任制落实不力。在当前经济下行的大环境下，一些地方党委政府对发展经济和招商引资项目"特殊照顾"，导致了部分企业在没有土地、规划手续，未经消防审批的情况下进行了开工建设并投入生产经营。如调研中有3家企业，存在至今未取得土地手续、规划手续，未经消防审批，已经建成并投入使用的违规建设工程。

（2）消防基础设施建设忽视整体消防规划。一些当地方党委政府在消防队站建设方面给予大力支持，调研涉及的行政区划内均已建成了消防站，而且在全省化工产业转型升级工作中，对化工园区内配套建设消防站也达成共识。但是，却忽视了消防水源、公共消火栓等消防供水、消防装备的整体规划、建设。

（三）公安消防监督力量不能满足社会消防安全的需求

（1）消防警力和业务素质问题导致难以满足监督工作的实际需要。通过与支（大）队监督员进行座谈和实地查验，各地普遍存在消防监督警力不足的问题，一名消防监督员需要身兼数职，加之会议多、活动多，消防监督人员忙于事务性工作多，而业务学习时间相对很少，特别是大量转岗从事消防监督的干部业务素质普遍不高，导致对社会单位消防监督抽查工作不深入、不细致，不能有效督促单位依法履行消防安全主体责任，落实火灾防范措施。

（2）消防监督员的"三员"作用没有得到充分发挥。从调研的情况来看，在现有的警力和条件下，消防大队较难完成目前下达的以执法量为主的消防监督执法指标，导致消防监督执法不到位、不到边、不到底的现象大量存在。"三员"作用（消防执法监督员、消防法规知识宣传员、社会单位"四个能力"建设辅导员）没有切实发挥。

（3）对特殊规定和特殊场所的理解和措施落实有偏差。按照当前的法律规定，无规划部门许可的建设工程不能申报消防许可手续，而这类的工程很多都已建成并投入使用，有些大队未将这样的企业重点单位列入监督范围。

三　加强工厂企业火灾防控能力意见建议

（一）大力培育企业消防管理"明白人"

消防安全责任人和管理人作为企业消防工作的关键性人员，其重视程度和业务素质对一个企业的消防安全状况具有决定性的影响。要把责任人和管理人作为消防教育培训的重点对象，从根本上提高责任人的消防安全意识和管理人的管理水平，让二者在企业内发挥作用，知道该管什么、怎么管、管到什么程度，从根本上改善企业自身的消防安全状况，这将对企业落实消防安全主体责任收到事半功倍的效果。

（二）突出企业专职消防队的专业性特点

企业专职消防队在配齐人员和装备的基础上，要进一步加强企业专职队建设，加强对本单位工艺特点和危险部位的研究、熟悉，坚持实战化训练，提高处置突发事故的能力。全体消防队员对本单位的生产工艺流程、灭火设施、水源等情况做到心中有数，形成真正的"专业性"应急处置力量，保证在企业发生火灾时，充分发挥距离近、到场早、情况熟、人员专的优势，及早控制或扑灭本单位的火灾事故。

（三）提高消防监督执法人员的业务水平

必须将培养具有复合知识结构和综合能力的新型消防监督执法人才作为当前一项重大而紧迫的任务来抓。业务培训要坚持年年搞，要全员参加，内容要全面，重点要突出，要加强法制内容的培训，发挥法制审核在消防监督执法工作中的重要作用，提高支（大）队的法制审核能力，运用审核结果推动执法规范化。要针对消防监督执法中的难点、重点、弱点和出现的新情况、新问题，采取专家授课、案例剖析等方式，保证业务培训的效果，推动执法水平的全面提升。

（四）改革调整消防宣传教育培训的内容和形式

消防宣传教育的内容应根据火灾调查数据分析，加强对不同区域、不同行业、不同场所，不同季节、一天中的不同时间段火灾规律的分析研究，有针对性地调整消防宣传教育的内容。要对宣传的手段、形式进行适当的变革，增强消防宣传教育的趣味性，提高消防宣传教育的吸引力，既要使受众乐于接受，又要让其在切身体验之后，达到"忘记形式、牢记内容"的效果。要充分发挥火灾事故的警示教育作用，解剖火灾发生的深层次原因，以案说法，明确企业火灾防范的重点部位、技术措施和工作标准，提高企业的消防安全意识和管理水平。

（五）提前介入消除先天性隐患

作为县区消防大队，对当地党委政府招商引资的大项目实施"查封"和"三停"的难度极大；但是，一发生重特大事故，往往会被以"未批先建"追责。作为监督主体的消防部门应当转变工作思路，一方面，对企业的违法行为向党委政府报告备案，争取支持；另一方面，对于因土地、规划等手续不能办理而影响消防审核、验收的，要提前介入，引导企业按正常程序进行预审、预验，可暂时不予出具相关文书，有效避免出现大量的先天性、无法整改的火灾隐患。

（六）探索增加火情接警入口提高反应速度

目前，消防指挥中心的接警普遍依靠单一的人工报警，由于工厂企业火灾的发现不及时，而且发生后员工又通常第一时间忙于现场的处置，导致不能及时报警，错过了火灾初期的最有利扑救阶段。有鉴于现代社会的互联网、物联网高度发达的实际，应大力加强全省"智慧消防"建设，探索通过互联网、物联网等技术手段增加消防指挥中心的接警入口，通过远程监控，实现部门信息共享。一旦出现警情，能够在火灾发生时自动接到火灾报警信息，并派出警力协助工厂企业处置，大大缩短消防队的出警时间，有效提高扑救成功率，降低小火失控酿成大灾的概率。

浅谈如何提升地铁消防安全防御能力

张铁英[*]

消防工作作为城市轨道公共安全的重要组成部分，面临诸多风险挑战，尤其近年来国内外发生的地铁火灾、爆炸、恐怖袭击等安全事故，以惨痛的代价带给公众深刻教训和启示。提升地铁消防安全防御能力迫在眉睫。

一　北京市地铁基本情况

北京地铁始建于 1969 年 10 月，是国内最早建成、最早投入运营的城市轨道交通设施。北京地铁的发展大致分为三个阶段：第一阶段（1969—1976 年）：战备性建设军事化管理阶段，这一时期的整体建设水平和安全标准普遍较低；第二阶段（1976—1984 年）：二号线建成，地铁的立项、审批、资金投入和运营管理由政府统一管理，这一时期基本处于边维修边运营的状态；第三阶段（1984 年至今）：地铁由战备型转换为生产经营型。这一时期的北京地铁发生了飞跃式的发展，北京地铁从通车到至今的 42 年中，前 35 年只有两条线路（1、2 号线）54 公里、39 座车站。而从 1999 年至 2016 年的 17 年间，已建成 19 条线路，574 公里、

* 张铁英，男，1968 年 9 月出生，籍贯北京门头沟，北京市公安消防总队轨道交通支队支队长。

345 座车站，日客流最高突破 1200 万人次。站点与站点最长距离是机场线的三元桥站到 T3 航站楼站，约为 18 公里。目前，在建或设计建设 21 条线路，220 座车站、442 公里。预计至 2020 年，运营里程将超 1000 公里。

二　地铁火灾分析及典型案例

（一）国内外地铁火灾事故典型案例

地铁因其处于地下密闭空间，人流量大，一旦发生紧急事件，极易造成群死群伤事故。自地铁诞生之日起，曾发生过一系列火灾、毒气、爆炸等安全事故。1986 年 11 月英国伦敦地铁君王十字车站由于木质自动扶梯轰燃导致 32 人死亡，100 多人受伤；1903 年巴黎地铁火灾导致 84 人死亡；1995 年 10 月 28 日阿塞拜疆首都巴库地铁因列车电动机电路故障发生火灾，558 人死亡，269 人受伤；1999 年 10 月韩国汉城郊外的地铁的火灾事故造成 55 人死亡；2003 年 2 月韩国大邱市地铁发生人为纵火特大火灾，198 人死亡，146 人受伤，近 300 人失踪。2004 年莫斯科地铁发生严重的爆炸案造成近 50 人死亡，100 多人受伤。我国地铁自 1969 年相继投入运行以来，因变电所、地铁车辆内的电气设备和线路出现故障以及违章电焊和电气设备误操作等，共发生火灾近 200 起，其中重大火灾 3 起，特大火灾 1 起。如 1969 年 11 月万寿路站因电器故障引发火灾，造成 3 人死亡，300 人中毒。

（二）地铁火灾可能性分析

一是电气设备易引起火灾。地铁车站内用电设施设备繁多，隧道内敷设有各种电缆，列车上也有各种用电设备，很容易引发电气火灾。二是管理不善易引起火灾。有的地铁车站与地下商业用房连在一起，对这些商铺管理不善，极易引发火灾或爆炸事故。三是吸烟不慎易引起火灾。地铁车站乘客众多，人员繁杂，吸烟者难以禁绝。四是设备故障易引起火灾。车站内和列车上设有多种机械设备，如送风机、排风机、电动机、制动系统等，机械设备质量问题或缺乏维护保养引发火灾事故。五是违章操作易引起火灾。地铁建设施工或投用后的设备维修作业中，违章操作易引发火灾事故。六是人为破坏会引发火灾爆炸等事故。恐怖组织和对社会不满分子把地铁作为制造恐怖事件和发泄不满情绪的目标。

三　北京地铁消防安全现状分析

从地铁内的火灾荷载、设备设施、防火监督、实战储备力量等方面对北京地铁消防安全状况及防灾抗灾能力进行系统的分析和研究。

（一）火灾荷载情况

北京地铁的火灾荷载主要包括：车站站厅站台的电气设施、设备以及配电线路；区间内敷设的各种电气线路、电缆等；站区内办公用房的装修材料、办公器材以及员工的用品；站厅、站台、通道以及列车内设置的移动电视屏、电子宣传栏、灯箱广告、PIS 机等；站厅、站台悬挂的宣传横幅、张贴的宣传海报等；列车的设置的电气设备、电气线路、高压电缆、油料等。

（二）安全设施情况

北京地铁的安全设施主要有：疏散通道、疏散楼梯和疏散出口、应急照明设施；应急疏散指示标志、应急广播等安全疏散设施；消火栓系统、火灾自动报警系统、火灾自动灭火系统、防排烟设施、防火卷帘、防火门、火灾感烟感温探测器消防联动的 BAS、FAS 系统等固定消防设施；安全监控设施和通信广播设备、应急抢险救援设备以及二氧化碳、干粉、机械泡沫等类型的灭火器和防烟、防毒面具。

（三）消防灭火抢险救援力量设置情况

目前，北京总队装备有路轨两用消防车 2 部、路虎 60 雪炮车 4 部、举高消防车辆 20 部，大部分集中在城市中心区。近年来发展极快的昌平、通州、顺义、大兴、房山等环城带地区仅有 4 部举高消防车，且均为从市区退出的老旧车辆。虽然近年来北京加快了消防队站建设步伐，但由于历史欠账较多，到目前也未成立轨道特勤消防队。地铁处于地下，城铁处于高架（桥）路段，地理位置特殊，建筑结构复杂，一旦发生地铁、城铁火灾，辖区中队因装备限制，无法及时有效地进行处置，需要跨区域调集增援力量到场，客观造成灭火救援有利战机的延误。由此可见，全市消防部队车辆配置情况无论从数量、性能和布局等各方面均无法满足地铁、城铁消防灭火救援的实际需要。

（四）地铁车辆基本情况

地铁车辆及其内部设施使用的是不燃材料或无卤、低卤的阻燃材料，车体采用不锈钢或铝合金材料和整体承载结构，车内配置有烟感探测器、灭火器及应急广播。

（五）地铁站厅和站台基本情况及分析

站厅和站台设置的消防设施主要有：火灾自动报警系统、消防水系统、事故通风排烟系统、应急照明和疏散指示系统等。地下车站公共区的顶棚、墙面、地面装修材料及垃圾箱，都采用燃烧性能等级为 A 级的不燃材料。地上车站公共区的墙面、顶棚的装修材料采用 A 级不燃材料，地面采用的不低于 B1 级难燃材料。地上、地下车站公共区的广告灯箱、导向标志、休息椅、电话亭、售检票机等固定服务设施的材料采用的是不低于 B1 级难燃材料。

（六）设备用房区域基本情况及分析

设备用房区域设置的消防设施主要有：火灾自动报警系统、消防水系统、气体灭火系统、事故通风排烟系统、应急照明和疏散指示系统等。设备与管理用房的顶棚、墙面、地面装修材料，都采用燃烧性能等级为 A 级的不燃材料。车站管理、设备用房数量多，每种设备系统均要包含电源、控制、执行、电缆等组成部分，而每种组成部分又包含成百上千电器元件。

（七）隧道区域基本情况及分析

此区域内设置的消防设施主要有：火灾自动报警系统、事故通风排烟系统、应急照明和疏散指示系统，铺设有电缆。目前北京地铁地下区间防火门，大部分门体出现了连接件损坏、门体变形、脱落，出现侵入限界的事件，现大部分防火门已拆除，至今尚未恢复。隧道区间内，除大量的电缆电线外，北京地区季节性柳絮堆积，易发生电缆火灾。地下站垂直高差大，逃生距离长，地下空间迂回曲折，照明条件差，严重影响人员疏散速度，容易造成踩踏事件。同时，由于缺少直通地面的竖井式应急救援通道，救援力量、设备进入难度大。

四　北京地铁消防安全存在的问题难点

（一）日常消防安全管理不确定风险大

（1）大客流风险问题显著

由于地铁规划和建设周期较长，一些大型居住社区、商务区以及公共基础设施往往在此期间围绕地铁站点密集开发建设，导致一些线路陷入了"刚开通便堵塞"的困境。如4号线初期预测日均客流量78.12万人次，但至2015年已达到113.2万人次，比初期预测增长了44.9%。随着线网客流不断刷新历史纪录，高峰时段频现拥堵现象，对消防疏散体系造成很大压力。

（2）人员素质急需提高

近年来，路网规模的扩大和运营里程的快速增长，导致轨道交通专业人才、基层管理岗位需求激增，大量新员工进入运营一线各类操作岗位。基层管理岗位人员管理水平有限，人员素质和技术业务能力不足，整体管理水平与安全运营的要求存在差距。

（二）灭火应急救援能力亟待提升

（1）应急救援演练机制需完善。受地铁运营影响，无法开展无脚本、无预案的疏散演练，基本采取"事先打招呼"方式，与实战相差甚远。由相关部门牵头的全市性综合性演练需进一步加强。

（2）灭火救援消防力量薄弱。北京还未建立地铁灭火救援攻坚专业队伍，也未成立轨道交通企业专职消防队，灭火救援力量主要依靠沿线属地消防队，但消防部队装备配备严重不足。

（3）灭火救援面临的难点。消防部队轨道交通灭火救援大多还停留在理论和演练层面。大盾构、超长区间隧道等新施工工艺的出现，给灭火救援带来了难点。

（三）社会快速发展带来的挑战

（1）社会上各种不安全不稳定因素增加。影响轨道交通安全的因素逐渐增多，社会面各种复杂情况都会显现，个人极端事件等非传统安全威胁因素也有增多的趋势。轨道交通区域内违章动火、吸烟、携带易燃易爆危险品乘车等问题仍屡禁不止，给消防安全工作带来极大的考验。

（2）现有形势对消防部队提出更高要求。一是社会和人民群众关注度在提升。如果处置不当或不及时，极易演化成影响重大的社会事件。二是消防监管的要求在提高。轨道交通消防管理对象往往不是单一为车站，而是车站、主变电站、运营控制中心、停车基地、商业设施、办公大楼、运营商业一体化建筑等更加复杂多元的管理对象，需要更加专业化的消防监督力量。

五　提升地铁消防安全防御能力的基本对策

（一）建立和完善地铁灾害救援机制

地铁一旦发生灾害，若得不到有效及时的救援，将严重影响社会治安秩序，甚至造成大量人员伤亡。要按照"统一指挥，协同配合"的原则，首先，要成立由政府牵头的组织指挥机构，组建由武警、公安、消防、交通等相关单位抢险救援联动力量，实现最大限度的力量调度。其次，强化地铁灾害事故灭火救援装备手段。此外，结合地铁火灾高温、浓烟、空间密闭、人流密集、通信不畅等特点，开展"六熟悉"活动，并反复开展灾害救援模拟训练。

（二）强化和创新消防监督管理模式

整合公安、消防等警力资源，将消防工作纳入基层派出所民警日常工作内容，形成"全警消防"、齐抓共管的长效消防监督管理机制。协同地铁运营公司等地铁运营管理单位采取内外结合方式，以"一站一方案"为抓手，构建控制中心与消防总队指挥中心，运营公司与消防支队，地铁车站与邻近消防中队的"三位一体"消防应急联动机制。同时，创新优化现有监管模式，例如实施早晚高峰"错时"巡查、深入企业基层的"入企式"工作制等，最大限度提高消防监督管理工作效率。

（三）推进落实轨道交通主体责任

一是明晰轨道交通和相关部门主体责任、监管责任，明确运营管理单位与公交总队、轨道消防支队之间的消防安全权责关系。二是强化公共安全培训和持证上岗，强化安全教育和日常演练。三是从源头上落实轨道交通建设工程的设计、审核、验收各项工作，真正做到"安全第一、预防为主"。四是针对部分场所建造、管理、使用三分离造成消防安全责任主体界定模糊的问题，划分日常管理和消防设施两大类消防管理职责。五是结合地铁车站消防安全管理规定等标准，统筹制定出台单位消防安全管理制度标准，将车站标准化、精细化消防管理模式推广至轨道系统各单位。

（四）强化消防队伍灭火救援实战能力

加强消防特勤队伍的建立，落实特勤消防编制，按照地铁线路分布实际，在地铁车辆段附近组建轨道支队特勤中队，完善器材设施装备，开展专业训练，规范相应的处置程序。强化与地铁指挥中心的联系，确保在地铁发生突发事件时消防指挥中心可以得到现场第一手资料，为处置决策者提供有效的决策信息。

（五）深入开展地铁运营消防安全科研攻关

针对区间隧道着火时的人员疏散、灭火救援、排风送风，地铁在隧道区间丧失动力时候的车辆牵引动力，外界移动救援设备如何进入地铁轨道，火灾自动报警系统（FAS）、环境与设备控制系统（BAS）的关系、如何最大限度降低行进中列车火灾的危险性等问题，通过科研攻关、专题实验和科学论证，提升轨道交通火灾防控人防、物防和技防水平。

参考文献

［1］李铭辉：《我国地铁运营安全评价体系研究》，北京交通大学出版社2007 年版。

［2］崔泽燕：《城市地铁火灾的特点及防护措施》，《减灾技术及方法》2007 年第 4 期。

［3］《地铁设计规范》（ GB　50157—2013）。

［4］裴岩：《反恐背景下的地铁运营安全与对策》，《城市轨道交通研究》2010 年第 5 期。

涉老火灾多发原因及对策措施

邵峥亚*

国际上通常认为，当一个国家或者地区 60 岁以上老年人口占人口总数的 10%，或 65 岁以上老年人口占人口总数的 7%，即意味着这个国家或地区的人口处于老龄化程度。截至 2016 年 12 月 31 日，上海市 60 岁及以上户籍老年人口达 457.79 万，占总人口的 31.6%；65 岁及以上户籍老年人口达 299.03 万，占总人口的 20.6%①。作为全国最早进入老龄化的城市，上海已步入了深度老龄化阶段。

经统计，2016 年本市火灾亡人数中 60 岁以上老年人口占比 43.2%，65 岁以上老年人口占比 31.8%，均远高于上海户籍老年人口实际占比数，老年人这支庞大的弱势群体成为火灾亡人的主要人群。预防涉老火灾，减少老年人口在火灾中的伤亡，成为人口老龄化城市经济社会发展过程中一项突出消防安全课题。

一 涉老亡人火灾特点

2016 年，本市共发生涉老亡人火灾 18 起，导致 19 名老人死亡。仅

---

* 邵峥亚，女，1976 年 4 月出生，籍贯浙江镇海，上海市公安消防总队防火监督部火灾调查处高级工程师。
① 《2016 年上海市老年人口和老龄事业监测统计信息》，2017 年。

通过对这些涉老亡人火灾案例的分析，不难发现涉老火灾的以下特点。

（一）从火灾规模分析，均系小火亡人

从 18 起涉老亡人火灾规模来看，虽然造成了亡人的严重后果，但实际火场并不大，都是一门一户的范围，有的燃烧区域甚至仅仅局限在一张床铺或一个灶台。遇到这样的火灾，青壮年完全可以轻松处置，但年迈体弱的老人要想逃生自救就显得十分困难了。特别是有些老年人长期患有慢性疾病，遇到突发事件发生猝死的概率极高。

（二）从火灾成因分析，多系人为不慎引发

从 18 起涉老亡人火灾起因来看，仅 3 起为电气火灾，其余 9 起为吸烟不慎、2 起为灶具使用不慎、2 起为取暖器使用不当、2 起为焚香祭祀不慎，都与老人具体行为有关，完全可以通过加强安全防范意识来控制。

（三）从年龄结构分析，高龄老人致死多

截至 2016 年年底，本市 80 岁及以上高龄户籍老人 79.66 万人，占老年人口的 17.4%，占总人口的 5.5%[①]。而 2016 年火灾亡人中，80 岁及以上老人 8 人，占因火致死老人的 42.1%，占火灾亡人总数的 18.2%，均远高于实际高龄老年人口占比数。显然，高龄老人行动迟缓，在火源控制、火场判断及逃生自救等方面会比其他人群困难许多，而且有些高龄老人自认为身体还算硬朗，高估了自己的应急能力，往往在自行处置过程中错失最佳逃生时机。

（四）从照护情况分析，罹难老人在火灾发生时大多为独处状态

从 18 起涉老亡人火灾来看，因火致死的 19 名老年人均采用了居家养老的模式，但火灾发生时却无一例外都处于无人照护的状态。其中 3 名老人与子女或兄弟姐妹同住，火灾发生时家人正好外出，未在家中予以陪伴。而其他因火致死的老人中，7 人为独居老人，3 人为孤老，5 人出自 4 户纯老家庭。这些老人的日常生活尚需自行料理，更谈不上被人陪

[①]　《2016 年上海市老年人口和老龄事业监测统计信息》，2017 年。

伴照看了。

(五) 从健康情况分析，亡人多为失能失智或情绪异常老人

从 18 起涉老亡人火灾来看，多数老年人因患有糖尿病、痛风等慢性疾病或者曾患过脑梗等病症，造成行动不便，甚至下肢瘫痪，长期卧病在床，成为失能老人，在火灾发生时根本无自行逃生的能力。有的老人因患老年痴呆或精神疾病，属于失智老人，无法正常控制自身的行为能力。如一名患有精神疾病的女性老人，在家中不慎引发火灾后，经邻居再三劝告、拉扯，既不解释也不离开，最终在火灾中丧生。

二 造成涉老火灾多发的主观因素

(一) 部分老年人生活习惯不当

（1）用电方面。一是老年人家中使用的电气产品普遍比较老旧，许多家用电器、接线装置的选材及设计存在先天缺陷，完全不符合现行的安全标准，属于高危淘汰产品，具有火灾隐患。二是许多老年人家中使用的电气产品早已超过了报废年限，绝缘老化、设备故障、打火短路，小毛小病不断，但仍带病使用。三是许多老年人为了减少开支，会购买或捡拾一些二手家电，安全系数难以评估。四是许多老年人有长时间使用家电的习惯，每天只要醒着电视机就开着；秋冬季节，只要躺着电热毯就用着，取暖器就烘着，家用电器长期通电工作，其设备及线路极易过热、老化，发生故障。五是许多老年人家中堆物较多，家电摆放位置不当，常常埋压在可燃物中，不利于家电工作时的散热与降温，可能导致自身或周边可燃物自燃。六是有些老人在冬季夜晚使用电取暖器时，往往距离床铺较近，被褥衣物一旦滑落，覆盖到取暖器上极易起火。

（2）用火方面。一是有些老年人烟不离手，甚至有卧床吸烟的陋习。在 2016 年涉老亡人火灾中，因吸烟不慎引起的 9 起火灾中，就有 5 起为卧床吸烟。在调查中发现，这些老年人无一例外都曾因吸烟不慎而点燃过被褥，只是过往均被亲属及时发现并予以处置，才未酿成火灾，一旦

身边无人照护时，失火亡人的悲剧就此发生。二是有些老年人在逢年过节、亲人生辰忌日时有在家中祭祀的习惯。一旦烛台倾倒或者未燃尽的飞灰飘散，周边的可燃物极易被点燃起火。三是居住在农村旧宅的老年人还保留有烧土灶的习惯，炉膛内的火焰和窜出的火星，有可能引燃一旁的柴草堆及老人身上的衣物，最终殃及老人的生命。

（3）堆物方面。大多数老人家中都堆放有较多的生活用品及可燃杂物，有的老人甚至有在外面捡拾垃圾回家囤积的癖好，往往将住宅堆放到连通行都不方便，既增加了室内的火灾负荷，又堵塞了逃生通道。

（二）老年人身体机能逐步衰退

随着年龄的增长，慢性疾病的侵蚀，老年人身体机能在不断衰退，逐渐呈现出体弱多病、行动迟缓、记忆能力下降的趋势，在电源、火源、气源的使用中容易出现遗忘、误操作或不慎，对光源、热源、气味的感知不再敏锐，在火灾发生的危急时刻也会因判断失误或延迟造成自身的伤害。一些老年人因为自身病症的原因，肢体瘫痪，终年卧床，在火灾发生时更是丧失了自救的能力。

（三）部分老年人精神世界空虚，求生欲望不强

部分老年人因社会活动能力不强或没有精神寄托，退职休养在家后，难以适应老年生活。部分老年人经济条件拮据、身体不够硬朗，热切享受老年生活的热情更是低下。有的老年男性，特别是短时间丧偶离异的，更会性情大变，以烟酒为伴，麻痹自己。这种老年人精神世界空虚，对自身生活环境安全关注度不高，一旦发生火灾等意外，逃生自救意愿不强烈。

三　造成涉老火灾多发的客观因素

（一）针对老年人的消防宣传存在盲区

目前，上海已逐步形成了以居家为基础、社区为依托、机构为支撑、

医养相结合的养老服务格局。消防部门也是紧紧把握家庭、社区和机构作为宣传阵地，始终加强老年人防火安全知识的普及。但消防宣传的受众人群基本都是较为活跃的健康低龄老人，而那些失能失智老人，根本不可能参加集中组织的消防宣传活动。在老人聚集的敬老院等场所，虽然也会经常性地开展消防宣传及逃生演练活动，但基本都是面向保安或护理人员的，鲜有面向老年人的培训。在这样的宣传方式下，最有可能成为火灾受害对象的失能失智老人以及不喜欢参与集体活动的孤僻老人，就成为消防宣传的盲区所在。

（二）针对老年人的陪伴看护程度不够

目前，纯老、独居老人家庭越来越多，许多老人的日常起居无人照看，即使有子女照顾也仅限于一日三餐的供给，其他关爱陪护基本全无，迫使许多老人成为被家人遗忘的存在，成为火灾等意外事故的牺牲品。

（三）部分老年人收入较低，难以享受社会"为老"服务

目前，本市推出了各种针对老年人的"为老"服务项目，有的社区还试点开展对失能失智老人照护的半公益项目，受到了老人及家属的欢迎。但即使政府再补贴，企业再赞助，仍需要老人支付一定的费用。但部分老人退休金较低，有些更是因病致贫，无法更多地支付"为老"社会服务费用。这些老年人居家的消防安全，仅靠社区工作人员或者志愿者逢年过节点卯式的关照，根本无法保障。

四 遏制涉老火灾多发的对策措施

（一）进一步加强对健康低龄老人的消防安全宣传

健康低龄老人因身心状况都比较年轻，是老年人中最为活跃的一支群体，对新知识、新技能接受度、掌握能力都比较强，可以充分利用现有资源，结合健康低龄老人的特点，加大消防安全宣传力度。一是可借助老年大学、社区活动等传统形式渗透式地开展消防知识培训及演练，

使健康低龄老人在潜移默化中提高消防安全意识。二是可利用微信、微博等新媒介，针对老年人的安全需求不断推送实用的消防信息资讯，使健康低龄老人能够实时掌握最新最全的消防安全动态；同时可借助健康低龄老人的微信朋友圈，进一步扩大消防宣传的覆盖面。三是部分健康低龄老人渴望通过为社区发展贡献力量，再一次实现自我价值，使晚年生活更加丰富和充实①。社区可以充分发挥这些健康低龄老人的特长，组建社区消防志愿服务队伍，开展社区消防宣传和防火巡查，既能满足老年人适应退休生活的需要，又能体现个人的价值，更能推动消防宣传融入社区、融入家庭。

（二）进一步加强对养老、助老机构的消防安全管理

据统计，截至 2016 年年底，本市已有养老机构 702 家；社区养老服务机构中长者照护之家 73 家，老年人日间服务机构 488 家，社区综合为老服务中心 32 个②。这些养老、助老机构"为老"服务的对象中，失能失智老人占有很高比重，需要获得更高的消防安全服务保障。首先，养老、助老机构在建设审批时就应严格按照消防法律法规的现行要求执行，同时考虑到老人安全防范的实际需求，应有意识地抬高消防安全设防等级，从源头上为老人提供安全的生活环境③。其次，消防及民政等部门应依法持续加大对养老、助老机构日常消防安全监管工作，而养老、助老机构也应加强自我检查与管理，严格控制火源、气源与电源的使用安全，从积极防控的角度，维护老年人安全的生活环境。最后，要努力培育养老、助老机构自我宣传自我培训的消防内环境，针对保安、护工、老人等不同人群的职责及需求，经常性地开展消防宣传及演练，调动老年人的积极性，自主参与日常的监督管理工作，营造养老、助老机构内部自我管理、自我防范的良好氛围。

①　苏永忠：《引导低龄老年人参与社区治理》，《学习时报》2015 年第 6 期。
②　《2016 年上海市老年人口和老龄事业监测统计信息》，2017 年。
③　张华锋：《加强和改进养老机构消防安全工作的若干思考》，《新安全东方消防》2013 年第 2 期。

（三）进一步加强对失能失智老人的日常安全关注

社会及家庭在对失能失智老人身心健康投入关注的同时，应将消防安全防范纳入重要保障内容来抓。参与照护工作的机构应针对失能失智老人的特殊情况，提前制定灭火疏散预案，对志愿者及护理人员进行定期的防火安全培训及消防疏散演练，使参与者熟练掌握人员疏散程序，做到一旦发生意外，能有条不紊地协助失能失智老人进行疏散逃生。对于在家中护理的失能失智老人，社区工作人员应定期上门进行走访，提高家庭照护人员的防火能力，督促家庭火灾隐患的消除；同时建议社区为失能失智老人提供临时照护服务，填补家属有短时外出需求时的照护真空。

（四）进一步加强对老年人的精神关爱

比起经济保障，老年人更需要的是丰富的精神生活和来自社会与家庭的关爱。社区可充分利用已形成规模的老年大学这一社会资源，挖掘老年人的艺术特长与爱好，为老年人"老有所乐"创办优质的社区活动项目，丰富老年人的业余文化生活[①]。同时在整个社会大力弘扬中华民族尊老爱老的传统美德，使更多的子女主动承担起精神照料的责任，努力提高老年人精神生活水平，让更多的老人享受到亲人在情感上的抚慰与关爱，从而提升对健康安全生活的向往，自觉控制和减少吸烟频次，戒除卧床吸烟的陋习，养成正确安全的生活习惯。

---

① 孔双双：《城市老年人精神关爱现状及对策研究》，《山东青年》2014年第8期。

江苏省防火门产品质量状况调研报告

宋醒醒*

根据国务院三部委《关于开展消防产品质量专项整治工作的通知》（公通字〔2013〕5号）文件要求，江苏省公安厅联合江苏省工商行政管理局、江苏省质量技术监督局开展了为期三年的消防产品质量专项整治。整治行动期间，江苏总队会同江苏省产品质量监督检验研究院对全省防火门产品质量情况开展了调研和集中抽检，对行业现状和存在的问题进行了研究分析，并提出改进建议。

一 防火门产业概况

随着中国经济的快速发展，城市建设步伐不断加快，高层，大型商业综合体和地下建筑等如雨后春笋不断涌现，"一高一低一大一化"的消防灭火难题更加严峻。防火门是建筑防火设施中的重要产品之一，其质量直接关系到人民生命财产安全。

（一）国内防火门产业总体情况

我国防火门行业现有企业一千多家，从业人数几十万，年产值达数

---

* 宋醒醒，男，1981年6月出生，籍贯山东莱阳，江苏省公安消防总队防火监督部火灾科学实验室主任。

百亿。近年来，国内陆续出现年产值超亿元的企业，如步阳门业、春天门业和群升门业等。企业性质从原来单一的国营、集体所有制形式发展为个体、集体、国有、股份、合资和独资等多种所有制形式。

我国防火门生产企业的分布呈现极不均衡的发展态势，主要集中在沿海经济发达地区和中部个别省份，如图1所示。

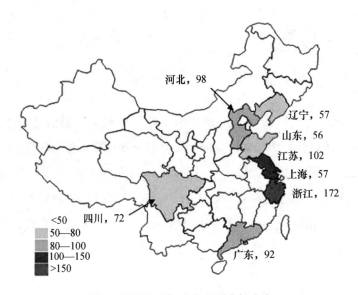

图1　全国防火门企业主要省份分布

截至2016年10月，全国防火门企业1171家，发放的 CCC 证书16221张。按防火门企业数排名，前三的省份是浙江、江苏和河北，其中江苏省防火门企业102家，发放的 CCC 证书1142张，分别占比8.7%、7.0%。

（二）江苏省防火门产业情况

江苏省防火门产业呈数量多、规模小、分散广的特点，主要分布在苏南、苏中地区，如图2所示。

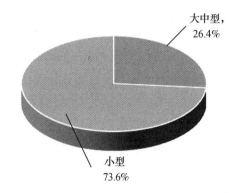

按企业年销售额划分：

大型：≥1 亿

中型：≥3000万且<1 亿

小型：<3000万

图2　江苏省防火门企业分布及企业规模占比图

全省 102 家防火门企业中，大中型企业占比 26.4%，小型企业占比 73.6%。从地域分布上看，无锡、南京、苏州地区合计防火门企业 62 家，占全省企业总数的 61%，连云港、宿迁和镇江三个地区企业数各只有 1 家。如图 3 所示。

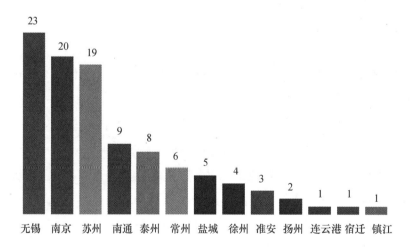

图3

江苏省防火门企业的产业布局特点很大程度上抑制了产业资源整合，致使江苏省防火门产业缺乏规模经济，无区域品牌，无法发挥龙头企业的带动作用和产业集群效益。

二 江苏省生产领域防火门产品质量现状

2016 年江苏省针对生产领域隔热防火门（A 类）进行监督抽查，共抽查了 72 家防火门企业 72 批次的产品，合格 50 批次，合格率 69.4%，不合格项目全部是防火门的耐火性能。耐火性能是防火门能否隔火阻烟的关键，而恰恰是最关键的性能最容易出现不合格。

（一）按产品耐火等级合格率统计

表1 按产品耐火等级合格率情况统计表

耐火等级	抽样产品数	合格产品数	产品合格率（%）
甲级（≥1.50h）	3	2	66.7
乙级（≥1.00h）	40	22	55.0
丙级（≥0.50h）	29	26	89.7

按产品耐火等级统计（见表1），丙级防火门合格率最高，主要原因是：丙级防火门耐火时间要求较低，对原材料质量和生产工艺要求不高，企业容易控制质量，而且部分企业为生产方便，将丙级门直接按照乙级门来做，致使合格率比较高。甲级、乙级防火门的合格率均不足 70%，主要原因是：乙级和甲级防火门耐火时间要求大于 1.00h，耐火试验炉温高、试验时间长，如果企业疏于原材料的进料检验，再加上防火门结构不合理，生产工艺不成熟，产品质量就极易出现不合格。据统计，乙级防火门在民用建筑上使用量在 50% 以上，而乙级防火门的质量合格率又如此低，这种现状令人非常担忧。

（二）按产品材质合格率统计

表2   按产品材质合格率情况统计表

材质	抽样产品数	合格产品数	产品合格率（%）
钢质	31	21	67.7
木质	40	28	70.0
备注	本次监督抽查中，含一樘其他材质防火门（铝质乙级），抽查结果合格，但抽查基数较少，代表性不强，未做合格率统计。		

按产品材质统计（见表1），钢质防火门和木质防火门合格率相当。其中钢质防火门不合格的原因主要是门扇在高温下结构强度迅速降低，导致门扇变形，进而窜火丧失耐火完整性；木质防火门所用木材需进行阻燃处理，厂家为节约成本往往将此关键步骤省略，致使木材本身阻燃效果不佳，造成门框烧穿，丧失完整性。

从本次监督抽查结果看，防火门产品质量形势不容乐观，生产领域的合格率比较低，很难想象实际建筑工程中防火门的质量状况。

三　防火门行业现存问题及原因分析

（一）企业发展参差不齐

目前，江苏省防火门行业还处于粗放式发展阶段，行业没有产生集群作用，企业技术水平参差不齐，而且还未有主导型企业做产业整合工作：一是生产设备技术水平差别大，一些大中型企业和老牌企业，配备自动化程度高、加工精度好的集冲裁、折弯一体式成型设备，可批量生产配合公差小的优质防火门；而对于一些家庭作坊式企业生产还停留在手工制造，生产工艺落后，产品加工质量控制不稳定，生产出的防火门门扇、门框等部件结构合格率低，甚至技术要求最低的配合公差性能都无法满足标准要求，更遑论最为关键的耐火性能指标。二是原材料质量水平差别大。防火板、门芯板和防火密封条是影响防火门质量的三大关键原材料，市场上防火板、门芯板和防火密封条种类繁多、质量差异大，只有少数企业配备有燃烧炉等检验设备，能够对原材料进行进料检验，确保所购材料品质，大部分生产企业缺少对关键原材料的有效质量验证手段。三是生产企业质量意识差别大，防火门企业中不少是家庭作坊式企业，缺少质量意识，技术力量薄弱。以门扇质量为例，生产企业在防火门取得市场准入资质时为防止门扇高温变形，采用多重加固的方式加强门扇结构强度，但实际批量生产时则擅自取消了许多加固措施，导致抽查产品检验不合格。

（二）市场混乱，低价恶性竞争

国家对房地产行业采取的限购、限贷、限价、限外等政策捆绑限制越来越多，房地产市场持续低迷，基础建设项目大幅度减少，防火门需求量增长趋势放缓。加之防火门行业准入门槛不高，生产厂家日益增多，使防火门市场格局发生根本变化，已出现产大于销、供大于需的局面，形成买方市场。由于市场份额争夺激烈，竞争对手产品质量和服务又大抵相同，企业开始诉诸于削价竞销。工程招标绝大部分采用低价中标，这种不尽合理的招标制度导致生产企业采取无底线压价的方法争得标的，实际生产时只能偷工减料降低成本以确保利润，往往造成饿死同行、累死自己和坑死甲方的后果。

经调研，江苏省防火门生产企业一般一樘"良心"甲级 1023 钢质防火门生产成本就在 400 元/m^{2}左右（见表3），而目前有的企业工程招标的防火门单价仅在 200 元/m^2，明显是以次充好、粗制滥造。

另外，更有违法企业挂靠别人资质、贴牌生产、买卖消防产品身份证，偷工减料，使用易燃和有毒有害材料例如蜂窝纸、易燃的聚氨酯泡沫、石棉（致癌物）和岩棉（对人体呼吸系统、皮肤、眼睛及黏膜有健康危害）等代替珍珠岩填充到门扇内。行业内口口相传，此类情况最为突出的是河北任丘地区的防火门企业，该地区无资质的生产企业多如牛毛，买卖消防产品身份证的行为不计其数，以次充好低价竞争的现象屡见不鲜，劣质防火门正在严重冲击正规防火门市场。

表3 "良心"甲级1023钢质防火门成本价折算表

项目名录	单价	数量	价格（元）
防火板	30.00 元/m²	4m²	120.00
防火门芯板	30.00 元/m²	2m²	60.00
防火密封条	2.00 元/m	14m	28.00
0.8mm 镀锌钢板	4.50 元/kg	36.2kg	162.90
1.2mm 镀锌钢板	4.50 元/kg	20.5kg	92.25
闭门器	40.00 元/只	1 只	40.00
防火锁	30.00 元/把	1 把	30.00
防火合页	6.00 元/只	3 只	18.00
安装（含灌浆）	75.00 元/m²	2.3m²	172.50
饰面（喷涂）	25.00 元/m²	2.3m²	57.50
其他（运费和人工费）	/	/	120.00
总计			901.15

备注："良心"甲级1023钢质防火门不含税单价至少为391.80元/m²

（三）质量监管力量不足

《消防法》明确规定了质监、工商和消防部门分别对消防产品的生产、流通和使用环节实施质量监管，但目前联合执法、联合监管和互相补位的机制还未成熟，监管上还存在一定的漏洞。在生产、流通领域，国家每年开展的防火门产品质量监督抽查数占全部CCC证书数比率偏低，不能完全体现此产品整体行业质量水平；在使用领域，通常有消防验收时的现场检查和公安部消防产品合格评定中心组织的飞行检查两种方式，但检查方法主要是现场检查判定，并不能验证耐火性能这一关键指标，为不法企业留下了可乘之机，给建筑消防安全埋下隐患。

（四）行业技术交流少

防火门生产市场准入门槛低，但能生产出合格的防火门却不易，因此技术是限制防火门企业发展的重要壁垒，然而目前防火门行业技术交流的平台很少，企业技术交流途径缺失，严重遏制了防火门产业发展。各地消防协会涉及的产品种类多、行业广，缺少专业的、针对性的交流平台，协会无法很好地为防火门企业提供专业化服务。经调查，生产企业共同探讨防火门生产工艺、市场动态和未来发展趋势等关乎企业生存发展的重要议题的意愿非常强烈。由于行业技术交流少，每家企业生产技术闭塞，导致防火门行业创新性不强，产品功能单一，同质化严重，加剧了防火门行业恶性竞争。

（五）CCC 取证问题

调研过程中，企业都谈及取证问题。防火门产品属于强制性认证产品，根据材质、耐火等级、结构形式和填充工艺不同划分成不同的认证单元进行认证，但对于同一认证单元，规格尺寸不同还需要做分型认证，防火门产品规格多，常用规格的防火门就有近千种，分型认证程序繁杂，每种规格的防火门都要进行图纸确认，若企业要想生产所有规格的防火门，仅图纸审核费就要高达几十万，企业成本高。而且，企业普遍反映CCC 证书存在取证周期长、费用高、证书多等问题，对于企业发展和技术创新不利。

（六）其他

防火门产品标准对防火门原材料的燃烧性能、产烟毒性和含水率等指标进行了明确规定，但对于影响防火门耐火性能的关键原材料参数，比如防火门芯板的抗折抗弯性能等未作规定，导致企业关键原材料进料检验时缺少技术性指导文件。《建筑设计防火规范》规定建筑中安全出口和房间疏散门的净宽度不应小于 900mm，而国家建筑标准图集中规定的单开门最大规格为 1021 的防火门净开口只有 890mm，两者冲突，限制了防火门的实用性。中高档建筑开发商和业主对于所使用的防火门要求具备装饰、安全和隔音等功能，所以防火门企业正在开发美观、防火、防盗、隔音等多功能防火门，但目前缺少相应的技术支持。

四　建议与对策

（一）调整产业结构，促进企业升级

积极发挥政府职能部门在宏观经济方面的调控作用，结合我省防火门生产和市场实际情况，有步骤地淘汰落后工装企业，促进产业结构调整。鼓励企业引进先进生产设备，提高生产自动化程度，改变原来行业小、多、弱、散现状，提升产品加工能力，提升制造设备、工艺，创建品牌，走集约化发展之路，主动适应当前我国经济供给侧改革的发展主流。当前国内市场饱和情况下，可引导企业实施走出去战略，积极迎合国家"一带一路""海上丝绸之路"等大格局，发挥检验检测机构在标准、认证等方面的技术优势，服务有条件的企业走出国门，放眼国际，积极参与国际市场竞争。

（二）完善联合执法，加强监督管理

强化产品监督抽查，完善部门联合执法机制，生产和使用领域两头抓。消防和质监部门定期对使用和生产领域进行质量抽查，并把监督抽查与专项治理有机结合起来，形成监管合力，联合执法重拳打击造假售假行为，不仅要对已经生产的假冒伪劣产品及时销毁，更要挖出其源头，取消生产资格并追究其法律责任，让假冒伪劣产品在市场上无立足之地。要发挥消防产品质量检验检测机构作用，协助政府主管部门把好质量关。建立和完善消防产品质量监督检验的工作机制，为消防部门监督执法提供可靠的技术支撑。

（三）加强交流服务，推动产业进步

搭建交流平台，发挥防火门行业协会作用，组织企业间技术交流，共商解决防火门行业发展面临的一些热点和难点问题的办法，共享市场信息动态。提升检验检测机构培训服务、检测服务和技术咨询服务水平，定期组织检验检测机构开展防火门标准解读培训，协助企业及时、准确、

深入和全面地解读标准；推动检验检测机构服务企业，做好质量把关的同时，帮助企业改进生产工艺，提升产品品质。

参考文献

［1］公安部令第 122 号，《消防产品监督管理规定》。

［2］GB　12955—2008，防火门。

［3］GB/T 7633，门和卷帘的耐火试验方法。

［4］GA　588—2012，消防产品现场检查判定规则。

［5］CCCF – HZFH – 02（A/2），强制性产品认证实施细则　火灾防护产品　建筑耐火构件产品。

［6］GB　50016 – 2014，建筑设计防火规范。

电加热汗蒸房火灾危险性及整治对策

常磊峰*

一 引言

汗蒸房，是电气石汗蒸房的简称，工作原理是通过加热元件将敷设在墙面、地面的电石气、玉石、水晶等矿物质的能量以远红外线、负离子、亚离子、生物电、微量物质的形式释放出来。但因施工、内装修、管理等方面无国家和行业性消防安全标准，电气安装维修随意性强，火灾隐患突出，电加热汗蒸房火灾事故多发。2014 年 2 月 9 日晚，位于长春市金川街与浦东路交汇处的某洗浴中心发生火灾，火灾系因汗蒸房内铺设的电热膜工作温度过高，电气线路老化，引起可燃物燃烧造成。2017 年 2 月 5 日 17 时，浙江省台州市天台县赤城街道足馨堂足浴中心发生火灾，造成 18 人死亡，18 人受伤，该足浴城采用的就是电热膜加热的汗蒸方式。上述几起火灾事故充分暴露出汗蒸房严峻的火灾形势和突出的消防安全问题，因此加强汗蒸房类场所的消防安全管理、杜绝汗蒸房恶性火灾事故的再次发生已经刻不容缓。

* 常磊峰，男，1981 年 4 月出生，籍贯内蒙古乌兰察，内蒙古自治区赤峰市松山区公安消防大队大队长。

二 汗蒸养生房加热结构的组成

现在大部分汗蒸房的发热系统都以电加热为主，其结构大致分为 5 部份，从底层至面层依次为：绝缘保温层、聚热反射层、加热层、防水找平层和材料面层，详见电加热系统横断面图（图 1）。第 1 层靠近楼板或墙面，为绝缘保温层，应选用具有阻燃性能的防火保温材料如岩棉等；第 2 层为聚热反射层，铺设减少热量散失、提高热效率的聚热反射膜，常用聚酯镀铝反射膜；第 3 层为加热层，常见配合温控器使用电热板、发热电缆、电热膜，其中电热膜性价比较前两者要好，是多数汗蒸房的主要加热方式。第 4、5 层为防水找平层和材料面层，多铺设地砖、地板革等材料。墙面、顶棚一般无电加热膜等加热元件。

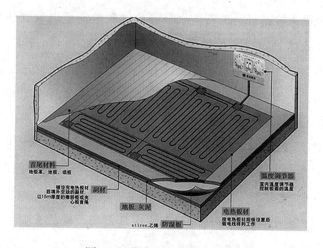

图1　汗蒸房电加热系统结构

三　汗蒸房火灾危险性分析

（一）汗蒸房发热系统的火灾危险性

1. 配套产品质量不合格

电热膜是汗蒸房发热系统最主要的发热部件，如果电热膜出厂时存在质量缺陷，则发生故障甚至引发火灾的危险可能性极大。另外，温控器和温度感应器作为整个电气线路的电源控制部分，如果其产品质量存在问题，也会导致在温度超过预设温度后温控器不能自动切断电源，电热膜仍旧会持续发热，也会有引发火灾事故的危险[1]。目前，市场上销售的电热膜系统产品，大多为假冒伪劣产品，既没有产品使用说明书，也没有中文标识、无任何警示标志或警示说明，销售商根据客户的要求安装完毕后，大多对使用安全不管不问，而使用者缺乏基本用电知识、对销售商盲目信从，也难以保证电热膜在使用中的消防安全。为追求利益最大化，汗蒸房老板更愿意将主要资金投入豪华的内饰内装上，认为电热膜、温控器是隐蔽工程，差不多就行，因而选用一些价格相对比较便宜、质量没有保证的产品，劣质电热膜产生电路故障持续发热，温控器质量不达标不能及时切断电源就可能引燃木龙骨和绝缘保温层发生火灾。

2. 电气线路布置不合理

一是电热膜结构特殊性存在隐患。电热膜两侧是并行的金属载流条，中间是特制油墨，其中存在无数个回路，在个别地方出现故障的情况下，如不足以引起保护装置动作，其余线路仍会长期通电，导致隐患出现甚至成灾[2]。二是电热膜铺设不当导致带病运转。电热膜的长度越长、接触电阻越大，插件、接头越多，施工过程不良接触点的概率将不断增加，如果接头过于靠近电热膜，则形成局部过热，故障可能性也大大增加。另外，为提高发热效率，有时施工时会使用多重电热膜，但电热膜相互覆盖会导致相互覆盖处局部过热，此类现象常见于地面铺设电热膜施工。

三是布线不符合电气操作规程。连接电热膜和温控器的电源线截面积，应根据电热膜的功率进行计算确定，但个别场所在施工过程中为节省费用，常常选择使用截面积较小的电源线，这种做法会导致电源线长期过负荷运行，此外，在施工中施工质量把关不严、并行连接、电热膜铜片与电线未固定、或上下片扣不住、粘结不牢等，都极易导致接触电阻过大，从而产生大量热量导致火灾发生[1,2,3]。

3. 温度感应器设置位置不当

温度感应器是电热膜的主要控制部件，其作用是探测室内的温度，当室内温度达到或者不足预设温度时，启动温控器切断或者接通电源。汗蒸房内需要同时控制室温和限制地表面温度，应采用双温型温控器，温控器应设置在附近无散热体、周围无遮挡物、通风干燥、周围无热源体、能正确反映室内温度的位置，设置高度宜距地面1.4m[3]。如果温度感应器设置位置不当，就可能出现室内局部温度已经达到甚至超过预设温度，但温度感应器所在位置温度仍旧低于预设温度，温度感应器将不能控制温控器动作，导致电热膜持续发热升温，最终酿成火灾事故[1,3]。另外，因在汗蒸房内使用的电热膜不同于普通电热膜供暖系统，其外覆盖有壁纸、电气石被、电气石砖、竹帘、地板革等装饰物品，易造成电热膜辐射热量聚积，对电热膜向房间内辐射热量有一定的影响，温度感应器在相同时间内探测到的室内温度，比仅使用电热膜供热探测到的温度低，也可导致电热膜持续加热升温成灾。

（二）汗蒸房内装修的火灾危险性分析

汗蒸房室内装修主要分为室内顶棚装修、墙面装修、地面装修三个部分，其中顶棚部分装修较简单，通常顶棚内不敷设加热元件，直接摊铺豆石混凝土或在顶棚上安装木龙骨吊石膏板，在石膏板下垫电气石被或负离子棚布；地面部分装修是在电加热层上加电气石砖、贬石砖，有的还在地砖上外覆一层地板革或草席；墙面部分除了在装修内部加入了电加热层外，外层还根据不同需要加装了木线条、电气石靠背、锗石靠背或者竹帘、壁纸等装饰材料。绝缘保温层主要起保温隔热作用，减少热量散失，提高热量利用率。按照《建筑内部装修设计防火规范》（GB 50222 - 95）相关规定，汗蒸房类场所所有内部装修材料的燃烧性能均不应低于 B1 级，但在工程实际中，为节省资金，许多汗蒸房的室内装修材料都是从市场所购的普通材料，装修材料的燃烧性能普遍达不到规范要求，加之汗蒸房装饰面层所普遍使用的木线条、竹帘、电气石被、地板革、壁纸等均属于易燃、可燃材料，未经任何阻燃处理，极易被引燃；部分汗蒸房还使用聚氨酯泡沫板或挤塑板做保温材料，火灾危险性极高[3]。

四　汗蒸房类场所消防安全整治对策

（一）严格落实汗蒸房类场所消防技术标准

1. 总体设置

（1）汗蒸房防火设计应符合《建筑设计防火规范》（GB 50016 - 2014）关于歌舞娱乐放映游艺场所的相关要求。

（2）汗蒸房应设置在一、二级耐火等级建筑内。电加热汗蒸房不得设置在地下室、半地下室或四层及以上楼层。

（3）汗蒸房应采用耐火极限不低于 2.00h 的防火隔墙和 1.00h 的不燃性楼板与其他部位进行防火分隔。

2. 安全疏散

（1）汗蒸房应布置在两个安全出口之间，确需设置在袋形走道两侧及尽端的，其疏散门至最近安全出口之间的直线距离不应大于 9m。

（2）汗蒸房的疏散门不应少于 2 个；当房间建筑面积不大于 $50m^2$ 且经常停留人数不超过 15 人时，可设置 1 个疏散门。汗蒸房内任一点至最近疏散门的直线距离不应超过 9m。

3. 装饰装修材料

（1）汗蒸房不得采用易燃、可燃材料装修装饰；其顶棚应采用不燃材料装修装饰。电加热汗蒸房的墙面应为不燃装修装饰材料，地面应为不燃装修装饰材料。

（2）采用水暖（或蒸汽）供热的汗蒸房，其供暖管道的表面温度大于100℃时，管道与可燃物之间的距离不应小于100mm或采用不燃材料隔热；供暖管道的表面温度不大于100℃时，管道与可燃物之间的距离不应小于50mm或采用不燃材料隔热。

4. 电气安全

（1）电加热汗蒸房应设置独立配电箱，配电箱及照明开关等电气设施应设置在汗蒸房外，且应安装在不燃材料上。

（2）每间汗蒸房的电加热设施应设置独立配电回路，电加热设施与照明线路不应合用回路，其配电线路出线开关均应设置剩余动作电流不大于30A的保护装置。

（3）电加热汗蒸房所在场所应定期对电加热设施及其线路、管路进行维护保养、检测。

（4）电加热汗蒸房应使用产品质量合格的电加热设施，并提供质量合格证明文件。

（5）电加热汗蒸房所在场所应安装电气火灾监控系统。

5. 消防设施器材

（1）汗蒸房所在场所应按照国家标准、行业标准配置消防设施、器材，设置消防安全标志，并定期组织检验、维修，确保完好有效。

（2）电加热汗蒸房所在场所未设置自动喷水灭火系统、火灾探测报警装置的，电加热汗蒸房应增设简易喷淋，电加热汗蒸房及其他功能用房、走道应增设独立式火灾报警探测器（互联式）。

（3）电加热汗蒸房疏散门附近明显位置应设置不少于2具5KgABC型干粉灭火器。

（二）全面强化场所消防安全管理

（1）汗蒸房所在场所新建、扩建、改建（含室内装修、建筑保温、用途变更），应当依法向公安机关消防机构申请消防设计审核、消防验收或者进行备案，并依法申报消防安全检查。未经消防设计审核或消防设计备案的工程不得施工，未经消防验收或竣工验收消防备案的工程不得投入使用；特别是对汗蒸房室内装修材料、电热膜材料选用等方面，要列为审核的重点，应当注明其规格、性能等技术指标，质量要求必须符合国家标准或者行业标准，必要时可要求施工单位将建筑材料和电热膜产品等关键部件抽样送检，杜绝使用防火性能不达标的产品；在进行开业前消防安全检查时，要严格按照《消防法》等法律法规的要求办理，通过办理消防安全检查手续，切实消除汗蒸房先天性火灾隐患。

（2）汗蒸房所在场所应明确消防安全责任人、管理人，制定并落实消防安全制度，营业期间应至少每2小时开展一次防火巡查，营业结束后应及时切断电源。管理人员应全面了解汗蒸房的加热原理和正确操作加热流程，准确识别温控系统的运行状况。

（3）符合消防安全重点单位界定标准的汗蒸房所在场所，应当依法向当地公安机关消防部门进行申报，并按照《消防法》和公安部《机关、团体、企业、事业单位消防安全管理规定》要求，实行严格管理。

（4）汗蒸房所在场所应当制定灭火和应急疏散预案并定期组织演练，符合消防安全重点单位界定标准的汗蒸房所在场所，应按要求建立微型消防站，配备灭火器材，开展日常训练，一旦发生火灾能做到"1分钟响应、3分钟处置"。未达到消防安全重点单位界定标准的，应成立志愿消防组织，并组织消防培训。

（三）提高从业人员消防管理水平

（1）员工上岗前应经过消防安全培训，达到"一懂三会"（懂本单位火灾危险性，会报火警、会扑救初起火灾、会火场逃生自救）要求。

（2）要充分利用新闻媒体开辟消防宣传专栏，广泛开展提示性宣传，扩大消防宣传覆盖面，加大新闻曝光力度，加强火灾案例警示教育。

（3）要认真制定完善场所灭火疏散预案，并结合预案定期开展演练，组织从业人员参与其中，有效提高其从业人员火灾自防自救与应急处置能力。

五　结语

综上，要加强和改善汗蒸房类场所消防安全现状，必须结合汗蒸房结构、装修施工的实际情况开展有针对性的防火研究，从理论和实践的层面出发，兼顾技术与管理，做到严格落实汗蒸房类场所消防技术标准，从技术层面上消除火灾隐患；全面强化场所消防安全管理，推动落实单位消防安全主体责任；加强消防安全宣传教育和培训，提高单位自防自救能力，全力遏制电加热汗蒸房恶性亡人事故。

参考文献

［1］宋立明：《汗蒸房类场所火灾危险性及整治对策分析》，《低温建筑技术》2016年第3卷第4期。

［2］陈晓峰：《一起电加热膜火灾的调查与启示》，《消防技术与产品信息》2014年第27卷第8期。

［3］马瑛：《汗蒸养生房的电气防火》，《消防技术与产品信息》2013年第26卷第3期。

电动自行车火灾调查研究

施化龙[*]

我国是电动自行车生产和消费大国，社会保有量目前已近 2 亿辆，并有逐年增加趋势。近年来，电动自行车人均占有量急剧上涨，电动自行车生产力度加大，但电动自行车行业相关规范并没有及时出台，导致电动自行车市场目前鱼龙混杂，一些劣质产品充斥市场，电动自行车火灾频发，全国由电动自行车引发的火灾起数呈现逐年上升趋势。

目前国内关于电动自行车火灾的研究主要有三个方面，分别是关于电池充电过程中引发高温或爆炸的研究、关于电池火灾危险性的研究和电动自行车火灾调查研究。国外对于电动自行车方面的研究主要与电池技术相关，大部分是从火灾预防的角度来进行阐述的，研究重点是提高蓄电池的使用性能、使用寿命和使用安全性。本文对电动自行车火灾调查现状进行分析，提出电动自行车蓄电池火灾调查的勘验、询问步骤和要点，为今后电动自行车火灾调查提供一定借鉴。

一 当前电动自行车火灾调查的难点

对于电动自行车火灾调查，存在的难点主要有以下三个方面。

* 施化龙，男，1975 年 12 月出生，籍贯吉林松原，吉林省松原市公安消防支队后勤处处长。

（一）电气线路敷设杂乱

在电动自行车充电场所中，因缺乏统一管理，很多用户为了取用方便和安全问题，私自拉线，造成内部线路敷设杂乱，电线和插排悬空现象及电线电缆材料不合格等问题，使调查人员在调查过程中，对于火场火势整体走势的判断被干扰，在确定起火原因方面，易忽视对电池内部故障的确定。

（二）起火部位燃烧重

电动自行车外壳包裹材料为高分子可燃物，在燃烧过程中可产生大量烟气和热量，导致电动自行车蓄电池及其充电线路、充电器在火灾过程中影响较重，使蓄电池外包 ABS 工程塑料燃烧后包裹内部极板和短路熔痕，在调查中很难从外观判别火灾前蓄电池的荷电状态，为确定电动自行车蓄电池工作状况带来一定难度。

（三）现场勘验缺乏有效手段

由于电动自行车为近年来新兴交通工具，调查人员对其内部结构、电气线路和易起火部位了解不够清楚。在调查过程中，认定电动自行车蓄电池部位为起火部位后，因缺少相关理论知识、可供借鉴的调查案例和实践经验，对于火灾物证的提取难把握重点，容易遗漏重要物证，导致得在最终起火原因认定方面不能确切说明火灾情况。

二　电动自行车火灾现场勘验步骤

电动自行车电池火灾现场勘验主要分为环境勘验、初步勘验、细项勘验和专项勘验，通过火灾现场勘验的方式，结合询问笔录，查明起火部位、起火点和起火原因。与其他电气火灾相比，电动自行车电池火灾现场勘验过程中需要对电动自行车车身金属部件、电池金属残骸和充电器燃烧残留物进行重点勘验，不仅局限于对电气线路故障点的把握，需根据电动自行车整体空间立体交融痕迹，把握火势蔓延发展趋势，并结合故障点物证鉴定结果，最终确定起火原因。

（一）火灾现场外围勘验

主要工作包括及时封闭火灾现场，避免无关人员进入，保护起火痕迹和火灾物证的完整性；对火灾现场外部及周边环境的观察，主要包括外部地形的观察、人员行动痕迹的观察、天气的观察、进出火场线路的观察、可燃气体管道的观察、火场外围可疑液体器皿残留物的观察和周边烟囱、锅炉有无飞火引起火灾可能的观察。外围勘验的主要工作有：

（1）确定火场范围，及时保护封闭火灾现场。对于电动自行车电池火灾，火灾调查人员到场后，要及时确定火场范围，封闭火灾现场，上述易起火的地点，车辆往来、人员密集，不能及时封闭现场的话，很可能对火灾现场痕迹造成破坏，影响勘验人员判断火灾走势和物证提取工作。

（2）火场外部环境观察。从外部制高点观察整体火场，观察火灾走势并拍照录像，观察周边环境有无放火痕迹和外来火源、雷击引发火灾的可能性。

（3）判断火场燃烧程度和破坏程度，观察取证火场外围的烟熏、流淌滴落痕迹，为下一步的勘验工作打好基础。

（二）起火部位确定

在确定保护好现场以及排除外来火源的情况下，通过对火灾现场整体的把握，在查清现场内各火源、热源、电源和可燃物品的位置情况下，摸清火势蔓延路线，结合现场询问，最终确定起火部位。电动自行车电池火灾多发于电池充电过程中，需根据充电场所建筑结构特点和充电时间的不同，勘验火灾现场不同位置燃烧轻重状况、烟熏痕迹、物体塌落层次和地面燃烧图痕，以此判断过火区域中最先起火的部位。此外，还可以通过观察墙面或物体上形成的燃烧图痕、不燃材料的变形融化情况、烧损痕迹和不同方向的燃烧终止线等，初步确定起火部位。

（三）电动自行车整体勘验

在确定起火部位位于电动自行车后，主要对电动自行车燃烧情况、电气线路带电情况、电池和充电器的燃烧残骸进行勘验，查找最先起火的部位，确定起火原因。

（1）电动自行车车身燃烧状况的勘验。电动自行车起火后，车身外围高分子材料会迅速燃烧，产生大量烟气，但车身框架由金属制成，经火烧后会留下金属变色痕迹。对于不同情况的火灾，如果扑救及时，电动自行车外壳没有燃烧完全，可根据燃烧残骸判定火势蔓延线路，一般燃烧较重的区域为最先受火灾影响的区域；如果火势猛烈，电动自行车经火焰熏烤后，仅剩余金属框架，可根据车身不同部位金属氧化变色痕迹的差异来判断最先受到火灾影响的部位。

（2）电动自行车通电状态的勘验。电动自行车在行驶放电状态下，内部全部电路均为带电状态，主要通过查找电动自行车控制器所在位置来判断不同散落线路原有的作用，进而确定火场内熔珠熔痕原来对应的电气部位的位置，在送检物证的过程中，需对提取部位和熔珠熔痕对应导线进行一一标注，结合现场询问，综合判断起火点和起火原因。电动自行车在停止状态和充电状态下，只有充电回路和报警系统回路处于带电状态，勘查时应找准电池充电器及报警器位置，结合现场物品位置，提取电池充电线路上出现的短路融合和电动自行车报警线路上的导线熔痕进行物证鉴定，确定起火点和起火原因。

（3）电动自行车电池部位的勘验。起火部位一旦确认为电动自行车，不论起火点是否在电动自行车电池附近，都应对电池进行仔细勘验，电池作为电动自行车电气系统的唯一能量来源，电流一旦发生紊乱异常，都会在电池内部极板和电池接插件处留下痕迹，一般起火点在电池处附近时，电池燃烧比较充分，仅剩余塑料熔融物，对于铅酸电池的勘验，首先观察塑料熔融物烧损情况，确定火势蔓延线路，其次对电池残骸熔融物进行切割，勘验电池内部情况，最后观察电池内部金属极板表面有无短路对应点和氧化痕迹，并询问车主电池年限和充电时间，判断电池有无过充电和老化现象，最终确定起火原因。

（4）电动自行车电池充电器及充电线路的勘验。在电动自行车充电过程中，充电器位于电池与充电插线板两者之间，由于其外部材质为不燃材料，火灾后一般呈现烧损情况，在对充电器进行勘验前，首先应查明充电器质量，内部有无风扇等其他散热装置，有无短路保护装置、过流保护装置和过温保护装置，在勘验过程中，主要查明充电器内部电板有无短路迹象，二极管有无炸裂情况，并询问充电器周边有无可燃物易燃物，以及充电器使用年限和存储方式。确定起火部位位于充电器处时，可提取充电器残骸及其相连电路送检鉴定有无电热熔痕和短路痕迹。对电动自行车电池线路进行勘验时，应对从插线板处开始至电池处结束的所有线路进行勘验，确定线路选材和线径选择是否合适，有无线路老化情况和过负荷情况，必要时可对重点部位熔珠熔痕提取送检，确定痕迹形成原因。

三　电动自行车火灾询问要点

为查明起火原因，除了需要调查人员对火场进行认真勘验外，还需对相关人员进行有关询问，尽量真实地还原起火前火场具体环境、起火物情况和其他与火灾相关的情况，询问是调查人员对火灾线索的获取和起火原因确定的有效证据材料。对于电动自行车蓄电池及充电器的火灾调查询问主要包括。

（一）蓄电池及充电器购置信息

对蓄电池及充电器购置状况进行询问，主要询问蓄电池和充电器的购买价格和购买时间，一般来说，单块 12V12Ah 的铅酸蓄电池单价在110—150 元之间，单体 18650 型锂离子蓄电池价格在 15—40 元之间，外加保护板价格在 100 元左右，充电器价格一般不低于 20 元，如果在询问过程中，发现所购置的蓄电池及充电器价格远低于正常值，说明车主所购置的产品很可能是伪劣产品，内部保护装置可能不够完善，产生故障的可能性会大大增加。同时，通过对蓄电池及充电器的购买时间进行分析，分析判断蓄电池及充电器是否存在过度使用和老化情况，一般来说，蓄电池经过 100 次正常充放电循环之后可以判断为老化电池，老化电池比正常电池具有更大的火灾危险性。

（二）蓄电池使用情况

向车主关于蓄电池的充放电情况进行询问，主要询问内容包括日常电动自行车使用情况、蓄电池充电情况、蓄电池充电场所、充电器放置场所，通过以上内容的询问，确定在日常使用过程中，车主对蓄电池保养情况是否到位、充电时间的选取是否恰当、蓄电池是否存在过充过放现象、充电场所内环境温度是否存在高温情况和充电器在放置状态下是否受到过颠簸和撞击情况。综上，可以确定蓄电池及充电器在日常使用过程中是否存在故障情况，可对火灾现场勘验提供一定的方向。

（三）起火前蓄电池状况

起火前对电动自行车蓄电池及充电器状况进行询问，主要包括蓄电池使用状况，有无过充电、过放电、长期过载使用和挤压等。对于铅酸蓄电池而言，蓄电池的状态异常导致蓄电池表面温度出现过热现象，具有加速充电线路和电池周边线路绝缘老化速度的可能，并可能直接引燃蓄电池周边可燃物。对于锂离子蓄电池而言，会导致锂离子蓄电池保护板处保护装置负荷增加，造成保护板处过热，可能造成保护板处由于工作电流过大直接引燃火灾或保护装置失效，造成蓄电池过充电，引发火灾。在询问过程中应对充电器的使用状态进行询问，询问充电器位置、周边物品、起始充电时间和总使用时间情况，判断当时周边环境是否具有被充电器处积蓄的热量引燃的可能，并分析充电器在充电过程中内部电器元件是否发生故障或产生了对蓄电池过充电的情况。

（四）起火时电动自行车情况

对第一报警人进行询问，主要包括发现火灾时现场燃烧情况、火势蔓延情况、最先起火部位、燃烧过程中烟尘和是否发现可疑人员等情况，通过对上述内容的询问，可帮助调查人员判断起火位置。

（五）火灾后相关人员的表现

通过对与火灾相关人员火灾后的行为表面，合理判断与火灾相关人员的关系，可更好地对放火、雷击和飞火等起火原因进行排除。通过询问，可以更好地解释和分析火灾现场遗留下的痕迹。向火灾救援人员询问出警、到达时间，到达现场后火场燃烧情况、扑救过程及现场救援、破拆等对现场痕迹的破坏等。

本文通过查阅文献，结合多年的火灾调查经验和当前电动自行车火灾调查现状，总结了电动自行车火灾调查的难点，分析研究了电动自行车火灾现场勘验步骤，并对调查询问要点进行了归纳总结，提出了电动自行车火灾调查方法，为电动自行车火灾调查提供参考。

参考文献

[1] 王春生、苏文威：《电动自行车火灾危险性分析》，《中国公共安全》（学术版）2011 年第 3 期。

[2] 周宗：《千万小心电动自行车易惹火》，《消防周刊》2012 年 9 月 5 日。

[3] 周柏青、张纵华：《浅谈电动自行车电池》，《通信电源技术》2006 年第 23 卷第 6 期。

[4] 刘涛：《浅谈电瓶火灾危险性及预防对策》，《科技信息》2011 年第 19 期。

[5] 胡玉娟、钱伟：《基于 FTA 法的电动车火灾事故的分析》，《防灾科技学院学报》2011 年第 13 卷第 1 期。

[6] 王刚、张万民：《电动车充电过程起火原因分析及技术防范措施》，《消防科学与技术》2012 年第 12 期。

浅谈电动自行车火灾防控工作

吴　新[*]

2017 年，上海市消防总队成立专班对全市电动自行车火灾防范工作开展专题调研。调研组全面查阅、梳理、分析了近年来全市电动自行车消防安全相关基础资料档案，实地走访了相关行业管理、生产销售单位，并与市质量监督管理局、工商局等职能部门座谈交流，全面分析了近年来本市电动自行车火灾情况以及当前电动自行车生产、销售、监管、使用等环节存在的安全漏洞，从控制产品质量、行业联动监管、末端规范使用等角度，研究提出了守底线、打基础、管长远的对策建议。

一　近年来本市电动自行车火灾分析

据统计，2012 年以来，全市共发生电动自行车火灾 674 起，造成 31 人死亡、29 人受伤，直接财产损失近亿元，虽然起数仅占火灾总量的 2.1%，但亡人数、伤人数和财产损失数占比分别高达 10.3%、10.2% 和 17.7%，且呈现出连年增长的态势，尤其是发生了 4 起较大亡人火灾事故（2015 年以来每年发生 1 起），造成 14 人死亡、5 人受伤，分别占较大亡人火灾的 30.8%、31.1% 和 26.3%。2012 年 4 月 27 日凌晨，浦东新区高

* 吴新，男，1974 年 10 月出生，籍贯福建宁德，上海市青浦区公安消防支队副支队长。

行镇万安街"山东水饺"门面房因处于充电状态的电动自行车充电器电源线短路引发火灾，造成住宿店内的 3 人死亡；2015 年 10 月 29 日凌晨，松江区车墩镇汇桥村一村民出租房因电动自行车充电过程中电线短路引发火灾，造成 3 人死亡、4 人受伤；2016 年 6 月 18 日凌晨，嘉定区上海真新粮食交易市场内停放的电动自行车电气故障引发火灾，造成 4 人死亡、1 人受伤；2017 年 2 月 15 日夜间，普陀区海城公寓裙房电动自行车锂电池故障引发火灾，造成 4 人死亡。上述火灾人员伤亡率高、社会危害大、教训十分深刻。坚持问题导向，深入剖析规律，主要存在以下特点。

（一）火灾多发生在夜间不易发现

从火灾发生时间看，电动自行车火灾多发生于夜间（约占 58.1%），以上 4 起较大亡人火灾均发生在深夜或凌晨。该时段往往是电动自行车集中充电期，而车主通常都在休息，充电发生短路或其他故障难以第一时间发现，待发现时火势已扩大蔓延。

（二）燃烧速度快不易扑救

电动自行车除车架及少量零部件为金属外，其余基本为塑料及橡胶制品，发生火灾后短时间内将达到猛烈燃烧状态。2013 年，总队联合公安部上海消防科学研究所模拟实验显示，一辆充电电动自行车电路故障起火后短短 7 分钟，现场火焰瞬时温度高达 1105.9 摄氏度，烟气温度高达 500 摄氏度。发生类似火灾，在消防力量接警到场前电动自行车往往已燃烧完毕。[①]

（三）火灾多发生在公共部位影响疏散

一些群众为图方便，将电动自行车停放在公共楼道或住宅室内充电，私拉乱接充电线路易造成充电线路过载、发热或短路，从而引发火灾，发生火灾后往往堵塞逃生疏散通道，极易造成人员群死群伤事故。以今

---

① 亓延军：《电动自行车起火原因与预防对策》，《消防科学与技术》2014 年第 12 期。

年"2·11"嘉定区安亭镇星光村农民出租房较大亡人火灾为例,虽然最终原因非电动自行车直接引发,但火灾现场一楼客堂间停放有 8 辆电动自行车,是造成火灾蔓延扩大、人员死亡的间接原因。

(四) 发生场所特殊容易蔓延扩大

本市许多小区尤其是老旧小区多无独立停放电动自行车的车棚,电动自行车、燃油助动车、摩托车等车辆混放,既无防火分隔措施也无自动灭火设施,有的小区车棚无人值守,一旦发生火灾,往往发现较晚,容易造成火烧连营。比如,2013 年 5 月,浦东新区培花路某小区车棚一辆电动自行车发生火灾,造成 68 辆自行车、45 辆电动自行车、2 辆燃油助力车、6 辆摩托车一同烧毁烧损。

二 电动自行车火灾频发原因分析

与普通自行车相比,电动自行车多了四大电气元件,即充电器、电池、电机和控制器系统。从调研情况看,四大电气元件及其管理、维修、使用环节存在诸多火灾隐患。

(一) 电气四大件防火性能、安全质量不达标,技术指标不匹配

根据今年央视《每周质量报告》调查显示,75% 的电动自行车火灾在充电时发生,而引发燃烧的主要部件是"电气四大件"。现行国家标准《电动自行车通用技术条件》(GB 17761-1999)规定,"电气四大件"及短路保护装置应采用性能匹配且符合国家标准的电子器件,但部分生产厂家偷工减料,减少工艺流程和生产环节,有的甚至不按技术标准要求采购原材料,使"电气四大件"之间技术指标不匹配,导致存在消防安全隐患。从近年来多地质监部门或质检机构抽查检测数据看,产品安全质量堪忧。今年上半年,福建省质监院电动自行车充电器风险监测实验,采样了全国范围实体专卖店、售后维修点、网络电商的 30 批次电动自行车充电器样品,发现不符合要求样品的达 27 批次,总不合格率为

90%，主要问题为充电器外壳不阻燃、没有保护装置、使用劣质元器件等突出问题；2016 年，安徽省质监局监督抽查不合格率为 45%；今年 3 月，浙江省湖州市质监局监督抽查不合格率达 80%。本市情况也不容乐观，市质量技监局近 5 年电动自行车产品抽取合格率分别为 94%、77.3%、88.6%、81.6%、83.3%，涉及防火安全质量问题有把立管静负荷、欠压、过流保护功能缺少，电线使用不达标及敷设不符合要求和蓄电池容量不足、脚灯间隙不达标、说明书要求不明确、充电器安全标志缺少等情况。[①]

（二）电气线路设计不合理，生产安装偷工减料

电动自行车对电气线路设计的要求，除能承受骑行过程中长时间大电流运行、满足最大设计功率外，还应考虑耐热、耐冻、耐酸碱、防尘及抗震等因素。但目前，有的厂家偷工减料、降低标准，选用线径小、质量差的电线，有的甚至是非标线，导致线路通电量不足，长期通电后极易引发过载。有的厂家对电动自行车线路未按规定捆扎固定，容易掉落或磨损导致短路起灾。有的防盗报警器不受电源开关控制 24 小时通电，一旦损坏极有可能产生短路，逐渐发热并起火引发自燃事故。有的绝缘处理不可靠，由于长时间在道路上使用，线路绝缘层很容易损坏，极易形成短路、漏电、接触不良，甚至由此燃烧起火。部分厂家生产的电动自行车未安装短路保护装置或安装不到位，使电气安全保护装置不能发挥作用。[②]

（二）私自改装以及使用、维修不当也是火灾诱因之一

有些小商户为迎合消费者续航时间长、载重能力强的需求，私自改装电动自行车，使车速可达 30—40 km/h，电动机输出功率大于 360W 甚至达到 480W（国家标准规定最高设计车速不大于 20km/h；整车质

---

① 章军：《浅析电动自行车的自燃与预防》，《交通与运输》2013 年第 5 期。

② 王刚、张万民：《电动车充电过程起火原因分析及技术防范措施》，《消防科学与技术》2012 年第 12 期。

量不大于 40kg；电动机输出功率不大于 240W），电路改动后引起负载电流加大，长期过载易导致自燃；有的居民为贪图便宜网购"三无"产品，此类产品安全质量低下，极易引发火灾。此外，电动自行车使用维修不当也极易引发火灾。常见情况有：一是混用不同型号的充电器，造成大电流，导致高温引发火灾。二是使用过程中电机、线路接插件受潮导致短路、漏电造成火灾；三是日常缺少相应维修保养，致使车体线路老化、绝缘层破损引发短路、漏电、接触不良等造成火灾；四是充电操作不当、顺序不对，长时间或在充电时将充电器用其他物品覆盖，造成电池积热、充电器损坏，引发线路短路自燃；五是维修选用电池不合格，使用非标、质量低劣或型号不匹配的充电器充电，容易引起火灾；六是充电时间过长，充电器内因元器件过热导致线路短路打火引发火灾。[①]

三　进一步加强电动自行车火灾防范的对策建议

虽然近年来全市针对电动自行车火灾防范开展了一系列工作，也取得了初步成效，但电动自行车保有量大、质量参差不齐、日常监管难等问题没有得到根本改观，源头设防不力造成末端治理防不胜防、管不胜管的情况依然突出严重。对此，建议从加强源头本质安全管理与防治入手，切实降低电动自行车火灾风险。

（一）抓紧出台地方安全技术标准

鉴于国家电动自行车强制标准短期内难以修订出台，按照"高于国标、契合市情"的要求，建议市质量技监局会同公安、工商及自行车行业协会、生产企业抓紧制定出台地方性安全技术标准，在生产环节把控电动自行车防火安全：一是全面提高电动自行车电气安全质量，强制规定车体、电池及充电装置应具备欠压、过流、过载、过热、过充电和短

---

① 魏铭炎：《电动车用电池的发展现状》，《电机电器技术》2015 年第 5 期。

路保护功能；二是加强车体电气线路防护措施，提高防水、防潮和防撞击性能，避免因线路损伤造成安全隐患；三是控制易燃可燃材料装饰或使用，减少电动自行车火灾荷载；四是强制推广电动自行车"一车一电一充"安全模式，杜绝充电器、电池、电机和控制器系统不匹配问题，降低充电过程中的火灾风险。

（二）完善落实产品目录管理制度

本市电动自行车销售实行产品目录管理制度，本市以及外地150余家电动自行车生产企业的3000余种车型取得管理资格在售，市、内外企业销售量约各占一半。目前，本市电动自行车产品目录由市经济信息化委根据相关规定以及企业申请，每2个月更新发布一次，未取得产品管理目录的生产企业及其生产车型不得在本市销售。对此，建议市经济信息化委修改完善本市电动自行车产品目录管理相关规定，提高对电动自行车防火性能及其基本安全指标参数要求，提升进入本市市场安全质量门槛。同时，建议工商、质检部门以及自行车行业协会加强对电动自行车生产企业以及销售网点动态质量监督抽查，将产品质量不合格或存在防火安全隐患的车型及时通报市经济信息化，调整出管理目录范畴，督促生产企业落实产品召回等强制整改措施，并通过"黑名单"制度，实时发布公开各类不合格电动自行车安全管理信息。[①]

（三）强化依法监管和联防联动

根据国家和本市有关文件规定，本市电动自行车生产、销售、登记、通行以及相关管理活动，由经信、质监、工商、公安、环保、行政执法等部门分工协作、共同负责。下一步，建议相关部门将防火安全纳入电动自行车行业管理范畴，加强生产企业资质、产品质量检测、车辆注册登记等管理。其中，建议市质监、工商部门牵头定期开展电动自行车质量抽查，打击违法销售拼装、加装、改装行为，查处销售未取得产品目

---

① 《多措并举防范电动自行车火患》，《中国消防》2013年第11期。

录资格产品违法行为，督促生产企业和销售网点及时召回相关车辆；建议市交通管理部门在加强电动自行车登记上牌管理的基础上，实行电动自行车报废淘汰制度，并加大"超标"车辆上路查处打击力度；建议市环保部门加强电动自行车废旧电池收集处置管理，督促电动自行车生产企业、销售网点落实以旧换新回收方式，建立回收台账，做好回收集中处置，鼓励电动自行车生产企业、销售网点采取以旧换新方式回收废旧电动自行车，严防简单整修再次流入市场。建议自行车行业协会督促生产企业将有关消防安全提示写入《使用说明书》，指导销售网点对电动自行车用户进行使用前必要的安全培训，提高预防和处置电动自行车火灾能力。

（四）标本兼治推动社区防范

针对当前电动自行车火灾源头防控难，末端监管弱的问题，建议各区政府重视加强电动自行车火灾防范工作，落实相关部门、基层组织日常巡查、隐患整治和宣传提示责任，重点参照《上海市住宅小区电动自行车停车充电场所建设导则（试行）》（沪建标定〔2016〕528号），加大居民小区电动车棚（库）和集中充电设施建设力度，推广配置简易喷淋、独立式感烟火灾探测报警器、定时充电、自动断电等安全防范设施。建议房管部门按照新颁布的《上海市住宅物业消防安全管理办法》，将电动自行车火灾防范工作纳入物业服务企业管理范畴，督促落实日常安全管理责任，做好社区电动自行车火灾防范工作。建议宣传部门及各区政府加强电动自行车防火宣传，教育提示市民选购使用已获本市产品管理目录资格型号的电动自行车，选配质量合格且与车辆匹配的充电器和电池等，不违规改装电动自行车及其配件。

花果园棚户区改造项目
消防工作调研报告

汪　勋[*]

花果园棚户区综合改造项目由彭家湾、五里冲片区构成，是全国规模最大棚户区改造项目，消防工作如何有机融入城市综合改造项目，并通过社区、物管深入到入驻购物中心、企业、学校、医院和居民家庭等，是管理部门目前亟待解决的重要问题之一。

一　花果园区域基本情况

花果园区域是一个体量大、人员多、商业业态丰富的超大型城市综合体，占地面积 4.02 平方公里，高层建筑 259 栋（其中超高层建筑 220 栋），总建筑面积达 1830 万方米，其中住宅 1200 余万方米，商业办公 400 余万方米，公建配套 200 余万方米，项目建成后预计容纳人口 60 万，目前已完成工程进度总量的 90%。

目前，花果园呈现以下几个特点。

（一）增长速度迅速，人员结构复杂

花果园区域已交房共计 220 栋，总户数 162883 户，已接房 155257

---

* 汪勋，男，1978 年 9 月出生，籍贯重庆，贵州省贵阳市南明区公安消防大队大队长。

户，接房率达到95%，已入住近20余万人。辖区规划建设商务楼宇总栋数36栋，已交付19栋，入驻企业6800余户。目前辖区的人员大致可以分为四类：一类是居住在辖区的群众，约20万人；一类是辖区的就业人员，约2万人；一类是在辖区务工的农民工，约2500余人；一类是到辖区娱乐购物的人员，每天约4万人次。

（二）交通压力大，第三产业发达

花果园辖区设有公交枢纽换乘站，开通公交线路22条，公交车辆233台，日均运营班次1163班，日均客运12.06万人次。据交警部门统计，每天在辖区穿行的车流量已达8万车次，交通压力大。在高峰期，距离最近消防队进入花果园时间需20分钟。同时，花果园辖区企业多为餐饮、经济型酒店、网吧等服务类行业。2016年南明消防大队受理设计备案、竣工备案、开业前检查消防手续受理办理就多达229家，但按要求应办理而未办理消防手续的公众聚集场所据统计还有900余家。

（三）微站逐步完善，设施基本完备

花果园按其实际特点进行分区域建立23个标准化微型消防站，配备消防人员238人、26台消防车辆及各类消防灭火救援设施设备，每年投入资金3000余万元。目前花果园微型消防站每月处理火灾近40余起，基本满足花果园区域初期火灾处置需求。同时，在审核验收上把好源头关，花果园投入使用的建筑已安装烟雾探测报警器165.2万个、火灾自动灭火装置151万个，基本保证了每栋消防设施设备达到使用标准；随着市政管网的不断完善，花果园区域消防给水已建立室外消火栓234个，基本满足花果园片区消防设施建设需求。

（四）管理体系初建，维保进度滞后

南明区人民政府于2013年9月成立花果园社区服务中心，花果园派出所等职能部门对花果园片区进行政府管制。但因辖区住户消防意识及建设单位后期维护保养等问题，导致部分交付使用的公共消防设施后期损坏。特别是住户擅自把住宅报警探头撤除、随意装修，经营单位装修

未按照消防技术规范要求施工，导致火灾自动报警主机上屏蔽、故障点多，自动消防设施被遮挡占用情况多。

二　存在的主要消防安全问题

（一）人员消防安全意识不强

花果园常驻人口已达 20 万人，商铺的林立与商务办公的密集，再加上人员流动性强，导致花果园人员组成复杂，安全意识良莠不齐，消防知识的接受率与普及率提升困难。据统计数据显示，花果园购房业主 70% 来自省内地州市和周边省市，对花果园区域的归属感和认同感不强，对消防安全的漠视，也是提升人员消防安全意识的主要困难。

（二）物业管理从业者水平不高

虽然花果园物业管理投入高达 7000 人，但其中对消防工作熟悉的人员不足 5%，部分人员甚至不能做到以身作则带动周围居民。据统计，2016 年度花果园共输送 200 余人参加消防学校的学习，这对拥有庞大人口容量的花果园区域仍是杯水车薪，加强花果园片区物业管理从业者的专业管理素质与水平，是现在亟待解决的问题。

（三）消防责任制度落实困难

花果园区域现仅公众聚集场所就有 1200 余家，而南明区公安消防大队防火监督员仅有 11 人，花果园社区下设居委会 3 个，派出所消防工作专兼职民警 20 余人，管理体量大、服务人口多，造成花果园消防管理与督促社会单位落实主体责任的管理队伍严重不足。截至目前，花果园区域的公众聚集场所投入使用、营业前消防安全合格率仅达到 16.7%，社会单位消防责任制度在人员配置、政府干预、部门合作之间显得困难重重。

（四）消防设施整体维保率不高

据当前统计数据，花果园区域共有高层、超高层建筑 259 栋，投入使用 220 栋，另有大型城市综合体与艺术中心，共设消防控制室 84 个，消防水泵房 55 个，安装烟雾探测报警器 165.2 万个、火灾自动灭火装置 151 万个。但上述对消防设施设备符合维保资质的维保公司全省仅有 2 家，催生了消防设施设备整体维保率低下、跟进程度不高、问题解决不及时等问题。

（五）消防安全教育培训工作推动困难

消防宣传"七进"以及"精准化宣传"工作要求与消防工作管理队伍不足形成强烈矛盾，无法将宣传工作切实做到向居民"面对面、点对点"的进行宣传，消防宣传标示化进社区、进居民楼推动也停滞不前。各类宣传目的无法达到，也是导致全区居民对消防安全重视度不足，各类小火灾、小隐患层出不穷的主要原因。

三　推进花果园消防管理的几点建议

（一）强化消防责任体系建设，提升齐抓共管良好格局

强化政府统一领导、行业部门依法监管、单位全面负责、公民积极参与的立体防控体系，形成全方位的消防监管合力，确保辖区火灾形势稳定。一是要强化政府责任。坚持"一党同责，一党双责"工作准则，准确把握形势，加强消防安全工作的责任感，立足行业领域特点，进一步强化形势分析研判，提升工作措施的针对性、时效性，牢牢把握稳控火灾形势的主动权。二是要强化部门责任。按照"管行业必须管安全、管业务必须管安全、管生产经营必须管安全"要求，改变消防部门单打独斗的局面，行业主管部门要充分发挥行业主管优势，有针对性地开展消防安全检查，及时发现和消除火灾隐患，落实消防安全措施。要运用多种形式，采取各种方法，切实加大检查力度，督促整改火灾隐患。三是要强化社会单位主体责任。要紧盯单位消防安全责任人、管理人，联合行业部门、社区服务中心进行全面登记，采取以会代训、集中培训、实地指导等方式，使其明白自身的职

责任务，熟练掌握工作流程，切实为单位培养一批"明白人"。要推进社会单位标准化管理，认真落实公安部第61号令。推进区域联防组织建设，可按照一个微型消防站一个片区来划分，划分23个消防联防区域，成立联防组织，明确由微型消防站为牵头单位，充分发挥微型消防站火巡查、灭火救援、消防宣传"三队合一"的作用，定期开展会议会商、隐患分析、互检互查、教育培训、联合演练等活动，提高单位隐患互查自改、区域联动和应急处置能力。四是要全面提升辖区居民参与消防的积极性。不断深入消防知识的普及，将消防知识宣传纳入常态化工作中去，结合"花果园是我家，建设靠大家"的社区文化创建，积极发动、引导和组织花果园区域住户、商户参与消防志愿者活动，增强其对该区域的认同感、归属感。

（二）强化消防监督执法力度，提升火灾排查高压态势

坚持"重点问题重点整治"原则，充分发挥行业部门、社区服务中心、派出所的资源优势，强化对社会单位的监督检查。坚持问题导向，什么问题突出就整治什么问题，哪方面火灾多发就整治哪方面的隐患。要针对苗头性、倾向性和区域性、行业性问题，发挥政府统一领导的作用，集中时间、集中力量开展消防安全专项治理，对消防安全火灾隐患开展综合性、针对性治理，严厉查处消防安全违法行为。

（三）强化消防设施配置维保，提升物业公司业务水平

公共消防设施是消防建设的重要基础，按照国家消防技术规范要求进行规划和建设，消防队（站）、消防车通道、消防给水、消防通信等公共消防设施必须进行同步设计、同步建设。并且要按照实际情况，鼓励花果园房开公司自己成立一家有资质的公司对现有的消防设施进行维保。物业公司要不断提高消防管理工作的业务水平，建立物业公司业务标准体系、从业人员考核奖惩制度，培育出一批拿得出、靠得住的物业公司消防管理人员。同时，有效利用花果园区域微型消防站，组织物业公司从业人员分批次深入微型消防站体验学习，并通过考核回到服务岗位上，为从业人员总体专业水平提供保障。

（四）强化运用智慧消防手段，提升火灾物防技防水平

有效利用"云上贵阳智慧消防"大数据的建设，以物联网为载体，综合利用政府、行业、企业的多重数据资源创新社会管理模式，优化管理成效。一是突破监管模式，提高监管效率。智慧消防大数据监管云平台"将精准推送工作任务，明确细化检查标准，从源头解决从业怎么进行消防监督检查的问题，完成检查任务；二是实现网上监管，缓解监管力量。辖区防火监督员可利用电脑或手持 APP 实现网上监管，政府、行业、企业通过上传检查视频、图片资料履行现场检查职能，防火监督员通过查阅即可完成监督检查，同时还可以适当增加对重点场所、部位的检查比例、频次，将监管效率提高 4 倍以上；三是精准消防宣传，提升御火能力。通过云数据的普及，辖区居民、商家、物业管理人员、务工人员可通过电脑或手持 APP 按照不同类别推送消防法规、火灾案例、消防新闻等，解决了培训吃大锅饭，针对性不强的问题，精准的通过网络推送培训内容，并通过线上考试检验培训成果；四是与技防紧密结合，填补监管空白。通过设在自动消防设施加装数据传输模块，在微型消防站与消防控制室实施视频监控，置传感装置、感应模块等方式，24 小时采集汇总分析数据，出现异常，及时报警、及时处置。

（五）强化创新宣传培训模式，提升群众消防安全意识

在不断深化消防宣传"七进""精准化"活动的同时，通过"云上贵阳智慧消防"大数据，提高消防基础知识普及率与针对性。在花果园片区建设一个社区消防体验中心，有批次、分类别地邀请社会单位、企业员工、学校、居民等进行体验学习，并开展多元化教育活动。结合片区学校教育情况，营造"一个学校带动一个片区，一个学生带动一个家庭"的良好氛围。

（六）强化高层灭火救援工作，提升部队初战制胜能力

要加强灭火对象熟悉演练，"知己知彼，百战不殆"。南明区消防大中队要强化对花果园辖区建筑、街道、水源、单位内部的情况了解，强化六熟悉，确保数字化预案真实有效。要加强指挥能力建设，加强典型战例研讨和技战术研究，完善灭火救援预案和处置对策，着力攻克高层建筑、大型综合体和地下建筑扑救难题，做到每类灾害都有一套成熟的战法和规范的程序。对花果园辖区有代表性的建筑一个一个地练，着力提高灾情判断、临机决策、力量组织、攻防指挥等方面能力；在此同时要与花果园房开公司加强协作，利用设计、建筑、消防施工等单位为辖区官兵授课，健全完善预案制作，发挥好数字预案的辅助决策作用。

（七）强化消防基础设施建设，提升花果园灭火救援能力

目前，花果园按片区分区域已建立23个标准化微型消防站，切实夯实消防工作基础，提高社会化消防安全工作水平。要按照《建筑消防安全标识化管理规范》的相关规定，对消防设施设备、消防安全重点部位、疏散通道等进行标识规范化，明晰各类设备用途，夯实社会面火灾防控基础。特别是规范化泵房管理，制订、优化火场供水计划，消防给水管道的管径、消火栓间距应当符合国家防火设计规范的规定，合理利用片区水源（如湿地公园），就近占据水源，供应火场的主要方向的灭火用水量，同时联系市政与水务部门，在满足花果园片区单位和居民的供应水计划前提下，将消防特殊供水纳入发展规划。另按《城市消防规划建设管理规定》，应在花果园辖区规划建立一个特勤消防站，布局应当以接到报警五分钟内消防队可以到达责任区边缘为原则，最大程度加强片区灭火救援应急力量，规避交通高峰期车辆缓堵情况，使灭火救援应急力量达到更及时、更高效。配备监视和通信报警设备，不断优化消防站与消防基础设施的建设，切实改变火灾防控工作模式，提升火灾防控工作能力。

社会消防专业化管理的创新突破

——论在社会消防管理中引入消防专业化管理公司的可行性探索

卢学任[*]

在当前以各级消防机构主导的消防行政管理体系下，由于消防部门本身警力太少，特别是镇（街）消防监督警力缺失，没有哪个部门或组织系统掌握整个社会面各类单位的消防安全的基本情况，底数不清、情况不明，无法形成管理合力，管理时紧时松，靠运动方式开展专项治理，无法形成规范的、长效的管理机制，管理死角、漏洞很多，导致火灾多发，火灾形势无法从根本上转变。要想解决这种矛盾，要不断创新理念思路、体制机制、方法手段，中山消防部队在社会消防管理上进行了有效的探索和创新，并初步摸索了一些做法和经验。

一 当前社会消防管理存在的困局

（一）消防机构方面

（1）责权不清。各级消防机构在社会消防管理工作中既当运动员、又当裁判员，责权无法厘清。特别是发生火灾事故后的监管责任无法

---

* 卢学任，男，1972 年 9 月出生，籍贯广东五华，广东省中山市公安消防支队支队长。

界定。

（2）警力不足导致失控漏管的情况越来越严重。具体体现在大队级执法人员普遍就是5—10人，大队管理的各类社会单位普遍在2—5万家，很难实行有效的日常管理。

（3）消防监督员队伍流动快。由于消防以现役体制为主，转业、升职、岗位、地区交流比较频繁，而社会面情况的熟悉、社会单位的排查、消防技能的提升、火灾隐患整治的跟进、火灾扑救过程的指挥员和监督员队伍，现实工作中根本无法达到此要求。

（二）各级政府方面

当前消防部门监督管理力量严重不足、各级各部门多头管理而管不到位，导致重特大火灾时有发生。同时在当前火灾事故追责日渐严格的情况下，基层政府也有"出钱买平安"的倾向。

（三）职能部门和主管行业方面

（1）法律、法规、规章和各类规范性文件规定部门的消防工作职责过于原则，且没有配套工作与考核评价标准，考核追责比较困难。

（2）在部门设置和功能定位上，现在各级普遍设置了消防安全委员会，情况有所改变，但消防机构在各级政府中的定位都是二级局，在牵头组织和考核中难度增大，工作中亦存在责权不清、消防与各职能部门、部门与部门之间协调困难等问题。

（3）随着国家机构改革的深入，很多部门职能改变、重组或撤销，存在消防工作部门监管衔接、调整、重新明确消防职责等问题。

（四）基层派出所方面

派出所无疑是当前做好基层消防工作的主要依托，但当前派出所消防监管方面存在的一些问题不容忽视。

（1）体制问题。消防作为现役公安警种，又是相对独立的政府部门的一项工作，人、财、物相对独立，对公安机关的影响相比其他公安业务相对较小，这也是造成当前派出所消防监管工作不温不火的重要原因。

（2）管理机制问题。由于管理体制不同，消防大队作为一个警种对派出所的指导多、检查少、考评更少，硬性指标不多，导致派出所的消防监管工作普遍力度不够，很难形成高效的监督指导机制。

（3）发展不平衡。派出所的消防监督管理工作远没有达到专业化、规范化、制度化的标准，而且受上述因素限制特别是警力不足的限制，也很难要求派出所在基层的消防监督管理工作达到无缝化监管要求。

（五）消防"网格化"管理方面

"网格化"管理人员的特点是：绝大部分为兼职管理人员，专业水平低；人员流动快，管理时紧时松；责权无法界定，管理积极性不高；发生大的火灾事故后很难追责，日常管理中责任感不强；网格管理员多数是兼职人员，考评考核困难等。

（六）镇、村一级的消防监管力量基本空白

目前无论是现役的还是地方部门，有消防监督机构和消防人员编制的基本到县级，镇、村级基本空白。

（七）社会单位方面

现在的企业主、个体户普遍是具有一定文化水平、有一定现代管理意识的中青年群体，特别是大量非消防安全重点单位的中小企业和"三小"场所，专业的消防"医生"的检查可能长期抽查不到，其他部门和人员的检查又不专业。

二 专业消防管理服务公司承担社会消防管理服务的可行性探索

在体制、机制没办法作大幅改革的情况下，经初步实践探索从另一个视角即创新消防管理模式，利用社会资源聘请专业化消防管理服务组织、以政府购买服务的方式来加强社会面的消防管控经初步实践证明是当前解决消防监督警力严重不足、强化社会面消防管控行之有效的办法。

（一）专业消防管理公司的主要职能

政府通过购买服务的方式聘用的专业消防管理服务公司，主要职能应包括：

（1）对服务管理区域的社会单位开展防火检查并建立消防档案，区分消防安全重点单位、一般单位和"三小"场所建立不同的管理档案。

（2）对管理区域内的所有社会单位每年至少检查两次，并对设有自动消防设施的单位进行检测，并将检查发现的火灾隐患和消防违法行为告知被检查的社会单位，并抄告主管部门和消防机构。

（3）技术指导存在火灾隐患的社会单位进行整改，在每次检查后将社会单位的火灾隐患整改情况和管理变化情况及时登记并录入管理信息平台，并将跟进情况定期抄告主管部门和消防机构。

（4）向管理区域公告管理公司的地址和服务电话，接受管理区域居民和商户的消防安全咨询，依据社会单位的申请上门为单位义务开展火灾隐患排查、整改以及员工消防培训等服务。

（5）在管理区域发生火灾时到场提供受灾单位的建筑结构、消防设施设备和生产经营储存物品的基本情况、利用对管理服务单位检查时收集的受灾单位的信息为消防部门火场救人及灭火救援提供帮助，并就掌握的受灾单位的情况协助消防部门开展火灾调查和涉及违法犯罪的"两案"办理。

（6）利用检查收集建筑数据初步建立建筑大数据库。管服人员通过检查采集所有社会单位的建筑数据，特别是建筑结构和使用功能，以建筑大数据为依托建立建筑模型为下一步建立大数据消防监管和立体化灭火救援体系提供社会单位基本情况和建筑信息支持。

（二）专业消防管理公司的人员配置和成本计算

（1）人员配置和工作量的计算。中山市25个镇区共有各类社会单位25万多家，各镇区社会单位从5000来家到30000多家不等，珠三角经济发达地区的镇（街）的社会单位规模大体类似。

（2）对支出成本的计算。兼职消防网格员管理办法，网格员普遍会给予一定的经济补贴，推行专业消防公司管理后上述两种人员由专业化公司替代，上述两项费用可省下来作为专业消防管理公司的费用。

（三）中山市消防专业管理公司的实施情况

中山市大胆突破传统的消防监督管理模式，以招投标的方式聘用消防专业管理服务公司开展消防专业化管理服务，取得了初步成效，在具体操作上：

（1）在公司的选定上。由于相关的法律法规对消防专业管理公司的资质、职责无明确的规定，在三乡镇、三角镇的招投标准入界定中，初步确定为有消防检测、维保和施工资质的公司，在条件的约定中对办公场所、办公设施、消防检测检查设施和专业人员的要求都有明确的规定。

（2）确保中标公司的专业化水平。首先是在招标文件中明确要求参与投标的公司必须有注册消防工程师、电气工程师和化工专业人员，同时要求上岗人员必须具备全日制大专以上文化程度。

（3）在确保落实管理内容。要求对单位履行法定消防安全职责的情况、单位是否存在火灾隐患和消防违法行为进行全面检查，并对所有就业员工进行不少于10分钟的消防安全常识培训并登记在册。

（4）确保工作实效。在确保检查单位数量的同时，消防部门在保证消防服务公司的专业人员在查找火灾隐患和督促单位主动整改火灾隐患中认真起好监督作用。

（5）规范工作流程。要求管服人员在对社会单位进行检查前必须出示上岗证，并告知管理服务内容。同时要求从进入单位到离开单位必须全程录像，并在检查结束后将当天的工作录像锁定保存，管理服务公司无权修改，以此作为群众投诉和公司履职的重要依据。

（四）引入专业消防管理公司带来的积极影响

（1）真正实现社会面消防无缝化管理。引入专业的消防管理公司后，实现对社会单位进行系统排查并建立专门的纸质和电子管理档案，社会单位按重点和一般实现定期的消防安全管理服务，社会单位自身清楚存在的火灾隐患并先自行整改。

（2）有利于各级政府、各部门有针对性地跟进治理。专业消防管理公司经过排查输入的社会单位消防管理信息系统为各部门提供了一个共享的消防管理平台，将改变过去各部门条块衔接不到位管理漏洞很多、部门检查不专业等问题。

（3）对社会单位真正实现管理与服务的转变。实现消防管理公司的管理后，消防管理公司的职责主要是帮助社会单位查找火灾隐患，作为专业组织协助单位制定最优的整改方案，为单位提供消防咨询和技术支持，帮助单位培训企业员工等工作。

（4）推动社会消防管理体系的完善。社会管理包括消防设计、消防设施施工、消防设施检测、维保、消防远程监控系统、消防安全评估等管理手段和组织，消防管理公司的出现，将上述因素串联起来，消防作为一种社会管理行业的特性会逐步体现出来，并通过社会自身需求不断培育完善进步。

（5）进一步厘清消防部门的管理职能解放警力。使消防部门能够从当前社会消防管理中解放出大量的警力，加大消防立法和消防规划的顶层设计，认真监督指导专业消防管理公司履行职责，指导政府各部门、派出所、村居开展消防工作，并加大火灾调查和追责的力度，特别是"两案"办理的力度。

（6）为"智慧消防"建设打基础。"智慧消防"建设的基础是社会面建筑的大数据、社会单位的生产、经营、储存等基本情况，再利用先进的信息化手段完成人和物的连接。这些庞大的基础数据的采集必须靠专业的公司来完成，专业消防管理服务公司通过日常消防管理服务的方式完成消防大数据的采集实现了一举多得的管理效能。

（五）消防管理公司施行面临的主要问题

（1）缺少法律支撑。目前尚缺施行专业消防管理公司开展对社会单位的消防安全管理服务的法律依据，责权边界不清晰。

（2）专业消防管理公司体系尚未形成。社会专业消防管理公司的组成、操作规程等尚待建立，工作流程、工作程序、工作标准尚待摸索。

（3）招投标限制。消防管理公司的费用以政府购买服务的方式实施，这就涉及经费支出的合理性、消防专业管理公司参与招投标的资质、招投标过程的合法性等问题。

（4）尚未建立评价体系。作为提供技术的消防管理公司，其工作完成后必须要有个中立的评价机构对其服务质量进行全面评估，特别是发生火灾后要对消防管理公司是否尽到对单位存在火灾隐患的告知义务和培训等工作成效进行评估，是否应承担、承担多少责任的问题。

（5）消防管理公司履职中可能碰到的问题。有的社会单位会出现不配合、拒绝检查的情况，有的单位会出现查出火灾隐患长期不整改的情况，还有的单位发生死人火灾或较大以上火灾后的追责问题，消防管理公司是否认真履行了服务职能，有待在下一步的工作中不断完善。

（六）现阶段解决的主要办法

上述存在问题应会在消防管理制度的不断完善中逐步解决，为推动消防管理公司的尽快普及，当前应做好下列工作：

（1）加快推进立法工作。应尽快推进《消防法》以及各地《实施办法》的修订，将消防管理公司的管理工作合法化、做到有法可依。

（2）尽快建立完善专业消防管理公司运行体系。当前应参照消防施工单位的资质和晋级管理办法尽快出台专业消防管理公司的资质、监管和操作规程以及基本技术和人员配备标准等，并尽快组织出台消防专业管理人员培训考试教程。

（3）对专业管理中出现的问题的处理。依据公司定位，专业消防管理公司是提供消防安全和管理服务的技术服务公司，也不是包打天下，所以工作职责、责任界定要清晰。

（4）先行先试摸索经验。作为当前过渡阶段，各地可选定经济发展较好、或火灾隐患比较严重、或发生过重特大火灾事故有切肤之痛的县、区或镇、街先行先试，摸索经验，再逐步全面推开。

参考文献

[1]《中华人民共和国消防法》，2008 年 10 月。

[2]《消防监督检查规定》，2012 年 7 月。

[3]《中山市消防工作"十三五"发展规划（2016—2020 年）》，2016 年 7 月。

[4]《广东省实施〈中华人民共和国消防法〉办法》，2010 年 7 月。

[5] 国务院《关于加强和改进消防工作的意见》，2011 年。

从生存性素养培育谈消防安全教育

焦培文[*]

生存性素养是指人由训练和实践而获得的，面临突发性灾害时用以保存生命的自身防范意识和自救互救的技巧或能力。大力推行消防安全生存性素养培育，对于保障公众生命安全、维护社会稳定有着极其重要的意义。

一　消防安全生存性素养现状

（一）防灾减灾意识淡薄

比灾难更可怕的是对灾难的无知。2016 年 3 月《瞭望》新闻周刊联合北京美兰德信息咨询有限公司所作的"国民素质"抽样调查数据显示，公众防灾减灾意识"很好"的仅占 6.1%，"一般""较差""很差"的分别占 43.7%、16.4% 和 4.0%。2014 年 6 月，公安部消防局组织全国"国民消防安全知晓率"调查结果显示，消防安全防范意识得分 52.74 分（总分 100 分，下同）。在接受教育概率较高的城市，也只有不到 4% 的城市居民在日常生活中做到基本的防灾准备。

（二）防灾减灾知识普及率低

防灾意识淡薄导致的另一方面问题就是主动学习防灾知识技能的意

---

* 焦培文，男，1970 年 8 月出生，籍贯山东昌邑，山东省公安消防总队防火监督部副部长。

识差，人们缺乏如何避险、逃生等自救的基本常识。《中国公众防灾意识与减灾知识基础调查报告》中显示城市居民在知识层面掌握基本减灾技能的仅有 10.5%，在实践层面掌握减灾技能的更少。公安部消防局组织的全国"国民消防安全知晓率"调查结果显示，消防安全常识知晓率得分为 64.27 分。

（三）自救互救能力不强

研究表明，重大灾难发生后绝大部分被救人员是由基层单位非专业救援人员自发救助完成的，专业救援队伍所救人员只占 5% 左右。但调查数据显示，公众防灾减灾意识表现较差的主要原因，82.7% 为"缺乏相关培训演练"，64.5% 为"不知道防灾减灾知识"，45.5% 为"灾难到来时不听从救援指挥"。首次全国消防常识知晓率调查显示，对于人员密集场所的安全出口位置的关注度最低，仅得到 45.06 分。被访者火场自救逃生知识技能得分为 71.95 分。

（四）防灾减灾教育培训责任链条缺失

安全教育就像一根链条，是贯穿整个社会、链接各个主体的安全教育体系。责任链条的缺失首先是认识上的缺失。美国《消防手册》将消防安全教育与防火、灭火一起列为消防工作三大支柱。日本、英国等也采取了多项措施加强消防教育。首先是我国对消防教育也日益重视，但总体来讲还没有提升到它应有的地位。其次是教育培训系统责任的缺失。中国教育科学研究院研究员储朝晖认为："目前我国安全教育缺乏系统性，质量参差不齐，效果无法保证。亟待建立一条完整的安全教育责任链。"再次是家庭责任的缺失。《中国小学生减灾教育现状基础调研报告》显示，35.9% 的家长认为安全教育"有学校教就好，不会额外关注，自身也不了解"。最后是企业单位责任的缺失。资料显示，全国大约有 2000 万台（套）工业机械，85% 的操作人员无证上岗。几乎每一起重特大事故都暴露出违章操作等突出问题。

二 消防安全生存性素养培育面临的问题

（一）表现在缺教材

消防培训教材数量少、质量不高，最重要的是不成体系、针对性不强，重复浪费、拼凑现象严重，还有很多传播错误、过时的常识。一些教材没有细分受众，不能结合不同目标人群的行业、思维、隐患特点和行为习惯，对症下药，精准发力。

（二）表现在缺人才

我国消防警力非常紧张，用于灭火抢险救援和消防监督执法警力的占比都远远低于大多数国家，用于消防宣传培训的警力更是远远不够。有一些地方尝试推行政府购买服务，委托社会培训机构对单位员工、居民进行培训；招聘消防文员成立专职培训队，到社会单位开展面对面培训，取得了明显效果。但这些做法普及面不广，在机制体制方面还需进一步完善。

（三）表现在缺场地

目前从国家到各省还有部分市都建立了规模不一的消防博物馆，但大多只作为消防历史的展示与观摩，少有公众参与功能；有一些省市建设了安全体验馆，在开展学校消防教育和社区消防建设过程中，也建设了一批消防体验室，但大多名存实亡。消防站对外开放是一个好举措，但在繁重的灭火抢险救援任务面前不堪重负，大多在 119 消防日等特定时间对外开放。场所的缺乏与公众急需的消防知识技能之间矛盾突出。

（四）表现在缺实践

从培训方式上讲，目前存在的最大问题是说得多实践少。国家卫计委应急办主任许树强认为，生存性素养是人时刻准备着应付最坏的情形，应由训练和实践而获得的用以保存生命的技巧或能力。面对突发事件，每个人的生存性素养突出体现于自身的防范意识和自救互救能力。我国在开展消防宣传"七进"过程中，也组织民众进行了大量培训，但宣传多、实践少；学到了知识，但学不到技能。

（五）表现在缺科研

生存性素养培育也是一门科学，涉及面非常广泛。包括生理学、心理学、物理学、化学、医学等多门学科。我国的消防科研机构对硬件设施器材研究较多，对如何开展消防教育培训研究较少。专门针对生存性素养消防培训的研究也不够，一些未经科学实验证实、一些所谓专家的一家之言被当作经验和真理广泛传播，误导公众甚至也误导了消防人员。消防教育社会上之所以出现这么多虚假的或模棱两可的消防知识，与科研跟不上有关。还有否定教育对人特别是对儿童的心理影响有多少，效果怎么样？这些都需要进行专门研究。

（六）表现在缺保障

首先是缺法律保障。《消防法》当中关于宣传培训有专门规定；《社会消防安全教育培训规定》（公安部令第109号），对各部门、单位的消防宣传培训职责作了明确规定，但这些法规中倡导性条文多，硬性规定少，部门、单位职责看似规定很明确，但缺少组织和监督部门，落实情况难以令人满意。其次是缺经费保障。政府投入不足，政府购买服务只是在个别地方进行了尝试性操作，尚未形成常态；社会投入回报率低、积极性不高，一些组织或个人承办的安全体验中心，由于资金缺乏往往难以为继。

三　消防安全生存性素养培育的对策

（一）完善社会化的教育培训体系

要按照政府主导、部门推动、单位参与、公众受益的原则，开展全民消防宣传教育培训。政府主导，重点通过政府购买服务，实现消防宣传培训的社会化供给。挖掘社会上有消防宣传培训专长和能力的组织和个人，壮大消防宣传培训队伍，既解决一批人的就业问题，又解放消防警力，还可提升质量效能。政府购买服务，要建立严格规范的考核制度。培训机构组织培训，公安消防机构抽测，按合格率拨付资金。部门推动，宣传、工会、教育、文化及其他相关部门要按照管行业必须管安全的要求，推动行业、系统积极开展消防宣传教育。社会单位及村庄、社区包括物业服务企业，要落实消防安全主体责任，采取多种形式，定期组织员工、村居民学习消防知识技能，自上而下建立一套完善的消防宣传培训体制。特别是各级各类学校作为安全教育的主体，更要承担重要责任。2008 年汶川地震发生后，某校 2200 多名师生用时 1 分 36 秒，有序疏散，无一人伤亡。"零伤亡"的背后是该校连续多年开展疏散演习的坚持，可谓中国公民生存性素养培育的典范。

（二）建设专职化的教育培训队伍

专职化是专业化的前提，是教育培训质量的保证。对培训机构消防教员的质量和数量都要有评定标准，有专门要求。依托培训机构专职专业的师资力量，可采取政府购买服务等方式，为社会单位培养消防安全"明白人"。在大力注册消防工程师制度的同时，可大力发展消防文员队伍，每个县市区组建专职消防培训队，逐个单位、逐个社区上门服务，上一堂消防课、指导制定一套灭火和疏散预案并组织一次演练，力争每年对所有消防安全重点单位全部培训一遍。可建立公众聚集场所投入使用、营业前全员培训制度，由专职培训队上门免费培训，作为发放消防安全检查合格证的必要条件。

（三）建设基地化的教育培训体验中心

健全公共安全体系必须重视增强安全韧性，增强公众"在逆变环境中的承受、适应和迅速恢复的能力"，具体到消防安全，就是要增强公众自救互救技能培训。要构建覆盖专业人才培训与基层民众科普的公共安全教育体系，建设一批公共安全体验、培训、演练基地。应鼓励各地各部门将各类灾害应急救援培训基地向社会公众开放，并设计建设面向公众的突发事件应急体验馆，通过各类突发事件模拟仿真设施、应急装备模拟操作设施、应急自救互救技能演示和训练设施，对公众进行教育、培训和演练，提高公众的应急避险知识和自救互救技能。

（四）实施科技化的教育培训方式

传统的媒体要用好，移动媒体平台必须有效利用。同时要借助新科技、新手段，增强宣传培训的适时性、趣味性和实用性。可以利用虚拟现实（VR）、增强现实（AR）、4D、语音识别等交互和虚拟体验技术开展消防教育，激发公众尤其是青少年学习消防知识的主动性和趣味性。在传授消防技能方面，虚拟仿真技术作用尤其明显。以灭火器使用技能为例，如全部采用真火实操演习，污染大、成本高，而虚拟装置可以让每个受训者多次反复操作。但必须注意的是，研发这些软件必须有专业人士参加，防止出现错误、虚假或与现实脱节的知识。

（五）建设现代化的教育培训科研机构

消防科研，防火灭火技术与装备研发的强板要加长，但对消防教育培训缺乏研究的短板一定要补上。从机构设立上，可利用社会科研机构的"外脑"，跨界融合，成果共享。如群众处在火灾场所中所表现来的从众与逆反、向地与向隅、恐惧与绝望、退避与趋光、侥幸与冲动等心理、行为特征，与处在地震、爆炸等特殊环境时表述有很高的相类性，完全可以共享。消防科研机构应当重点研究如何在突遇火灾时教育群众具备良好的心理素质，消除非理性心理和错误行为，引导群众安全疏散逃生。在教育方法上，要加强方法的适用性、准确性、科学性研究。

（六）推进法制化的教育培训顶层设计

（1）认识上的提升。必须把消防宣传教育培训作为现防火、灭火同等对待，作为消防工作的三大主业之一，借鉴发达国家的经验教训，制订长期发展规划，防止陷入发达国家经济快速发展、火灾高发多发陷井。

（2）立法层面的改善。在国家层面应构建防灾减灾教育的综合目标体系，制定修订消防法规，把安全素养培训纳入法制保护范畴，对消防教育培训的发展规划、职业培训机构、职业培训队伍建设、从业资格标准及考评奖惩等提出明确要求，并采取有效措施督促落实。

（3）统一培训教材。目前国内缺乏一套系统的、可以指导生存性素养培育实践的、为行业所公认的教育知识标准、体系和教材，严重阻碍了消防安全教育的有效推广与普及。要制定全国统一、权威的消防培训大纲，针对不同受众，制定全国统一的培训教材、考核评定标准，依法推动中国防灾减灾特别是消防安全教育培训的法制化和常态化。

参考文献

[1] 李松：《若突发事件来临，你准备好了吗》，《瞭望》2016年3月28日第13期，总第1673期。

[2] 范维澄：《健全公共安全体系，构建安全保障型社会》，《人民日报》2016年4月18日第9版。

[3] 赵婀娜、曹慧瑜、殷婉莹：《培育安全素养，提升防护能力》，《人民日报》2017年8月31日第17版。

[4]《透视城镇居民消防安全意识》，《中国消防》2017年第10期，总第491期。

[5] 范强强：《论我国公众消防安全教育的发展方向》，两岸四地科普论坛。

监督执法

消防"放管服"改革的实践及思考

韩子忠* 吴思军**

海南消防部门贯彻简政放权放管结合要求，在推进"放管服"改革方面进行了一些探索，笔者对此进行了一些调研和思考，期待对消防"放管服"改革实践有所裨益。

一 "放管服"改革背景及海南省有关情况

2015年5月，李克强总理在全国推进简政放权放管结合职能转变工作电视电话会议上首次提出"当前和今后一个时期，深化行政体制改革、转变政府职能的总要求是：简政放权、放管结合、优化服务协同推进，即'放管服'三管齐下。""放管服"改革的重点是行政审批制度改革，主要内容就是转变政府职能、改革事前审批、改进事中事后监管、优化全程服务。

海南省政府基于省域"多规合一"改革，从2015年起在海南生态软件园、博鳌乐城国际医疗先行试验区、海口美安科技新城起步区推行

---

* 韩子忠，男，1971年9月出生，籍贯辽宁凤城，海南省公安消防总队防火监督部部长、高级工程师。
** 吴思军，女，1971年7月出生，籍贯海南海口，海南省公安消防总队防火监督部高级工程师。

"极简审批"试点，最大限度简化行政审批，审批期限由 429 个工作日缩减至 57 个工作日，极大地提高了审批效率。海南省公安消防总队认真贯彻落实改革部署要求，进一步改进工作方法，在现有法律法规框架下，探索缩小消防审批范围、缩短审批期限、减少受理条件、改进监管措施、强化技术服务等，进一步改进工作方法，优化办事程序，深化便民服务。

二　消防"放管服"改革中遇到的主要问题

海南消防"放管服"改革中遇到的主要问题，可以归纳为 6 个方面。

（一）审批时效不适应海南发展要求

海南省委提出海南要大发展、快发展，很多地方政府对重大建设项目引进加大优惠政策、作出审批提速承诺。海口市政府要求，省市重点项目和百日大会战项目 3 个工作日内完成审批，其他项目 12 个工作日内完成审批。三亚市政府要求，省市重点项目审批期限 7 个工作日内完成。这些审批时限远少于公安部规章中关于 20 个工作日的一般规定。基层消防部门审批人员少、技术力量不足，如海口市公安消防支队审核人员编制 3 人，年均审批项目逾 500 个，按照现有审批模式难以适应政府要求。

（二）审批模式不适应执法实践要求

按照《消防法》《建设工程消防监督管理规定》和《建设工程消防设计审查规则》（GA 1290）等，公安消防部门对消防设计文件实行逐项对照、全面审查。审查内容涉及规划、结构、建筑、电气、暖通、给排水等多个专业，依据的消防技术规范数量多、条文更多，既包括强制性条文，又包括一般性条文。这种审批模式审核内容庞杂、一次通过率低，责任无边界，深度难把握，社会误解多，认为消防难办事。

（三）审批程序不适应改革方向要求

"不见面审批"是国家和地方"放管服"改革的重要举措。但消防审批申报材料多、涉及的消防设计文件多，消防设计审查前涉及防火间距、消防车道等现场检查内容，消防验收中涉及消防设施的现场检查测试。一些特殊消防设计还需要组织专家评审、论证，需要建设单位、设计单位介绍工程设计需求，会商消防技术措施。这些都导致消防"不见面审批"改革无法实现。

（四）规划许可前置导致消防审批"进门难"

依据《建设工程消防监督管理规定》，建设单位在申报建设工程消防设计审核时，应当依法提供建设工程规划许可证明文件。在实际工作中，一些建设工程常因缺少规划许可证，无法进入消防审批程序。由于历史原因，海南省近半数的中小学校、幼儿园和福利院、养老院等建筑缺少规划、住建等审批文件，无法办理消防审批手续。如海口市各类学校现有的 1408 栋建筑中，有 738 栋未取得消防审批手续。这些既有建筑的先天不足，是消防监管的老大难问题。

（五）公众聚集场所的消防审批缺少规模限制

现行法律法规对公众聚集场所投入使用、营业前消防安全检查没有作出场所规模限制，对公众聚集场所仅定性、未定量。实践中，一些超市、店铺面积小、人数少，不具有公众聚集特点，但因定性也要办理消防审批；有的大场所办理了消防审批，内设小场所还要办理消防审批，增加社会单位负担和基层公安消防部门压力。

（六）高层建筑历史遗留隐患监管整治难度大

海南省 7894 栋高层建筑中，有 2000 余栋建于 20 世纪 90 年代。一些盘活的烂尾楼和老旧高层建筑，存在疏散楼梯数量不足、缺少防火排烟设施等突出问题。一些高层建筑还存在管理责任不明确、用火用电用气不规范、疏散演练不落实等问题。类似既有建筑虽经多次整治，但成效不明显，火灾风险很大。

三　推进消防"放管服"改革的主要措施

海南省委、省政府通过"多规合一"改革和审批制度创新，最大限度地简化行政审批，政府职能部门向制订规划、政策、标准，强化监管和高效优质服务转变。公安消防部门应当主动跟进地方改革要求，积极推进消防"放管服"改革。

（一）关于"放"的措施

总的要求是"放得下"，在"放"上作减法，大力推进消防行政审批改革。

（1）减少消防审批范围。对响应国家大众创新、万众创业号召，利用城乡既有住宅、农村闲置库房、宅基地等进行农家乐、食品加工、便民服务等开展小微创业，没有办理用地、规划变更，则依法不纳入建设工程消防监督管理范畴，强化事后监管，纳入网格化消防管理。对依法不需要设置自动消防设施的建设工程，不再纳入备案抽查范畴，强化事后监管。

（2）调整消防审批模式。对消防安全检查合格的综合体建筑，落实管理使用单位主体责任，由其对内设 500 平方米以下的小型场所装修、改造等进行消防安全管理。公安消防部门在依法对综合体建筑整体进行消防审批的基础上，不对其内设小场所的装修、改造等进行消防审批，对此类小场所也不进行营业前消防安全检查。

（3）缩短行政审批期限。在现有模式下，优化审批方式，提高审批效率，缩短审批时限。综合考虑实际，建设工程消防设计审核、验收办结时限，可由原 20 个工作日缩短为 10 个工作日；省、市重点建设工程项目可缩短至 5 个工作日。公众聚集场所投入使用、营业前消防安全检查可由原 10 个工作日缩短为 5 个工作日。

（4）聘请社会专业人员。公安消防部门应会同住房城乡建设等部门，聘请建筑、给排水、暖通、电气等方面社会专业技术人员，组成消防技术专家委员会，指导消防技术审查工作。在具体行政审批办理中，可以采取行政审查与技术审查分离的方式，委托中介机构或由社会专家进行技术审查，提供专业审查意见，补充警力不足，补足技术力量短板。

（5）缩小备案抽查范围。根据建筑使用性质、火灾危险性以及火灾形势，调整建设工程消防设计和消防验收的备案抽查比例，将设有人员密集场所的建设工程和高层建筑的抽查比例调整为50%，地下半地下建筑、丙类工业建筑的抽查比例调整为30%，其他建设工程的抽查比例调整为10%，切实发挥备案抽查作用，促进落实单位主体责任。

（二）关于"管"的措施

总的要求是要"管得住"，在"管"上作加法，在监管上下大力度。

（1）提前介入方案设计。按照《海南省建设工程消防管理规定》（省政府令第246号），公安消防部门要积极与当地规划建设主管部门沟通，关口前移，在大型项目方案设计阶段介入，针对消防车道、消防救援、安全疏散等主要消防设计指标提出意见，避免施工图设计出现难题。

（2）重大项目联审联验。在全省范围内，组建重大项目消防审批团队和专家组，推行重大建设工程项目联审联验，开展实战化消防审批业务培训，开设QQ群等业务交流网上平台，交流专业技术经验，提升消防监督人员业务能力，确保"放得下，接得住"。

（3）改进监督管理模式。针对既有中小学校工程和养老机构补办消防手续等突出问题，实事求是，尊重历史，因地制宜，分类整治处理，提请政府以行政文件或其他法律文件证明建筑的合法性和结构的安全性，消防部门不再补办审批。

（4）推进执法信息公开。推行"双随机、一公开"模式，在监管过程中随机抽取检查对象，随机选派执法人员，抽查情况及查处结果及时向社会公开。对单位、企业做出的行政处罚信息，依法予以公示。充分发挥群众举报、媒体监督等方面的作用。

（5）引导行业自律管理。推动消防协会等行业组织规范检测标准、程序及报告制作，制定行业准则，加强行业自律，建立诚信机制。推动住建系统行业组织加强消防施工质量检查，加强对超100米建筑消防技术措施的研究和应用，把好源头关。

（三）关于"服"的措施

总的要求是要"服务好"，在"服"上作乘法，全面落实消防便民利民措施，坚决服从服务于美好新海南建设。

（1）实行首问负责制。对求助、咨询、投诉和申请，第一个接待的警官或消防文员为首问责任人，首问责任人要向当事人提供热情帮助。属于职责范围的，按规定权限、时限和程序及时处理；不属于职责范围的，要及时说明原因并告知到相关部门办理。

（2）建立主动联系机制。积极跟进省、市（县）重点项目，建立消防工作服务联系机制，明确责任人、措施和时限，变事后为事前，主动上门服务，指导消防工作，提供技术服务。

（3）开展"互联网＋消防"服务试点。利用互联网资源开设"消防安全管理 QQ 群""消防便民服务微信公众号""消防安全重点单位管理微信群"等，全程跟踪和公开消防办事进程，向消防安全重点单位和公众提供便捷、高效的消防业务咨询和技术服务。

（4）指导帮扶火灾隐患整治。积极开展消防行政指导，发挥消防文员的作用，特定时期义务驻点帮扶特定单位开展消防检查，义务指导火灾隐患整改，提出整改技术措施建议。面向弱势群体，通过政府购买服务，引进社会技术力量，提出火灾隐患整改备选方案，提供整改技术力量支持。

（5）探索政府购买消防安全服务。通过政府购买服务方式，组织开展区域火灾风险评估，推动评估结果应用，推动整治火灾隐患。推动大型项目配套建设小型消防站，乡镇社区建设多功能微型消防站。推动地方政府将整改"三无"高层住宅小区消防安全问题，纳入为民办实事工程。

四　立法方面的建议

推进"放管服"，是全面深化改革的"先手棋"和转变政府职能的"当头炮"，关键在体制机制创新。海南应当发挥特区立法优势，修订地方法规，在保证消防安全基础上，改革消防审批制度，服务美好新海南建设。

（一）改进消防审批模式，整合建设工程审批

实行政府"一个窗口对外"，由政务大厅统一受理和出件，消防与其他部门并行审批，共享审批信息，不再将建设工程规划许可作为消防审批的前置条件；取消建设工程消防审核验收备案抽查制度，政府部门重点加强对设计单位落实自审责任的监督，加强对建设单位验收责任的监督，推动落实建设工程各方主体责任。

（二）改革消防审批内容，探索"不见面审批"

参照住建部门关于施工图审查机构审查内容和标准的做法，强化消防安全源头治理，明确消防审批依据和审批标准；政府部门负责对涉及公共利益、公众安全和工程建设强制性标准的内容进行审查，可以根据审核需要委托中介机构或聘请专家进行技术审查，不再实行全面审查，进而实现"不见面审批"，提升审批效率和质量。

（三）科学界定检查范围，加强事中事后监管

改进公众聚集场所消防安全检查制度，充分调查研究，界定规模条件，实行备案管理，将具有较大火灾危险性的公众聚集场所列入日常消防安全检查范围，改事前审批为事中事后监管；消防监督检查中不再核查建筑合法性，加强事后日常监管，重点对建筑消防安全状况和单位消防主体责任落实情况进行检查。

（四）改革监督检查制度，推进消防行政指导

落实"党政同责、一岗双责"，推进行业部门依法监管，推行"双随机"检查，推进执法公开和"阳光执法"；明确各类主体消防工作标准，实行重点监督和体检式检查，减量提效，明晰执法责任；探索基层政权组织开展消防监督检查，实行消防文员独立巡查制度，强化行政指导和技术服务，推进单位落实主体责任。

参考文献

［1］《中华人民共和国消防法》，2008 年 10 月。

［2］《海南省消防条例》，2010 年 11 月。

［3］《海南省消防文员管理暂行办法》，2016 年 7 日。

［4］尹传山、韩子忠：《消防监督检查制度改革研究》，《消防技术与产品信息》，2011 年 8 日。

探索积分制在消防监督
管理工作中的运用

赵　俊[*]

《中华人民共和国消防法》施行以来，为维护社会消防安全发挥了至关重要的作用。但随着经济社会高速发展，一些新问题陆续出现，对消防安全管理造成深层次影响。如何处理好新形势下消防监督管理与经济发展、城市建设、民生诉求、社会进步等动态环境的关系，使之相互协调，共同促进，实现全民知法懂法，自觉遵守消防法规，维护消防安全，是下一步消防监督执法工作需要处理的重要课题之一。

一　消防监督管理背景分析

（一）外部环境发生深刻变化

消防监督管理的目的，是"为了预防火灾和减少火灾危害，加强应急救援工作，保护人身、财产安全，维护公共安全"。总体说来，都离不开经济和人口两大要素。综合分析当前形势，与2008年相比差别巨大。

——经济高速发展

2016年，国内生产总值74.4万亿元，城镇居民人均可支配收入

　＊　赵俊，男，1968年12月出生，籍贯云南文山，云南省昆明市公安消防支队政治委员。

33616 元，同比 2008 年的 31.9 万亿元和 15781 元，分别增长 133.2% 和 113.0%。消防违法成本过低，不适应当前经济发展速度，打不到痛处，形不成警示，已成为违法行为屡禁不止的重要原因。

——产业结构和发展趋势改变

2012—2016 年，第一产业平均增加率为 3.9%，第二产业平均增加率为 7.22%，第三产业平均增加率为 8.0%，2015 年开始，第三产业对生产总值增长的拉动达到 3.7%，首次超过第二产业（2.9%），成为主要拉动经济的产业。

2016 年，第一产业 6.4 万亿元，占经济总量的 8.6%，第二产业 29.6 万亿元，占经济总量的 39.8%，第三产业 38.4 万亿元，占经济总量的 51.6%。相比 2008 年，第二产业降低了 7.1 个百分点，第三产业增加了 8.8 个百分点，同时，总占比已超过一半，业态结构已发生根本性的改变。2015 年数据显示，第三产业法人单位数超过 1100 万个，主要为物流和服务行业，点多面广，流动性强，人员参与度高，消防监管实难做到面面俱到，如何提高人员素质，形成消防安全自觉，是急需解决的问题。

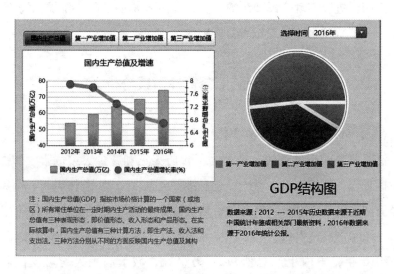

图1

（二）意识形态发生变化

消防监督管理的过程实际上是一种人与人的交互行为，但当前交互方式与 2008 年相比差别巨大。

——信息化带来的冲击

信息化已融入人们生产、生活、工作、娱乐、休息每一个环节，随之而来，方便、高效、快节奏的交互方式成为当前主流，与之相比，消防执法过程显得笨重和迟钝。

——大数据带来的革新

"大数据"这个新兴概念，才一出现，就迅速席卷了人们几乎所有的生活方式，重新定义了人与社会的交互方式，"不出门而知天下事"更容易、更全面。而消防监督执法工作一直在自己的圈子里"打转转"，与社会发展出现脱节，"监督执法系统"这个强大的大数据工具运用得不充分、不全面。

——城镇化水平提高带来的问题

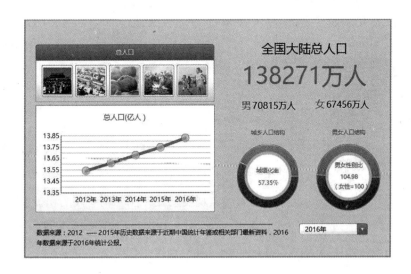

图2

2008 年全国城镇化率约为 47%，2016 年达到 57.35%，新增近 1.4

亿人口在城市定居，还有近 2.5 亿流动人口往返于农村和城市之间。城市规模扩大、人员大量聚集、老龄化明显以及文化程度提高、法律意识和自我意识增强等人口因素对消防工作造成的影响凸显。

立足以上分析，消防监督管理方式已不能满足当前需要，要进一步适应经济社会发展，有四个方面的问题需要解决。

第一，提高违法成本，对违法行为进行警示和震慑；

第二，提高全民消防安全意识，自觉维护消防安全；

第三，建立快捷高效的监督管理机制；

第四，通过合适的媒介，引入消防"大数据"功能。

基于以上考虑，"积分制"不失为一个可行的办法。

（以上数据来源于中华人民共和国国家统计局公报、中国统计年鉴）

二 积分制在消防监督管理工作中的运用研究

（一）积分制的概念

首先要了解美国心理学家和行为科学家斯金纳（Burrhus Frederic Skinner）提出的"强化理论"。该理论的核心观点是：人们的行为结果受到奖励（正强化）后，会继续保持这种行为，奖励会增加类似情况下再次进行这种行为的可能性；人们的行为结果在受到惩罚（负强化）后，会回避这种行为，惩罚会减少以后再次发生这种行为的可能性。

积分制是对强化理论的延伸。以积分来衡量人的行为，反映和考核人的综合表现，通过信息化手段进行记录，再把物质、福利与积分挂钩，并向高分人群倾斜，从而激励人的主观能动性，充分调动人的积极性。

结合到消防监督执法过程中，就是跳出传统行政执法手段的圈子，对出现消防违法行为的人进行扣分，对主动维护消防安全的人进行加分。具体操作和原则下文中将进行解释。

（二）积分制与罚款、三停、临时查封、拘留等行政手段的区别和优势

积分相当于是一种隐性资产，人们对自己的财产，本能的有保护和增加的欲望，当这种隐性资产对个人利益的干预程度越大时，被重视的程度就越高，甚至超过实体经济处罚措施。

不同于传统行政手段的即时效果，积分制更注重建立长期性的制约机制，只要人们还在积分控制范围内活动，就时刻受到积分的影响，随着正强化和负强化效果加剧，人们对自身行为会逐步形成自我约束的习惯。

此外，积分制还有以下特点：

（1）不区分单位和个人，只作用于出现消防违法行为的场所、单位的法人，目标指向更明确；

（2）可以同时作用于一人所属的多家单位；

（3）能作用于可以立即整改的消防隐患，更加突出细节，范围更广；

（4）能进行奖励；

（5）可以量化和综合考评，展现单位消防安全程度和单位法人的消防安全管理水平；

（6）可以运用于建设、施工、监理单位以及消防中介机构管理；

（7）可以直接作用到消防工程设计人员；

（8）录入方便，快捷，与信息化系统结合度更高。

（三）积分制在现实中的成功案例

（1）车辆交通违规行为处罚，每年12分，特殊之处在于仅有负强化，无正强化。

（2）滴滴快车。满分为5分，由乘客匿名打分，相差0.1分的两个司机，空车时间将会有较大差别。

（3）淘宝、美团、饿了么等电子商务的评价机制。买家普遍喜欢购买高信誉店铺商品。

（四）积分制运行规则试探性研究

1. 扣分

按照目前的判定标准，消防违法行为大致可归纳为150余种，根据这些违法行为可能造成的后果，分别划分为轻度、中度、重度三个等级（或其他更详细等级），并进行赋分，发生该等级违法行为时扣除相应分值。例如：

表1

违法行为	等级	分值	扣分对象
损坏、挪用消防设施、器材	轻度	1	单位法人或行为人
擅自停用、拆除消防设施、器材	轻度	1	单位法人或行为人
未经消防设计审核擅自施工	中度	2	建设单位和施工单位法人
不按照消防技术标准强制性要求进行消防设计	中度	2	设计单位法人和主要设计人员
违法监理降低消防施工质量	中度	2	监理单位法人和现场监理人员
伪造、租借、转让消防技术服务资质证书、资格证书的	中度	2	消防技术服务机构法人及其执业人员
占用、堵塞、封闭疏散通道、安全出口	中度	2	单位法人和行为人
占用、堵塞、封闭消防车通道	中度	2	单位法人和行为人
门窗设置影响逃生、灭火救援的障碍物	中度	2	单位法人和行为人
生产、储存、经营易燃易爆危险品的场所与居住场所设置在同一建筑物内，或者未与居住场所保持安全距离	重度	3	单位法人和行为人
违反规定使用明火作业或者在具有火灾、爆炸危险的场所吸烟、使用明火	重度	3	单位法人和行为人

2. 一票否决

被判定为重大火灾隐患、发生火灾、过失引起火灾、纵火等情况可设置一票否决项目，扣除所属全部积分。

3. 加分

在履行法律规定的职责和义务外，额外主动开展疏散逃生演练、参与或组织消防安全培训、参加消防志愿者活动等积极行为可进行加分，每项活动应设置加分上限，避免刷分行为。例如：

表 2

行为	分值	每年上限
开展疏散逃生演练	1	3
组织或参加消防安全培训	1	3
参加消防志愿者活动	1	3

基于以上设置，消防积分制应遵循以下原则：

（1）应为终身制积分；

（2）每人仅能拥有一个消防积分，同一法人下属的不同公司共用一个积分；

（3）一般消防违法行为改正后，积分不予恢复，重大火灾隐患、发生火灾或过失引起火灾等"一票否决"行为，但未造成严重后果的，经改正和接受处理后可以恢复部分积分；

（4）加分行为是获得额外积分的唯一途径；

（5）应设置总分上限，超过总分上限的分值每年清零一次。

（五）积分运用

运用好"正强化"和"负强化"，提升消防积分的"隐性资产"汇率和心理价位，使之成为真正的资本。

从消防部门内部来说：

（1）可以将消防积分作为一道行政审批的"政审关"，对那些积分评价低，一直以来消防违法行为突出的单位法人或个人，不予办理新的消防行政审批。必须将消防积分通过加分项目，上升至安全"阈值"之上时，才能办理新的消防行政审批。

（2）对分数极低，达到"危险"等级的个人，应责令其单位开展自检自查或停业整顿。

从消防部门外部来说：

（1）由消防部门通过门户网站、微信公众号等媒介开通消防积分查询功能；

（2）鼓励建设单位优先选择积分评价良好的设计、施工、监理以及消防中介机构开展消防工程；

（3）鼓励用人单位优先招聘消防积分良好的个人。

（六）关于消防积分制的建立

1. 建立消防积分信息化系统

结合警务综合平台消防模块、消防监督检查系统等已有的信息化系统，搭建一个能将消防部门、派出所消防警组等机构对消防安全监督检查结果转化为积分数据的信息系统，实时录入、实时更新。

2. 建立消防积分体系

广泛研究论证，建立消防积分结构体系，建立录入、统计、查询等机制。

3. 开展广泛宣传

合理利用媒体进行"炒作"，联合腾讯、新浪、网易等网络媒体以及中央、省、市级电视媒体开展集中宣传，提供"最严消防法规出台""你的消防积分是多少"等话题噱头，引起社会关注和热议，让人人了解"每人都有一个消防积分"，集中曝光一批因消防积分过低被关停整改的单位。

三　结论与展望

积分制在其他行业领域已运用了较长时间，特别是在法律法规领域中，交通法规已进行了尝试和实际运用，取得了良好的效果。但在消防领域还属于空白，由于消防工作的特殊性，积分制运用必将与其他行业有较大差别，还需要不断论证，作出新的尝试和探索，才能不断完善，符合当前经济社会发展和人民群众的需要。

同时，我们也要看到，消防积分制的特点和优势，在未来的运用中拥有广阔的空间和前景。

（一）实现全国消防安全监督管理的互联互通

将各地消防积分信息系统进行全国联网后，个人在任何一地的消防违法行为一旦录入数据库，积分系统将实时进行更新，违法行为人在全国任何地方进行与消防有关的活动，都将受到历史记录的影响，无处可逃，实现全国统一监管。

（二）实现城市火灾风险动态监控

我们当前开展的城市火灾风险评估工作投入了大量人力物力，但却具有时效性，随着城市发展，3—5 年后其指导意义将越来越小。但消防积分机制可以看作消防"大数据"的雏形，建立消防积分卫星定位系统，将低积分视为高风险。通过长期的数据录入，逐步覆盖城市每个角落，每个行业，形成的风险热力图将越来越完善。每一次数据录入都是一次系统更新，由消防积分呈现的火灾风险形势将会跟随城市发展而发展，最终反向为消防工作的开展提供支撑和依据。

（三）与消防安全信用机制相结合

推动消防积分作为金融行业信用的依据，低积分者在进行贷款、信用卡办理、保险办理等金融行为时，额度将会降低，反之亦然。其金融信用将会随消防积分进行浮动，更大程度的发挥"负强化"作用，通过经济约束，推动个人更加注重消防安全，主动维护消防安全。

参考文献

［1］《中华人民共和国消防法》，2009 年 5 月。

［2］《中国统计年鉴》，2008 - 01/2016 - 12。

［3］《国家统计局公报》，2008 - 01/2016 - 12。

［4］公安部令第 123 号《机动车驾驶证申领和使用规定》。

新《行政诉讼法》背景下的消防
监督执法思考

甘　剑[*]

新修改的《行政诉讼法》（2014 年 11 月 1 日，全国人大常委会第十一次会议通过）已于 2015 年 5 月 1 日正式施行，全文条款新增 33 条、修改 45 条、删除 3 条、保留 25 条，这是自 1990 年行政诉讼法实施 25 年以来的一次全面修改。为推进贯彻落实和统一裁判标准，《最高人民法院关于适用〈行政诉讼法〉若干问题的解释》（法释〔2015〕9 号）也于同日起施行，共确定了登记立案、起诉期限、共同被告等 10 个方面 27 条内容。

一　当前行政诉讼的形势分析

2014 年之前，全国每年行政诉讼案件数量平均为 10 万多件，全国公安机关在行政诉讼中的败诉率约为 7.8%。2014 年全国法院新收行政案件 193240 件，同比上升 20.98%，其中公安类行政案件 13829 件，同比上升 35.17%。直接判决行政机关败诉案件 16616 件，同比上升 59.74%。根

---

* 甘剑，男，1981 年 11 月出生，籍贯湖南永州，湖南省永州市冷水滩区公安消防大队大队长。

据最高人民法院和中国裁判文书网最新的数据统计情况，2015 年 1 至 9 月，全国各级人民法院共受理各类行政案件 40 万余件，同比上升 47.6%。在立案登记制实施后，仅 5 月份一个月就受理行政案件 2.6 万件，同比上升 221%，湖南省的行政案件受理数量为 1444 件，整体增幅为 127.4%，其中公安类行政案件增幅高达 357.6%。通过以上数据可见，大量交织的行政争议纠纷将会疏解分流进入依法诉讼的法治渠道，在审判管辖和判决形式等方面的新规定也使协调处理等撤诉率大幅下降、上诉率高位运行，各种非诉讼空间明显缩减。被诉率和败诉率已经开始出现明显上升的趋势。可以说，随着公安消防机构监督执法面临的各类矛盾日益集中凸显，新《行政诉讼法》（以下简称新法）将对新形势下的消防监督执法工作产生重大的影响和冲击、带来巨大的考验和挑战。

二 对消防监督执法的突出影响因素

（一）对执法权力的监督力度更大

新法将"具体行政行为"修改为包括作为、不作为、事实行为和行政协议的"行政行为"，可诉种类更为广泛。第 60 条坚持了除行政赔偿补偿及自由裁量案件之外不适用调解原则，以及第 18 条规定的跨行政区域管辖都更加体现和强化了控权的法治理念和监督的立法目的。

在受案范围方面，新法第 12 条从 8 项增加到 12 项并进行了双重兜底，结合司法解释相关规定，涉及消防监督执法的新增内容主要有：对警告等行政处罚（包括六类之外的种类）、行政强制执行（不含非诉执行）、行政许可相关决定（含影响许可结果的告知补正、听证等过程行为）不服，拒绝履行法定职责或不予答复（不作为、慢作为），滥用权力排除或者限制竞争（指定消防产品、消防工程，违法设定资质标准、公布不良行为等），违法要求履行义务（集资、摊派、赞助、收费等），不依法或者按约定履行行政协议（行政强制执行和解协议①、公共消防设施合同、消防安全管理责任状等），不限于人身财产权的合法权益（政府信息公开等）侵犯。另外，根据行政处罚法第 23 条的规定和行政法理，"无论责令改正是与其他处罚同时适用，还是单独适用，当事人对责令改正不服的，可以提起行政诉讼②"。新法第 12 条的列举几乎涵盖和约束了消防执法的各个方面。

在审查内容方面，行政自由裁量权也受到不断制约。新法在合法性审查基础上，将行政机关因滥用自由裁量权而导致的明显不当（在 2013 年轰动全国的永州"唐慧案"行政赔偿判决文书中已有体现，〔2013〕湘高法行终字第 26 号），也纳入广义的违法行为进行了扩大解释（如消防违法行为不同主体同案由同情节的较大差别处罚或畸轻畸重等）。新法第 70、77 条增加规定了行政行为明显不当的适用撤销判决和变更判决。同时，为正本清源，新法第 53、64 条增加规定了可以在行政诉讼时依申请一并审查规范性文件，不合法的不作为认定行政行为合法的依据。

（二）对程序公正的法定要求更严

新法对行政诉讼证据规则做出了大幅修改。第 33 条将电子数据和鉴定意见列为证据种类；第 34、70 条规定了行政机关不提供或无正当理由逾期（15 日）提供视为证据失权并适用撤销判决，且举证责任不受原告举证是否成立的影响；根据委托权限原理和 APA 案卷排他主义原则③，第 35 条新增了诉讼中被告诉讼代理人取证和向第三人取证的禁止性规定，第 40 条规定法院不得为证明行政行为合法性调取作出行政行为时未收集的证据，而且可依职权调取行政行为违法性的证据，以上条款都体现了对原告方的倾斜保护，使"先取证后裁决"的行政程序要求更为严格；对于非法证据，新法在《最高人民法院关于行政诉讼证据若干问题

---

① 江必新、梁凤云，《最高人民法院新行政诉讼法司法解释理解与适用》，中国法制出版社 2015 年版。

② 同上。

③ 美国《联邦行政程序法》第 556（e）条。

的规定》（法释〔2002〕21 号）的基础上作为法律条款明文规定，主要包括严重违反法定程序（回避、双人、实物证据鉴真、电子证据使用等）、侵害他人合法权益（偷录、窃听等）和欺诈暴力等不正当手段三种情形，更加督促行政机关严格依照法定程序、通过合法途径取得证据。

考虑程序正义与公共利益、行政成本之间的衡量，新法在违反法定程序即撤销的原则上，对于执法行为超期、送达告知不规范等不影响实体决定正确性的可补正情形，第 74 条新增规定了轻微程序违法且不影响原告实际权利时适用确认违法判决（承担行政赔偿等各种败诉责任），仍然否定评价了效力继续存在的行政行为。

（三）对行政救济的保护程度更高

随着公民对行政执法公权力的要求日益提高，新法明确的合法权益救济范围也不断拓展，不再限于人身权和财产权，还包括了知情权（执法信息公开）、公平竞争权等行政机关应当积极作为去保护的法定权利。第 51、52 条将立案审查制改为立案登记制并规定人民法院的释明告知义务，以及对法院"三不"行为的投诉、处分和越级起诉，进一步对公民诉权进行了完善保护，公安消防机构的各类执法行为将随时面临行政诉讼的风险。而且第 3 条新规定了行政机关负责人（正职和副职领导）还应当出庭应诉，以解决长期以来群众意见较大的"告官不见官"现象，有利于化解行政争议。

在复议这一重要的行政救济途径上，新法第 26 条作了重大修改，被实务界认为是将复议机关推向法庭的显著冲击条款，明确复议机关维持原行政行为的，与原行政机关作为共同被告；复议机关不作为的，由当事人选择进行诉讼。人民法院对原行政行为和复议决定的合法性分别审查、一并裁判。这将使消防执法行为受到本级人民政府和公安机关复议决定维持的可能性进一步降低。在诉讼保护期限方面，新法第 46 条规定将三个月的行政诉讼期限延长为自知道或应当知道作出行政行为之日起六个月内，新增第 47 条规定了行政机关不履行法定职责的一般起诉期限为接到申请之日两个月内不履行开始起算以及紧急保护请求的即时起诉，都更有利于当事人诉权保护和救济的充分实现。

三　监督执法工作的应对措施

（一）改进执法观念，提升行政公信

近年来全国重特大火灾事故发生后对相关消防监督人员的行政追责甚至刑事追诉案例，使得消防监督执法面临的形势更为严峻、责任更为重大。公安消防机构必须深刻反思教训、强化法治思维、改进执法观念，在依法治国对消防工作的新要求下树立职业化的思维方式。"在对人民与政府关系的认识方面，应当由公民义务本位和政府权力本位向公民权利本位和政府责任本位的转变；在责任意识方面，必须从片面强调公民责任向同时强化政府责任转变；在法治理念方面，必须从依法治民、治事向依法治官、治权转变"①。在"法定职责必须为、法无授权不可为"尺度的基础上，必须顺应形势、依法用权，主动适应当前行政诉讼等外部环境发展变化的新常态，从根本上预防和减少监督执法各类问题。

同时，通过执法文书公示、公开述职述廉和主动走访服务等形式深化执法公开，强化内外监督并举、不断筑牢执法根基。坚决遏制消防执法腐败行为，有效避免和杜绝"选择性监督、自由式裁量、形式化强制、体外型流转、降格化审验、延滞式受理"等消防执法任性②的突出隐性问题，以群众满意为导向推进执法权力在阳光下运行的程序化和公开化，积极回应人民群众对公平正义日益强烈的新诉求和新期待，进一步提升公安消防机构行政公信力。

（二）规范执法细节，提升监督水平

建设法治消防是坚持法治国家、法治政府、法治社会一体建设之中的固有之义，这就要求公安消防机构必须对执法现状中一些习以为常的

---

① 吴俊明：《论我国公务员依法行政能力的构成与提升》，《法学杂志》2013 年第 6 期。
② 卢安生：《消防执法"任性"问题及纠正路径探析》，2015 年。

"瑕疵"细节进行重新审视，进一步加强执法规范化建设，提高整体执法质量和监督水平。新的行政诉讼规则要求公安消防机构在权限、依据、裁量等法定要求基础上，更为强化证据和程序观念，特别是取证失范、适用随意等细节问题。《公安机关办理行政案件程序规定》（公安部令第125号，2012）第24条也设置了与刑事诉讼法几乎等同甚至更为严苛的非法证据排除规则，对非法言词证据绝对排除和非法实物证据相对排除。例如证据单一、笔录复制、非法传唤、诱供询问、事后签名，电子数据等实物证据随意提取适用不符合鉴真要求[①]，重大敏感案件调查取证和执法过程无录音录像等情况，都极大增加了事实争议、程序缺失和证据排除的可能性。

在最高人民法院2015年1月发布的十大行政不作为典型案例中，南通市公安局开发区分局因超过办案期限一天且无批准延长的法定程序被判确认未在法定期限内作出行政处罚决定行为违法，天水市公安局麦积分局因值班民警未及时出警造成被害人死亡被判玩忽职守罪并承担行政赔偿责任，体现了行政诉讼"维护正当程序"的价值取向示范意义。消防监督执法应当更为强化程序与实体并重的观念，重视新法和各类规章的期限变化和程序要求，做到依法准确履职，提高执法能力和监督水平适应法治需求。

（三）防控执法风险，提升应诉能力

在执法质量考评、网上动态稽查、过错责任追究等内部防控方式基础上，结合消防执法实务、廉政建设要求和各地典型案例，依据新法认真梳理行政权力清单和执法诉讼风险源，例如，非管辖移送等行政作为的深化要求，政府信息公开的范围和期限，行政垄断，恣意裁量，规范性文件的理解适用（大陆和英美法系公认适用的实体从旧兼有利、程序从新准则），历史遗留问题（老旧城区小区整治及园区企业）的执法程序和多方利益，行业部门（住建、安监等）法定执法责任的界限交叉与冲

---

① 邱爱明：《实物证据鉴真制度研究》，知识产权出版社2012年版。

突，行政处罚与强制的完整性等，并分类细化改进具体要求和工作标准落实到监督执法过程中。

从法治消防建设、科学决策参考、诉讼风险防控和出庭应诉能力等角度，结合当前司法实践，公安消防机构建立法律顾问与公职律师"两个制度"势在必行。湖南省公安厅在 2015 年 11 月初聘请了法律顾问组并要求逐步实现全省公安机关覆盖，司法部 2002 年下发《关于开展公职律师试点工作的意见》以来，天津、宁夏等多个省市也均在公安机关推行了公职律师试点。通过国家司法考试获得 A 级法律职业资格的公安消防机构警官作为公职律师，具有法律赋予的其他执法人员所不具备的诉讼权利，将弥补聘请法律顾问的不足和局限，整合法律优势资源，互动协作介入诉前执法环节的精细化管理和系统化审查，实现执法工作转型升级。在各地逐步将出庭应诉纳入依法行政考核体系指标并实行责任追究制度的情况下，"两个制度"也利于公安消防机构（负责人）积极理性做好出庭应诉的充分准备工作，熟悉和把握质辩合一的庭审模式和流程，切实做到"出庭、出声、出效果"，让人民群众在具体案件中感受公平正义，增强对消防工作和执法行为的理解与认同，实现法律效果与社会效果的双赢。

监督过失理论在消防渎职
刑事追责中的运用

谢 玲[*]

公安机关消防机构工作人员是消防安全工作的执法主体，负责贯彻、落实法律赋予的消防安全具体执法的职责。基此《消防法》第71、72条针对消防执法中的滥用职权、玩忽职守、徇私舞弊行为规定了行政责任和刑事责任。在近年重特大火灾事故中，消防安全监管领域实施责任倒查，依法追究消防监督人员刑事、行政责任成为常态。深圳"9·20"舞王火灾、洛阳"12·25"东都商厦火灾、柞水"9·14"东信商场火灾、天津"6·30"莱德商厦火灾、吉林"6·3"德惠禽业火灾、平顶山"5·25"鲁山养老院火灾等重大事故中，均有消防机构工作人员因滥用职权或玩忽职守而获刑。在上海"11·15"静安高层火灾、云南"1·11"香格里拉古城火灾、天津港"8·12"火灾爆炸事故中，消防部门主管人员因指导督促不力承担了记过、免职等行政责任。总体上看，判定消防渎职责任的标准是清晰的。行政和刑事追责的客观基础是消防监督人员负有法定监督义务，因监督不力致使国家、公民生命财产遭受严重损害；推定行政和刑事追责的主观依据是监督人对危害结果未履行注意义务。但在具体识别监督人责任性质和廓清责任范围时，如何根据消防行政指

---

* 谢玲，女，1983年1月出生，籍贯重庆，重庆市公安消防总队防火监督部法制处参谋。

导和监督体系准确甄别层级监督，尤其是监督行为与危害结果之间的因果关系颇具司法争议。清晰解答这一问题的立意不只是合理追责，还有利于促成消防监督人员树立责任和风险意识。

一　消防渎职的犯罪构成分析

依据刑法第397条关于滥用职权罪和玩忽职守罪的主体要件分析，消防机构监督人员具有国家机关工作人员的身份，监督执法活动系履行公安机关执法活动的公务职责，故符合主体要件。身份与职责要素需同时具备，才能对应为而不为导致危害的后果负责。从客观要件分析，玩忽职守、滥用职权行为及其引致严重危害结果是锁定行为性质的三个关键词。滥用职权指不合法地超越职权或者玩弄职权，"滥用"存在两种情形①：一是超越职权的滥用，即行为人超越法定权力范围作出无权决定；二是违法行使职权的滥用，行为人违反法定程序，随心所欲地违法处理公务。如吉林"6·3"火灾事故中，相关责任人员"没有进行消防设计审核、消防验收，违法出具《建设工程消防验收合格意见书》"的行为，被定性滥用职权罪；所谓玩忽职守指不履行或不正确履行职责，"不履行"是指按照消防审核、验收、备案及日常监督检查的职责要求，应当履行且有能力履行却没有履行的行为，表现为消极的不作为。"不正确履行"是指监督人员在履职过程中严重不负责任，草率大意，如柞水"9·14"火灾事故中，消防责任人员因"严重不负责任，明知东信商城的消防设计、竣工验收未报备案，未依法处理，在发现商城存在诸多消防安全隐患情况下，同意先试营业"，被定性玩忽职守罪。作为刑事追责的客观要件，两类渎职行为间接导致危害后果必须是达到人员死亡、重伤多人和国家集体个人财产遭受严重损失的程度。对主观要件的刑法评价应当以行为人对结果而非对行为的心理态度作为依据，二罪名的主观心态

---

① 赵长青：《如何区分滥用职权与玩忽职守》，《检察日报》2001年1月4日。

均为过失。从结果犯角度来看，消防渎职犯罪的行为人对火灾事故发生结果没有主观故意。作为消防安全领域的监管者，消防监督人员主观上既不追求和希望发生火灾事故，也不会对火灾发生持可有可无的漠然心理，不具有"希望或放任火灾结果发生"的意志因素。从滥用职权罪和玩忽职守罪最高不超过七年的法定刑设置可以看出，行为人对火灾的发生及后果持过失心态。

二　消防渎职刑事追责的难点

以滥用职权罪和玩忽职守罪追究消防监督人员的刑事责任，行为人的履职不当行为并不直接导致火灾发生的危害后果，因果关系应当如何判断？消防监督人员履职到什么程度才算是尽到注意义务？其一是滥用职权罪和玩忽职守罪的客观构成要件倾向于直接因果关系，而事故型渎职通常是履职不当行为间接导致危害结果发生。消防监督人员监管失职对火灾发生存在间接的作用力，业务负责人距离火灾发生原因力和结果事实更为遥远，因而第三者行为等中间项因素的存在使得对远离火灾事故现场的刑事因果追责缺乏解释力。其二是按照一般过失行为理论的观点，消防监督人员的过失责任以行为人"应当预见自己的职务行为会发生严重的火灾事故"的认识因素和主观因果判断为前提，但是火灾的发生有着太多的意外因素和偶然性，例如石油化工企业在生产过程中，机械设备的转动、摩擦、静电反应都可能点燃高温物，要求消防监督人员预见火灾事故发生的若干因素未免强人所难。有学者将事故型监管渎职推定为一种"直接责任"："在洛阳大火案中，当地的公安、消防等部门，如果切实履行自己的职责，大火都不会发生，他们的行为对危害结果的发生都具有决定性的作用，因而应负有直接责任。"[①] 按照该观点，消防

---

① 李希慧：《关于玩忽职守罪几个问题的思考——以洛阳东都商厦大火案为中心》，《湖北警官学院学报》2003 年第 2 期。

监管部门及其人员不当履责成为火灾事故发生的"必然"原因，直接忽视了在风险社会中火灾事故发生的偶然性和动态性，是否犯罪就完全取决于火灾事故是否发生，将监督失职的"直接责任"视为结果责任，必然出现刑事责任的无过错推定和处罚范围的无限扩大。在事故类渎职犯罪中，要更好地实现刑法第397条的功能和目的，就必须考虑越过直接引起火灾发生的责任人，追究渎职监督人的责任。

三　监督过失理论在认定消防渎职犯罪中的作用

监督过失理论是指"在对下位者的过失行为没有尽到其监督义务时就肯定上位者的过失"①"直接行为人违反使别人不要犯过失的监督注意义务的过失"②。即监督者应当对被监督者履行监督义务，不致使被监督者过失造成法益侵害，没有履行事前事中指导、指示、监管、指导培训和事后检查义务时就是监督过失。广义的监督过失还包括管理过失，是指管理者对物力、人力设备、机械、人员体制等管理不完善而构成过失的情形。根据日本《刑法的基本判例》，负有使火灾自动报警设施等消防设施处于正常运转状态的管理义务的人员由于疏忽履行义务，引起火灾，造成严重事故的情形，就属于管理过失。本文主要涉及消防监督人员渎职追责问题，仅就狭义的监督过失进行探讨。

（一）引入监督过失理论明确刑事追责的主客观要件

监督过失的主体要件是指履责基础上的结合身份和职责的监督者主体资格。《建设工程消防监督管理规定》第二十八条规定了消防设计审核、验收的主责承办人、技术复核人和行政审批人以及从事日常消防监督工作的人员具有法定监督人身份和职责。在主观要件方面，监督过失基于新过失论对认识程度要求不高且对结果预见具有间接性：消防监督

①　大塚仁：《刑法概说》，冯军译，中国人民大学出版社2000年版。
②　大谷实：《刑法讲义总论》，黎宏译，中国人民大学出版社2008年版。

人员基于业务上的督促指导义务，对被监督人的行为可能发生的危险只要具有"某种模糊不安"的预见可能性和结果回避可能性，而疏于履责即可构成主观追责依据。客观行为方面，辖区消防监督人员的审验、监督行为是否存在履职不当是刑事追责的必然评价要素。消防监督人员及相关负责人"对不符合消防安全要求的消防设计文件、建设工程、场所准予审核合格、消防验收合格、消防安全检查合格""发现火灾隐患不及时通知有关单位或者个人整改""达到消防安全重点单位标准但未依法列管""消防监督检查、培训指导不到位"等未履行或正确履行综合检查和督促整改职责的情形属于不正当履职。

（二）引入监督过失理论认定因果关系

消防监督行为必然与火灾事故后果发生某种程度的因果联系才能为刑法所评价，而火灾事故类渎职并非引起火灾发生的直接原因。深圳"9·20"火灾是员工使用道具手枪发射烟花弹引燃聚氨酯泡沫，洛阳"12·25"火灾是因违章电焊，在第三人的行为中断了消防监督人员过失与火灾结果因果关系的情况下，将追责对象由直接行为人扩展到消防监督人员，是认可了介入火灾发生原因的偶然因果的刑法意义。虽然偶然因果关系是刑法上的因果关系，但在消防行政指导和层级监督体系的权力框架中运用，无异于设置了"无A即无B"的条件说作为因果判断方法，追究上位者责任会不恰当扩展刑事处罚范围。监督过失规制体现为间接因果关系的监督行为，明确了事故型渎职的客观构成要件具有间接因果关系的情形。监督人的失职行为与被监督人的过失行为之间存在直接因果联系，与危害结果发生之间存在间接因果联系。监督人的注意义务表现为行为人预见第三人的行为产生危害结果，为了避免结果发生采取措施，既包含对被监督人过失行为的具体预见和避免：监督人必须按照法律法规、规则的规定有效履行监督义务，防止被监督人违背一般过失的注意义务；也包含对危害结果发生的抽象预见和避免：监督人对于社会危害结果仅持有"不安感""危惧感"即达到归罪的主观认识程度。这与一般过失要求行为人预见亲自从事的行为产生某种危害结果，并采取结果回避措施的注意义务明显不同。"直接行为人的过失行为只是一个中间项，具有中间项的预见可能性，就具有最终结果的预见可能性"[1]，在具体因果关系认定时，不必要求消防监督人员能够模糊预见火灾事故的结果，只需预见被监管人的不当行为即实现这一事故全部因果关系的预见可能性，这种观点进一步解决了利用一般过失理论去解释消防监督人员的行为对于火灾结果并无直接过失而牵强归之于过失责任的难题。

（三）引入监督过失理论限定刑事追责范围

近年来重特大火灾事故刑事追责分为三个层级：消防支队或大队直接从事发生火灾建筑或场所审、验工作的主责承办人或辖区监督参谋，因滥用职权或玩忽职守的过失行为被追究刑事责任者占到多数；上一级的主管领导，即支队或大队负责业务工作的支队长或大队长或实际行政审批人，被追究刑事责任；一些特大火灾事故中，总队负责防火监督工作的领导因督促指导不力被追究行政领导责任。除直接监管起火建筑或场所的一线消防监督人员之外，越往上位者，因果关系和追责范围认定越显模糊化，对火灾结果发生的责任越间接，应当如何取定刑事追责的合理区间呢？按照监督过失理论，火灾事故类渎职行为本质上不是直接行为上的过失，而是监督行为上的过失，上位者履行了实质监督职责，就不能以间接因果关系为由逃避责任。监督过失在层级监督管理体系中也不是无限地逐级追究"上位者"的监督责任，有学者认为"监督过失责任的问题，实质上就是领导责任的问题"[2]，作者不能认同。领导责任是一种行政责任，即使没有履职过失，也可能承担相应责任。监督过失责任的实际承担应从两个方面考虑：一是负有实质的监督义务。实际对建设工程负有审核验收义务，对人员密集场所、消防安全重点单位等负有消防安全监督义务的主责承办人是具有实质监督义务的主体；在一个完整的层级审批程序中，业务审批人依照法律法规的规定实施消防法律

---

① 张明楷：《外国刑法纲要》，清华大学出版社 2007 年版。
② 林亚刚：《犯罪过失研究》，武汉大学出版社 2000 年版。

文书的审批和签发，有责任防止主责承办人疏于义务的履行，除特殊原因之外，原则上也负有直接、实质的监督义务；技术复核人、法制员仅对消防法律文书的程序正当性、技术问题进行把关，并未涉及实际的监督管理活动，不属于实质监督人。二是不违反信赖原则。支、大队的上位监督人认为消防监督人员按规定从事消防监督工作是可以信赖的，并且在制度上要求消防监督人员按照处理消防监督执法业务的标准予以遵循和执行，刑法的预见可能性即被否定，上位领导者不承担监督过失的责任。但不能就此免除相关上位监督人疏于指导、管理的行政责任。

浅析消防监督执法中临时查封存在的问题及对策

孙　萌*

《消防法》第 54 条规定："不及时消除火灾隐患可能严重威胁公共安全的，公安机关消防机构应当依照规定对危险部位或者场所采取临时查封措施。"近年来，群死群伤恶性火灾事故给人民群众生命财产安全造成了巨大的损失，给死者家属造成了永世难忘的创伤。例如最近的浙江天台火灾以及曾经的舞王大火、拉丁酒吧大火等。一系列震惊中外的火灾案例事故，无不说明了一个问题——影响公共消防安全的火灾隐患必须一查到底，决不手软，否则，公安消防部门将无法面对法律赋予的神圣权力。

一　目前临时查封行政强制措施的法律基本规定

临时查封是有效消除重大火灾隐患的有力举措，火灾隐患如果不及时采取措施予以消除，将会酿成火灾，造成不可避免的损失。特别是有些火灾隐患的存在，已经对公共安全构成了严重威胁，随时都有发生火

* 孙萌，女，1982 年 1 月出生，籍贯黑龙江哈尔滨，黑龙江省公安消防总队防火监督部法制处参谋。

灾引起群死群伤的可能，公安机关消防机构如果不及时采取紧急措施，就不足以消除这种危险。《消防监督检查规定》对采取临时查封、强制执行的范围界定、操作程序和实施步骤作出了明确详细的规定，体现在以下方面：

（一）临时查封的范围

依据《消防监督检查规定》第二十二条规定：对具有下列情形之一，不及时消除可能严重威胁公共安全的，应当对危险部位或者场所予以临时查封：①疏散通道、安全出口数量不足或者严重堵塞，已不具备安全疏散条件的；②建筑消防设施严重损坏，不再具备防火灭火功能的；③人员密集场所违反消防安全规定，使用、储存易燃易爆危险品的；④公众聚集场所违反消防技术标准，采用易燃、可燃材料装修装饰，可能导致重大人员伤亡的；⑤其他可能严重威胁公共安全的火灾隐患。这样规定，明确了公安机关消防机构对火灾隐患实施查封的范围，这些行为一定程度上增加了发生火灾的危险性，增加了对人身、财产的危害，严重影响了火灾时灭火救援行为。公安机关消防机构发现的上述违法行为，必须及时通知有关单位或者个人立即采取措施消除隐患，同时对造成火灾隐患的违法行为，还应当依据《消防法》的规定予以行政处罚。

（二）临时查封的期限及执行程序

依据《消防监督检查规定》第二十二条对临时查封的期限规定为：临时查封期限不得超过三十日。临时查封期限届满后，当事人仍未消除火灾隐患的，公安机关消防机构可以再次依法予以临时查封；第二十三条对执行程序规定为：临时查封应当由公安机关消防机构负责人组织集体研究决定。决定临时查封的，应当研究确定查封危险部位或者场所的范围、期限和实施方法，并自检查之日起三个工作日内制作、送达临时查封决定书。情况紧急、不当场查封可能严重威胁公共安全的，消防监督检查人员可以在口头报请公安机关消防机构负责人同意后当场对危险部位或者场所实施临时查封，并在临时查封后二十四小时内由公安机关消防机构负责人组织集体研究，制作、送达临时查封决定书。经集体研究认为不应当采取临时查封措施的，应当立即解除。

（三）临时查封的告知权利及执行要求

依据《消防监督检查规定》第二十四条临时查封由公安机关消防机构负责人组织实施。需要公安机关其他部门或者公安派出所配合的，公安机关消防机构应当报请所属公安机关组织实施。实施临时查封应当遵守下列规定：①实施临时查封时，通知当事人到场，当场告知当事人采取临时查封的理由、依据以及当事人依法享有的权利、救济途径，听取当事人的陈述和申辩；②当事人不到场的，邀请见证人到场，由见证人和消防监督检查人员在现场笔录上签名或者盖章；③在危险部位或者场所及其有关设施、设备上加贴封条或者采取其他措施，使危险部位或者场所停止生产、经营或者使用；④对实施临时查封情况制作现场笔录，必要时，可以进行现场照相或者录音录像。实施临时查封后，当事人请求进入被查封的危险部位或者场所整改火灾隐患的，应当允许。但不得在被查封的危险部位或者场所生产、经营或者使用。《消防监督检查规定》第二十五条火灾隐患消除后，当事人应当向作出临时查封决定的公安机关消防机构申请解除临时查封。公安机关消防机构应当自收到申请之日起三个工作日内进行检查，自检查之日起三个工作日内作出是否同意解除临时查封的决定，并送达当事人。对检查确认火灾隐患已消除的，应当作出解除临时查封的决定。

二　当前适用临时查封行政强制措施存在的问题

（一）对当前适用临时查封法律要求理解不够准确

依据《消防法》《消防监督检查规定》的要求，本人在审查临时查封案卷中发现个别监督员对临时查封的法律要求理解不够准确，存在针对火灾隐患的危害程度及部位无法把握局部查封还是整体查封时，例如，不符合安全要求设置的部分房间使用不合格的装修材料，应尽可能采用局部查封方式。但涉及整个场所消防安全的，如自动消防设施不能正常工作或未安装，应采取整体查封方式。结果会出现执法不准确现象；对临时查封期限30日届满后，当事人仍未消除火灾隐患的，公安机关消防机构可以再次依法予以临时查封，有个别监督员就机械性地反复查封，对查封的自由裁量把握不准确，造成多次查封，给当事人带来不必要的损失；有的火灾隐患是否进行消防备案理解出现偏差，导致火灾隐患整治不彻底。

（二）对当前临时查封具体措施的执行程序不够规范

依据《消防监督检查规定》第二十四条规定：实施临时查封时，通知当事人到场，当场告知当事人采取临时查封的理由、依据以及当事人依法享有的权利、救济途径，听取当事人的陈述和申辩。这也是行政强制法的规定要求，但现实执法中个别监督员往往忽视基本的正当执法程序，没有出示个人警官证件，执法临时查封没有佩戴执法记录仪，没有告知当事人依法享有的权利、救济途径、听取当事人的陈述和申辩，造成执行临时查封现场混乱，当事人对消防行政执法监督的不理解，甚至引起行政诉讼和行政复议案件。

（三）对当前适用临时查封措施后期监督管理不到位

现实消防监督执法中，基层公安消防大队对辖区消防检查往往都是根据大队执法情况安排防火监督干部分片管理或是按照数量分工，对社会单位实行临时查封后，就不再对该类单位进行专项管理，往往都是临时查封日期到期或者当事人找上门来，才进行临时查封的解封工作，有的还出现后续交接工作的不合理，造成经过实行临时查封后的社会单位处于管理的"真空地带"，例如一些社会单位临时查封后停业，有的更换法人、经营业务过了一段时间后重新进入营业状态，有的擅自撕毁封条，擅自进行改建、扩建或是改变使用性质等违法行为，从而造成新的消防安全隐患。

三　对当前适用临时查封行政强制措施的几点对策

（一）从法治化角度完善临时查封相关法律规定

黑格尔曾经说过："法律规定愈明确，其条文愈容易执行。"临时查封是《消防法》赋予公安机关消防机构的权力，也是公安机关消防机构对火灾隐患监督检查的责任力度和预防火灾工作落到实处的实际需要。笔者建议：依据《消防法》《消防监督检查规定》的要求，充分研究分析消防隐患情况是否能够立即改正、整改难度是否较大、是否存在重大火灾隐患等因素，通过对临时查封场所标准类型进行分级界定，制定具有操作性的临时查封裁量标准。例如对场所建筑面积大小、场所性质等进行设定，进一步明确对检查场所的临时查封具体实施强度，作为公安执法机构，做到既严格执法又注重人性化执法，达到实际整改隐患的同时，真正做到规范执法阳光执法，服务地方经济社会发展。

（二）从执法规范化角度规范临时查封程序规定

按照全面推进依法治国战略部署和公安部党委"四项建设"的要求，推进法治化建设将是消防执法规范化建设的重要环节，而消防监督执法要求不仅要求实体执法严格，同时要兼顾程序公正。严格依据行政法律法规的要求，按照《消防法》及《消防监督检查规定》具体规定，规范程序执法，在实施临时查封时，出示警官证件，佩戴执法记录仪，做好摄像、拍照、录音执法证据，下发标准法律文书，确保当事人的程序权利。通知当事人到场时，当场告知当事人采取临时查封的理由、依据以及当事人依法享有的权利、救济途径，听取当事人的陈述和申辩。在现场实施临时查封时，作为消防监督执法机构，应当文明、理性执法，在告知相关单位和个人时，坚持做好解释说明，强调临时查封只是整改火灾隐患的手段，不是目的，努力争取当事人的理解和支持，推进执法行动进展。严格按照法定程序实施，保证执法规范化，防止因程序不当而引起行政复议或者行政诉讼。

（三）从动态管理手段监督后期临时查封措施执行情况

对社会单位实行临时查封行政强制措施后，消防监督要采取动态管理手段。一是时刻跟踪社会单位整改进度，了解情况。具体而言，就是针对实行临时查封的单位，要做好查封期间的监管，主动联系被查封单位负责人，时时掌握整改进度，督促单位责任人及员工遵守消防法律规范，切实达到火灾隐患整改要求；二是针对实行临时查封后，个别单位或法人未整改火灾隐患而更换另一个营业场所，逃避消防临时查封行政强制措施，针对这种现象，笔者建议在消防监督管理系统中与原来的临时查封并案处理，传唤违法嫌疑人，严格执法，确保推进问题整改到位；三是制定弹性备案制度。部分被临时查封单位在改进火灾隐患时，涉及火灾隐患可能会比较多，甚至建筑结构会发生变化，例如，建筑结构增加消防设施、增设疏散楼梯、调整建筑面积、改换疏散通道等。从实质性地改变消防设施要求，为预防出现新的火灾隐患，减少重复投入的角度出发，个人认为应该对临时查封整改的建筑进行消防弹性备案，消防部门系统记录临时查封整改情况，以此来规范临时查封火灾隐患整改行为。

习近平总书记在中共十八届四中全会第二次全会上曾经指出："小智治事，中智治人，大智立法。"而立法改进的实质是真正让群众感受到消防行政执法所带来的便民、惠民、利民举措，临时查封作为消防监督执法重要的一项行政措施，切实做好火灾隐患整改，处理好执法和服务的关系，无论从社会生产经营角度，还是消防安全责任角度都举足轻重。全体消防监督干部应履职尽责，以服务为宗旨，规范执法、严格执法、阳光执法，持续推进地方经济社会安全快速稳定发展。

消防法制在多产权多经营权建筑方面存在的缺陷及对策研究

徐少波 *

集多功能于一体、多产权多经营权的建筑近年来加快涌现，由于此类建筑产权或经营权分离的特性，在该方面消防法制建设仍然存在一定缺陷。目前，消防安全管理主要适用的《消防法》中，对于多产权多经营权在责任明确以及设施维修方面的经费保障问题都没有进行明确的规定。在最新发布的《中华人民共和国消防安全法规》中关于违反消防安全管理条例的单位或个人的处罚依旧力度不够。文中对此类问题进行梳理，提出包括完善消防法制体系、提升法律法规的威慑力、保障消防设施维护和修复的经费以及加大对违反人员的处罚力度等多个方面的优化对策，希望对多产权多经营权建筑方面的消防法制建设有所裨益。①

一 多产权多经营权建筑含义及分类

多产权多经营权的建筑是随着时代的发展以及人们对于居住场所、经营场所或者办公场所等所形成的新需求下而产生的建筑。具体来讲，

---

* 徐少波，男，1976 年 8 月出生，籍贯江苏泰州，上海市松江区公安消防支队防火监督处处长。

① 《中华人民共和国消防法书》，中国法制出版社 2010 年版。

是指某个建筑其内部不同楼层或者不同部位产权属于不同人或者单位。多产权建筑通常情形下是由两个及以上的产权人，包括商业住房、酒店餐厅、购物商场、办公楼以及居民楼等建筑。

对建筑物实行消防安全管理要求和实施办法通常情况下依据建筑物具体的使用功能来制定，不同用途种类的建筑物其所要遵循的消防安全管理条例也是不同的。因此，想要探究多产权建筑的消防安全管理，首先要明确多产权建筑的分类。依照建筑物具体的用途不同可将其分为两大类：第一类是建筑物的用途是单一的，是指多产权建筑物内部只进行居住、办公、生产、经营等中的某一种行为，该类别的多产权建筑物比较常见的有居民楼、办公楼以及商场等；第二类是建筑物具有多种用途，是指建筑物内部进行不止一种的上述行为，该种多产权建筑物有商住楼以及局部"居改非"建筑等。

二　多产权多经营权建筑常见火灾隐患问题

（一）消防管理不统一，责任主体不明确

多产权多经营权建筑显著的特点就是产权和经营权的分散，有时会存在部分经营业主从另外的经营业主手中获取租赁，造成了产权和经营权进一步的分离，由此导致混乱，难以形成统一有效的管理，有部分建筑内部成立了物业公司，但由于产权的分散，相关业主对物业管理开展的消防工作不支持、不配合，面对消防部门检查时得过且过，很难统一。如2016年杭州某地商住楼内发生火灾，事后建筑产权人认为房屋使用者应该负全部责任，而房屋使用者认为房屋原本消防设施的不健全是引发火灾的主要原因，应由产权人负责。此外，相关消防安全责任制难以全面落实。多产权建筑产权所有者比较复杂，使用权和管理权相互分离，相关安全责任主体很难明确，没有统一的消防安全管理体系。消防管理的不统一以及责任主体的不明确是目前多产权多经营权建筑最突出的问题。

（二）消防设施损坏严重，未能及时修复和管理

根据相关数据统计，多产权多经营权的建筑中消防设施损坏现象严重，一旦发生消防安全问题，一般不会有人愿意主动出面解决，愿意出维护资金的产权人更是少数，在消防部门检查时也均是以资金不足为借口来躲避对消防设施维护。如2016年某地级市消防安全委员会对该市580栋多产权多经营权建筑进行消防设施安全排查发现：消防设施完好率均只有60%左右，损坏的消防设施没有能够得到及时修复管理。部分建筑是由物业管理公司进行消防设施管理，但是由于物业管理公司自负盈亏的运营模式以及运营成本的限制，很难保证消防设施建设资金的有效性，造成了消防设施出现故障后无人管理；值班人员工作懈怠，导致火灾隐患。

（三）建筑使用功能多样，火灾荷载增大

产权和经营权的多样化导致了建筑物在使用性质和用途上的不统一。不同的产权人会根据个性化需要进行改造和装修，由于不同产权单位使用用途不同，后续装修要求也会不同。建筑物在原建设中所设计的包括防火分区、消防用水量、安全疏散距离以及必要的防火间距等消防安全指标在一定程度上是不满足多功能使用要求的，但相关使用者忽视消防安全要求，依旧依照自身单位的需求进行装修改造。根据实地调查，在深圳一栋有28层的商业用楼，有近50家公司，不同公司类型将近十多种，在装修之初，不同种类的公司根据自身需要对原本建筑内部进行改造，忽视原承受的消防荷载，物业管理人员即表示，该建筑的火灾荷载不断增大。此外，比如部分住宅楼经过功能改造成为商业用楼，用来开设餐厅、酒店等，在装修过程中需要使用可燃材料，使火灾荷载变大。

（四）使用人群复杂，火灾自救意识薄弱

在多产权多经营权建筑中居住和生活的人，整体素质和行为习惯参差不齐，火灾防范意识和火场自救意识也是如此。在同一建筑物内，来往的人员可能会随着时间不断地更替和变化，人数和种类都呈现不固定

性，对于可能出现的消防隐患也不清楚。根据武汉某消防安全管理单位问卷调查了解到，人们对于消防安全防范意识以及火灾自救行为还只停留在用湿毛巾捂住口鼻、倚墙逃走等，自救知识掌握较少，更不用说在火灾现场帮助其他人逃生，这样的事实表明：在发生火灾时，场面会比较混乱，并且由于人与人之间熟知度不够，难以在短时间的危急时刻进行相互帮助和协同逃离，复杂的居住人群和薄弱的火灾自我意识，会使多产权多经营权建筑物发生火灾时，人员伤亡率增加。

三　多产权多经营权建筑消防法制缺陷分析

（一）消防安全管理责任的落实在立法上不够健全

在《消防法》中关于多产权多经营权的建筑的消防责任这样规定："同一建筑物由两个以上单位管理或者使用的，应当明确各方的消防安全责任，并确定责任人对共用的疏散通道、安全出口、建筑消防设施和消防车通道进行统一管理。"根据上述条文，缺陷是仅仅规定了要明确责任并且各方都要参与消防安全管理建设中来，但是并未规定该由谁来具体组织业主或者经营者明确各自的消防责任。此外，在不同业主或者经营者之间消防责任明确的标准是什么，该由谁来制定这个标准也没有规定，这样就导致了消防管理责任没有进行落实，没有赋予物业服务企业一定的法律权利，企业难以对业主或者经营者在消防管理方面起到必要的约束。目前有关消防条例中未对产权方和经营方必须配合消防管理的责任和义务加以明确①。

（二）现有消防安全管理法律的威慑力不足

在目前的消防法律中相关条文规定，若单位违反了《消防法》规定，先进行责令期限改正，若逾期未改，对相关单位的直接负责人进行警告处罚或处分。根据上述规定，物业服务企业对消防法规定的法律职责不

---

① 《中华人民共和国消防法书》，中国法制出版社 2010 年版。

遵守后所受到的法律处罚较轻，难以对其形成较大的约束力。现有消防安全管理法律的威慑力不足，导致人们对于消防法律缺乏了解并且遵守意识较为薄弱，难以达到全面的执行，久而久之，消防安全管理法律就会形同虚设，一系列消防安全隐患问题就接踵而来。

（三）消防法律对于消防设施的维护保养经费保障未作出规定

现行《消防法》中并未明确对在多产权多经营权建筑物中消防安全设施发生损坏后，需要用来修复和维护的资金的来源。产权和经营权的多样化导致了消防设施发生损坏之后没有单位愿意主动出来进行修复，因为法律没有将这个责任落实到个体，并且也未对修复和维护过程中发生的经费进行补助保障规定[1]。虽然在部分会聘请物业服务单位进行消防设施的安全管理，但在管理过程中花费经费没有得到相应的法律保证，当物业单位向业主或者经营者征收消防设施的修复维护经费时没有必要的法律保障，效果甚微。如相关经营方认为建筑物的消防设施维护经费应该由产权方出资，而产权方却认为，消防设施发生损坏是经营者的原因，与自身无关。

（四）消防法律法规及技术规范与实际情况不匹配

关于消防法律法规及技术规范与实际情况不匹配这一消防法制缺陷主要体现在两个方面：一是法规的原本不适应性。我国在消防管理方面的法制法规虽然已经过多次修改完善，但依据具体执行情况来看，依然存在"一刀切"的问题，没有对不同地点、不同经营单位建筑物实际情况进行分析，这些消防法律的适用范围会受到地区发展程度和消防安全管理现状的影响和制约，消防法律没有和当地的实际情况结合起来，因此造成了执行困难以及执行效率低下。二是新旧法规更替原因。国家相关政策实施了新的法律规范，依照旧的消防法律建设而成的建筑，在新的规范下就会存在一定的安全隐患需要排查，使存在隐患的建筑物数量增多。

四　多产权多经营权建筑消防法制缺陷的破解对策

（一）在消防法制上明确各方的消防安全责任

在多产权多经营权建筑物消防法制建设方面，要明确各产权方以及各经营方的消防安全责任，这是改善目前消防安全管理混乱，责任难以准确落实的首要前提。在明确各方消防安全责任措施上要从两个方面入手，首先完善相关消防法制的条例规范，做到在具体执行相关条例时有法可依、有据可查[①]。对在明确消防安全责任时的具体程序进行规定，相关明确责任的程序要切实考虑到产权方以及经营方的实际情况，进行合理的责任确定和分配管理，制订出具体的明确标准，使责任落实程序透明化；其次是相关的执行部门，不能完全依靠建筑内物业服务企业进行责任的落实和执行，应在建筑落成之处就对相关责任加以明确，从源头上解决消防安全责任管理混乱的问题。

（二）在消防法制上要加强相关法律的威慑力

法制威慑力不足的原因主要集中在法律体系不够完善以及对于违反人员的处罚力度不大两个方面，要提升消防法律的威慑力，首先是建设关于多产权多经营权建筑消防安全管理的法律体系，包括对原有消防法律的修缮以及补充，对未涉及的消防责任规定进行补充，并根据建筑地区的实际情况制定相关的法律条例，保证消防法律的可操作性和实施有效性；其次是加大对违反单位或者个人的处罚力度，增加消防行政处罚的条款并且依据司法保证，强制实施[②]。此外，对于业主或者经营者违反了消防安全管理条例或者没有落实消防行政管理的职责，也应该加大处罚力度，提升消防法律的威慑力。

---

① 张小霞：《消防法律制度的调整与完善》，《消防科学与技术》2015 年第 7 期。

② 李振华、李继繁：《新常态下社会消防管理创新发展的思考》，《消防科学与技术》2016 年第 11 期。

（三）在消防法制上规定消防维护经费的保障措施

未对多产权多经营权建筑内消防设施维护和修复经费进行保障，直接影响到了物业服务企业对消防设施日常维护和损坏修复的积极性和有效性。消防法制应该在这方面发展完善，增加必要的法律条文来明确公共消防设施维护和修复的经费来源，由谁来负责，物业管理单位维护之后，由谁最终来承担，要具体明确。同时，相关经费保障标准也应该明确，是按照对消防设施维护次数还是维护成果进行经费保障要加以明确。此外，对于维护经费管理和使用原则、方法也应该落实，如果向业主或者经营者征收，具体的征收程序、征收标准、征收方式要加以明确，以此来使得经费的收取更规范、合理[①]。

（四）加强消防宣传教育来提升人们安全防范意识

多产权多经营权建筑内行动人员较多且复杂，难以形成统一的管理条例，因此就需要加强对消防安全的宣传力度，来提升人们日常对火灾的防范意识，普及相关火灾自救知识，提升人们在火灾发生时的自救成功率。此外，还可以通过公共屏幕、电梯小电视进行消防安全视频的制作和播放，对相关火灾自救知识进行及时有效的传播，以此来强化群众消防安全防范意识，进而不断完善多产权多经营权建筑的消防法制建设。

---

① 李增波、徐鑫、刘璐等：《我国消防安全形势及管理对策研究》2015 年第 8 期。

消防工作立法架构基本情势分析

包龙庆[*]

从 1957 年新中国首次颁布《中华人民共和国消防监督条例》以来，经过 60 多年的发展，我国初步形成了以《消防法》为基础，以行政法规、部门规章和消防技术规范、标准相配套，以地方性消防法规和政府规章为补充的消防法规体系，为维护社会、公民消防安全提供了良好的法律保障。随着社会的不断进步，立法技术的日臻完善，现有消防法律的不足也越来越受到更多的关注。健全消防立法机制，完善消防法律体系，将是我国消防法律人必须着力解决的一个十分重要的课题。

一 我国消防立法的缺陷

（一）对上位法的简单抄袭

多数地方消防条例对《消防法》中政府部门、单位应当履行的消防安全职责等内容，直接照搬照抄；地方之间在没有相同省情、世情和消防形势的情况下，几乎不加甄别在大范围内相互借鉴。这种重复性规定，一方面从法律适用来看，没有任何价值可言；另外，一旦上位法修改就需要下位法随之修改，否则就会破坏法制的统一性，如此上修下调，势

---

* 包龙庆，男，1978 年 11 月出生，籍贯江苏淮安，江苏省连云港市连云区公安消防大队大队长。

必会造成立法资源的浪费。

（二）对法律内容的界定不够清晰

有些地方在消防立法中对不需要法律调整的内容进行了规定，比如某地方消防条例第九条规定，消防监督检查人员应当学习有关的专业知识，提高执法水平。另外，需要法律进行调整的，在消防立法时却没有被纳入，如国外消防法律中普遍对消防组织、消防员职责的规范，对单位、企业、公民消防责任和义务的详细规定。法律内容界定的含混不清、法条规范的粗线条会严重影响消防法律的实施。

（三）对法律规范的设定不够完整

有些消防法律规范只有假定条件、行为模式，没有法律后果，无法兑现法律规范的授权性、鼓励性规定，也无法处罚触犯法律规范的命令性、禁止性规定的行为。如《消防法》、地方消防条例、政府消防规章基本上规定了政府部门消防工作职责或义务性的规定（前提条件多省略或隐含于其他条文中），但没有对其作出法律后果的规定，致使政府部门消防管理权利义务空泛无实。

（四）对立法文字的运用不够准确

有些地方消防立法对立法语言文字的运用不是很准确，容易形成歧义。如多数地方消防条例都有这样一条规定，本省行政区域内的消防监督、灭火救援工作和其他相关工作适用本条例。从字面理解，该地区似乎排斥《消防法》等上位法的适用，这显然违背立法者的初衷，也不符合法律的适用原则。如改成本条例适用某地似乎更为妥当。

（五）对法律的修订衔接不够严密

《消防法》第六十二条规定对"非法携带易燃易爆危险物品进入公共场所或者乘座公共交通工具"的行为，按照治安管理处罚法进行处罚，但遍寻《治安管理处罚法》并没有明确的规定，消防执法者遇到该种行为如何执法将是一个突出的法律问题。如果对《治安管理处罚法》第三十条"携带爆炸性物质"的行为进行扩大解释，问题在于法律解释不能脱离文字本身所具有的基本含义，易燃物品并不一定是爆炸性物质。

二　国外消防立法的启示

发达国家较早地进入了现代化，在消防工作中积累了很多有益的经验，加上这些国家普遍具有良好的法治环境，消防立法比较完善，许多地方值得学习借鉴。

（一）立法过程具有开放性和民主性

发达国家在各级立法机构都召集了各个领域的专家和代表，既有理论层面的，也有实务层面的，其立法具有较高的可操作性。德国各州在制订消防法规时，主要由州议会下设的建筑法律工作委员会和内务法律工作委员会负责，并在起草过程中，广泛吸收建筑、商业、工商、工业、卫生、环保、消防、警察以及相关企业等单位代表参加，保证了起草的广泛性。在草案起草后，通过各种途径充分征求民意，汇集不同利益成员单位的意见，广泛酝酿协商，保证消防法规通过的最大公约数。美国国家标准局不直接制定消防技术规范，而是授权 NFPA（美国消防协会）起草制定，该协会由六千七百多名志愿工作的专家以及下设多达两百五十多个技术委员会组成，使其制定出的消防技术规范具有科学性和前瞻性。例如，在制定《生命安全规范》时，NFPA 召集了十四个专门技术委员会进行研究制定。

（二）立法内容具有明确性和实用性

发达国家进入法治社会比较早，法律法规较为健全和完善，对公权和私权法律内容界定比较清晰，消防法律法规也是如此。美国、德国、日本消防法律法规和技术标准对公民、社会、企业及消防部门的责任和义务都规定得比较详细，既有较强的操作性和实用性，又会根据社会发展和实际存在的问题适时进行调整，保证了消防法律法规和技术规范的时效性。

（三）立法技术具有多层次和多样性

发达国家将消防工作定位为地方事务，消防立法更多地由地方议会行使。美国联邦政府不直接对消防工作进行立法，但是会因地制宜制定 5 部消防法规，推荐给州、市、县等地方政府。地方政府一旦将推荐版本提交议会审议通过，即为该地的消防法规。同时，根据美国的立法体制，下位法比上位法制定得更严格，这样就保证了消防法规的切实可行。日本采用的是程序和实体分别立法的模式，日本消防法律体系由消防系列和建筑系列构成，主要包含《消防法》《消防组织法》《灾害对策基本法》以及《建筑基准法》《建筑基准法施行规则》等，并赋予了危险物保安协会和日本消防检定协会明确的法律地位和职能，这两个消防团体在辅助消防行政管理方面发挥了巨大作用。

三　完善我国消防立法的基本思路

我国消防法律体系是在社会主义法治理念指导下，根据我国国情和消防工作实际建立起来的，具有自身的特点和优势，但与一些国家、地区先进的消防法律体系相比，也有很多不足。通过对美国、德国、日本等国家的消防立法比较与分析，我国可以从以下方面完善消防立法。

（一）在立法主体上要选择专业人才和专门机构

只有懂得立法的专业人员和专门机构，才可能立出科学可行之法。首先，在规划消防立法时，要具有宏观思维。公安消防部门在规划消防立法时，应在宏观整体意义上把握消防立法的必要性、可行性，解决是否需要创制新法满足消防安全发展的需要，解决是否突破现行消防法的技术惰性和内容框架，实现立法理念的更新、价值重心的移转和既存模式的超越，并恰当处理好新法与旧法、法律与行政法规、地方法规以及其他行政法律之间的关系。其次，在起草消防法案时，要能海纳百川。在消防立法实践中，尽管基本上会建立消防法案起草班子，但实际上起草班子里领导多、挂名的多、凑数的多，有些地方仅仅把消防立法当作一项必须完成凸显政绩的工作，只是由法制部门东拼西凑搞出来消防法草案，经过几次会议讨论，便新鲜出炉了，立法质量可想而知。西方立法学者普遍认为法案起草是一项难度很大甚至是一项异常困难的工作，是一项具有高度的技术要求和最严格的写作要求的工作。组建消防法案起草班子时，必须开门招贤，广泛吸纳立法专家以及建筑、化工、电气、给排水、语言等专业人员参加，充分发挥各自的专业特长和职业技能，并充分征求社会各界的意见、建议，特别是领导干部要善于接纳吸收专业人员的意见，唯有如此，才能起草好真正的消防法律草案。在消防法案审议时，要集思广益。有权审议消防法案的，在我国主要是人大及其常委会。众所周知，人大及其常委会的会期短，与会代表或委员又多，法律素质和知识储备又参差不齐，难以精准地完成法律草案的审议。有权审议机关应该加强现有组成人员立法职业化、专业化培训，提高组成人员的法律素养，提升法案审议的质量。应该改进法律专门委员会组成人员的知识结构，将高素质的立法者和立法工作人员补充进来，对消防法案进行前期审议，把好表决入口关。还可以将消防法律草案在网上发布，汇集广大人民群众的智慧，特别是被管理方的意见、建议，进一步完善消防法律草案，最大限度地提高消防立法的广泛性、民主性、科学性、合理性。

（二）在立法内容上要确立符合消防安全规律的权利和义务

消防法律和其他法律一样，需要立法者对各级、各层次的主体权利和义务的设定，指明消防安全的管理方向，保证社会消防安全秩序。一要解决主体的权利和义务问题。消防安全是一个系统的社会工程，涉及建筑、水电、物业等多方面专业、多部门职责，单靠公安消防部门根本经不起承受之重。新的消防立法有必要明确政府、机关团体、企业事业单位、公民身份关系和财产关系，特别要明确企事业单位消防工作的主体权利与义务，加强人身方面的立法，确认和保护人身范畴的财产权益，调整单位在处理消防关系中的物质利益冲突。一方面对《消防法》内容可以根据消防监督管理、灭火救援、社会消防宣传等进行拆分，形成两部或者多部消防法律法规；也可以继续延续现有消防法律所具有的程序与实体兼备的立法模式并通过章节标题突出政府部门监管责任、单位企业主体责任、消防安全社会化、消防安全行业自律、消防行政许可等改革重点，以期契合消防安全管理的客观规律。同时，可以明确消防协会等消防中介机构在消防自我管理中的法律地位。二要解决法律的规范问题。作为一套周密的规则体系和秩序规范，消防法和其他法律规范一样，无论在总体结构上，还是在必要的具体制度条款上，都应合理恰当地配置法律规范所要求的假定、模式和后果三个要素，使规范结构完整、简明、疏而不漏。在设定消防法律行为或关系模式时，既要有概括性和透明性，又要有具体的针对性和操作性，从而设定一般行为模式，保证消防法律有明确的着力点和控制力。三要解决消防立法权限问题。《立法法》的颁布很好地解决了法律、行政法规、地方法规以及地方和政府部门规章的立法权限问题。中央、地方、部门要严格遵照《立法法》的规定，依法行使法律赋予各自的立法权限，合理配置各之的立法规划和资源，使之形成相辅相成、互为补充的完整的消防法律体系。地方消防立法应侧重因地制宜地解决本行政区域内《消防法》没有规定又属于自身立法权限的消防突出问题或者对《消防法》需要进一步明确的事项进行细化规定，比如自由裁量权，以使地方消防立法发挥《消防法》的补充作用。

（三）在法案起草上要运用科学成熟的立法技术

立法技术是立法活动中所遵循的用以促使立法臻于科学化的方法和操作技巧的总称。立法技术对于立法具有弥足珍贵的价值，可以使立法臻于较高的水平。消防立法必须注重运用科学的立法技术，有效弥补立法上的缺陷。一要运用好立法活动运筹技术。消防立法过程中要正确处理好立法的超前、滞后与同步的关系，正确处理好消防法律之间以及与安全生产法、行政处罚法等其他法律之间的关系，做好消防立法规划、草案拟定、法案审议、表决等阶段工作的衔接，真正使消防立法的各个环节都环环相扣、首尾相衔。二要运用好立法的结构营造技术。通俗地讲就是法案起草技术。消防立法者首先要做好立法调研，在掌握充分材料的基础上，提出法案的指导思想、总体思路，做好总则、分则和附则的内容安排，选择相应的章、节、条、款、项、目，搭好消防法律草案的框架结构。三要采用立法语言表述法律条文。立法语言文字是立法主体按照一定的规则表述立法意图、设定法律规范、形成规范性文件的一种专门语言文字，它不同于文学语言，不能采用带有感情色彩、探索语气、宣传报告之类的语句，宜采用陈述的方式来表达，可以用直接陈述的方式，也可以用间接陈述的方式，总之立法语言要具备明确、肯定、通俗、简洁、严谨、规范的特征。

参考文献

［1］周旺生：《法理探索》，人民出版社 2005 年版。

［2］周旺生：《立法学》，法律出版社 2009 年版。

［3］《公安法律法规全书》，法律出版社 2013 年版。

［4］陈文：《我国消防立法中法律责任比较研究》，《湖北省人民代表大会常务委员会网站理论探讨》，2010 年 11 月。

［5］王维：《发达国家消防体制机制对我国消防的启示》，《公安部消防局网站工作研讨》，2013 年 7 月。

［6］倪玮瑜：《国外消防立法综述》，http：//www. istis. sh. cn/list. aspx? id = 6926。

火灾现场实验现状及其结论的运用

廖建伟[*]

现场实验作为《火灾事故调查规定》中的一项调查措施,在火灾调查实践中得到了广泛应用。但长期以来,我们对火灾现场实验重要性认识不足,不仅法律规定条文粗疏,而且对现场实验结论的证据能力以及证明力也没有进行全面、系统的研究。因此,有必要对现场实验进行规范并对其结论的证据属性及其运用进行探讨。

一 火灾现场实验的现状

(一) 法律依据

公安机关消防机构进行火灾现场实验的主要依据是公安部 121 号令《火灾事故调查规定》(以下简称《规定》)第二十二条:根据调查需要,经负责火灾事故调查的公安机关消防机构负责人批准,可以进行现场实验。现场实验应当照相或者录相,制作现场实验报告,并由实验人员签字。

(二) 内容、要求及作用

公安部《火灾现场勘验规则》(GA 839—2009)(以下简称《规

---

* 廖建伟,男,1973 年 5 月出生,籍贯新疆五家渠,重庆市涪陵区公安消防支队副支队长。

则》）第4.9条规定：在火灾调查中，现场实验的目的是为了验证火灾在某些外部条件、一定时间内能否发生或与火灾发生的某一事实是否存在，进而判断拟认定的火灾事故原因是否准确，主要内容有：①某种火源能否引燃某种可燃物；②某种可燃物、易燃物的燃烧特征；③某种可燃物、易燃物在一定条件下燃烧形成的某种痕迹；④某一位置能否看到或听到某种情形或声音；⑤当事人在某一条件下能否完成某一行为；⑥当事人在一定时间内能否完成某一行为。同时，《规则》第4.9.4、4.9.5、4.9.6章和第4.9.7章对实验的环境、使用的引火源、起火物、采取的安全措施及现场实验报告的制作等提出了原则要求。

按照公安部文件《火灾原因认定暂行规则》（公消〔2011〕43号）的有关规定，火灾现场实验报告仅作为火灾调查工作的参考，不作为认定火灾原因的证据。

（三）存在的问题

1. 法律性质界定不明

目前，我国法律体系仅公安部在部门规章和公共行业标准中对火灾现场实验的实施依据、相关程序作了一些规定。除此外，《民事诉讼法》《行政诉讼法》《刑事诉讼法》，包括《消防法》《火灾事故调查规定》等一系列法律法规都未对现场实验及其结论——《火灾现场实验报告》的性质及作用作出相应规定。

2. 实验主体无资质条件要求

由于火灾调查工作的复杂性、技术性，火调工作者必须经过大量现场实践才能逐步走向成熟。进行现场实验的前提不仅需要调查人员对火灾有全面、深入的调查、勘验，而且针对诸如燃烧特征、燃烧痕迹等的实验对调查人员火调业务能力的要求则更高。而按照现行相关规定，只要有火灾调查资格，都能开展火灾现场实验，没有对相关人员的资质作出规定，火灾现场实验的质量无法保证，由此产生的火灾现场实验报告的权威性也就不高。

3. 实验操作无法定标准

尽管在《火灾现场勘验规则》中对现场实验的程序、内容作了相应的要求，但都相当原则。如要求实验应尽量选择在与火灾发生时的环境、温度、光线、湿度、风向、风速等条件相似的场所，实际上条件完全相似的场所是不可能找到的。而相似条件可左可右，这样的实验必然存在不同的甚至相互矛盾的结果。

4. 实验程序不完善

按现行规定，火灾现场实验仅是公安机关消防机构对拟验证的事实所进行的内部查证行为。因此，其结论《火灾现场实验报告》也只需参加实验的调查人员签字，并不需要当事人或证人签字证实。这直接导致《火灾现场实验报告》的效力仅局限于消防机构，不能运用于当事人及其他以起到证明作用。同时，相关规定也未要求对实验结论进行分析、评价，不能有效确保实验结论的准确性。

综上所述，由于目前我国法律法规对火灾现场实验及其结论的法定性质未作出明确规定，加之涉及开展火灾现场实验的法定程序、资质要求、技术标准等也不健全。因此，现在的主流观点认为火灾现场实验结论不能作为火灾调查中的证据使用，只能作为一种参考。而在火灾调查实践中，由于火灾现场的破坏性、毁灭性，部分现场证据难以固定或是专业性太强，导致当事人对火调工作人员取得的证据不明白、甚至是火灾调查工作者自身对一些事实都需通过现场实验进行确认，而这些正是火灾现场实验所能解决的，其产生的证明效果有时往往好于某些法定的证据。因此，要解决火灾现场实验结论的运用问题，就必须明确实验结论是否具备证据的相关属性，能否作为证据使用。

二 火灾现场实验结论的证据属性

目前，认为火灾现场实验结论不能作为证据的观点主要基于：一是现场实验只是模仿火灾事故情况得出的，但毕竟不是火灾事故的客观真实；二是相关法律未将其列入证据范畴。对于火灾现场实验结论是否能作为证据，我们首先要明确证据的概念。"证据是证明某一事实的根据"。按照这一基本的概念阐释，凡是作为证明案件事实的材料，只要符合逻辑与经验的法则及科学的标准，而且是依法取得并具有合法形式，那就应当有资格作为证据。① 而火灾现场实验的结论显然符合证据的基本概念及相关属性。

（一）火灾现场实验结论具备客观性

客观性是指证据应当具有客观存在的属性，或者说，证据应该是客观存在的东西。"② 火灾现场实验结论的客观性主要体现在以下几个方面：一是指火灾现场实验是在调查人员主持下进行的一项社会实践，它本身具有物质客观性；二是火灾现场实验是一种科学的调查活动，其赖以存在的科学根据是物质世界的客观现象，在合乎规律的条件下可以重复再现，这体现了火灾现场实验是以客观世界物质运动的规律为依据，其行为原理的科学性；三是现行规定已初步构建了一套实验规则来控制火灾现场实验程序的不确定性；四是火灾现场实验作为一种模拟实验，其通过对案件当时条件的重现，反映出案件中某些事实或情节，并且这些事实、情节在客观条件具备的情况下，可以重复再现，这种稳定性的特点是不以人的意志为转移的。

（二）火灾现场实验结论具备关联性

关联性，即"可以作为证据的事实，与诉讼中应当予以证明的案件事实，必须存在某种联系，即能够反映一定的案件事实。"③ 证据的关联性是指任何证据都必须是与案件有客观联系、对案件有实际证明作用的事实或材料。这种客观联系的方式多种多样，如因果联系，条件联系等。证据之所以能起到证明案件事实的作用，正是由于它与案件事实存在着

---

① 龙宗智：《证据分类制度及其改革》，《法学研究》2005 年第 5 期。
② 何家弘：《新编证据法学》，法律出版社 2000 年版。
③ 陈一云：《证据学》，中国人民大学出版社 1991 年版。

客观联系。火灾现场实验的发生机制是通过模拟、重演火灾事故当时的条件来确定与火灾事故有关的某一事实、情节的发生、存在的客观可能性。进行火灾现场实验必须以已知的火灾事故条件为前提，火灾现场实验就是要查明、确定已知的火灾事故条件与未知的事实或者现象之间是否存在某种客观联系，火灾现场实验的结论往往是通过明确实验对象与火灾事故之间客观内在联系的有无，进而为证明火灾原因服务的。

（三）火灾现场实验结论具备合法性

火灾现场实验结论是否具有证据属性，主要争论集中于火灾现场实验结论形式不合法上。即火灾现场实验笔录不是法定的证据形式。这一观点其本质是我国证据分类体系的封闭性和形式主义倾向的逻辑延伸。基于封闭式分类体系，我们将全部证据材料在法律上划分为几个种类，并赋予证据资格，凡是未纳入这些类别的材料就不能作为证据，这就使证据能力概念增加了证据形式的内涵。因此，在我国证据合法性的要求中，除了规定取证程序合法、取证主体合法外，还有关于"证据形式合法"的要求。

火灾现场实验是经由公安机关消防机构负责人批准，由火灾调查人员进行的，其程序合法和主体的合法性是显然的。而所谓"证据形式合法"，特指对证据形式的重视，即必须将某类材料纳入法定证据形式的明确要求——如果未能纳入，该材料就缺乏证据资格。事实上，证据的形式是不断变化发展的，任何一部法律或多或少都具有一定滞后性和与现实需要不相符合的地方，如2013年修订的《刑事诉讼法》就将辨认、侦查实验笔录列入了证据的种类，而这二类笔录在此前也不属于刑事调查的证据种类。其中侦查实验是侦查机关在侦查办案过程中采用模拟和重演的方法，证实在某种条件下案件能否发生、怎样发生以及发生何种结果的一项侦查措施。对照其实验的目的、程序设置、对实验条件的要求（包括环境、使用的物品等）、参予人员以及实验完成后笔录制作的要求等都与火灾现场实验的相关内容有着高度的相似性。因此，我们不能以现行立法没有将火灾现场实验结论纳入法定证据体系就认为火灾现场实验结论不具备证据的相关属性。

通过对火灾现场实验结论的证据属性分析，我们可以看到火灾现场实验结论符合证据的客观性、关联性和合法性，完全具有证据资格。下一步，可对现有的法律法规进行完善，参照《刑事诉讼法》将侦查笔录纳入证据体系的修订，也将火灾现场实验笔录纳入相关法律的证据体系，以解决其的"形式合法性"。

三　火灾现场实验的适用规则

鉴于火灾现场实验的相关内容与侦查实验有着高度的相似性，笔者参考侦查实验的相关规定，提出如下规则以进一步规范火灾现场实验的开展。

（一）程序合法性规则

（1）完善实验前审批程序。公安消防机构负责人应在实验前对实验目的、模拟现场条件与火灾现场条件的相似度、拟用引火源和可燃物与火灾现场引火源和可燃物的一致性、实验保护措施、实验人员资质、实验人员是否与案件有利害关系、当事人和证人信息等内容进行审查，相关内容符合有关要求方批准实施。

（2）设置实验见证程序。明确现场实验必须由至少两名当事人或证人参加，并在《火灾现场实验报告》上签字。

（3）设置实验结论评价程序。实验后应对实验结论是否与相关常识或科学知识相符进行分析，以进一步确保实验结论的科学性。

（二）标准规范化规则

针对火灾现场实验的特点和目的，应包括不少于以下三个内容的相应标准。

（1）实验现场条件。应尽量选择与火灾发生时环境、温度、光线、湿度、风向、风速等条件相似的场所，如不能则应对影响实验的主要因素进行分析评判，确定主要因素后，制定其变量范围，则在范围内的实验数据有效。

（2）实验用起火物、引火源。应选用属性基本相同的物品，如同厂、同批次、同型号、同地、同属（种）、同量级等。

（3）重复实验。对需验证的内容可三次为一组，若三次结果一致并与理论知识相符则判定为真；否则应再做二组，若二组实验结果中，有四次及此上结果相一致并与相关常识或理论知识相符可判定为真；若实验结果有四次及以上次数一致但明显与相关常识或理论知识不相符，则数据不可用；若三组实验数据不一致，不能验证相关内容，但相关常识或理论知识为可行的，则应结合相关常识或理论知识，分析现场条件或实验用起火物、引火源是否做到了与火灾现场相一致，分析出原因后，重复以上步骤。通过反复实验可有效提高实验结论的准确度。

（三）人员资质化规则

根据我国现阶段火灾调查工作实际，对需做某种火源能否引燃某种可燃物、某种可燃物（易燃物）的燃烧特征及在一定条件下燃烧形成的某种痕迹等专业性强的验证实验应至少有一名火调专业工程师及以上职称的人员参加，必要时可邀请相关专业人员参加；对需做某一位置难否看到或听到某种情形或声音、当事人在某一条件下（一定时间内）能否完成某一行为的验证实验应至少有一名从事火灾调查工作不少于两年的人员参加，必要时可邀请相关专业人员参加。

（四）火灾现场实验结果的运用

笔者认为在相关规则下进行的火灾现场实验，可以有效规范实验行为，进而得到更加公正、精确、可信的实验结论。据此形成的《火灾现场实验笔录》符合证据的客观性、关联性和合法性三要素，具备证据资格，可以作为火灾调查的证据之一，只要与其他证据形成证据链则可认定火灾事故。

参考文献

［1］周莉宁：《论侦查实验笔录在刑事诉讼中的证据能力》，北京检察网，2013 年。

［2］邢小崇：《火灾调查模拟实验与火灾原因认定的辩证思考》，《火灾调查技术》2009 年第 5 期。

［3］任松发：《模拟试验研究》，《武警学院学报》2003 年第 1 期。

伊犁州商业综合体建筑消防
监督管理调研报告

董　震[*]

近年来伊犁州规划设计和在建的大型商业综合体建筑逐渐增多，其底部商业部分体量巨大，多处于城市核心或繁华地带，在营业高峰期的容纳人数不容小觑，由此带来的消防设防、灭火救援、消防监管问题值得思考与研究。

一　伊犁州商业综合体建筑的基本情况

据统计，伊犁州辖区 11 个县市及口岸范围内共有建筑面积大于 3 万 m² 的"大型商业综合体"建筑物 65 栋，其中已建成投入使用 34 栋，规划设计和施工中的 31 栋；其中 60% 的建筑面积大于 5 万 m²，建筑面积最大的达到单体建筑面积 12 万 m²；其中 85% 为建筑高度大于 50m 的一类高层建筑，建筑高度最大的达到 99.8m。从区域分布看大部分布在伊宁市、奎屯市和霍尔果斯口岸边境合作区内，在新源县、尼勒克县、察布查尔县也有分布。大型商业综合体在功能上普遍地下二层为汽车库，地

* 董震，男，1982 年 10 月出生，籍贯山东济南，新疆自治区伊犁州公安消防支队防火监督处高级工程师。

下一层为超市或市场，地上一至三层为综合性商场，地上四层及四层以上的商业部分设置电影院、餐饮和文化娱乐场所，高层塔楼为住宅、公寓、酒店、办公写字楼。

二 伊犁州商业综合体建筑消防设计中存在的问题

（一）建筑性质定位与规范制定思想矛盾

（1）"亚安全区"模型效果"理想化"。"亚安全区"就是当火灾来临时，人员暂时疏散到这里是安全的。其成立的条件是将步行街周围的店铺处理成一个个独立的防火单元，用防火隔断与周围隔离开，店铺内增加火灾报警、自动灭火和机械排烟设施，严格控制步行街公共空间不放置任何固定可燃物，步行街的走道上空设有防排烟措施等，我们可以看到基于这些条件下，"亚安全区"才是安全的，在大型商业综合体实际经营中是无法做到的，那么亚安全区只是一个理想的模型。

（2）安全出口通过室内步行街疏散可靠性"性能化"。由于大型商业综合体体量巨大，有很大一部分疏散楼梯集中布置在商业内部，性能化设计对于疏散问题的解决方法是，考虑到相邻两个防火分区同时着火的可能性较小，对疏散距离过大或疏散宽度不足的区域，可采取向相邻防火分区或室内步行街开设甲级防火门作为辅助安全出口的方法。

（3）"钢化玻璃加侧喷"的防火分隔效能"不确定化"。为了在大空间内营造较好的视觉效果，大型商业综合体大部分店铺未采用防火墙、防火卷帘等分隔措施，采用"钢化玻璃加侧喷"的新型防火分隔形式，其产品质量与可靠性均未得到认可和规范。

（二）商业综合体自身建筑特点具备的火灾风险

（1）防火分区划分采用非常规分隔方式。大型商业综合体通常设有中庭式内街，东西方向或南北方向贯通整个底部建筑，该中庭式内街连通上下层形成共享空间，内街两侧布置商业用房，两侧商业用房的玻璃墙或是橱窗之间相对距离为9—13 m，顶部以钢结构玻璃穹顶为屋面，内街中庭周围加设防火卷帘或者防火墙进行防火分隔。但建设单位和设计单位出于追求商业效果最大化的需求,借用《建筑设计防火规范》(GB 50016 - 2014)第5.3.6条中关于两栋建筑间有顶棚商业步行街的做法,将一栋建筑里的"中庭内街"等同于"两栋建筑间有顶棚商业步行街",取消了竖向防火分隔,在一定程度上不利于阻止火灾竖向蔓延。

(2)人员疏散距离大。大型商业综合体建筑采用集中式布局,底部商业部分体量巨大,沿街长度均在100m以上,纵深达到50m以上。为满足《建筑设计防火规范》(GB 50016 - 2014)其内营业厅内任何一点距最近疏散出口距离不超过30m的要求,部分疏散楼梯在首层不能直接通向室外,只能通过通道或经由室内步行街才能通向室外,从楼梯间首层的门至室外的疏散距离达到60m。

(3)人员疏散宽度紧张。设计单位在设计大型商业综合体建筑时,往往为满足建设单位提出的商业营业面积最大化要求,将人员疏散楼梯数量和梯段宽度设计为最小值。在部分防火分区疏散宽度不足的情况下,采取性能化防火设计,在满足诸如"借用比例不应超过所需宽度的30%、与相邻防火分区借用疏散的分隔部位应采用防火墙及甲级防火门"等前提下,允许防火分区内的部分人员借用相邻防火分区进行疏散。

(4)商业业态布置与规范制定思想矛盾。《建筑设计防火规范》(GB50016 - 2014)对商业营业厅内的人员密度有明确规定,见表1。

表1　　　　　　　　商业营业厅的人员密度（人/m²）

楼层位置	地下二层	地下一层	地上一、二层	地上三层	地上四层及以上楼层
人员密度	0.56	0.60	0.43—0.60	0.39—0.54	0.30—0.42

可以看出,规范的制定思想是商业营业厅的容纳人数随着楼层的递增而逐渐减少,而新兴的大型商业综合体为最大化地发挥其三层以上商业营业厅的使用效率,往往在4—7层布置影城,影城的建筑面积在3000—10000m²不等,以吸引顾客人流到三层以上商业营业厅,形成了商

业业态布置人员分布与规范编制人员密度分布矛盾的问题。

三 大型商业综合体建筑消防监管的难点

（一）消防设计审核、验收难度大

公安消防机构设计审查和工程验收的工作主要针对的是单一性人员密集场所，针对大型商业综合的专业技术力量和专项投入时间严重不足，无法满足日常需要。同时，消防审查和验收人员对大型商业综合体常采用的消防性能化设计方法中的性能化防火分析和设计两个方面知识、技能、程序基本不懂，对大型商业综合体建筑的建筑定性、定位和规范针对性编制思路不熟悉，消防设计审查和验收仅限于一般层面的形式性审查，治标不治本。

（二）火灾隐患大量存在

大型商业综合体建筑体量大，功能复杂，由于承租的经营户众多，人员消防安全素质参差不齐，给火灾隐患的不断生成创造了条件。以性能化设计提出的"亚安全区"为例，在日常监督检查中发现，"亚安全"区特别是中庭区域常年用于汽车、婚纱摄影等各种展览活动，在"亚安全区"走道上设置可燃材料制作的休息座椅、装饰物及各家商铺的广告、展示区。这样的做法完全违背了设置"亚安全区"的初衷，公安消防机构多次处罚并督促单位整改，但收效甚微。

（三）二次装修带来新的问题

大型商业综合体内商铺众多，经营户更替频繁，导致商铺不断地被二次装修。在装修过程中，容易出现新的问题，比如大量使用可燃材料装修，擅自更改消防设施和防火分隔，乱拉乱接电气线路增加电气负荷，给消防安全埋下了隐患。

四　提升大型商业综合体火灾防控能力的对策及建议

（一）提高大型商业综合体消防设防的技术措施

（1）明确大型商业综合体的建筑定位和分级。大型商业综合体建筑既不同与大型城市综合体，有不同于传统的单一功能建筑，建议不能单一按照整体高度、建筑面积进行分类，建议增加各功能区域经营面积和营业时间峰值人数作为界定标准；特别要明确"商业综合体建筑"和"城市综合体"的相对差别，"亚安全区"的室内步行街和"中庭式内街"的差别和使用标准。

（2）适当控制室内商业步行街的使用范围和规模。防火分区的划分是建立整个消防体系最根本、最关键的一步，室内商业步行街设计方案形成的建筑内多层防火分区竖向串通的情况打破了防火分区划分的初衷。建议对室内商业步行街的设计方案进行适当限制，尽量将这种方式转化为有防火卷帘和分隔水幕进行划分的"中庭式内街"；如确需采用室内商业步行街设计方案，应将"步行街"避免与商场其他部分串通，形成一个"步行街"防火核心筒。

（3）保证人员疏散的可靠性。将"中庭式内街"作为"亚安全区"考虑，中庭和环廊仅作为人流通行走道，不布置临时摊位、展台等阻碍人员疏散的物品及可燃物品，同时其内部装修材料和装饰物要采用不燃烧性材料，严格控制其内部的可燃物数量，尽量减少火灾致灾因素。对于"内街"两侧分布的商铺，要严格执行《建筑设计防火规范》（GB 50016-2014）关于步行街两侧店铺防火分隔措施的要求和独立式防火单元的设计初衷，减少商铺火灾对"亚安全区"的影响。疏散楼梯间减少在首层通过步行街通往室外的设计，却有困难时建议通向地下一层避难走道或下沉式广场再疏散至地面。大型商业综合体商业综合部分通常采用了屋顶上人屋面设计，建议将高区住宅、公寓、办公、酒楼部分疏散通向裙房屋面，再通过附近其他区域通屋面楼梯疏散至地面；商业部分的影城局部疏散口也应通向屋面，避免形成尽端疏散区域而超疏散距离。

（4）确保消防水源和供水的独立性。建议将市政供水水源只作为消防水池的补水设施，市政水源管网上的市政消火栓和消防水鹤只作为大型商业综合体室外消防用水的补充，不能替代室外消火栓。建筑内部设置的消防水池容量应包括室外消火栓的容量，同时应为消防水池配套设置消防车取水井（口）和独立的室外消火栓泵组；在商业集中区还应考虑进一步加大消防水池的容量，为城市商圈或商业集中区预留出部分消防用水集中供给量。

（5）保证室内消防设施的精细化设计。加大室内消防栓泵组流量和扬程的选型、供水管网管径选择，具体设计上应选取最大防火分区起火及其相邻分区出现火势蔓延扩大的火灾场景，需要同时开启的室内消火栓数目作为设计参数确定室内消火栓系统，并建议将单支消防水枪的流量由规范规定的5L/S提升至10L/S。对于自动喷水灭火系统，建议在低区商业综合区顶部设置备用消防高位水箱，并按火灾按中危险Ⅱ级设计喷水强度、喷头间距和保护面积；商铺内使用快速响应喷头，火灾时快速启动；保护玻璃构件的自动喷水冷却系统泵组及管网独立设置，提高系统可靠。火灾自动报警系统设计报警和联动总线，通过防火报警与联动总线结合形成火险报警和防火动作输出方案，以及分别将防火报警与防火联动总线独立开来，防火报警总线中涉及探测器和信号的输入，联动总线涉及信息的输出方案。

（二）引入大型商业综合体先进消防监督管理理念

充分利用在大型商业综合体自身管理中"消防安全户籍化"管理标准，督促指导单位在系统中建立完善户籍化档案，全面如实录入单位基本信息、消防安全重点部位、消防安全管理制度及职责等基本情况，防火巡查、检查、值班、培训演练等日常消防工作情况，定期报告备案消防安全管理人履职、建筑消防设施维护保养、消防安全自我评估情况。在管理中强化预防措施，强化对不合格管理工作的控制，明确事后处理的管理工作机制。通过"消防安全户籍化"管理标准的实施，以随机抽样形式进行消防安全检查，认真分析隐患产生的深层原因，从源头上消除火灾隐患产生的土壤；对单位自身的工作进行全面认真的符合性审核，对不符合管理规定的工作和做法要开具建议报告，并确定和落实纠正措施，确保各项制度的贯彻执行。管理中要彻底解决单位不履行相应的消防安全职责，消防安全组织机构不健全；解决单位对建筑消防设施管理、维保不到位、不落实；解决二次装修施工导致部分建筑消防设施损坏；导致安全出口、疏散通道不畅等问题。对存在的突出火灾隐患，要坚决进行整改，确实一时无法整改到位的，要采取有效的措施，严防死守，确保不发生任何的意外，真正做到"安全自查、隐患自除、责任自负"，从根本上减少各类火灾隐患。

（三）运用大型商业综合体消防安全管理新模式

采用"企业管理企业"的模式，全力推行商业广场消防安全工作站。具体做法是在消防部门的指导和推动下，由商业广场所属物业公司负责筹建和管理运作，对商场内的所属商家企业进行日常消防监督管理，实行"企业管理企业"的消防安全监管模式。工作站同时接受消防部门和物业公司的双重领导，对消防部门实行报告制度，开展的各项工作定期向消防部门报告。消防大队对工作站实行"辅导员"制度，派一名参谋担任工作站辅导员，通过定期驻点，定期组织培训和联合检查活动，对工作人员进行指导，传授各项业务技能。工作站配有专兼职消防管理人员 10 名，其中业主兼职代表占 50%。吸纳业主代表成为工作站的工作人员，能有效激发业主的主观能动性，增强消防安全意识，从以往被动接受消防检查，变成主动参与消防监督管理工作。

参考文献

[1]《中国消防手册》，上海科学技术出版社 2008 年版。

[2]《建筑设计防火规范》（GB 50016 – 2014）

[3]《消防给水及消火栓系统技术规范》（GB 50974 – 2014）

[4]《关于加强超大城市综合体消防安全工作的指导意见》。

灭火救援

城市危化品灾害事故处置专业队建设初探

周　天*

近年来，随着经济社会的高速发展，特别是京津冀一体化进程的不断加快，消防灭火救援工作呈现出新的特点，面临着新的挑战，以"一高一低一大一化"即高层建筑、地下建筑、大跨度空间、危化品为代表的特殊类型火灾扑救，对消防部队的专业处置能力提出了新的要求，如何在现有条件下进行风险评估、科学预警、快速处置，成为消防部队亟待解决的问题。天津市位于渤海之滨，油气资源丰富，石油远景储量达930亿吨，建立于此的天津港处于京津冀城市群和环渤海经济圈的交点，可满足30万吨级原油船舶和国际上最先进的集装箱船进出港，是我国北方重要的综合性港口和对外贸易口岸。强大的区位优势使众多石油化工企业选址于此，在促进天津经济高速增长的同时，也给消防工作带来了日常监督和灾害处置的双重压力。在经过深入调研和长时间摸索后，天津消防总队逐渐形成了"1+3"模式下的危化品灾害事故处置专业队雏形，下面我以此为例，就危化品灾害事故处置专业队伍建设谈几点看法。

　　* 周天，男，1964年6月出生，籍贯浙江杭州，时任天津市公安消防总队总队长，现任公安部消防局总工程师，副军职。

一 当前天津市石油化工企业建设现状

（一）总体状况

天津作为全国重要的石油化工产业基地，据统计，全市现有危险化学品企业 1246 家，其中，规模较大的企业主要集中在滨海新区的 5 个区域，包括天津港南疆石化小区、开发区化工小区、大港"三角地"化工园区、临港经济区、南港工业区。新区内现有大型甲类炼油装置 39 套，石油化工装置 20 套，单套装置年炼油能力、年生产乙烯能力已分别高达 1000 万吨和 100 万吨；现有易燃可燃液体储罐总容量 1134 万立方米，天然气总储量 16.5 亿立方米，且超大型油品储罐数量不断增多。

（二）调研发现当前危险化学品企业主要存在以下问题

（1）危化品储存现状不容乐观。目前，全市尚未建成大型危化品存储库区，大量危化品储存在危品企业内部，点多、分散、缺乏集中统一管理。企业硬件条件和管理水平的参差不齐，大大增加了危化品引发火灾事故的概率。

（2）老旧企业成为重大危险源。从企业内部情况看，天津市 37% 的危品企业均建成于 20 世纪 90 年代以前，化工装置设备、生产工艺流程在产业升级中未及时更新，厂区建筑、基础设施和电气线路老化现象严重，消防设施设备、消防安全条件与现行消防技术标准之间的差距越拉越大。从企业外部情况看，随着城市化建设由中心城区不断向外部扩展，早期地处偏远的危品企业周边，现在也大量建成了居民住宅区和商业场所。

（3）危化品转输环节潜在巨大风险。滨海新区范围内输送燃气、油品、化工原料的长输管线共有 48 条，且新河油库、大沽化工厂、渤西油气处理厂等企业的进出站工业管线还多穿越城市建成区。另据统计，目前天津市登记的危险品运输车辆共 5586 辆，较 2010 年增长了 59%，且大部分车辆都在滨海新区作业，危化品道路运输交通事故平均每年 30 起左右，且事故的跨区域性、流动性和突发性强，衍生的次生灾害易造成人员伤亡。

（4）事故应急救援处置装备还需加强。"8·12"事故的发生，充分暴露出特种消防装备储备不足的问题。应对重大危险化学品事故的侦检、洗消、堵漏、救生等特种器材装备库存短缺，目前已配备的远程供水系统、大功率泡沫车、高喷车等专业灭火救援车辆及装备，其数量仍无法满足滨海新区区域内处置种类众多、危险特性各异的危化品事故的需要。

二　专业队建设方向

对照滨海新区石油化工企业的分布特点和危险性分析，我们认为总队危险化学品灾害事故处置专业队应瞄准大港"三角地"化工园区、临港经济区和南港工业区3个风险热区。依托危化品专业处置特勤队（南开支队特勤队），对热区内3个辖区中队：临港中队、南港中队、轻纺城中队执勤力量进行全面升级改造，打造个人安全防护等级高、初战控火能力强、救生排险业务精、持续作战效能突出的总队危险化学品灾害事故处置"尖刀突击队"，形成"1+3"模式下的危险化学品灾害事故处置专业队，在担负辖区灭火救援任务的同时，根据全市重大危险化学品企业分布特点，确定建设方向如下：

（1）南开支队特勤队：继续发挥危化品专业处置特勤队作用，担负辖区灭火救援和全市重大易燃易爆和危险化学品灾害事故处置的增援任务。

（2）滨海支队临港中队：重点担负临港经济区内重大火灾爆炸事故处置，熟悉区域内各类石油化工装置，油品中转输送装置、管线分布和固定消防设施基本情况。

（3）开发支队南港中队：重点担负南港化工区域内重大火灾爆炸事故处置，熟悉区域内大型油类、LNG等存储设施和固定消防设施基本情况。

（4）特勤支队轻纺城中队：重点担负大港"三角地"化工园区内重

大火灾爆炸事故处置，熟悉以千万吨级炼油炼化装置、百万吨级乙烯生产装置为代表的各类化工装置生产工艺、危险特性和固定消防设施基本情况。

三 当前工作中遇到的困难

（一）专业队伍作战实力与现实需要不相适应

危险化学品灾害事故处置专业队承担着特殊灾害救援任务，对官兵相关的专业知识技能要求较高，而入伍战士的文化程度大多为高中学历，从未接触过化工专业知识学习，需要经过长时间的培养才能适应专业队伍需要。尽管当前消防队伍整体在不断壮大，战斗力也不断在提升，然而现有的增速远远无法满足经济社会发展的需要，很难应付重特大石化火灾和连续作战的特殊需要。同时，专业队除了处置化工类灾害事故外，大部分精力都放在处置常规火灾、一般性救援和其他类社会救助等方面，导致定向执勤难度加大，专业队的价值不能完全体现。

（二）器材装备配备与队伍专业化不相适应

尽管近年来消防站装备条件有所改善，但装备科技含量水平提高不大，部分执勤车、个人防护装备和破拆救援工具仍停留在扑救一般火灾和应对一般灾害事故的水平上。一些制造精密的进口特种装备维护经费高昂，难以保障，被一些单位弃用，放在库房作摆设，长期疏于操作训练，致使官兵在实战中使用不熟练，难以发挥装备的功能，甚至危及自身安全。

（三）现有培训方式与队伍专业化不相适应

消防部队的训练都本着"练为战"的思想进行，然而由于专业化队伍工作的复杂性，致使目前的训练仍缺乏针对性。加上各种灾害情况的不同，又缺乏各类灾害处置可借鉴的经验，特别是浓烟、毒化等复杂的场所。由于石化火灾处置专业队伍是在常规中队的基础上建立的，常规的训练器材装备、场地已满足不了训练的要求，训练设施建设滞后，导致专业水平并不高。目前，天津消防还未建设完成适应各类指战员执勤岗位训练需求的专业训练基地，化工类专业训练设施建设尚未建成，无法开展系统性、专业性、针对性训练，核心战斗力得不到有效提升。

结合我们的想定建设方向和工作实际，在危化品灾害事故专业处置队伍建设的工作中，我们还需要着重注意这几个方面，以弥补现存不足。

（1）不断提高顶层设计规格，消除一切安全隐患。积极向各级政府汇报石化火灾处置专业队建设的各项工作，争取领导重视支持。推动危险化学品企业安全整治实施方案出台，督促各有关单位落实主体责任。对危化品企业进行科学风险评估，划分等级，采取不同治理措施。细化"多警联动"检查措施，积极联合安监、市场监管等职能部门，充分发挥街道社区、乡镇村庄的网格管理作用，对整治发现的隐患问题及时抄报属地安监部门，对已构成区域共性问题且已影响公共安全的火灾隐患，及时向当地政府报告，多区县同步联动，合力整治火灾隐患。积极制定"一企一册"工作标准台账，细化生产、储存企业"五个必查"、经营企业"四个必查"和使用单位"三个必查"的专项整治标准。分批次约谈易燃易爆危品企业的消防安全责任人和管理人，督促企业落实消防安全主体责任。

（2）科学规划城市和产业发展布局。推动建立城乡总体规划编制的安全评价制度，进一步细化规范和要求，建立完善高危行业建设项目消防安全风险评估制度，提高产业规划与城市安全的协调性。对危品企业、大型工业和仓储物流园区，实施住建、规划、发改、国土、工信、公安消防、环保、卫生、安监等部门联合审批制度，严把安全许可审批关，彻底杜绝"未审先建、未批先用"的严重违法行为，严格落实规划区域功能。对石油化工企业要合理规划选址，加快建设管理规范、符合消防技术标准的大型危化品存储库区；督促规划、建设、发改、安监部门加大对危品企业及周边民用建筑选址立项的监管力度，确保安全距离，同时加快老旧企业关停并转进程，淘汰落后的生产工艺、设备。

（3）加强实战演练，实现全方位安全保障。针对各类危险化学品企业的灾害特点，充分考虑最不利情况，不断摸索实地熟悉与实战应用相结合的熟悉演练新模式，逐家评估可能发生的事故类型、程度和危害，逐家核定灭火救援预案，全力做好灭火救援准备工作。要强化大型石油化工企业和"五供"单位的灭火战术研究，围绕大型活动安保工作，对百万吨乙烯、千万吨炼油等我市大型石化企业以及210万吨原油储备库、16亿立方米天然气储气库等"五供"单位进行实地调研，开展风险评估，制定针对性措施，全面修订灭火救援预案。完善灭火救援业务基础工作，尽快完成易燃易爆危险品企业的预案编制工作，进一步深化市政消火栓标识和取水码头、消防水鹤建设，全面开展消防水源普查、巡查和测试工作。持续开展危险化学品企业的熟悉演练工作，并逐一制定熟悉卡，以全面提升总队危品企业火灾事故的灭火救援处置能力。

（4）加强消防装备建设，加大消防经费投入。在个人安全防护、灭火、侦检、堵漏、输转等专业装备器材上加大投入。增加远程供水系统、大功率泡沫车、高喷车的配置数量；针对重大危险化学品事故，配备化学事故抢险救援车、侦检车、洗消车及世界领先的个人防护装备；配备大流量灭火机器人、无人飞行器等特种消防装备，逐步缩短消防装备建设与城市发展进程之间的差距。积极争取地方财政投入，努力提高消防业务经费及各类专项经费占有地方财政预算的比例；积极协调各级政府，努力争取将消防站、消防装备建设经费，纳入对口援建项目。加强官兵装备应用技术培训，强化装备车辆应用专项训练。注重提高特勤人员的待遇，保证技术骨干队伍的相对稳定。

（5）不断提高专业队官兵综合业务素质。不断优化战训干部结构，加强战训业务培训，全面提高部队灭火救援能力。委托地方院校加强对战训干部的培养，积极举办业务培训班，提高战训干部文化基础和灭火救援组织指挥能力；选调化工、给水、建筑专业的优秀地方大学生干部补充到战训工作岗位。加快推动合同制消防队伍建设，依托地方政府，在化工单位集中区域成立危化品专业处置突击队，积极吸收消防部队有专业特长的退伍士兵或地方对口专业的社会青年，以及招收具有专业处置经验和能力的人员，采取合同制的形式招聘入队，公安消防部队负责配备干部和士官骨干进行管理以及业务指导，实施军事化管理，在保证充足的人员配备的同时配齐、配强化工专业技术人员。

（6）积极推进实战化训练。组织专业队官兵开展作战相关理论学习，如在复杂环境下作战思想的确定；以往实际发生事故案例的处置经验；在处置石化灾害事故过程中应掌握的科学理论知识等，努力用理论武装头脑，切实用专业理论指导实际工作。突出高温、浓烟、黑暗、有毒、高空等环境中的适应性和心理训练，大力开展侦查、救生、灭火、供水、破拆、排烟、堵漏等技能训练，增强单兵攻坚和协同作战的能力。紧紧围绕石油化工火灾扑救、化学危险品泄漏事故处置重点，突出抓好专业性训练，大力开展实战演练和战术训练，熟练掌握灾害事故的主要特点、处置程序、基本方法以及技战术要求，切实提高专业队处置石化灾害事故的快速反应和攻坚作战能力。加强应急联动，积极构建消防、企业、社会联动力量三级响应体系。开展以集体培训、专业授课等方式，强化与社会联动单位的训练互动，密切联系。以大型实战演练为依托，结合常态化应急演练，通过演练拉动锻炼响应能力和处置能力，深化应急救援队伍之间的作战融合，检验实战能力。

提升化工灾害事故防范及处置效能的思考

周　详[*]

近年来，全国重特大化工灾害事故频发，公共安全形势日益严峻。为认真学习贯彻习近平总书记等中央领导关于强化公共安全的系列重要批示指示精神，有效预防和遏制重特大化工灾害事故的发生，现立足江苏省化工行业消防安全现状，结合省内数起化工灾害事故案例，从预防和处置等方面浅谈几点粗浅思考。

一　基本情况

（一）江苏省化工产业布局及发展概况

截至目前，江苏省共有危险化学品从业单位约 3.7 万家，罐区 5431个；易燃易爆化学品长输管线 297 条；注册有化工生产企业 5055 家；港口危险货物经营企业 439 家，港口危险货物码头泊位 755 个；此外，全省现有原油加工能力超过 1500 万吨/年的石化企业 2 家，15 万立方米的原油储罐 2 个，16 万立方米的 LNG[①] 储罐 3 个。

2015 年，全省石化行业共实现利润总额 1221.33 亿元，同比 2014 年增长 13.7%，占全省工业总利润比重 12.7%，是江苏省重要支柱产业

* 周详，男，1963 年 7 月出生，籍贯河南郑州，江苏省公安消防总队总队长。
① LNG：液化天然气。

之一。

（二）江苏省化工灾害事故消防专业处置力量概况

全省规模以上化工企业中，有 65 家设立了专职消防队，配备消防车 148 台，有专（兼）职消防队员 1379 人。58 个化工集中区均建立了园区消防队（站），其中公安现役队 16 个、政府专职队 41 个、企业联建队 1 个，共配备消防车 245 台、消防队员 1276 人。此外，全省公安消防部队一次可组配重型化工处置编队 6 个。

二　面临的形势和存在的问题

（一）分布面广量大，化工灾害事故风险增容

江苏省化工企业点多、线长、面广、量大，多数分布在城市边缘，特别是长江江苏沿江地区，化工灾害致灾风险始终高位运行。全省石化行业呈现"两极化"发展态势，一极是工艺复杂化的大型企业，安全风险防范难度大；另一极是工艺相对落后、装备水平偏低的中小型企业，安全管理能力弱，事故易发多发。

（二）准入门槛偏低，企业主体责任落实不力

一些地方政府为招商引资，降低安全门槛。部分企业未依法设置安全管理机构，安全管理人员专业能力不强，安全责任制不健全，隐患排查不彻底，动火等作业管理不规范。大部分民营化工企业没有形成规模化生产，安全投入少，安全操作不规程，安全设施改造就低不就高，信息化管理滞后，自动化水平偏低，生产设备陈旧老化。此外，企业自身消防力量建设也严重滞后。

（三）规划统筹不够，公共消防设施建设缺位

部分化工企业集中区未编制消防专项规划，消防安全总体布局不尽合理，消防站、消防水源等公共消防设施建设滞后。全省危化企业进区入园集中度不高，不利于实施统一的规划管理和有效的安全监管。公安现役消防队（站）基本设置在远离厂区的市区，难以第一时间到达现场，初期灾害事故的灭火救援整体效能低下。

（四）技术标准滞后，企业本质安全难以实现

随着化工行业的迅猛发展，致灾风险急剧增加。很多现行技术规范的某些规定要求，已不能适应石化企业灾害防控的实际需要。无论从总图布置、管道敷设，还是到消防扑救、电气防爆防静电等方面存在诸多缺陷和不足，严重制约了企业本质安全的真正实现。

（五）装备结构落后，特种装备配备存在短板

消防部队应对超大油罐、超高装置和集中储存罐区等事故的大吨位、大流量、远射程的泡沫车以及泡沫输转泵车、高喷车、远程供水系统、三相射流（多剂联用）消防车等装备配备不足。各地应对化工灾害事故的药剂种类、比例不统一。此外，泡沫原液的输送往往采用人工搬运，费时费力效率低，容易错失灭火良机。

（六）处置能力不强，专业队伍建设有待推进

江苏省消防部队化工类专业人才不足。化工集中区消防队和公安现役队大部分官兵应对化工灾害的知识薄弱、经验不足、能力不强；其余政府专职队或企业联建队人员流动频繁，专业训练缺乏，整体素质不高。传统的技战术理论相对滞后，针对工艺措施和固定消防设施而采用的技战术研究不够。

（七）统筹发展不够，水域处置力量亟须构建

省级和跨区域船舶载运危险货物事故的应急预案尚未建立，船舶载运危险货物事故应急反应能力不足。虽然交通运输部在江苏省建立了4个国家级溢油应急设备库用于应对重特大船舶溢油事故，但应对船舶载运危险化学品货物事故的水上应急装备和物资几乎空白。

三 提升化工灾害事故防范效能的意见建议

（一）建立联防组织，实行区域联防联治

安监、消防部门应督促各类化工集中区整合精通安全管理、熟悉工艺流程的人员，尽快建成区域安全联防联勤组织。充分挖掘、整合人才资源优势，制定并严格落实联防互查、隐患共治、救援互助等制度。整合成员单位应急力量、器材装备、灭火药剂等资源，建立初起化工灾害联合处置队伍，开展灾害事故处置实战演练，切实提升化工集中区灾害事故的防控水平。

（二）依托专家队伍，提高监督执法质效

从大型化工企业、高等院校、科研单位和监管部门中聘用专业技术人员，成立化工消防安全专家组，全面排查企业存在的火灾隐患和消防违法违章行为并提出整改建议。消防部门在采信专家意见的基础上，依法对企业违法违章行为进行查处，并督促整改。针对企业存在的火灾隐患现状，拟制《建议实施监督执法函告书》抄告安监、治安等部门，加大联合监督执法力度，有效提高监督执法质效。

（三）推行标准管理，深化企业风险评估

制定各类化工行业相关《化工企业消防安全管理标准（CFMS）》《化工企业消防安全评估导则和风险评估分级标准》，大力推行化工企业消防标准化管理工作。积极发展化工行业消防安全专业评价机构，对危化品企业开展全面评价并形成报告。评估报告按照缺陷性隐患的严重程度分成红、橙、黄、绿四色等级。政府及相关职能部门根据安全风险评估结果，有针对性地开展安全风险隐患综合治理和监管。

（四）优化规划布局，提升灾害抵御能力

开展化工集中区消防安全状况普查，提请政府依据火灾风险评估结果，科学编制化工集中区消防专项规划。统筹考虑产业发展、公共设施、

应急管理等需求，加大各类公共消防设施建设力度。对零星分布、散落城乡的化工企业，联合安监、环保、发改、经信、住建等部门，督促实施优化改造，有效淘汰工艺设备落后的企业。

（五）立足科技前沿，全程掌控致灾风险

依托江苏消防大数据平台，整合危险化学品物流企业 GPS 监控平台、高速公路交通运行监控系统、公安交警交通安全管理系统及危化品企业 DCS①、HSE② 系统等信息系统资源，尽快建成危化品安全监管信息平台。对所有企业危化品品种、性能、数量、存放形式，位置、流向、危险程度等信息做到底数清、情况明。分类分级建模研判，实现化学灾害事故风险预知预警，为危化品日常监督和灾害事故处置提供精准信息支撑。

（六）厘清权责边界，依法履行法定职责

强化对化工行业的综合监管，制定各监管部门权力清单和责任清单。安监部门实施综合监督管理，承担危化品企业安全行政许可和日常安全监管工作，依托安委会平台开展综合督查和专项检查。大型连锁型企业、集团依法设立安全生产管理机构，并设置专门的消防安全管理机构负责消防安全管理工作；其余种类繁杂的企业成立行业协会，依法为所属化工企业提供安全信息、培训等服务。消防部门依法对化工企业实施消防行政许可、消防监督检查、火灾事故调查等，既不弱化消防监督执法，也不取代安监部门和各单位的相关责任。

（七）完善设计标准，提升本质安全水平

针对《石油化工企业设计防火规范》等现行技术标准不尽合理的地方，协调主管和批准部门，从化工企业灾害事故防范及处置的实际需要出发，全力推进修订工作。同时，需尽快组织研究仓储物流行业危险品堆垛、集装箱堆场、非石油产品的仓储储罐区、精细化工及煤化工、盐化工企业等相关产业火灾事故防控特点，抓紧制定相关的设计防火规范。

---

① DCS：分散控制系统。
② HSE：健康、安全、环境管理体系的简称。

四 强化特殊灾害事故实战能力的有益探索

（一）分类整合优化，构建专业处置力量体系

全力推进化工灾害事故专业队伍建设，江苏省 6 个依托省级区域性灭火应急中心建设重型化工处置编队，58 个化工集中区全部建成化工专业消防队，邻近化工集中区的公安现役消防队提档升级为化工灾害事故特勤处置编队。化工集中区消防队（站）按照灭火、救援、供水、战保、参谋决策等分队编配，装备配备以大功率泡沫水罐车、高喷车、泡沫输转泵车、化学救援车、洗消车等为主。综合考虑企事业单位的各项危险性因素，加快制定出台企业专职消防队建设标准，确保消防队（站）建设有据可依。

（二）紧贴处置需求，提升化工处置实战水平

立足"营区、单位、基地"三级实训平台，在训练内容、组训模式、考评标准等方面建章立制，建立完善常态化的"三级"组训体系。立足营区开展各类化工处置装备熟悉操作训练，做到"五知一能"（即知装备名称、知技术参数、知功能用途、知操作程序、知维护方法，能熟练操作使用）。结合单位开展大频次熟悉演练，实时掌握单位化工生产、储存等相关基本信息，从战术、技术、编成三个层面，制定完善总队级跨区域灭火救援预案、支队典型灾害类型预案、中队重点单位对象预案三级数字化预案，组织公安现役、政府专职、企业消防队开展联勤联战演练。依托基地建成 9 大类危化品仓库事故处置训练设施，模拟危险化学品泄漏、扩散现场；建成综合性化工训练基地，模拟不同外界条件下的泄漏或燃烧；建成移动式危险源专训基地，模拟槽车颠覆、气体和液体泄漏或燃烧，进一步提升实战化模拟训练水平。

（三）开展专题攻关，提升部队专业处置能力

组织专班开展化工灾害相关专题攻关研究，形成训、培、研一体的

能力提升体系。开展重点化工企业专项调研，准确评估重点部位和风险节点，逐家建立档案；分专题聘请专家开展事故处置战术研训，强化官兵知识积累；开展单位固定消防设施及力量编成性能实测，实时掌握作战单元的最大战斗力。培养专业人才，实施专项人才培养工程。推进化工专家队伍建设，建立事故处置人才库，开展知识讲座、案例剖析等，健全战时应急联动会商机制。组织官兵学习化学事故处置 5 类实战系列手册，明确不同灾情事故的处置程序与技术要点；推广应用危化品事故处置应用 APP，拓展 MSDS① 联网检索、处置决策提示、实战资料速查等应用功能，提升事故处置决策的科学化水平。加快采购最新研发的大流量超重型成套灭火装备，有效攻克大型储罐火灾装备效能的"短板"。

（四）发挥区域优势，完善社会联动响应机制

发挥江苏"5 + 1②"区域性灭火应急中心优势，积极拓展战勤保障、应急联动、业务培训等综合功能，实现区域协作、联勤保障。建设区域性战勤保障基地，按照不同化工事故类型，分类制定装备和药剂清单，以拖车式集装箱为储存、装卸、供给单元，实行模块化集中投放和输送，确保重点化工区域泡沫液 1 小时投放能力超 500 吨、储备总量达 1000 吨。建立社会化协同保障机制。与车辆维修、药剂、油料、医疗及餐饮保障等单位签订联勤协议，有效解决大型工程机械配备、现场医疗救护等难题。重点落实灭火药剂生产企业战时调用机制，平时分类储存、战时统一调集，确保泡沫常备总量超 2000 吨、4 小时内投送全省任一地点。健全应急联动处置机制。推进水上消防站和消防码头泊位建设，深化沿江 8 市协作联战机制，有效提升应对长江流域的港口码头储运、危化品船舶等化工灾害事故的处置能力。

---

① MSDS：化学品安全说明书。
② 5 + 1：指南京、苏州、泰州、淮安、徐州建设的 5 个区域性救援中心，和连云港建设的 1 个核应急中心。

参考文献

［1］《石油化工企业设计防火规范》（GB　50160－2008）。

［2］《石油库设计规范》（GB　50074－2014）。

［3］《石油天然气工程设计防火规范》（GB　50183－2004）。

［4］《泡沫灭火系统设计规范》（GB　50151－2010）。

［5］《消防给水及消火栓系统技术规范》（GB　50974－2014）。

［6］《石油化工企业可燃气体和有毒气体检测报警设计规范》（GB 50493－2009）。

［7］刘呾亚、秘义行、田亮：《石油化工园区消防安全规划现状及应对策略研究》，《消防科学与技术》2010年第29卷第5期。

［8］刘静、李莉：《化工园区事故分析及消防安全管理》，《消防科学与技术》2014年第33卷第11期。

［9］安伟：《化工工业园区消防规划》，《消防科学与技术》2012年第31卷第10期。

关于改进加强战训工作的实践与思考

张明灿[*]

习近平主席指出"能打仗、打胜仗是强军之要",作为担负灭火和应急救援任务的专业力量,战训工作始终是消防部队的中心主业。当前,随着经济社会快速发展,灾害事故总量居高不下、类型规模更加复杂、处置难度日趋加大、社会期待持续走高,山东消防总队积极适应新形势、新挑战、新常态,以加快战斗力生成模式转变为主线,研究出台《加强和改进战训工作提升打赢能力行动纲要》,大力推动战训工作改革发展,着力全领域、全链条、全要素提升部队攻坚打赢能力。

一 向理念转变要战斗力,着力改进认识不清、主责不明的问题

(一) 灭火救援的新形势、新任务倒逼战训工作改革

传统灭火救援面对的大多为单层或多层建筑、处置相对容易,现在"一高、一低、一大、一化"以及人员密集场所等类型灾害事故,建筑体量大、结构复杂,特别是石化企业工艺流程复杂多样、物料品种繁多,安全风险之高、处置难度之大前所未有,传统的灭火救援理念、战术战

---

* 张明灿,男,1966年5月出生,籍贯浙江诸暨,山东省公安消防总队总队长。

法已受到现代灾害事故处置需要的强烈冲击。

（二）练兵打仗的新发展、新变革急需战训工作改革

近年来，部队执勤实力在增长、职能任务在叠加，但现行训练方式、作战模式还有诸多不适应，有的训练质效不高，重基层、轻机关，重体能、轻技能，重单兵、轻合成；有的战训骨干缺乏，懂业务、会指挥、能打仗的智慧型人才不多，培养保留机制不健全，人才青黄不接；有的专业素质不强，灭火救援中还存在情况查不清、供水跟不上、通信不通畅、战术不合理等问题。

（三）社会环境的新风险、新挑战促动战训工作改革

在"人人都是记者、处处都有麦克风"的自媒体时代，一旦发生大火或者重大事故，社会公众和各种媒体都会迅速聚焦。要求灭火救援工作既要出动迅速，更要处置得当，一旦出现不专业、不规范、不文明的行为甚至细节，都极易成为舆论关注、媒体炒作的"风头浪尖"，曝光在全民视野中，对消防部队形象产生极大影响。

二　向系统训练要战斗力，着力改进训战脱节、素质偏弱的问题

（一）抓基础训练，做到人人达标

重点强化理论、体能和技能基础训练，让官兵牢记规定内容、练就基本体能、掌握专业技能，确保理论与灭火救援前沿理论相接轨、体能与现代灾害现场相适应、技能与消防实战处置相融合。建立官兵个人训练档案，定期记录官兵身体健康状况、训练考核科目、成绩评定、参加培训等情况，做到一人一档、实时记录、全程伴随。

（二）抓专业训练，做到人人过关

坚持"实战牵引、做专做强"，根据岗位需要确定训练科目，分专业分岗位开展训练，增强训练针对性、减少重复性。比如，驾驶员要强化

驾驶技能、车辆性能、供水训练，战斗员要强化阵地设置、进攻路径选择、救生破拆技术、装备使用训练，等等。山东总队先后分专业组织了总支队级指挥员、特勤中队指挥员、接警调度员、新任攻坚组队员、安全员、装备技师等系列培训，有效提高了专业能力。

（三）抓实战训练，做到人人过硬

紧盯"一高、一低、一大、一化、一密"等复杂环境，依托训练基地和辖区单位，按照实兵、实装、实景要求，支队每月开展全勤指挥部、多个中队、不同作战编成参加的想定作业、桌面推演和室外场地训练；大中队结合实战操法每周开展攻坚班组、作战单元协同配合的火情侦查、初战控火、内攻近战、强攻排险、紧急避险等训练，并加大实地熟悉、预案演练、水源测试等训练，做到知己知彼、百战不殆。

三　向作战指挥要战斗力，着力改进缺少章法、组织混乱的问题

（一）要建强指挥中心"战斗实体"

牢固树立"指挥中心就是阵地、值班处警就是战斗"的理念，按照"一人主接、多人监听、同步记录、快速推送"的接警模式，建立集接警调度、警情研判、信息收发、辅助指挥等功能于一体的作战指挥平台。升级完善接处警系统，建立与应急办、气象、安监、地震、环保、水电气等应急联动单位信息共享、互联互通和协同合作机制，分场所分类型建立灭火救援信息数据资料库，实现灾情等级自动定级、作战编成自动生成、参战力量一键调派。

（二）要抓好指挥员"关键少数"

规范全勤指挥部设置，总队设置带班首长、值班首长及作战、调度、通信、战保、宣传、火调、行政值班等岗位，一类支队值班岗位不少于6人、二类以下支队不少于4人，明确应急响应级别、人员职责分工和指

挥层次划分，确保满足复杂灾情调度指挥需要。实施专业化指挥，支队全部建立作战指挥专班，选拔骨干、固化人员，同时加强灭火救援专家组建设，及时为指挥作战提供技术支持和辅助决策。

（三）要强化建阵搭营"作战意识"

随着作战对象越来越复杂，大兵团、长时间作战已经成为常态，必须牢固树立阵地意识，完善战区协作机制，落实战区指挥长、战区联席会议等制度，根据作战需要科学划分战斗阵地、明确作战任务、落实指挥责任；强化战时遂行保障，开展装备物资集成化、模块化装卸、投送，配备宿营、餐饮、运输等勤务保障车，建立人员休整、轮换营地，及时提供饮食、生活、装备保障，确保作战行动高效展开。

四 向执勤力量要战斗力,着力改进特勤不特、专勤不专的问题

（一）要做强特勤队伍

重点解决实际在位人员不足、人员结构不合理、业务能力参差不齐等问题。按照《城市消防站建设标准》要求，一、二、三类支队分别建设不少于3个、2个、1个特勤中队，现役编制消防特勤中队不能满足要求的，建设政府专职消防特勤队。加强化工园区政府专职消防队建设，借力当前山东省委省政府化工产业安全生产转型升级专项行动，推动在化工园区或者集中区，按照特勤消防站标准建立政府专职消防队。

（二）要做实专勤队伍

对于依托现有执勤中队建立的高层、地下、石化、建筑倒塌、道路交通等专业救援队伍，进一步修订车辆装备配备标准和人员选拔条件，实行定岗、定人、定装、定责。对于独立建设的水上消防站、地铁隧道消防站、山岳救助站、搜救犬中队、供水中队、战勤保障队，根据职能任务配备人员装备，制定专业训练科目、操法编成和训练标准。总队加

快鲁东、鲁中、鲁南 3 个区域灭火与应急救援中心建设，各支队根据辖区主要灾害事故类型，提请政府建立规模数量适当的应急救援中心站，打造能够整建制拉动、扁平化指挥的灭火救援精锐力量。

（三）要做大专职队伍

加快政府专职消防队伍职业化建设，建立健全执勤、训练、管理、保障、考评、奖惩制度，推进落实事业法人登记和管理岗位事业编制。深入推进乡镇消防队伍达标化建设、企业专职消防队伍规范化建设和微型消防站正规化建设，开展执勤能力评估，加强业务指导和专业培训，每年下达训练计划，定期进行业务指导，并纳入调度指挥体系。

五　向现代科技要战斗力，着力改进手段滞后、方法老套的问题

（一）要加强信息化手段应用

加强无人机、4G 图传、卫星传输等现代通信手段、公安视频监控系统和消防远程监控系统以及物联网建设应用，健全完善火警受理、力量调派、通信指挥、辅助决策等系统，实现"指挥控制实时化、通信手段多样化、情报信息多元化、指挥终端智能化、辅助决策科学化"。比如，山东总队探索研发的大数据作战记录分析系统，通过"物联网"信息采集设备实时记录作战力量出动时间、行驶轨迹、作战时长、灭火剂损耗等数据，实现现场智能指挥和作战要素真实记录。

（二）要加强数字化预案编制

按照"个性化""定制式"的编制要求，生产企业分装置、分储罐、分重大危险源，建筑单位分功能区、分楼层、分火灾高风险点，逐一制定灭火救援处置对策，组织专家进行评审，以数字化形式录入灭火救援指挥系统，同时输出纸质文本进行活页设计并做防水处理、随车配备，总队、支队、大中队通信指挥车、作战消防车随车配备具备预案查询功

能的移动终端。山东总队持续开展的石化企业、高层建筑和城市综合体、地下建筑灭火救援能力建设专项行动，建立的"一企一册""一楼一档""一户一籍"台账资料等，已多次历经实战检验。

（三）要加强实战化装备配备

分级分类开展灭火救援能力评估，因地制宜优化车辆装备配备，并组织战训、后勤部门联合开展对拟购高精尖装备的性能测试，真实掌握新型消防装备性能，推行装备"全寿命"管理，建立自配备至淘汰的全程化信息化档案。近年来，山东总队针对石化大省实际，先后配备253辆城市主战消防车、26套远程供水系统和61架无人侦察飞行器，集中采购16套化工编组消防装备，建成5个区域性灭火剂储备库，并连续3年每年投入1亿元用于消防员个人防护装备更新，在日照"7·16"爆炸事故、临沂"6·5"重大爆炸着火事故处置中发挥了重要作用。

六　向战训作风要战斗力，着力改进训风不实、考风不严的问题

（一）训练要实打实

坚决摒弃"练为看、练为演"的不良作风，从最困难、最复杂、最危险的灾情出发，采取全员全装、临机设情的方式，把真正的灾害现场复制到训练场，突出操作程序、安全防护、协同配合等实战环节训练，规范作战程序、严肃现场纪律、注重训练实效，在实战条件下锤炼过硬本领。

（二）考评要硬碰硬

合理制定每个专业、每个岗位的实战化训练考评标准，并严格考评结果应用，完善各级军事指挥员选拔任用机制和执勤中队干部调出机制，未取得指挥能力资质的干部不得担负灭火救援指挥任务，复考未通过的暂缓晋职并不得调离中队岗位，选取为各级士官的必须具备相应技能等

级，执勤中队干部晋职调整时应征求司令部门意见。

（三）战评要真保真

引入"精细化"理念，推行"四推""六评""四改"的模式，着力解决传统战评信息不准、分析不细、措施不实等问题。"四推"即对作战记录分析系统、作战记录仪、行车记录仪、微信指挥圈记录的真实信息进行作战程序还原；"六评"即评受理报警、力量调度和出动情况，评战斗部署和作战指挥，评战术运用和装备应用，评协同作战和战斗保障，评现场纪律和战斗作风，评战斗得失和经验教训；"四改"即结合战评发现的问题，研究制定"改进岗位职责、改换战术战法、改善灭火装备、改良训练方式"的具体措施，真正做到"打一仗、进一步"。

七　向执行落地要战斗力，着力改进
抓而不紧、抓而不实的问题

（一）要从组织上保障

坚持党委统揽、主官主抓，司令部门具体抓、其他部门合力抓，严格落实党委议训议战制度，总队党委每半年、支队党委每季度至少召开1次常委会，专题研究战训骨干队伍建设、灭火救援能力建设等战训工作。大队军事主官和执勤中队干部出现空缺要及时研究补齐配强。

（二）要从经费上倾斜

制定训练经费供应标准，并建立动态调节机制，根据现行训练内容和训练强度进行调整，确保经费标准与训练任务相适应。加大对训练场地、设施、器材的投入，加快推进训练基地建设，对现有训练场所和设施进行改革创新，形成高效实用的综合保障体系。提高战训骨干待遇，灭火救援高危补贴向战训岗位和执勤中队官兵倾斜，优先安排战训岗位干部和一线执勤官兵休假疗养，激发官兵训练战斗的积极性。

（三）要从机制上完善

健全"师傅带徒弟"、跟班学习、入队锻炼等培养机制，有计划地组织处警量少、灾害类型单一的中队指挥员到灭火救援任务重的中队进行跟班锻炼，组织中队指挥员到辖区石油化工等重点单位跟班学习，定期组织战训骨干入校深造、交流研讨。坚持典型引路，每年表彰一批"优秀指挥员"和"训练标兵"，让战训尖子在部队"响"起来、"香"起来、"红"起来。

消防部队实战化练兵体系探究

张福好[*]

实战化练兵坚持从实战需要出发、从严从难训练，这是催生部队战斗力生成的有效手段，更是确保部队打赢制胜的重要保证。今年，经习近平主席批准，中央军委颁发施行《加强实战化军事训练暂行规定》，对当前和今后一个时期的部队军事训练工作提出了更高要求。公安消防部队如何顺应形势，打牢队伍实战化训练根基，构建实战化练兵体系，提升队伍实战能力，值得认真思考。笔者认为，从全过程、全要素、全地形、全领域推进实战化练兵体系构建，深化练兵活动，才能实现部队战斗力的稳步提升。

一 全过程推进"三化"练兵模式

（一）"基础化"练兵以普训为纲，学好理论，练好体能技能

（1）基本理论与现代灭火救援前沿理论接轨。除掌握燃烧学基本原理、灭火基础知识、装备基本性能外，还应及时更新知识库，特别应掌握各类灾害事故处置方法要领、大型灾害事故组织指挥和综合协调、临机处置知识。可开展在线学习、集中培训、考核评价、综合应用等。

---

* 张福好，男，1963 年 2 月出生，籍贯辽宁盖州，湖北省公安消防总队总队长。

（2）基本体能与现代灾害现场适应。对不同岗位官兵，分别明确训练项目及评价标准，做到"专业分需求、年龄分层次"，通过长短跑、单双杠、器械训练等，实现力量、柔韧、耐力、极限等能力提升，实现人人达标过关。对一线执勤官兵，提出大强度、长时间训练要求，并与技战术以及心理训练结合。

（3）基本技能与消防实战处置融合。以防护、破拆、灭火、登高、侦检、起重、照明等基本装备应用为基础，以成建制、分岗位、按专业的组训形式，让官兵掌握主战车辆、常用器材操作使用方法，为实战需求的有效补位、相互协作夯实基础。

（二）"专业化"练兵按岗施训，完善建制，组织专业训练

（1）从实战出发设置专业岗位。依据指战员实战中的职责要求，在执勤中队，设置战斗、供水、司机、通信等专业班①，设立专业班所属战斗员、驾驶员、供水员、通信员、安全员等专业岗位，明确岗位职责。

（2）从需要出发完善专业建制。根据需求，在一类中队组建 7 个专业班，在二类中队组建 4—6 个专业班，在三类中队组建 3—4 个专业班；专业班的种类数量结合实际设置，也可进行整合，如同通班。

（3）结合岗位职责组织专业训练。根据岗位职责特定要求，重点组织"五大员"岗位专业科目训练，使其在各自战斗岗位上能各司其职、协调行动。在考评内容上，区分不同岗位，不搞"一刀切"，设置共同、专业科目；在考评等级上，区分一、二、三级，设定有效期，实行持证上岗。

（三）"实战化"练兵按照作战设计，突出实兵实装实景训练

（1）按实兵要求开展训练。按照"人员分组定位"的思路，对警力进行分派，既突出单兵的基础性、专业性，也体现整建中队的合成性。将分项分单元训练延伸到实战中，坚持在岗位上强调个性，在统一中注重共性。即打破隔断，相互补位，兼顾彼此，做到你中有我、我中有你。

---

① 公安部消防局：《公安消防部队战训改革工作座谈会经验交流》，《消防工作简报》2014 年。

（2）按实装要求开展训练。做到每个岗位人员对所对应的装备器材，从技术参数、使用范围、操作程序、维护保养等方面，做到熟知熟谙，最大限度地发挥装备的效能。

（3）按实景要求开展训练。实战演练与实战相同甚至更高。将训练所需的道路、建筑、天气、对象等，与实际吻合，力求逼真，并从灾情、环境、科目、考评等要素合理设计，实现训练与实战高度融合、无缝对接。同时，加大训练难度强度，突出快节奏、高强度，在近似苛刻条件下训练，避免训练内容形式化和简单化。

二　全要素把握练兵重点环节

（一）牢牢把握练兵的内容、示教、考核环节

（1）在训练内容方面，随着部队职能任务拓展、新技术新装备应用以及训练方式的转变，消防部队业务训练的范围和内容也应随之充实完善，使之更加贴近现代灭火救援需要。

（2）在教员示教方面，培养不同层面的专业教员，提升其示教、示训能力，让"专业人做专业事"，负责机关、基层不同层面的组织训练工作。总、支队机关应有1—2名专业教员，执勤大、中队应有3—4名专业教员，推行持证上岗制度。

3. 在考核标准方面，针对单兵、班组、建制中队等，编制考核规程与指导手册，明确考核对象、科目、标准等，持续推行训练督考和比武对抗，建立以战斗力贡献大小为核心的考核标准，做到一级对一级督考，实现便操作、好评价。

（二）突出指挥谋略训练①和班子、主官练兵

（1）抓好指挥谋略训练，探索建立指挥长选拔考核、持证上岗制度，选拔培养总、支、大队三级指挥长，强化基于指挥信息系统的指挥技能

---

① 张福好：《关于提升公安消防部队核心战斗力的实践与思考》，2015年。

和谋略训练，熟练掌握判断形势、理解意图、定下决心、排兵布阵、处置情况的方法要领①，探索实现信息化条件下的计算机模拟调度指挥训练。

（2）深化班子练兵，着力练好大纲规定的、岗位必备的、实战管用的、自身短缺的，使练兵过程成为提高组织指挥打仗能力的过程。推行班子成员全身心投入备战，训练、战斗在一线，以身作则，率先垂范，以实际行动引领部队官兵投身实战化练兵热潮。

（3）抓好主官带教，上级教下级、官教兵，是军队的练兵传统②。应坚持主官带教、上级训下级、首长训机关。各级领导尤其单位主官，应担当起拟制计划、授课讲解、示教示范、演练执导、考核评估的责任。

（三）以科技牵引战法、操法和装备创新

（1）持续开展战法创新，现代灾害现场已经发生变化，信息主导、体系支撑、联合制胜等理念③正在指导作战，过去行之有效的"短兵相接④、以量取胜"等老战法已不适应现代作战要求。要强化信息主导、体系制胜理念，不仅强调内部融合，创新小战法；更强调联合作战，创新大战法。

（2）充分运用技术创新成果，结合现代灾害现场与灭火救援成果，组织一线官兵重点针对"一高一低、一大一化工"⑤等典型灾害开展技术、操法创新。一线官兵创新的战法、操法，经过专家可行性、安全性认证，可纳入训练纲要。

（3）深入研究技术装备升级，结合技术、操法创新成果，推动车辆装备升级换代，将新技术融入新装备，重点开展车辆装备革新，经过性能再认证，实现批量生产，运用于实战。

---

① 李建华：《灭火战术》，群众出版社 2004 年版。
② 中共中央军事委员会：《加强实战化军事训练暂行规定》，《军事规定》2016 年。
③ 杨林：《准确把握现代战争制胜机理》，《解放军报》2014 年 6 月。
④ 战国·楚·屈原：《九歌·国殇》。
⑤ 于建华：《在全国消防工作会议上的讲话·全国消防工作会议材料》，2017 年 1 月。

三　全地形开展"三情"分析研战

（一）从社情、地情、要素关联综合考虑"敌情"

（1）从社会发展看，当前经济社会飞速发展，灾害事故逐年增多。经济发达地区与欠发达地区不同，城市与农村不同，南北方气候条件不同，还有差异。在传统灾害事故基础上，还应考虑新技术、新材料带来的非传统灾害事故。

（2）从地形地貌看，平原与山区、丘陵不同，缺水与富水地区不同，地势高与地势低的地区不同。通常，平原的高层、石油化工、道路交通等灾害事故较多，山区、丘陵的山岳、地下、隧道等灾害事故较多。

（3）从要素关联看，灾害事故应及时归类，按照类型进行区分，重点研究类型灾害的处置方案。其中，密切关注传统因素与非传统因素的交织、地域因素与现场环境因素的交织等。

（二）从站点发展、队伍建设和体制改革全面评定"我情"

（1）从站点发展看，近年来，各地推进"以站管点、以点带面"[①]的工作思路，广泛建立了公安消防站、政府（企业）专职消防队、消防执勤点和微型消防站，初步实现消防站点的无盲点、全覆盖。

（2）从队伍建设看，各地结合类型灾害事故，先后组建了高层、地下、化工、水域、山岳等专业队伍，湖北省出台《类型灾害事故初战处置行动指南》[②]，队伍发展要求不断探索建立统一的类型灾害事故处置专业队伍的指导标准，规范驻地、人员、装备、作战训练等。

（3）从体制改革看，一些国家，如美国、法国等，消防员属职业制消防员。我国消防员属现役制消防员，但推行社会化灭火救援服务应当是未

---

① 张福好：《践悟新思想　开启新征程　担负起新时代湖北消防事业跨越发展历史使命》，2017 年。

② 湖北省公安消防总队：《湖北省类型灾害事故初战处置行动指南》，湖北科学技术出版社 2016 年版。

来发展的趋势，消防员职业化也应是今后发展的方向。为此，在研究我情时，应考虑消防员社会化趋势，加强征召、培训和统一调度等工作。

（三）模拟"战情"无缝对接应当找对"练兵场"和"假想敌"

（1）把辖区当"练兵场"。部队驻地是天然的"练兵场"，应对辖区内的高危单位、消防安全重点单位全部熟悉演练一遍，落实"六熟悉"等规定动作，掌握辖区内的道路、水源和重点单位分布、建筑结构、生产工艺以及储存物资等情况，完善熟悉演练台账。

（2）把对象当"假想敌"。分析辖区内灾害事故的类型、种类，对高层、地下、石油、化工、城市综合体、山岳、水域、道路交通等灾害进行分类研究，将这些灾害事故当作假想的敌人，提出有针对性的处置对策和措施，逐个破解。

（3）贴近战场无缝对接。类型灾害发生频率较高的地区，依托实地，开辟训练场地，模拟现场环境，完善演练设计、建立训练设施，开展贴近实战的模拟训练。如在一些特定的高层建筑、地铁线路、山区、化工企业等开辟高层、地下、山岳、化工等灾害事故的模拟训练场所。

四　全领域落实练兵基础保障

（一）落实组织保障，坚持服务中心，加强能力建设

（1）坚持服务中心。党委是训练责任主体，应坚持以战斗力标准统筹部队工作，抓住议训主业不放，做到与打仗无关的事不干、关系不大的事少干，选人用人先用会打仗的，表彰奖励先奖精武建功典型，问责究责先问战备责任，配置资源先投向基层一线。

（2）提升抓训能力。议训抓训是一项专业性强的工作。面对新形势新任务，党委应着力提升这一能力，把好训练方向，做好统筹协调，激发基层练兵动力，履行好组织领导军事训练的重要职责。

（3）强化后勤保障。实战化练兵对训练场地、设施的要求较高，应按实战要求进行配置，包括训练场地修建、训练设施制作维护、训练器材购置，以及野外训练的食宿、生活保障等，都需要强有力的后勤支持，应建立后勤保障机制，全力为训练服务。

（二）落实政策保障，完善排位、推先、督查等机制

（1）推行"排位制"。把训练成效作为单位排位、个人排名的重要指标，将表彰奖励、评先评优、官兵晋升、技术评定、问责问效、末位淘汰等的重心放在训练上，实行训练成绩"一票否决"制，在部队内部建立起向战斗力聚焦使劲的导向。

（2）完善"推先制"。鼓励官兵立足岗位刻苦训练、建功立业，推选一批"体能王""小诸葛""特种兵""水源通""活地图"等，在奖励、提干、晋升等方面，为其搭建成长进步的平台。对内，采取师傅带徒弟的方式，梯次培养人才；对外，选送至国内外培训。

（3）建立"督察制"。发挥纪检督察部门的督导震慑作用，除开展日常督察外，针对党委议训不落实、主官任教不到位、单位成绩不达标、个人训练不合格等，制定奖惩细则，开展训练督查，定期通报，与单位、个人的利益密切挂钩。

（三）落实战勤保障，强化联勤指挥、军地合作、安全宣传

（1）强化联勤指挥。建强联合指挥部，应用作战"掌中宝"平台，配备 PGIS、GPS，实现道路、水源、预案、信息的快速获取，与社会单位的应急联动；建立四级联网火场语音系统，实现一体化作战指挥；与应急办、高速、民航、铁路等部门建立战略协作机制，建立兵力投送快速通道。

（2）增强军地合作。结合实际划分战区，与社会单位合作，建立灭火药剂、装备、物资供给点；依托消防训练基地、战勤保障大队，与社会单位开展新技术、新车辆、新装备研发，对现有车辆装备进行升级。

（3）严格安全宣传。坚持大胆训练与安全训练结合，落实安全分析、风险评估、检查监督等保障，既加强训练安全管理，也防止"危不施训""险不练兵"等行为；坚持训练宣传导向，实事求是宣传实战化军事训练成效，完善训练宣传报道审核和责任追究机制。

消防部队参与抢险救灾任务的探讨

李伟民[*]

消防部队参与抢险救灾任务是新时期社会发展的大趋势，是法律法规赋予消防部队的神圣使命。在新形势下，如何依托消防部队建立一支快速高效、具有新时代特点的抢险救灾核心力量，是各级党委、政府以人为本、构建和谐社会的具体体现。消防部队要清醒地认识到当前参与抢险救灾任务的严峻形势，进一步分析研判制约提升抢险救灾能力的瓶颈问题，找准部队参与抢险救灾体系建设的切入点，科学制定对策，统筹解决问题，才能出色完成新形势下日趋繁重、复杂多变的抢险救灾任务。

一 消防部队参与抢险救灾任务势在必行

（一）消防部队参与抢险救灾任务是法律所赋

《消防法》明确规定："公安消防队、专职消防队依照国家规定承担重大灾害事故和其他以抢救人员生命为主的抢险救灾工作。"国务院《关于进一步加强消防工作的意见》（国发〔2006〕15号）指出："充分发挥公安消防队作为应急抢险救灾专业力量的骨干作用。"并明确规定公安消

---

* 李伟民，男，1965年10月出生，籍贯四川遂宁，广西壮族自治区公安消防总队总队长。

防队要积极参加以抢救人员生命为主的危险化学品泄漏等九类突发公共事件的救援工作，参与配合处置水旱灾害等九类突发公共事件。国务院办公厅《关于加强基层应急队伍建设的意见》（国办发〔2009〕59 号）提出要以公安消防队伍及其他优势专业抢险救灾队伍为依托，建立或确定"一专多能"的县级综合性抢险救灾队伍。

（二）消防部队参与抢险救灾任务是形势所需

据统计近年来，全国群众遇险求助、风灾水灾、危险化学品灾害事故抢险救灾任务逐年增加。以广西为例，随着国家战略规划，城市建设规模不断扩大，核电站、石油化工基地和中国—东盟博览会永久举办地等相继落户广西，加之随着气候环境的变化及广西地理位置决定着洪涝灾害、地质灾害、台风等自然灾害多发，因此消防部队担负的抢险救灾任务日益繁重。"十二五"期间，全区消防部队共接警出动 59633 起，其中抢险救灾 23280 起，占接警出动总数的 39.0%，与"十一五"同期相比增加 100.5%。

（三）消防部队参与抢险救灾任务是发展所求

从抢险救灾任务的实际情况看，消防部队在组织指挥体系、救援装备、救援经验等方面具有其他任何救援组织所无可比拟的优势。消防部队武警编制的体制，有利于贯彻统一领导、分级负责、属地管理的应急处置原则。以消防队伍为依托，建立综合性抢险救灾队伍也是国际上的一贯做法。同时，消防部队对辖区重点单位、道路、水源、建筑物结构、化学品理化性能等比较清楚，并针对不同场所制定了灾害事故处置预案，经过长期的体能、技能和实战锻炼，积累了十分丰富的处置经验。

二　消防部队参与抢险救灾任务面临的瓶颈问题

（一）组织制度不健全

现有的抢险救灾组织机构众多，从中央到地方，抢险救灾主体力量均未明确，只是消防法中增加了消防部队应急救援的职能。各行业抢险救灾队伍各自为政，存在着条块分割、信息不畅等多种弊端，亟待从国家层面对抢险救灾组织制度进行完善，全面明确抢险救灾主体力量。

（二）指挥体系不完善

目前参战的多方救援力量因领导体制不同、隶属关系各异、利益差别等原因，在行动中缺乏组织上的严密性和纪律上的约束性，多头指挥、各自为战的格局依然没有打破。各种专业救援力量和相关职能部门之间不能实行整体联动，没有统一的调度、指挥的功能。

（三）联动机制不完备

我国一直实行的是在政府统一领导下，各部门协同救灾的应急处置模式，由于参与应急处置的机构和力量比较多，加上政府综合协调指挥功能发挥不良，各部门之间的联动协同问题十分突出。各部门、各单位难以实现资源共享和信息互联互通，无法做到紧急救援中的联动、协调和配合。

（四）专业队伍不充足

消防警力严重不足，我国每万人消防警力为 1.16，远远低于世界每万人 3—5 人的平均水平，而广西每万人消防警力仅为 0.75，现有人员编制已远远不能适应抢险救灾形势任务的需要。同时，现役消防体制面临退役、转业致使从业人员流动性大，严重制约了专业人才和业务素质建设。

（五）装备保障不到位

虽然消防部队已经配备了一定数量的救援器材装备，但与地震、坍塌、化学危险品事故等重大抢险救灾实战需要仍存在较大差距，尚不能满足处置各种灾害事故的需要。以广西为例，用于专业救援的一些装备主要集中在特勤中队，普通消防站抢险救援器材配备不足情况仍然较为突出。

（六）训练演练不专业

对于大部分救援人员来说，特殊突发事件的应急处置还是一个较新的课题，尤其是面对地震、大型建（构）筑坍塌、重大安全生产事故、爆炸及恐怖事件等比较少见的事故，现有的业务训练还缺乏相应的针对性。

三　提升消防部队抢险救灾能力的思路对策

（一）组建统一高效的应急救灾综合体系

一是修订完善抢险救灾法律法规。国家应积极推动抢险救灾立法工作，切实将各类灾害事故的预防、社会抢险救灾队伍建设等纳入法制轨道，建立对付突发事件的应急中心、协调机构，明确各级政府及主管部门在救援工作中的职能、权限、责任和义务，逐步形成"政府领导、部门参与、统一指挥、协调配合"的社会抢险救灾联动机制。地方政府要出台相关地方标准及规范性文件，推动抢险救灾工作。二是建立健全抢险救灾组织机构。地方各级人民政府是推进基层应急队伍建设工作的责任主体。县以上各级人民政府设立相应的救灾指挥机构，统一负责救灾工作，要对县级综合性抢险救灾队伍和专业抢险救灾队伍建设进行规划，确定各街道、乡镇综合性抢险救灾队伍和专业抢险救灾队伍的数量和规模。三是明确部队参与抢险救灾原则。军队参加抢险救灾，统一由中央和地方人民政府实施组织指挥，密切配合社会各方面的力量，以抢险为主救灾为辅，突出担负急难险重任务。救灾部队要把主要兵力使用在事关全局的重要地区，根据灾害等级、规模、危害程度、发展趋势，实行量灾用兵，合理用兵。

（二）建造层级清晰的抢险救灾指挥构架

一是建立高效的应急指挥体系。建立由各级地方政府、消防部队和有关部门组成的综合抢险救灾指挥部，充分发挥综合抢险救灾队伍专业化程度高的特点，建立健全调度指挥机制，制定出台抢险救灾工作管理办法，使综合应急工作真正上升为政府行为，确保各类突发事件处置准确、快捷、有序、高效。二是建立统一的调度指挥平台。搭建抢险救灾信息化指挥调度平台，具备预警、接处警、调度、指挥、执勤实力管理、信息互通互享等功能，实现上下联通、横向连接、资源共享、调度科学，发挥指挥调度平台的"中枢神经"作用。三是培养专业的调度指挥队伍。各级调度指挥中心要对接处警专业岗位人员进行选拔培训，实行岗位资格考试和持证上岗制度，制定各类灾害事故的接处警工作流程、科学合理划分灾害事故等级、制定不同灾害事故等级力量调度方案，完善指挥机制，规范指挥权限。

（三）建立纵横联勤的抢险救灾联动机制

一是建立健全联勤联动机制。整合利用社会救灾资源，积极推动各级政府规范综合抢险救灾工作机制，将医疗、交通、供水、供电、通信、环保、气象等救援力量纳入综合抢险救灾队伍统一管理，进行定期会商、信息共享和要情通报，实行分级战备、分级调度、分级出动。从政策层面明确抢险救灾联动力量的组织指挥、调度原则、工作流程和职责任务，形成无缝衔接、高效运转的应急联动机制。二是完善抢险救灾预案体系。各级政府牵头，组织各有关部门共同调查研究本地灾害特点，科学有效地制定各类抢险救灾数字化预案，确保预案全面、科学、专业、操作性强，并定期对预案进行评估、修订完善。紧紧依靠政府智慧，推动政府针对不同灾害类型制定预案，明确各职能部门在抢险救灾中的任务。三是确保抢险救灾快速响应。推动政府建立抢险救灾快速响应机制，不断健全完善政府突发事件应急体系，建立政府统一领导下的跨部门、跨领域的应急指挥体系，根据辖区主要灾害特点和现有专业救援力量，结合灾害事故的类别、等级，启动相应的应急预案和出动编成，实施一体化力量调集。

（四）培训攻坚克难的抢险救灾专业队伍

一是加强专业抢险救灾力量建设。依托公安消防部队建立抢险救灾综合应急救援队伍可以减少政府重复建设，以消防部队为基础组建多级抢险救灾队伍，发挥消防部队分布广、机动性强等优势，强化就地就近出动、救援，充分发挥消防部队覆盖全面、应急指挥完善、装备精良、经验丰富等优势。二是发展多种形式抢险救灾队伍。各级政府要积极组建政府专职消防队，在居委（社区）依托保安、联防队员等成立志愿消防队，实现每个街道（居委）有专兼职消防队、每个社区有义务消防队，定期或不定期组织开展抢险救灾演练，逐步分解落实辖区单位和场所的抢险救灾管理、宣传、教育职责，积极构筑城区社会化抢险救灾网络，广泛发动社会救灾力量参与抢险救灾。三是抓好抢险救灾专家队伍建设。按照灾害类型，聘请各领域专业技术人员组建抢险救灾专家组，建立健全抢险救灾专家库，不断完善应急专家资源信息共享、救援业务咨询、重大救援遂行出动等工作制度，定期专家联席会议，充分发挥专家在决策建议、专业咨询和技术支持等方面的作用。

（五）提升全面快速的抢险救灾保障能力

一是打牢专业装备保障。装备的配备应立足于基层抢险救灾队伍担负的具体任务和辖区保卫对象的灾害特点进行合理配备，强化装备配备的针对性和实效性。同时，不断完善装备调动补偿机制，使用经济手段将不同抢险救灾机构或社会单位闲置的救援装备盘活，以实现快速反应、整体联动。二是落实专项经费保障。各级政府要落实本地区的抢险救灾专项经费投入，建立战勤保障基地建设标准，纳入地方财政预算，并按年度予以增加，解决抢险救灾队伍建设资金的正常投入。通过立法和宣传，明确政府责任，推动政府建立起抢险救灾资金专供渠道，解决资金的连续供给问题。三是增强综合战勤保障。整合利用社会化联动资源，提请政府建立战勤保障工作机制，制定和完善应急征用方案，科学预测本地区大型灾害事故的规模和抢险救灾装备物资的需求总量，通过签署合作协议等办法，与政府、企业、相关单位建立战勤保障体系。

（六）开启苦练精兵的抢险救灾训练模式

一是完善抢险救灾训练体系。各级消防部队要建立以指挥员、战斗

员、战斗班组、攻坚组等为训练主体，以建筑倒塌救援、危险品事故处置、地震、洪涝灾害等灾害事故处置为主要内容，以基地化、实战化、信息化、专业化训练等为主要形式的抢险救灾训练体系，创新训练手段和方法，不断提升综合抢险救灾能力。二是建设抢险救灾训练基地。推动政府出台综合训练基地建设标准，以政府名义明确建设任务，全力推进综合训练基地建设，建成能够培训救援指挥员和救援人员、开展各类灾害事故抢险救灾模拟训练的基地，开展搜救、营救、紧急处置、指挥决策、应急响应推演等内容的基地合成化训练。三是创新抢险救灾演练形式。根据各地灾害实际特点，选择适当的场地开展实战化训练，增强训练的灵活机动性。各级政府可以在零预案的情况下从调度集结、救生排险、安全防护、信息通信、部门协作、战勤保障等方面检验抢险救灾队伍实战能力。采取拉动与演练相结合的方式，定期开展联动训练和实战演练，实现快速反应、有效联动。

消防部队参与抢险救灾任务从法制、体制、机制等方面还有待完善，需要我们进一步探索研究，但作为今后社会一体化抢险救灾的必然趋势，综合性抢险救灾队伍的建立和完善，必将在今后处置大型灾害事故和保护人民生命财产安全的过程中发挥重要作用。

参考文献

[1] 《减灾救灾领域的社工人才队伍建设》，2010 – 07/2017 – 07。

[2] 邓绍辉：《汶川地震与我国救灾队伍建设》，《法制与社会》2014 年7 月。

[3] 郭铁男：《中国消防手册》，科学技术出版社 2007 年版。

[4] 杨辉解：《紧急状态与公安机关应急机制研究》，中国人民公安大学出版社 2006 年版。

[5] 高庆华：《自然灾害系统与减灾系统工程》，气象出版社 2008 年版。

[6] 李学举：《中国的自然灾害与灾害管理》，《中国行政管理》2004 年第 8 期。

对新形势下加强消防部队水域
抢险救援工作的思考

余德炎*

一 研究背景和目的

近年来，受极端气候影响，台风、强降雨导致的洪水、内涝、泥石流等灾情频发，消防部队作为应急救援的主力，时刻面临水域救援中各种急、难、险、重的任务。面对水域救援情况的复杂性、形式多样性和任务艰巨性，不断加强消防部队水域灾害事故救援能力建设，更好地履行《消防法》赋予的职责，是摆在我们面前的新课题。

（一）台风灾害

台风是当今世界的重大自然灾害之一，台风过后必有洪涝及水域救援。台风灾害伤亡人数之多在十大自然灾害中高居首位。台风登陆地主要为广东、台湾、海南、福建等东南沿海省份，时段主要集中在夏秋季。

* 余德炎，男，1970年6月出生，籍贯广东饶平，海南省公安消防总队副总队长。

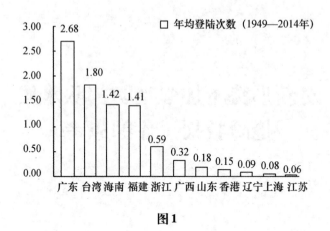

图1

据统计，1949—2016 年，共有 477 个台风登陆我国，近十年来，每年登陆我国的最强台风都在 16 级以上，造成数十亿元的财产损失和数百人的伤亡。最强登陆台风是 2014 年第 9 号超强台风"威马逊"，7 月 18 日登陆海南文昌时风速为 70 米/秒，风力 17 级以上，后又连续以超强台风级登陆广东徐闻和广西防城港。据统计，三省受灾人口超过 1830 万人，死亡 78 人，倒塌房屋 66.8 万间，完全停产工矿企业 2 万多家，三个省直接经济损失超过 200 亿元。

（二）洪水灾害

洪水灾害是世界上最严重的自然灾害之一，中国是世界上水灾频发且影响范围较广泛的国家之一，全国约有 35% 的耕地、40% 的人口和 70% 的工农业生产经常受到江河洪水的威胁，且所造成的财产损失居各种灾害之首。全国发生较大的洪水灾害平均约每两年 1 次，主要在 4—9 月。1998 年长江、嫩江、松花江流域的特大洪水，受灾面积 34 亿亩，受灾 1 亿人，死亡 4150 人。

二 消防部队应对水域灾害事故存在的不足

（一）专业装备配备不齐全

参考美国 NRS 水域救援装备套装，个人防护包括：水域救援头盔、干湿式水域服、个人浮力装置、抛绳包、水域救援手套、水域救援靴、防水头灯、口哨、潜水刀具等。目前，我国还有一部分消防部队不能按照此标准配备水域救援装备，救援人员在遭遇水域风险时束手无策，导致延误战机甚至自身伤亡。

（二）现场处置技术不专业

近年来，消防官兵水域救援伤亡事故时有发生，暴露出消防官兵思想认识不足，理论知识掌握不够，风险评估能力差，专业指挥能力弱，训战脱节等问题。且经过激流洪水技术培训的官兵更是凤毛麟角，这些都是导致官兵救援伤亡的重要原因。

（三）灾后安置任务不规范

重大风灾、水灾后还有消防安全以及次生灾害处置任务，消防部队往往会把中心放在完成灾中的水域救援等任务上，而忽略了灾后工作的开展。灾后山林、电气火灾高发易发，尤其是受灾群众安置点火灾风险大，将防火宣传、火灾隐患排查整治和设立安置点纳入灾后重建的重要内容，同部署、同检查、同落实。

三 应对措施

（一）平时做好全方位的准备工作

（1）强化水域救援技战术训练。一是加强基础理论学习。重点学习水域救援基本常识、水域救援方法、水域救援作业指南等课程。二是进行实地实装涉水训练。重点训练岸上救援、舟艇救援、入水救援、绳索系统救援等救援技术。三是紧贴实战，进行体验式教学。利用现有训练设施及天然水域，模拟落水遇险、孤岛被困、车辆坠水、船舶搁浅等常见灾害事故场景，现场讲授涉水（深、浅）救援、岸上救援、抛投救援、舟艇救援、绳索救援 5 种处置方法、装备操作、技术运用和安全要点。四是依托总队训练基地规划建设水上综合性训练场，模拟各种水域环境开展基地化和实战化训练，将水上应急救援训练基地一并纳入总体规划，解决实战化、基地化训练条件。

（2）强化水域救援专业队建设。一是加强培训。水域救援专业队队员必须具备 6 分钟不间断游泳 200 米和绳索救援技术基础，每年组织开展游泳和水域救援专项训练不应少于 10 天。二是持证上岗。借鉴香港、台湾地区做法，推行一线官兵持证上岗参加水域救援，强化水域救援的专业性和规范性。三是因地制宜，以小组为单位组建地域特色的水域救援专业队。

表1 水域救援 6 人小组人员分工

人员构成	数量（人）	任务职责
指挥员	1	指挥救援
上游观察员	1	观察上游水流情况，及时向指挥员报告情况
入水救生员	1	执行入水救援任务
岸上救生员	1	协助入水救生员完成救援任务
安全员	1	负责安全防护工作
辅助人员	1	负责整理搬运器材

主要任务：在激流、洪水等水域进行入水救援，按照 6 人小组在确保安全的基础上协同配合开展救援工作

表2　　　　　　　　　　　　冲锋舟救援6人小组人员分工

人员构成	数量（人）	任务职责
指挥员	1	指挥救援
驾驶员	1	由取得舟艇驾驶证的队员担任
观察员	1	观察前方水域情况，指挥舟艇前进方向
1号操作手	1	执行入水救援任务
2号操作手	1	协助入水救生员完成救援任务
替补驾驶员	1	作为主驾驶员替换人员

主要任务：在开阔水域、城市内涝等水域较深的环境中长时间大批量转移运输被困群众和物资

表3　　　　　　　　　　　　橡皮艇救援3人小组人员分工

人员构成	数量（人）	任务职责
指挥员	1	指挥救援行动
驾驶员	1	由取得舟艇驾驶证的队员担任
1号操作手	1	执行入水救援任务

主要任务：在激流水域、水域较浅，环境更恶劣的情况下，弥补冲锋舟的短板，机动灵活地开展救援行动

（3）组建统一调度、分区响应、协同作战的指挥体系。结合战区划分，建立中心指挥部、区域指挥部和前沿指挥部，用于重特大水域灾害发生时的战力投送和作战指挥。一是中心指挥部。依托消防总队指挥中心设立水域救援中心指挥部，负责跨战区救援力量投送的组织指挥和协调。二是分区指挥部。依托各市、县消防支、大队为水域救援战区，负责战区内指挥，根据中心指挥部要求集结本战区救援力量向其他战区实行战力投送。三是前沿指挥部，向一线投送力量集结和作战指挥。以海南省为例：境内台风、洪水等自然灾害频发，水域救援体系按照"确定

重点，区域增援"策略划分琼东、琼西、琼南、琼北四个战区，每个战区组建抗洪抢险突击队。按照统一指挥和逐级指挥的原则，建立三级指挥部，用于重特大水域灾害发生时的战力投送调配和作战指挥。

（4）加强水域救援装备配备和使用。一是加强水域救援车辆装备配备，突出专业性和实用性。水域救援车辆配备，应按照 1 + 2 模式（1 辆抢险救援车、2 辆模块化器材车）进行编配，抢险救援车主要用于清障破拆等任务，2 辆模块化器材车中 1 辆采用自装卸式厢体运载舟艇和马达，1 辆运载水域救援器材。配齐水域救援个人防护装备、基础团队装备以及舟艇等。二是合理选择装备，提升救援效能。舟艇的选择方面：冲锋舟由于船体较硬、吃水较深、承载量较大适合在开阔水域、城市内涝等环境中承担人员物资转移；IRB 动力式充气艇体积小，运输方便灵活，吃水浅，可以弥补冲锋舟的弊端，在激流区、村庄搜救救援中效能突出；随艇配置挠钩、钩梯便于靠近目标和转移被困人员，随艇器材要"一用一备"。水域救援服方面：湿式救援服防割、耐磨、价格较低，实用性强；干式救援服全密封性能好，防割耐用性较差，价格较高，救援人员可以在水中长时间浸泡，适合在冬季低温、污染环境中使用。浮力背心方面：在激流中更快地露出水面决定了更高的存活率，浮力背心的浮力越大被拉入水底的时间就会越短，在激流救援中应选择浮力较高的浮力背心。三是推行器材模块化配置。制定水域救援器材配备标准，救援小组配齐冲锋舟、橡皮艇、救生绳、抛投器、照明灯、潜水装具等专用装备，并结合实战需要，对轻型、重型装备分类储存，采取模块化的运输方式，便于快速响应，提升水域救援的实战水平。

表 4   **水域救援个人防护装备参考标准**

	名　称	单位	数量	性能参数
个人防护装备	水域救援头盔	顶/人	1	带浮力的轻质硬型头盔，头盔上方具有排水孔，能保护耳朵与头盖骨
	水域救援手套	副/人	1	保暖、防割、防滑的防护功能
	湿式/干式救援服	件/人	1	根据救援环境选用湿式/干式救援服
	水域救援靴	双/人	1	保暖、防穿刺、防滑的防护功能
	救生衣	件/人	1	具备 10 公斤以上的浮力，带有脱离带装置
	水域救援割绳刀	把/人	1	切割绳索与割除障碍物
	水域救援牛尾绳	根/人	1	一端用圆环与救生衣背部处的快速脱离带连接，一端为挂钩
	15m 水域抛绳包	个/人	1	装有 6—8 毫米规格的漂浮绳，绳包底部应装配有绳环或有孔洞
	救援口哨	个/人	1	高音哨，内不含滚珠

表 5   **抗洪抢险突击队橡皮艇编队器材配备标准**

器材名称	单位	数量	备　注
抛绳包	个/舟	1	15—30 米绳包，用于抛绳救援
救生衣	件/舟	4	带快速脱离装置，浮力 10 千牛以上
水面漂浮绳	根/舟	1	具有漂浮在水面的性能
伸缩梯	架/舟	1	登高救人
油箱	个/舟	2	24 升以上，汽油机油比例提前配好
砍刀	把/舟	1	清障
手持扩音器	个/舟	1	告知被救者按救援程序
照明灯	具/舟	2	夜间照明
望远镜	个/舟	1	观察上下游水域救援环境
卫星电话	个/舟	1	通信联络

表6 **抗洪抢险突击队冲锋舟编队器材配备标准**

器材名称	单位	数量	备注
浆片	副/舟	4	无动力划行
蒿杆	根/舟	1	长度至少5米
抛绳包	个/舟	1	15—30米绳包,用于抛绳救援
救生圈	个/舟	2	辅助救援
救生衣	件/舟	10	为救援人员提供浮力的必备装备
抛投器	套/舟	1	用于远距离抛投绳索
水面漂浮绳	根/舟	1	长度50米,具有漂浮在水面的性能
静力绳	根/舟	4	30米或50米各2根,静力绳主要用于横渡绳桥的搭建
T/V型绳索系统救援包	套/舟	1	扁带15根、单滑轮4个、双滑轮4个、分力板2个、鸡爪绳6根,挂钩20个
单杠梯或伸缩梯	架/舟	1	登高救人
绝缘剪断钳	把/舟	1	剪切城市内涝中的电气线路
油箱	个/舟	2	24升以上,汽油机油比例提前配好
砍刀	把/舟	1	清障
医疗急救箱	个/舟	1	医疗救助
手持扩音器	个/舟	1	告知被救者按救援程序
照明灯	具/舟	4	夜间照明
望远镜	个/舟	2	观察水域救援环境
卫星电话	个/舟	1	通信联络

(二)全面规范灾时救援行动

(1)准备充分,落实保障,器材装备配齐配足。针对辖区灾害类型,充分做好应对各种灾害救援的准备工作,做好救援区域相关信息的收集。与当地气象、防汛等部门取得联系,及时了解掌握汛情及河道、道路与洪灾相关信息情况。加强与重要物资仓库、化学危险品储罐区、供水、供电、电信的联系,做好重要物资转移、通信、电力设施暗埋、储罐区筑堤保护等防护措施。

(2)快速反应,精准预判,加强第一出动力量。准确判断灾情,正确决策,第一时间调派水域救援专业力量以及冲锋舟、橡皮艇、救生衣、救生圈、抛绳枪、强光照明灯、喊话器、无线对讲机、海事卫星电话等器材装备。调请公安、卫生、水利等部门到场协同处置。并根据灾情的变化及时调派增援力量或向上级报告请求调派力量增援，最大限度地形成了救援现场的战斗力。

（3）严格程序，确保安全，依规依法科学施救。水域救援必须坚持"依法履责、规范处置"的原则，按照"专业人员作业，专业装备施救"的规定。在组织水域救援行动中，要坚决落实公安部消防局水域救援"五个绝不允许"的规定，严格遵守"侦查检测、警戒疏散、安全防护、人员搜救及险情排除、现场管理、行动要求"六大作业规程展开救援。树立团队协作安全救援理念，明确6人救援小组的编成模式及任务分工，强化团队协作和安全管控意识，强调必须在确保安全的前提下展开救援。

（三）加强灾后防灭火工作

（1）修订完善防汛抗风预案。消防部队应加强与当地防汛抗旱指挥部、气象部门的联系，加强与当地抗洪抢险救援组织的协作，建立快速反应、有效协同的社会联动机制。制定完善的抢险救援预案，从组织领导、职责分工、战斗编成、力量部署、后勤保障、注意事项等方面，进行认真仔细研究，不断修订。

（2）做好灾后清障、排水工作。台风过后，通常会出现街道积水、行道树被刮倒，户外广告和垃圾果皮箱损坏等现象，造成市容市貌满目疮痍。配备大功率手抬机动泵、机动链锯、高技锯、挖掘机、推土机等装备器材，积极参与清理垃圾污物和倒树断枝，疏通受阻道路，把台风给群众带来的损失降到最低。

（3）加强火灾防控工作。联合当地民政、公安等部门，以居民安置点、海水倒灌植被区为重点，组织开展消防安全检查，督促相关场所、单位完善消防安全管理制度和防范措施，落实值班巡查、火灾防范措施，积极配合森林防火部门做好有关工作，严禁在林区等高火险地区违章动用明火。

参考文献

［1］《我国台风之最》2015 年 8 月。

［2］《水域灾害事故救援》2016 年 7 月。

［3］陆厚波：《激流水域救援的探讨》，《消防科学与技术》2017 年第
　　　9 期。

粤港澳深度合作背景下港珠澳大桥
灭火救援面临的挑战和对策

谢鹏飞[*]　张东生^{**}　黄展鸿^{***}　湛立智^{****}

港珠澳大桥作为世界上最大的桥、隧、岛组成的跨海交通集群工程，是中国从桥梁大国走向桥梁强国的里程碑之作①。在当前粤港澳三地深度合作的大背景下，做好大桥灭火和应急救援工作，对确保港珠澳三地的政治、经济和社会稳定意义十分重大，是摆在港珠澳三地消防部门面前的一道必答题。本文根据大桥建成后的基本情况和周边环境，结合国内外大型桥梁、隧道灭火和应急救援的成功经验，对大桥建成后的灭火和应急救援对策作了深入研究，以期为三地消防部门提供有益借鉴。

　*　谢鹏飞，男，1965年1月出生，籍贯福建东山，广东省珠海市公安局副局长、消防局局长。

　**　张东生，男，1972年8月出生，籍贯广东潮阳，广东省珠海市公安消防局119指挥调度中心主任。

　***　黄展鸿，男，1988年6月出生，籍贯广东揭西，广东省珠海市公安消防局司令部办公室主任。

****　湛立智，男，1983年5月出生，籍贯湖南平江，广东省珠海市公安消防局119指挥调度中心科员。

①　《港珠澳大桥主体桥梁成功合龙》，中国科学技术协会，2016年6月30日。

一 港珠澳大桥建成后火灾和安全形势评估

（一）交通流量密集，火灾发生概率高

据交警部门预测，大桥通行后日均车流量将达到 1.2 万辆左右[①]，我国《公路隧道设计规范》给出的公路隧道火灾频率推荐值为 4 次／（108 辆·公里）[②]，可以推断每年因交通事故引发的火灾概率为 9.64 起，且随着车流量增加，这一概率还会继续加大。以国内杭州湾大桥为例，大桥通车后已经发生了多起因交通事故引发的火灾。

（二）隧道环境特殊，火灾危险性大

海底隧道是大桥灭火救援的关键节点，一旦发生火灾，隧道内烟雾聚集，热量高，能见度差，疏散距离长，人员难以快速逃生 [③]。跨法国和意大利两国的勃朗峰隧道就曾发生过 18 次火灾，最严重的是 1999 年 3 月 24 日，一辆比利时火车在隧道内发生火灾，导致 39 人死亡，其中有 1 名消防人员[④]。

（三）海域环境复杂，安全事故风险高

珠江口是我国水上运输最为繁忙的水域之一，船舶流量超过 1200 艘次／天，容易引发船舶撞击大桥等事故。同时，该水域海底管线复杂，并埋有 "涯 13 - 1" 天然气管，最浅埋深仅 2 米，易发生天然气管道爆裂泄漏事故。加之珠江口水域长年受季风、台风、寒潮、大雾等影响，气象灾害易发多发，易酿成风刮船毁、车辆坠海等安全事故[⑤]。

---

① 《关于明确港珠澳大桥交通管理工作有关问题的意见》，《珠公意》〔2016〕10 号，2016 年 6 月 7 日。

② 马明雷、马如进、陈艾荣：《车致桥梁火灾发生概率评价模型》，《华南理工大学学报》（自然科学版）2015 年第 43 卷第 12 期。

③ 《港珠澳大桥珠海连接线异性结构隧道通风及防灾救援关键技术研究》，2014 年 9 月。

④ 王郭社：《关于港珠澳大桥灭火和应急救援的思考》，中国消防信息网 2015 年 11 月 11 日。

⑤ 《港珠澳大桥珠海口岸工程防火设计优化方案研究报告》，2014 年 9 月。

二　港珠澳大桥通车后灭火和
应急救援工作面临的挑战

（一）大桥结构特殊，救援难度大

港珠澳大桥由桥、隧、岛组成的结构非常特殊，加上路线单一、距离远，救援途中易出现交通堵塞等问题，特别是隧道火灾对人员疏散及火灾扑救带来极大考验。同时，位于东人工岛上的珠澳口岸设计通关能力为旅客 15.33 万人次/日，车辆约 4 万辆/日，人流、车流量大，且只有一条通道出珠海市区，为灭火救援带来诸多不便①。

（二）救援涉及面广，协调行动难

大桥重大灭火和应急救援行动涉及粤港澳三地，需要海陆空多方救援力量跨境参与和协助救援，涉及面广，责任部门多头，指挥调度难度高。加之三地救援机制存在较大差异，人员、装备办理出境手续复杂，在一定程度上影响了联合救援行动的快速展开。

（三）救援装备要求高，力量建设相对滞后

大型桥梁隧道救援不仅配备水罐车等常规装备，还需配备具有起吊、牵引功能的专业抢险救援车辆和近海多用途双体消防船等专业装备。同时，针对隧道火灾特点，还需配备如通风排烟、移动通信以及红外线摄像仪等应急救援专用装备②。目前，相关救援装备建设进度和力度亟须进一步加强。

（四）联合救援磨合不够，队伍建设进展缓慢

粤港澳三地政府都不愿意独立承担大桥消防队伍的组建工作，港珠澳大桥管理局也无意承担此任务。2015 年以来，虽然珠海市政府先后组

---

① 《中国消防手册》第十卷，"火灾扑救"，上海科学技术出版社 2006 年版。

② 张生：《关于提升特长隧道灾害事故应急救援能力的几点思考》，《公安消防部队调研文集》第七辑，公安部消防局，2016 年。

织召开多次协调会，但各方意见难以统一，目前，消防队伍组建工作仍处于招聘消防员阶段。

三　港珠澳大桥重大灭火和应急救援行动对策

港珠澳大桥重大灭火和应急救援行动应充分发挥三地消防部门主力军作用，建立准确高效、响应迅速的指挥调度机制，强化装备建设和实战练兵，提升队伍实战能力。

（一）建立扁平化指挥调度模式，解决"听谁指挥"的问题

（1）统一现场救援指挥模式。在原有三地消防合作机制框架下，建议由三地政府牵头，建立大桥应急救援总指挥中心，负责协调指挥所有灭火和应急救援任务。三地实行指挥长制度，明确由辖区一方统一指挥，增援方协助配合，实行现场与外围两线分级指挥的现场统一指挥模式，提高灾害处置的指挥效率[1]。

（2）明确报警联动响应模式。将现有110、119、122、999、SOS、海事报警电话与大桥应急救援中心互联互通，统一接警调度模式，无论何类灾害、何种报警方式、何地接警，相关信息可立即通知三地救援部门。同时，明确联动响应模式，分别制定各类灾害事故调动联动响应预案，一旦发生灾害，根据灾害事故等级和处置特点，分类调动应急救援力量到场处置[2]。

（3）理顺跨境救援合作机制。建立大桥快速通关开展跨界救援的合作机制，对三方增援消防人员、车辆、设备、通关地点和行走路线进行备案和登记，并统一规定专用标记和证件类别，确保跨境救援顺利进

---

[1]　《关于增加和更名部分现役消防机构编制的请示》，《珠公消》〔2014〕82 号，2014 - 6 - 6。

[2]　付立兵：《对我国应急救援体系建设的思考》，《中国消防》2014 年第 11 期。

行①。要明确伤员通关安排，建议遵循就近原则，在通关口岸设置专用通道，采取"边放行边请示、后补办手续"的方式，且当伤员运往非救援车辆的属地医院时，协助方必须派出交通警员带路②。

（二）打造全方位应急救援联动模式，解决"谁来灭火"的问题

（1）做强专业救援队伍。根据"谁受益、谁负责"的原则，建议由大桥管理局牵头组建港珠澳大桥消防队并负责日常管理，由珠海市公安消防局负责消防队的业务指导。考虑到海上救援的特殊性，应当吸纳一批边防艇上的战士、海事船上的人员、渔政船上的执法队等有海上救援经验、熟悉船舶特性的人员作为补充，以更好地应对复杂多变的各类海上灾害事故。

（2）做强社会联动力量。以粤方为例，要依托港珠澳大桥消防站建立应急救援现场指挥部，下设抢险救灾、医疗救护、转移安置、交通治安、通关处置等功能组，并成立沟通协调、后勤保障、新闻信息等工作组。同时，由口岸、应急、边检、卫计、交通、边防等相关部门组成联动单位，建立应急联动合作机制，全面提高应急救援效率③。

（3）加强三地沟通交流。粤港澳三方消防机构要探索成立协调机构，建立灭火救援专家库，以联席会议等形式定期组织研讨会商，定期组织开展有针对性的灭火救援联合演练。同时，不断深化三地消防合作力度，加强灾情预警研判，加大消防科学技术创新和成果转化应用，更好地服务港珠澳大桥灭火救援的实战需要。

（三）建设专业化基础设施设备，解决"靠什么灭火"的问题

（1）做强港珠澳大桥消防站。建议按照国家特勤站的标准，在珠澳口岸人工岛上建立 1 个特勤消防站，同时分别在东、西两个人工岛上建

---

① 唐苏南、张玮：《跨区域突发公共事件应急处置体系研究》，《三峡大学学报》（人文社会科学版）2008 年第 S2 期。

② 《广东省人民政府港澳事务办公室关于港珠澳大桥行政执法协调基本原则及重大事项合作协议事研提意见函》，粤府港澳办函〔2016〕509 号，2016 年 8 月 19 日。

③ 毛孝敏：《建设舟山海上消防力量的若干思考》，中国消防在线，2011 年 12 月 27 日。

立 2 个消防执勤点。要打破现有常规的水上消防站建设模式，探索建设海陆一体式消防站，全面规范人员、装备、训练、执勤等模式建设，打造一支定向作战的专业救援队。

（2）配齐专业救援装备。一方面，由大桥管理局按规定设置消防设施和消防水源，特别是配备手提式灭火器、水枪水带、消防管网、水泵接合器等消防器材和设施，增强大桥自身抵御火灾能力。另一方面，要针对大桥特别是隧道灭火和应急救援特点，合理配备机器人、生命探测仪、无人机等智能设备和消防直升机、双头消防车、消防船艇以及排烟、照明、通信指挥和大型泡沫、干粉等特种救援车辆，切实提升扑救大型火灾的硬实力。

（3）完善救援物资共享机制。要充分利用当前大数据技术优势，通过构建或接入"消防大数据"平台，全面掌握可用资源底数，建立动态档案，充分利用调集轮驳公司和配有消拖两用船的企业拖轮作为辅助灭火救援艇。总之，要探索建立粤港澳三地应急救援物资共享机制，把一切可利用的资源都纳入应急救援共享范围，确保一旦发生紧急状态，三地能在第一时间相互配合，互相补给紧缺的救援装备和物资①。

（四）开展实战化联合训练模式，解决"如何灭火"的问题

（1）开展专业理论教育。灭火和抢险救援涉及各个领域、各个行业，现代抢险救援情况更是日趋复杂多变，要有针对性地加强消防员的学习培训，使其掌握各种理论知识，熟悉灾害事故特点、处置方法、注意事项，熟知各种抢险器材的性能和使用方法，明确灭火和抢险救援中的安全事项，提高处置防范能力。

（2）强化实战练兵。要依托港澳现有消防训练基地或珠海在建的综合培训基地，有针对性地设置道路救援、隧道事故、海域救生及陆、海、空协同训练科目，提高技战术运用能力。同时，要抓好消防员心理训练，

---

① 《关于征求〈港珠澳大桥珠海连接线拱北隧道口岸段施工突发事件市级综合应急预案〉和〈港珠澳大桥拱北隧道口岸暗挖段施工突发事件市级应急演练方案设计〉意见的函》，珠大桥办〔2015〕304 号，2015 年 10 月 9 日。

重点针对隧道黑暗密闭空间等容易引起消防员的畏惧和恐慌心理的环境，有针对性地开展模拟化的心理训练，增强消防员在危险恶劣环境中的自制力、镇静力和坚强的意志品质。

（3）加强紧急医疗救助的普及训练。建议通过派遣内地消防员到港澳跟班学习或邀请港澳消防员和医疗机构来队开展救护培训等方式，提升内地消防员在伤口包扎、心肺复苏等现场紧急救护方面的基本技能，加强日常急救演练，使急救医疗知识在内地消防部队得以广泛普及，防止伤员在救护过程中造成二次伤害，切实将伤亡程度降到最低，真正体现"救人第一"的指导思想①。

---

① 叶国领：《浅谈道路交通事故抢险救援处置方法和需要加强的方面》，浙江消防信息网，2016 年 1 月 8 日。

关于大跨度建筑现状分析
及火灾扑救的探讨

马若鹏[*]　李　凯^{**}

近年来大跨度建筑火灾事故时有发生，不仅造成重大财产损失和严重社会影响，也给消防部队灭火救援工作带来许多新情况、新课题。笔者结合近来天津市大跨度建筑现状和风险分析，从大跨度建筑定义、火灾规律、灭火救援作战制约因素等方面进行阐述，说明了火灾不同阶段的主要技战术及火灾扑救须把握的关键环节。

一　大跨度建筑的定义

大跨度建筑在建筑学上通常是指横向跨度在 60 米以上的建筑。这类建筑主要由柱、梁、板、外墙四部分组成，梁和柱是主要承重构件。且此类建筑单层面积大、跨度大、层间高，没有或缺少实体分隔。

＊ 马若鹏，男，1965 年 3 月出生，籍贯天津宁河，天津市公安消防总队副总队长。
＊＊ 李凯，男，1981 年 1 月出生，籍贯天津河西，天津市公安消防总队司令部战训处副处长。

二 大跨度建筑现状与风险分析

（一）大跨度建筑发展现状

我国大跨度建筑是在解放后才迅速发展起来的，最早应用在体育领域，且随着建筑技术及经济的发展，大跨度结构被广泛应用于生产、储存、交通、商场、文化、体育等各领域，特别是大跨度大空间结构几乎成了大型企业厂房的独爱。例如，天津市的大跨度建筑是从 20 世纪 90 年代才真正发展起来，据目前统计，天津统计在册的大跨度建筑达到 529 栋。但这种建筑在消防方面，特别是在火灾扑救方面存在许多难点，一旦发生火灾，极易造成大面积燃烧和重大财产损失。

（二）近年来影响较大的大跨度建筑火灾分析

据统计，2000 年以来天津市大跨度建筑发生的较大火灾共 30 余起，造成经济财产损失过亿元和严重的社会影响。从统计结果发现，一方面，这类火灾事故多发生在城郊县，起火部位大多数为车间、仓库，燃烧物质主要以塑料制品、纸制品、机器设备为主；另一方面，消防部队处置过程中发生建筑倒塌共 10 起，其中 4 起整体倒塌、6 起局部坍塌，有 6 起倒塌时间是在火灾发生 30 分钟左右。例如，1973 年 5 月 5 日，天津市体育馆火灾，19 分钟后 3500 平方米的主馆屋顶拱型钢屋架全部坍塌，致使原定次日举行的全国体操表演比赛无法进行，损失惨重。

三 大跨度建筑的特点与火灾规律

（一）建筑面积大、空间大，火灾荷载大，火势蔓延迅速

从建筑形式上，常见的大跨度钢结构厂房、仓库一般占地面积都比较大，且建筑基本上不设闷顶，上下连通，形成了一个巨大的内部空间，这种建筑特点给初期火灾的蔓延和扩大提供了极为有利的条件。从火灾荷载上，大多数厂房等大跨度建筑工艺涉及面广，使用功能和涉及物资

多样，火灾荷载以多种形态大量共存，一旦发生火灾，蔓延途径多，经常出现多点起火，火势将很快进入猛烈阶段，有的甚至发生瞬间爆燃，最终导致大面积燃烧。此外，建筑物的顶棚、门窗等耐火性能都比较低，一旦火势突破至外围，大量新鲜空气进入后，也会加快火势蔓延速度。

（二）承载能力强，耐火能力弱，极易造成坍塌

大跨度结构建筑常用的承重材料有砖、石、混凝土、钢材、钢筋混凝土，常用的屋面层构件及材料有金属夹心板、彩钢板等。从建材耐火性能上讲，钢结构、钢筋混凝土结构、金属夹芯板（彩钢板）耐高温能力比较弱，发生火灾后容易失去承重性，造成建筑物坍塌。坍塌主要有整体坍塌、顶部 V 字形坍塌、沿蔓延方向逐步坍塌以及局部构件塌落等，不同的火场情况，其发生坍塌的时间、形式、危害往往不同，有单一形式发生，也有多种形式并存；有的突发性强、对人员安全威胁大，也有的征兆明显、可以采取防御措施避免伤害。

（三）规范设计盲区，初期火灾技防能力弱，火灾成灾率高

现行的消防技术规范对大跨度建筑没有作具体的规定，导致大跨度大空间建筑设计和施工存在许多先天不足，在消防审建过程中很多盲目依从于性能化设计和专家论证。具体体现在：一是在防火分区的划分上标准相对较低；二是在建筑的使用功能上没有强制性的消防设施配备标准；三是重建筑结构性能设计、轻防火技防能力设计。由于缺乏有效的技防手段，一定程度上给初期火灾大面积蔓延提供了便利。

（四）建筑质量参差不齐，使用管理不到位，火灾事故频发

有的单位为节约成本，聘请不具备相关资质的施工单位，未按建筑防火设计要求施工，在消防设施材料上选用伪劣产品；有的单位在实际使用时变更使用功能，为追求大空间和节约资金而忽视必要的防火分隔，导致防火分区大大超出了安全的要求；有的单位为了增加建筑的使用面积，违章在主建筑周围搭建其他临时用房，使原先不相连的建筑互相连接，给火势蔓延提供了直接通道；还有单位存在着先施工后申报、项目

更改未重报、未通过验收便投入使用、管理不到位等一系列不正常现象，也是促成火灾事故频发的主要原因。

四 大跨度建筑火灾扑救难点与制约因素

（一）大量高温浓烟聚集，减缓作战行动

一方面，大跨度建筑内部可燃物多，且室内空气与外界不流通，很多没有排烟设施，发生火灾后，高温烟雾在短时间内笼罩整个建筑，阻碍消防队员视线，同时燃烧产生的大量可燃气体，极易发生轰燃。另一方面，产生的烟雾中含有一定比例的有毒成分，极大降低了作战行动效率。

（二）钢结构多发生坍塌，易造成官兵伤亡

据了解，目前国内已建成的大型企业厂房、库房，承重结构上多数都采用钢构件，钢构件在火灾情况下强度急剧下降的特性，决定了此类建筑一旦发生火灾，极易造成不可避免的坍塌，给内攻人员生命安全造成极大威胁。

（三）内部情况复杂，内攻和疏散难度大

大跨度建筑特别是连体建筑内部位置错综复杂，人员一旦进入很容易迷失方向，给内攻侦查和控火造成极大难度，再加上浓烟、心理等因素，遇到突发情况往往造成人员撤不出来，给消防队员内攻行动造成一定危险。且有单位为了利用空间，货物堆积如山，通道不足或被占用，都大大增加了疏散难度。

（四）地理位置偏僻，消防水源缺乏

大跨度建筑受占地面积大的限制，一般都建在城郊或较为偏僻的工业园区，市政消防水源规划往往与园区工程项目规划不同步，相关配套设施起步晚、不完善，有的甚至没有系统的规划，导致消防设施、供水管网不完善，附近无市政消防水源。有的单位周边建有市政水源，由于

管网形式、管径、压力等问题，且天然水源距离较远，不能满足大面积火灾长时间供水实际需要。

（五）火势发展迅猛，初战力量薄弱

大跨度建筑一旦发生火灾并形成大面积燃烧后，单靠辖区中队现有装备和执勤力量难以有效控制。虽然，此类火灾扑救均加强了第一出动力量，但考虑到单位管理机制不完善、消防设施缺乏，增援消防队距离远、厂区水源缺乏等一系列综合情况，第一出动力量到场时基本上已错过了扑救火灾的最佳时间，难以在第一时间把足够的优势力量集中到火势发展蔓延的要害位置。

（六）现场灾情难以预判，临机处置能力要求高

大跨度建筑在实际使用过程中，可能涉及生产、储存、加工、中转等不同工艺段，涉及的物资种类多，理化性质复杂，因此在战斗展开时要分别处理、逐个对待，选择得当的战斗模式和正确的灭火药剂，对现场临机处置指挥提出了很高的要求。

五 大跨度建筑火灾扑救技战术研究

结合笔者一些灭火救援实践经验，围绕如何有效选择大跨度建筑火灾扑救技战术，谈几点见解。

（一）火灾初期阶段，要快打闪电战，突出"准确、高效"作战理念，把握作战最佳时机

经侦察、研判火灾处于初期阶段时，要树立"准确、高效"的作战理念，应尽可能优先采取内攻，准确选择内攻突破口，建立有效的进攻救生通道，在最短时间内采取最有效灭火冷却措施。在内攻通道的选择和水枪阵地的设置上，要充分考虑火势蔓延的可能性，精确打击火点，严格杜绝"赶火"。要重点以内部通道、防火分区、火灾荷载小等区域为依托选择突破口；同时要充分考虑建筑的形状，如建筑形状不对称或呈

不规则形状时，应选择在跨度最短处作为进攻突破口，并尽量选择上风或侧上风方向；选择燃烧相对较弱的部位作为进攻突破口，对称布阵、同步设防、堵截火势、消灭火灾。

（二）火灾发展阶段，要巧打阻击战，突出"权衡主次"作战理念，把握火场控制权

在火灾处于发展阶段，要树立"权衡主次"的作战理念，充分运用堵截、分割、破拆等战术措施，科学设置进攻阵地。正确判断内攻条件，适时慎重组织内攻，在蔓延的直接方向堵截火势，在内部形成若干条水枪分隔线。这个阶段通常已经形成较大面积燃烧，或控制困难、内攻无法进入，建筑物大部分还没有燃烧等情况下，指挥员一定要正确评估火场力量对比，分清全局和局部的关系，舍局部、保全局，舍一般、保重点。当辖区兵力不足，增援力量没有到达之前，必须把兵力部署在火势蔓延的主要方面或影响全局的局部位置，形成局部优势，只有这样才能取得战斗的控制权。

（三）火灾猛烈阶段，要稳打持久战，突出"外部围控"作战理念，把握火场发展范围

这个阶段整个建筑发生大面积燃烧，屋顶极有可能或已经发生坍塌，在无人员被困或无完全把握的情况下，严禁强行内攻，应以外部冷却控火为主，充分利用高喷车、大功率车载炮、带架水枪等从外部压制火势、冷却灭火防止火势范围进一步扩大。大跨度建筑发生倒塌后，屋顶覆于燃烧物之上，使灭火剂无法直达火焰，给扑救带来困难，势必形成拉锯战，指战员要树立"外部围控"的作战理念，要敢于舍去全面过火建筑，合理设置外部阵地，保护毗邻建筑不被殃及，充分调集增援力量，保证火场供水不间断，同时要根据火场情况及时调集后勤保障物资，做好打持久战各项准备工作。

六　大跨度建筑火灾扑救应把握的重点环节

（一）强化"一键式"力量调集

大跨度建筑火灾要坚决贯彻"杀鸡用牛刀"的理念，科学制定大跨度建筑火灾作战力量编成，采取"一键式"力量调派模式，确保第一时间一次性调集足够的力量和有效装备到达火场，宁可调而不用，不可用而没有。

（二）强化多种形式火情侦察

除常规侦察内容外，应着重侦察起火时间和厂房的梁、柱、人字架等构件有无扭曲、变形、跨塌等迹象，有针对性地采取各种灭火和防护措施，重点侦察火灾燃烧性质、面积和蔓延主要方向，以便做好力量部署。充分利用热成像仪、激光测距仪、无人机等先进装备，科学实施火场侦查，为科学把握火势发展、内攻时机、进攻路线等奠定基础。

（三）强化安全行进与紧急避险

内攻人员要优先考虑从跨度两侧进入，利用照明灯、水带控制进入距离，按梯次进攻展开要求，两组交替掩护行进，每组不少于 2 人，保持间隔不超过水枪掩护距离一半，缓慢前进逼近燃烧区。同时，要全面均匀冷却周围的柱子和顶部钢构件。在实施内攻前，应规定紧急撤退路线、方向及撤退信号，做到"能进能退"。

（四）强化科学破拆排烟

切忌盲目破拆建筑门窗，要科学选择开口位置，避免因破拆不当造成火势蔓延或建筑失稳。破拆时应选择在下风或侧下风位置，尽量减少新鲜空气涌入助长火势，同时利用射水掩护和降低火场温度。在对屋顶彩钢板、窗口实施破拆时，应在构件耐火极限时间范围内，利用举高车、单杠梯等并用安全绳保护，在确保安全的条件下破拆排烟口应尽量靠近火点，使高温烟气从正上方迅速排出。

（五）强化火场供水不间断

在充分利用建筑内部消防水源供水的同时，要就近选择可靠的消防水源，优先考虑河道、湖泊等；要最大限度发挥机车作战效能、优化供水编队形式，整建制中队利用火场1000米以内水源，应采取串联接力形成独立供水干线，杜绝后方车不座水源供水、接力供水距离过近等现象；针对水源1000米以外的特殊现场，宜采用多种形式远距离供水，提升灭火救援后方供水保障能力。

（六）强化安全警戒和个人防护

一方面，应设立火场警戒和观察哨，科学划定作业区、交通管制区范围，严格执行出入登记制度，明确联络信号，监控火场变化，落实现场安全预警和监督制度；另一方面，内攻人员必须佩戴空气呼吸器、呼救器等防护装备，长时间作战可考虑氧气呼吸器，视情穿着防高温、防危化品的防护服，携带穿透力较强的移动照明工具、通信导向绳等。

（七）强化各项灭火准备工作

一是要掌握大跨度建筑火灾规律、倒塌形式、战术原则，在实际组织指挥和战斗行动中做到灵活、合理运用。二是立足最复杂、最不利等情况下，编制灭火预案，科学制定作战力量编成，提升预案可视性、可操作性。三是重点开展火情侦查、内攻近战、破拆排烟、安全警戒等关键战术环节的实地演练和通信、物资供给等战勤保障的实战性测试。四是立足现有装备，开展防护、射水、供水、破拆、排烟、举高、远程供水、工程机械等车辆装备器材实战技术性能测试。五是重点开展安全常识、行进安全、紧急撤离和逃生避险等作战安全训练和班组合成训练，规范作战安全行动。六是健全跨区域联合作战机制，定期开展跨区域联合实战演练，加强与供水、供电、供气、建筑工程、大型机械等社会联动力量协同配合。

提升消防部队战斗力的
理论思考与实践探索

刘佐祥*

近年来，在上级党委的坚强领导下，辽宁消防部队在打造消防铁军、建设综合应急救援队伍、灭火救援专业队建设、数字化预案编制等方面，总结提炼出了一系列典型经验，部队实战能力不断提升。然而，提升战斗力是一个庞大的系统工程，是编制体制、思维理念、实战实训、装备更新等多种因素共同作用的结果，需要逐渐摸索、反复实践、不断完善。现阶段，可以从围绕"一个中心"，树立"五大理念"，持续推动消防部队战斗力生成。

一　围绕"一个中心"——紧紧围绕新时期强军目标，牢固树立战斗力的唯一根本标准

一是牢固树立党委统领战斗力提升的"中军帐"作用。辽宁消防总队党委历来高度重视提高部队战斗力，始终坚持研战、议战、领训、督训，科学规划、统筹推进，形成了"解队伍建设之忧、固部队发展之基，补战训工作之短、强打赢能力之本"的工作局面。总队党委出台了《关

---

*　刘佐祥，男，1972 年 6 月出生，籍贯辽宁盘锦，辽宁省公安消防总队参谋长。

于进一步加强和改进战训工作的意见》和《关于进一步加强基层干部队伍建设的意见》，在人才培养、能力建设、表彰激励、基层战训骨干保留等方面给予政策性倾斜，向全省部队发出了"让能打仗的干部得到重用"的强烈信号。总队连续3年、每季度召开参谋长联席会议，指导推动、督促落实重点工作，引导各级把精力、资源向主业投入、向打赢聚焦。

二是建设听党指挥、善谋打仗的新型司令机关。各级司令部是部队的指挥中枢，肩负着推进部队建设和灭火救援斗争准备的重要职责，找准"指挥、指导、管理、协调、表率"的职能定位。具体来讲，强指挥，就要做到带头"研战、练战、备战"，形成一套符合本地实际、贴近实战需求的作战理念和方法；善指导，就要增强自身业务能力，着力解决制约灭火救援能力建设的短板问题。严管理，就要依据纲要抓建设，依据条令抓养成，真正做到"部队有部队的样子，军人有军人的样子"。重协调，就要牢固树立"一盘棋"思想，善于谋划全局，善于统筹协调，实现工作由"服务任务"向"服务中心"转变。作表率，就要把强军目标树起来，把战斗力标准立起来，把部队精气神提起来，把官兵工作热情带起来，确保关键时刻"召之即来、来之能战、战之必胜"。

三是结合重要任务、重大现场加强战斗精神培育。辽宁消防部队专门承担了部局"战斗精神培育"重点课题研究。加强战斗精神培育固然需要平时的教育熏陶和点滴养成，更需要重大安保任务和灭火救援现场的直接激发。"7·16"大连新港油库爆炸火灾，辽宁总队2380名参战官兵，舍生忘死、顽强拼搏，经过15个小时的殊死战斗，成功将大火扑灭；同样的经历，抚顺"1·19"爆炸火灾事故现场，火焰高达十六七米，随时都有再次发生爆炸的可能，788名官兵在零下20多度的严寒中，持续奋战了19个小时，最终将大火成功扑灭。浓烟烈火彰显忠诚，急难险重勇于担当。正是一次次急难险重任务不断磨砺官兵的战斗精神，让官兵始终保持着旺盛的战斗热情。

二 牢固树立"五大理念"——健全完善指导 战斗力提升的思想指引和行动体系

（一）紧紧把握提升战斗力的核心要义，牢固树立"训战一致"的理念

（1）固化"三个模式"，提升训练水平。一是固化体能训练模式。在体能训练上，继承和发扬建设灭火救援攻坚组训练模式的基础上，创新"七个一"体能、"语导式"技能训练方法，录制体能训练示范片，规范基层组训工作。在"六熟悉"方面，划分总队、支队全勤指挥部人员，大队指挥员、中队指挥员、安全员等 12 个岗位，提高质量效果。在基本技能方面，按照"编成式练兵、编队式作战"模式，因地制宜利用训练场、营房、办公楼及辖区场所，设置实战场景，采取临机设情方法，开展常态化的整建制中队编成训练，确保将人员、装备训全，训练分工与灭火战斗任务分工一致。二是固化战区演练模式。全省划分辽中、辽东、辽南、辽西四个战区，每季度组织开展无预案、跨区域拉动演练。先后在抚顺承办了部局五省区跨区域地震救援拉动演练，在锦州港举行了 60万立方米石化储罐区灭火救援暨战勤保障拉动演练，在大连承办了千万吨级石油化工火灾灭火救援拉动演练，在阜新市举行了大跨度大空间建筑火灾实战演练，在抚顺市举行了地质灾害及水域救援拉动演练，部队实战能力得到了检验和提升。三是固化人才培养模式。搞实战化训练、抓军事斗争准备，最核心的问题是人才。针对战训、信通等作战岗位骨干培养保留难的问题，总队每年组织全省支、大、中队三级指挥员，以及攻坚组队员、接警调度员等专业岗位士官集中轮训；建立了灭火救援专家组制度，定期组织专家授课、召开研讨会，根据形势和任务组织改选.2017 年，总队本级协调省政府应急办、改选了危化品、建筑、电力、卫士、气象等部门专家 26 名。

（2）优化"三项建设"，增强专业能力。一是优化战训基础业务建设。组织专班为期半年深入全省各地开展熟悉调研、装备测试，并抽调专家组指导协助。邀请公安部11名专家，测试石化火灾专业灭火剂、灭火射具选型。作为部局数字化预案编制试点单位，为省内五家千万吨级石化单位研发了电子沙盘，单位内部的装置构造、管线分布、工艺流程都可以可视化展现在官兵面前；搭建了全省数字化预案管理应用平台，提升了官兵的学习训练效果。二是优化灭火救援专业队伍建设。依托各地特勤力量组建高层、石化、水域、山岳等专业队66支，推进石化专业队建设，购置2艘消防艇，组建海上舰艇中队，加强水上消防力量。大连支队探索以8个战斗编队为核心主战力量，2个保障编队确保灭火剂供给，1倍以上的预备力量支撑持续作战的扑救石油化工火灾的"821"编成模式，并向全省推广石化专业队建设模式。三是优化业务指导和技术革新。组织编制了《石油化工事故处置指南》《建筑火灾扑救及安全管理实用技术》等类型事故处置指南，得到了广泛应用。推动灭火救援装备"小改革、小发明、小创造"活动，推广了水带浸泡清洗晾晒系统、快速灭火套装、便携式水带修补套装等技术成果。总队在鞍山海城市召开技术革新现场会，推广个人防护装备改进套装等技术成果，得到了各级官兵的欢迎。

（二）紧紧把握提升战斗力的根本标准，牢固树立"以效能为核心"的理念

一是切实更新科学务实的作战理念。总队级，应当从战略层面上，重点关注容易发生较大影响、需要调集多个支队力量参与处置的灾害事故，制定职业化练兵标准，强化部队协同，做足灭大火、救大灾、打恶仗准备。支队级，应当重点弥补各级指挥员作战指挥能力短板问题，强化作战编成训练、演练，摸清队伍实力、装备实力，加强熟悉演练、督导考核，真正把支、大、中队三级"研战、议战、练战"的主动性激发出来，把能力提升起来。大中队级，要高度重视整建制合成作战能力，确保初战指挥体系高效运作，围绕提高初战控火能力，加强战备值班、接警调度、精准练兵，强化程序意识、规范意识、安全意识，开展专业类型作战研究准备，器材装备熟悉掌握。

二是构建集约高效的作战行动体系。着重建立层级化指挥模式，主要体现在"五个规范"：规范初战指挥程序。针对中队指挥员制定了《灭火初战指挥要则》，明确现场指挥要点、指挥步骤、指挥位置、指挥方法、权责分工。规范全勤指挥部运行。制定《支队级灭火救援全勤指挥部战备值班规定》，编制了全勤指挥部实战化训练指导手册，配备遂行装备，落实备勤制度，充实八小时以外指挥备勤力量，满足大型火场作战组织指挥需要。规范分级响应和等级调派。制定《规范分级响应和等级调派规定》，针对高层、地下、大型城市综合体和石油化工等典型火灾，建立"2 小时灭火救援响应圈"，分战区调派专业力量。规范勤务标识和作战安全管理。总队出台了《灭火救援与勤务保卫现场着装规定》，规范各级消防员个人防护装备样式、标识和安全防护等级。规范通信术语和火场记录。针对各个作战层级和作战环节，统一指挥术语，细化侦察、内攻、搜救等重要情况报告的内容、格式和要求。

（三）紧紧把握提升战斗力的时代特征，牢固树立"科技强消"的理念

一是加快信息化的网络平台建设。对消防部队而言，关键是通过各种系统和平台的合成，把网络规划、态势融合、信息引接、数据分析等综合建立网络平台，实现信息的连通和指挥调度的一体化，提高指挥调度的精确性和指导性。当前，我们已经着手建立以 119 接处警系统、高清视频监控系统、指挥通信系统、车辆轨迹系统为辅助，以手机报警定位、智能辅助决策、社会立体防控等功能为支撑的新型指挥体系，提高勤务指挥效能。

二是推进救援现场的通信技术保障。加强遂行任务的应急通信队伍建设，配齐卫星便携站、车载 3G、单兵 4G 图传设备等通信设备，组织开展信号中断条件下的应急通信保障，研发了移动指挥终端 APP 和执勤实力统计系统，全面推广数字 350 兆无线通信系统。完成指挥调度专网层级化建设，实现无盲区覆盖和与公安各警种联动指挥，强化与政府相关部门和电信、移动、联通等公网通信运营商协作，制定应急通信保障预案，定期开展联动通信保障训练演练，随时保障救援现场的通信信号全覆盖。

（四）紧紧把握提升战斗力的基础工程，牢固树立"依法从严"的理念

一是规范"四个秩序"。牢固树立"条令是法"的理念，我们教育各级官兵要以奋发有为的新状态适应依法从严治警的新常态，增强运用法治思维和法治方式做好部队管理工作的能力，坚持机关按条令指导，基层按条令建设，官兵按条令行动，突出机关、基层干部、士兵三个层级加强条令条例知识学习，利用网上测试系统定期开展考试。特别是我们从总队机关做起，从规范办公秩序、警容风纪、内务卫生、岗哨勤务等细节抓起，强化表率意识和军人形象，为基层树立榜样。

二是创新管理手段。出台了《"警务规范年"的指导意见》，印发《部队管理教育系列丛书》之《班长带兵36计》和《好兵标准72条》配发所有中队，提升指导部队管理的针对性。立足信息化冲击下的部队管理重点难点问题，大力推进信息化、技术化引领下的部队管理创新，融合人、财、物、时间、信息、机构和章法等管理要素，坚持"法治""严治"相结合，做到"人防、物防、技防、制防、心防"的有效结合。总队为全省安装 GPS 车辆定位、营门电子岗哨、指纹查铺查哨、红外线电子安全围栏等信息技术系统，对人员、车辆、营区进行全方位覆盖。

（五）紧急把握提升战斗力的系统要素，牢固树立"保障力就是战斗力"的理念

一是打破购用壁垒，加强装备统型建设。目前，消防装备型号规格繁杂、通用性差，给日常训练、作战编成、实战应用、战勤保障和维护维修带来了很大困难，影响了装备效能发挥，制约着部队战斗力提升。按照"统型一致"的原则，不搞贪大求洋，充分结合各地辖区主要灾害事故特点有针对性地配备，实现车辆装备之间的互通互用。

二是强化遂行保障，实行储存运输模块化。根据消防部队快速保障、分类保障的需要，探索"类别＋模块""车载＋仓储"装备物资储备模式。总队启动了战勤保障中心建设项目，完善了锦州、丹东、营口三个战勤保障基地的保障职能。依托陆搜基地和战保基地，我们制作了模块化分类调派预案，划分防护、救生、防化、侦检、破拆、警戒、保障等七大类，对所有器材进行了分组入库，探索提出了"六色"模块分类法，纳入区域应急救援调度指挥体系，在实战中充分发挥"尖刀"作用。

基于新疆区情破解"一高一低一大一化"特殊场所灭火救援难题的探索和实践

蒲 军*

2017 年以来，新疆自治区党委明确提出"将消防安全工作上升到与反恐维稳工作同等地位，在党委工作部署、纪委督导追责上同等对待"。消防部队要有效履行使命任务，必须牢固确立"战斗力建设"这个唯一标准，始终坚持问题导向，将政策经费向灭火救援倾斜，让精英骨干向灭火救援靠拢，使时间精力向灭火救援用劲，把笔尖镜头向灭火救援聚焦，以"工匠精神"着力破解"一高一低一大一化"特殊灾害灭火救援难题。

一 坚持高位推动,协同发力,全力 铸就一体化灭火救援格局

一是依托政府搭建应急指挥平台。提请自治区政府出台《重大火灾处置应急预案》，成立由分管副主席任总指挥，分管副秘书长、公安厅副厅长和消防总队长任副总指挥，环保厅、住建厅等 16 个联席单位负责人

---

* 蒲军，男，1965 年 10 月出生，籍贯四川射洪，新疆维吾尔族自治区公安消防总队参谋长。

为成员的重大火灾处置应急指挥部，明确联席单位和工作组职责任务，规范预防监测预警、灾情分级响应、火灾应急处置、应急保障四个方面20项工作机制，形成"政府主导、统一指挥、职责明确、反应灵敏、协调有力、运行高效"的联动机制。

二是依托行业摸清底数健全档案。与住建、工商、安监、民政等部门建立信息共享机制，准确获取高层建筑、地下建筑、城市综合体和易燃易爆场所的底数。对石化企业，规定了炼油工程、石油化工、有机化工、无机化工、合成材料以及油气储存库6类场所，按化工行业标准明确了大型、中型、小型石油化工企业的界定标准，编制"一厂一策"台账模板，规范装置、罐区、设施、道路、水源及评估等13类内容。对高层建筑，按照公共建筑、住宅建筑和工业建筑分类，编制"一栋一档"模板，为平时熟悉演练和战时信息查询提供依据。

三是依托评估掌握设防底线和处置能力。一方面，通过提请政府、协调行业主管部门、约谈单位法人等方式，督促社会单位落实主体责任，采取购买社会服务的方式，聘请社会专业评估机构对本单位消防安全状况进行评估，分析潜在事故隐患风险，找出最大的危险源和灭火救援最不利的地方，提出有针对性的对策意见，形成专业性评估报告，准确掌握企业设防底线。另一方面，立足辖区发生最大、最难、最不利灾害事故，结合执勤实力及车辆装备，按照最高建筑、最大城市综合体、地下建筑和石油化工企业处置需求，科学评估本地灭火作战能力，对不同类型消防车辆、灭火器具、个人防护装备和关键器材装备的核心作战性能进行测试，找准车辆装备配备、灭火药剂储备、消防水源建设以及社会联动机制等方面存在的短板，积极研究提出改进意见。

二　坚持瞄准打赢，苦练精兵，倾力构建　　实战化全员练兵常态

一是以训练改革为主线，把练兵方向瞄准对齐。紧盯"能打仗、打

胜仗"总目标，召开实战化训练改革现场会，固化"主官组训组考、全员普训普考"的练兵模式，出台《实战化训练实施指导意见》以及《新疆消防部队实战化基础编成》《体能分级考核标准》《装备操作应用训练考核制度》《单个执勤中队实战化编成训练与考核制度》《支队全勤指挥部实战化训练考核制度》等指导性文件。按照体能、装备、技能、班组、合成五大类训练要求的不同，分级、分岗统筹设计了8类训练内容、26项必训科目和20项选训科目。将岗位练兵活动与夏季消防检查、冬春火灾防控等大项工作同步部署，捆绑实施，统筹推进，确保练兵方向紧贴主业、服务实战。

二是以全员练兵为牵引，把体能技能练强练硬。规定各级人员体能体型达标内容和标准，确定机关5项基础体能和3项应用体能，基层8项基础体能和5项应用体能，统一考核方法步骤，严格考核结果应用，形成一整套体能训考机制。邀请专业教练研究编制体能训练操法教学视频，使训练更加科学。严格执行中央军委《加强实战化军事训练暂行规定》，实行训练成绩"一票否决"，对体能不达标的正团职后备和副团职后备干部取消的"双考"资格。

三是以基地培训为支撑，把专业能力提档升级。编制《培训基地师资力量发展规划意见》，将陆搜基地精准定位为技术指导队、示范示教队、攻坚突击队，分类编写基地化实训操法，打造队列、地震救援、武器操作等示范队伍。举办全区灭火救援骨干培训班，对支队参谋长、战训参谋、大队长、中队长、攻坚组骨干和专职队队长进行强化培训；开展固定消防设施操作应用培训，对总队、支队两级司令部、全区基层指挥员和中队长助理实施集中轮训；以部局培训的业务骨干为师资，采取"小班教学制"和"师傅带徒弟"的模式，开展了内攻搜救与紧急避险、危化品处置、交通事故及地震等专业技术培训，突出参观见学与实操训练，有效提升培训效果。

四是以比武竞赛为载体，把练兵成果巩固扩大。举办新疆第四届消防运动会，设置军事体育、消防技能、实战操法、武器操作等4大类19

项竞赛科目，全区 15 个地、州、市及总队机关、培训基地的公安现役、企业（政府）专职、消防文员和处突护卫组共 95 支代表队 681 名参赛队员同台竞技，全面推动了新疆消防部队实战化训练由"要我练"向"我要练""练尖子"向"练班组""过得去"向"过得硬"三个转变，全面检验现役、专职和文员三支队伍练兵成效。

三 坚持立足区情，管训并重，努力开辟专业化队伍发展道路

一是立足大仗恶仗，建强公安现役专业队。制定下发《高层灭火专业队建设指导意见》《高层建筑火灾扑救指导意见》《石油化工灭火专业队组建方案》《石油化工灭火专业队战斗编成标准》等指导性文件，从组建标准、装备配备、人员编成、操法训练等方面进行规范统一，逐步形成"机动作战单元＋专业处置队伍＋区域协作联防"的重大火灾应急力量体系。选择各地最高建筑作为高层专业队实训基地，开展防消联勤机制、固定设施应用、指挥体系构建、技术战术措施四大类 26 项课题测试研究，重点解决高层灭火"六难"（供水难、登高难、疏散难、扑救难、通信难、评估难）的问题；选择最大规模石化企业作为石化专业队实训基地，开展储罐灭火冷却、关阀堵漏、泡沫输转等技战术训练。

二是立足专队专干，建精"专职""工艺"两支队。制定《新疆公安消防部队与专职消防队、微型消防站联勤联训规定》，参照现役队模式，将 71 支企业专职队融入 7 个协作区，推动 36 支企业专职队完成指挥调度网接入，开展区域性联合拉动演练。分 10 期组织 3000 余名企业专职队员开展业务培训，指导 1667 名企业专职队员考取国家灭火救援员职业技能资格。召开石化企业"一厂一策"暨区域联防推进会，规范明确依托"懂工艺、会处置、有经验"的安全总监、生产处长、安环处长等专家和技术人员组成工艺处置小组，已指导全区大型企业组建 207 个工艺处置小组。同时，建立公安现役队、企业专职队、工艺处置小组之间"信

息互通、联勤联训、一键调度"三项机制,强化岗位技能训练,实现工艺处置与消防处置的无缝对接。

三是立足灭早灭小,建密"单位""社区""警务"三类站。紧紧抓住自治区党委实施"安全惠民工程"的有力时机,创新微型消防站建设的范围和方式,推进便民警务微型消防站建设。提请公安厅下发《便民警务站微型消防站建设标准》,制定场地、人员、器材3大类20项建设标准,推动各地党委、政府按照队伍建设、设施配备、管理措施、保障机制"四个一体化"的要求,投入7000余万元专项经费为便民警务微型消防站配备消防器材。同时,结合"十户联防"工作和"一键报警"装置,建成消防安全区域联防组织276个,各级消防指挥中心将微型消防站纳入接处警调度指挥体系和等级力量编成,按照责任区划分对微型站进行编号,实施精准调派。

四 坚持贴近实战,夯实基础,竭力打造精细化灭火救援准备

一是运用科技手段做精做实数字化应急预案。制定《灭火救援数字化预案编制暂行规定》和考评标准,设定"总队跨区域预案—支队类型预案—大(中)队对象预案"三类预案,围绕"一高一低一大一化"等特殊疑难灾害事故,规定6类核心要素内容,明确力量编成、战斗部署、处置程序等自选要素,科学确定预案框架结构。邀请行业领军企业—远大华美建筑工业公司交流研讨,共同探索依托BIM技术编制数字化预案的可行性。举办数字化预案评比活动,对最大单体石油化工、建筑火灾以及地震灾害三类45份预案进行评审,统一规定使用Autocad绘图软件,鼓励引入VR全景、无人机航拍、3D建模以及Google地图、城市数字地图等新型数字化手段,丰富预案表现形式。

二是突出过程要素全面开展任务式拉动演练。制定《辖区情况熟悉与实战演练实施细则》和《实战演练导调与考核要点》,固化"全要素、

全过程"理念,按照实战拉动、实地检查、分段训练和合成演练的步骤,逐一制定参演力量《作战任务卡》,各参演力量到场后领卡授命,在事先不知情的情况下临机处置,最大限度模拟实战情形,拉近操场与战场的距离。

三是依据形势任务定严定细常态化战备措施。按照自治区党委一级响应常态化、维稳常态化、打好反恐维稳组合拳系列要求,固化全勤指挥部24小时层级值守制度,制定军政主官带班值守、战备岗位实装备勤、灾情研判响应升级、重要警情实时图传、社会专家辅助决策5项特殊时期战备措施,建立完善应急处突响应机制,严格落实禁休、禁酒、严格控制人员外出的"两禁一严格"战时纪律。常态化通过每日远程督察、每周视频调度、定期通报情况,督促基层落实早晚双交班战时措施;支队全勤指挥部由军政主官担任总指挥,指挥长在作战指挥中心值守待命,值班人员24小时在岗在位,确保部队时刻保持良好的备战状态。

五　坚持问题导向,精准发力,着力探索需求化战勤保障模式

一是优化车辆装备结构。总队立足"一高一低一大一化"特殊疑难火灾处置需要,推进装备结构转型提升,将大流量、远射程、高性能消防车和远距离供水系统等特种车辆装备列入优先配备名录。各级消防部队通过财政增项、发改委立项、援疆进项、政府贷款等渠道,大力争取装备经费,2015年以来,集中采购各类消防车162辆、远程供水系统2套、工程机械4台、泡沫灭火剂805.8吨、个人防护等器材9.29万余件(套)、水带21.58万余米,累计投入消防车辆装备建设经费3.43亿元;争取部队和内地省市对口支援消防车54辆。乌鲁木齐、克拉玛依购置了远程供水系统、超高层供水车等高精尖车辆,填补了新疆消防车辆类型的空白,为破解各类灾害难题提供了强有力的装备支撑。

二是加强供水能力建设。针对新疆城市、工业园区自然水源缺少,

远程取水困难的实际，试点改建消防水源，督促、引导新、改、扩建的大型厂矿、商贸企业，建设高于国家标准的大容量消防水池，加大水池的进水管道和取水口，提高补水、取水能力。选择有条件的既有建筑，指导其采取安装消防泵、独立管线、自动泄水阀、逆止阀和取水口等方式改造消防水池，在不影响消防设施运行的基础上，实现向消防车快速供水或者直接出枪灭火。同时，计划在市政消火栓足额建设的基础上，加强消防水鹤建设，拟在火险高危单位周边各建 1 座供水流量为 40—50L/S 的消防水鹤，纳入政府目标责任书，努力解决重点区域火灾扑救供水不足的问题。

三是加快战勤保障建设。将全区化分为七大灭火救援协作区，按照"片区主战、区域联动"的模式，建立区域协同作战机制，先后投入 2400 万元建成以乌鲁木齐、阿克苏、奎屯三个辐射全区的自治区级物资储备库，并于 12 个社会保障单位签订了战勤保障协议。同时，积极争取自治区财政厅专项经费 4955 万元并自筹 1228 万元加强总队培训基地训练设施建设，部署开展执勤中队基础训练设施建设达标活动，全区 145 个执勤中队 100% 全部达标。

参考文献

[1]《加强实战化军事训练暂行规定》，2016 年 11 月印发。

[2] 王婷、黄超：《公安消防重大事故应急预案编制技术研究》，《江苏警官学院学报》2006 年第 5 期。

[3] 陆军、陈宝田、沈亚飞：《基层应急救援力量建设之探讨》，《防灾科技学院学报》2011 年第 1 期。

[4] 何勇：《加强和改进灭火救援工作探讨》，《武警学院学报》2012 年第 6 期。

完善重庆城市轨道交通灭火救援
力量体系的思考

张剑军[*]

目前，重庆市投入运营轨道交通线路 6 条（1、5、6、10 号线为地铁，2、3 号线为轻轨），投入使用车站 153 座（地下 82 座、地上 71 座），总运营里程达 263.24 公里（地面 117.22 公里、地下 146.02 公里），日均客运量约 205 万乘次，日最高客运量达 261 万乘次，日均客运量占公共交通运输量的 25%[①]。2020 年，还将建成 8 线 1 环，总运营里程达 410 公里，远期还将形成 17 线 1 环 820 公里的轨道线网。随着全市轨道交通的快速发展，给轨道交通灭火救援力量带来严峻的挑战。

一 重庆轨道交通灭火救援力量体系的现状

目前，全市轨道交通灭火救援力量主要由现役队伍、非现役队伍两个部分构成，其中现役队伍由主城九区公安消防 13 个支队 36 个执勤中队 1200 余名官兵（其中，轨道交通支队所辖中队 1 个，接警 5 分钟内能内到达的中队 28 个，5—10 分钟内到达的中队 8 个）组成，轨道交通消防

---

* 张剑军，男，1973 年 10 月出生，籍贯河北平泉，重庆市公安消防总队轨道交通支队支队长。

① 戚静：《基于系统动力学的城市交通方式结构演变研究》，2012 年。

支队为轨道交通灾害处置的指导和协调力量。非现役队伍包括企业救援力量与社会救援力量，企业救援力量是由重庆市轨道交通（集团）有限公司独立成立一支 20 人的应急救援大队，主要承担接触网损毁、线路设施损毁、列车脱轨、滑坡坍塌等轨道交通线路中断的应急救援工作，还招有专职消防员 25 人，兼职消防员 150 人（按车间/中心站）1 人标准设置），同时，组建 153 个微型消防站 1500 人，主要承担轨道交通车站内因设备故障、自然灾害、恐怖袭击等灾害事故的初期处置主担承担。另外，市级相关部门按照灾害类型分别成立了社会救援专业力量，如地震、抗洪抢险、道路交通、矿山抢险、危险化学品等 8 支市级应急抢险队伍和医疗、通信、市政、电力、燃气、物资等 12 支市级应急救援保障队伍。

二 重庆轨道交通灭火救援存在的问题

（一）山城地理环境不满足轨道交通灭火救援的需要

由于重庆山城的特殊地理环境，造成了城市轨道交通线路蜿蜒半山处，穿越民宅中，跨越两江上，区间高架最高高度达 28 米，有的无消防车道，有的虽然有消防车道但是不能满足消防扑救场地的要求（116 个区间高架中就有无消防扑救场地 32 个、站点 2 个，其中 14 个区间和 1 个站点救生气垫、云梯车、登高平台车都无法使用），如李子坝到佛图关区间、牛角沱站到华新街站的轨道专用桥、金山寺站到曹家湾站的轨道专用桥、两路口站到工贸站的公轨两用桥、大剧院站到小什字站的公轨两用桥、小什字站到上新街站的公轨两用桥、白居寺站到人江站的公轨两用桥，特别是 2 号线未设置多功能救援疏散平台，且无法整改；有的地铁车站埋深超过 30 米（31 个），占比达到 15%，甚至埋深达 60 米，如红土地站（该换乘站全部建成后最大深度将超过 80m）。因埋深过深，现有陆虎 60 雪炮车因无法运抵地下车站，救援人员携带的空气呼吸器因疏散距离长（270 米）、疏散楼梯梯级多（400 级），到达灾害事故现场时气压只剩 10MPa 等原因导致车辆装备器材不能发挥有效作用；有的地铁车

站出入口通道疏散距离超过 100 米（37 个），占比达到 18%，如新建的
T2 航站楼站出入口通道长达 290 米；有的区间隧道超长，如中梁山隧道
长 4.3 公里、铜锣山隧道长 5.6 公里。同时重庆城区交通常年拥堵，救援
力量无法及时抵达灾害现场，复杂的地形地貌，拥堵的城市交通，给重
庆轨道交通灭火救援带来了严峻的挑战。

（二）法律法规不配套轨道交通灭火救援的需要

国家法律法规方面，《消防法》《安全生产法》和国家十三部门联合
下发的《关于规范和加强企业专职消防队伍建设的指导意见》（公通字
〔2016〕25 号）中只明确民用机场、主要港口等交通运输领域应当建立
单位专职消防队，既没有将轨道交通纳入交通领域建立单位专职消防队
（全国除了上海建设了一支专业队伍外，其余省份都是依靠辖区中队进行
灭火救援）。也没有在国家部委、地方规章明确将消防站、消防供水、消
防通信、消防车通道、消防模拟训练设施等内容纳入城市轨道交通总体
规划，没有配套出台《城市轨道交通灭火救援专勤装备配备标准》，现行
《地铁设计规范》《城市轨道交通技术规范》中也没有明确在轨道交通沿
线或多线换乘、客流较大的车站设置企业专职消防队，导致企业灭火救
援力量建设无法可依。

（三）实训环境不适应轨道交通灭火救援的需要

重庆轨道交通自投运后，共接处警 13 次。其中，现役消防部队仅参
与处置了 2014 年 10 月嘉州站综合电源室蓄电池故障引发的火灾（过火
面积 2 平方米，经济损失 8 万元）、2014 年 5 月李子坝轻轨站由于供电故
障造成的车辆停运、人员被困（车站员工遂即疏散全部乘客）和 2016 年
9 月南岸区轨道交通环线二期三标在建工地的火灾三起事故。除此之外，
多数轨道事故在现役官兵到场之前，均由车站员工先期成功处置。全市
消防部队没有针对轨道灭火救援建立专业队伍，也没有真正处置过轨道
交通较大以上火灾事故，官兵缺乏处置轨道交通灭火救援的经验，又没
有针对全市轨道交通灭火救援进攻难、排烟难、供水难、搜救难、通信

难等问题建设模拟训练基地、设施和配备专勤车辆装备器材，技战术水平还停留在日常训练和演练上，难以满足轨道交通迅猛发展的灭火救援需要。

三　重庆轨道交通灭火救援力量体系建设的几点建议

轨道交通灭火救援是一项集灾难风险高、专业技术强、救援难度大、涉及范围广的交通运输领域[①]，救援力量应由常规的救援力量体系转向专业化、职业化、公益化、社会化，逐步形成政府统一领导、现役力量主管、企业力量主责、社会力量联动、公民积极参与的大救援体系。

（一）依托公安消防力量，打造专业化队伍

在面对轨道交通灾害事故面前，主要依靠公安消防救援力量，建立消防总队主管，属地消防支队主责，属地消防中队初战，专业队伍攻坚，轨道消防支队实训的灭火救援模式。一是着力将轨道消防支队打造成专勤装备基地、专业实训基地，强化培训指导作用。遂行属地消防支队及其所属中队进行六熟悉、演练、灭火救援工作；运用信息化手段，搭乘大数据、互联网＋等数字化信息平台，采用电子地图、GIF 动画、热点技术、BIM 建模、360 度动态全景漫游技术，以文字、表格、图片、影像视频的形式，实现查询站内、区间、车辆段、站外 500 米范围的交通道路、消防水源、消防设施、行车路线、灭火救援预案，让官兵既可在平时开展网上六熟悉、演练，又可在战时提供基础资料信息，了解 30 分钟的辖区执勤力量；重点对多线换乘、高架、深埋车站、区间、跨江、超长隧道、在建工地灭火救援处置编成进行研究，特别是设置在半山中无消防扑救场地的区间高架和埋深超过 30 米车站的研究，为现场指挥部提供辅助决策；协调轨道（集团）公司建设轻轨、地铁模拟训练设施（建成后既供消防官兵使用，又可面向轨道员工和市民开放）；利用轨道维修车辆

---

① 吴晓斌：《应急救援体系探讨与实践》，2013 年。

段、长客列车厂、报废列车、在建工地、未载客试运营车站等实行基地化、模拟化、实战化训练，定期开展全市消防队员、轨道微型消防站人员轮训。二是着力将属地消防支队打造成处置轨道交通灾害事故的"有力军"。承担六熟悉、演练、制定消防支队级灭火救援类型预案和中队级对象预案以及轨道交通灾害事故的初期处置任务。三是将轨道轻、重型编队打造成处置轨道交通灾害事故的"生力军"。依托渝中、南岸、两江新区三支公安消防轻型队和特勤和沙坪坝区两支公安消防重型缩队，承担轨道交通高难复杂灾害事故的研究、训练和处置任务。四是消防总队牵头开展轨道专勤装备的研究，重点针对路轨两用消防车在多趟列车同一运行线上行驶时，不能将消防装备、救援力量及时运到现场；轨道式移动照明车、大功率排烟车、举高（登高平台）车等车辆装备器材无法抵达设置在半坡的高架区间，无法发挥排烟、救援作用；无疏散被困人员救援平台的高架区间等课题进行研究，运用科研成果编制《轨道交通灭火救援专勤装备配备标准》，探索装备模块化编组调度，实现先进的高精尖装备与救援人员的有机结合。

（二）依托企业救援力量，打造职业化队伍

国家在修订法律法规中，应将轨道交通纳入交通运输领域建立单位专职消防队；部委局可将企业专职消防队纳入《地铁设计防火规范》，按多线换乘站、车辆维修基地配套出台城市轨道交通消防站建设标准，对建设规模、布局选址、建筑标准、装备标准、人员配备等予以明确；市政府应将消防站、消防供水、消防装备、消防车通道、消防模拟训练设施等内容纳入城市轨道交通总体规划，市级部门应按照一般站、换乘站、车辆段、在建工地制定《轨道交通微型消防站器材装备配备标准》；企业救援队伍应结合轨道交通实际，参照公安消防部队执勤训练有关规定，制订灭火救援初战处置编成的业务训练大纲与考核计划，定期开展实战演练，形成扑救初期火灾的作战能力。企业应当将应急救援队员纳入本单位人力资源管理体系和考核考评范围，科学评价救援队伍及队员的工作绩效，积极推行应急救援队员持国家职业资格证上岗，并将应急救援

队员的职业资格与其岗位任职条件、薪酬、合同续签、职级调整晋升等挂钩。与公安消防部门建立灭火救援联动处置机制，在扑救火灾时接受公安消防部门的统一调动和组织指挥。

（三）依托志愿者力量，打造公益化队伍

通过企业的大客流数据分析系统把乘坐轨道列车频次高的市民吸入消防志愿者队伍，对市民进行逃生自救与互救的灭火救援培训，采取免费乘坐等奖励措施，使市民主动参与轨道交通灾害事故大救援体系中来。企业要明确全体员工在乘坐轨道交通时积极主动承担志愿消防员的职责，对表现优异者给予奖励，对作出重大贡献者授予119消防勋章。在轨道交通灭火救援工作的宣传和知识普及方面，市政府可以托遍布全市的轨道微型消防站、妇女和青少年消防组织的作用，通过多种形式向公众广泛传授、宣传应急知识，定期开展轨道交通应急救援演练，进一步建立健全应急救援机制，真正让全社会来共同关注、预防和应对轨道交通突发事件。

（四）依托行业救援力量，打造社会化队伍

在市政府统一领导下，以公安消防部门为主体，充分发挥信息运转枢纽作用，从轨道交通灭火救援的及时性、专业性、综合性角度出发，将重庆市城区交通、电力、通信、水务、燃气、市政、公安、医疗、监测、大型运输（起吊）公司等部门的指挥调度纳入政府一体化指挥平台，实现统一接警、资源共享、快速反应、有效处置。加强各行业间的信息互通建设，增强协同作战能力。救援部门之间应当建立义件交换制度，部门之间的文献交换是一条较为有效的信息沟通渠道，各救援部门之间可以将自身较有特色的内部期刊、统计文件、工作简报等信息产品与其他救援部门之间进行文件交换，以及时了解相关部门领域的情况，从而更好地为应急救援工作服务[1]。市政府应急办牵头，组织地铁、消防、交

---

[1] 《构建我国社会应急救援力量体系的思考》，《武警学院报》2008年2月。

通、电力等相关部门定期组织开展各种类型的地铁事故模拟演练，实现社会动员、快速反应、协作联动的整体合力。

四　结束语

本文研究了依托消防部队建立轨道交通灭火救援队伍的现状、面临的挑战和对策，研究得到的主要结论如下：

（1）由消防部队承担轨道交通灭火救援职能，建立轨道交通灭火救援队伍，既是我市当前轨道交通救援工作形势的现实需求，也是符合我国相关法律法规规定及消防部队建设发展实际。

（2）根据当前轨道交通灭火救援队伍建设的实际情况，得出当前轨道交通灭火救援队伍面临的困难主要表现在三个方面：一是从重庆市独特的地形地貌上考虑，需要加强救援部队现有的技战能力；二是从国家立法角度考虑，需要完善轨道交通灭火救援方面的法律规范；三是从救援队伍角度考虑，需要增强自身专业化水平，加强与其联动协作，形成整体合力。

（3）加强轨道交通灭火救援力量体系建设是多个方面的，应当积极探索新思路、新方法，积极应对当前轨道交通灭火救援队伍建设面临的挑战，全面提升消防部队轨道交通灭火救援能力。

关于深化探索"1+3+5+X"灭火救援体系作战模式的实践与思考

张希瑜*

宝鸡消防支队按照总队统一部署，紧盯战斗力核心要素，精心打造"微型消防站+卫星消防站+公安现役站+社会联动力量"四级灭火救援力量，深化探索"1+3+5+X"体系作战模式，推动灭火救援作战成效跨越提升。

一 用理念变革寻求突破，科学构建四级灭火救援力量

随着灾害事故类型逐渐趋向于复杂化和多样化，单靠消防部队已难以满足现代灾害事故处置的需要。针对当前灭火救援能力提升的瓶颈问题，我们探索构建符合现代灾害事故处置、"职责明晰、高效联动、实战突出"的多种形式消防力量。

（一）建实织密"有效联动"的微型消防站

将微型站纳入宝鸡市消防事业发展"十三五"规划，制定出台了《微型站建设指导意见》，推动社会专兼职消防力量大发展。一是推行微

---

* 张希瑜，男，1971年10月出生，籍贯陕西西安，陕西省宝鸡市公安消防支队支队长。

型站联勤调度。社会单位按标建站，指挥中心统一调度；同时，加强监督、互动，确保联勤调度落到实处。二是开展微型站社区联防。建立起一般微型站接受社区站指导、调度的联防、互查工作的机制。三是推动建设专职化微型站。在超大型综合体和超高层建筑建设 3 个专职化微型站，试行 24 小时备勤和 3 班轮勤模式（4 名专职消防员 1 班），各站全部纳入 119 指挥调度体系。今年以来，全市 380 个实现联勤联动的微型站，共参与处置火灾 70 起，抢险救援 62 起，社会救助 32 起，1 分钟单元作战效能提升明显。

（二）创新建设"快出快处"的卫星消防站

我们坚持战斗力标准，紧盯"打早灭小"目标，积极从规划建设、队伍管训、备勤作战等关键环节入手，全力推动全市卫星站快速布点、实战运行。一是灵活规范建站。结合宝鸡市狭长地形特点，创新规划思维，以"3 分钟路途时间"为核心指标，优先在城市消防力量空白点、人员密集老旧城区布点建设了 18 个城市卫星站（其中 2 个站为地上驻勤、地下停车），12 个乡镇卫星站。二是实行精准管控。利用"陕西消防力量云平台"精准、透明掌握卫星站日常管理、执勤训练、防火巡查、宣传培训等职责任务落实情况；建立"卫星站微信管理群"，强化内部互联互通，确保卫星站管训工作落地见效；建成"24 小时动态监控系统"，利用各类信息化手段，对卫星站进行全天候管控，无缝隙检查。三是配备攻坚利器。瞄准"打早、灭小"目标，统一配备高效高压喷雾消防车。

（三）着重打造"攻坚克难"公安现役站

将公安现役部队打造成为灭火救援的特种部队。一是立足实战配备高精尖装备。改善装备结构、优化装备性能，有计划、有步骤、有层次配备高、精、尖装备。目前，全市普通中队全面配备高喷车、21 米登高车、城市主战车、皮划艇、移动充气泵等车辆装备，特勤中队优先配备涡喷消防车、54 米登高车、冲锋舟、雷达生命探测仪、蛇眼生命探测仪、八爪鱼地震救援装备、无人机等车辆装备，切实为有效处置各类灾害事故提供有力的装备保障。二是坚持实战标准开展全员练兵。我们科学建立起以主官带头、全员练兵，每月全员考核的长效机制，并按实际及时调整训练内容，循序渐进，保证训练成果；同时，侧重耐力、速度、力量、技巧训练，多样化训练手段，充分调动官兵主动参与训练的积极性，增强训练效果。三是突出实战淬炼攻坚能力。我们按照"人员实兵实装、装备实测实练、信息实联实通、水枪实打实射"要求，在急、难、险、重的训练环节摔打部队，确保提升部队在实战环境下的临机处置和联合作战能力；同时，模拟实战，分批组织全市官兵开展实车破拆、实车灭火、烟感模拟等训练，精心组织水上救援集中训练，开展全员全装全域的地震救援拉动演练，高强度淬炼了部队快速反应和协同作战能力，推动实战化练兵落到实处。

（四）推动建设"快捷调度"的社会联动力量

提请政府在 119 指挥中心设置了政府联动力量响应调度专席，灭火救援时，交管部门运用绿波系统为车辆行驶提供畅通信号，119 指挥中心和交通道路监控系统对接，共享信息资源，实时调用交通路况信息。宝鸡安监、气象、环保、质监、医疗、石油化工、燃气、供水、供电、通信等行业部门专家组成灭火救援专家组，并建立定期会商研讨机制。相关部门定期组织开展大型联合演练，检验联动力量应急响应能力。"四级灭火救援力量"指挥调度实现了快捷高效化。

（五）深化运用"全面"的信息化管训平台

以"互联网＋消防力量"为切入点，将全市专兼消防力量纳入"陕西消防力量云平台"统一"云管理"，通过"即时、动态、透明"数据平台搭建，各级消防力量的"互联、互通、互动"。同时，利用 POC 手机定时、定位功能，辖区大队、卫星站对微型站每日进行语音点名和视频互动，指挥中心定时开展随机抽点、定位监控和出警调派，确保微型站联勤调度落到实处。

二　用实战打赢作为标准，深化探索"1 + 3 + 5 + X"灭火救援体系作战模式

宝鸡支队结合体系融合和体系作战的特点，依托智慧消防平台，借助信息化手段，深化探索"1 + 3 + 5 + X"灭火救援体系作战模式。

（一）"1分钟"作战单元微型消防站

充分发挥微型站点多面广、熟悉辖区情况的优势，担负消防安全巡查、初起火灾处置、消防宣传等职责，助推消防工作社会化。微型站训管纳入"陕西省消防力量云平台"和分级管理微信群，指挥中心、辖区大队借助"云平台"、POC 手机等手段互动交流，实现微型站有效联动。截至 2017 年 8 月，宝鸡市共调动微型站出警出动 226 次，参与处置火灾 98 起。特别是中滩路社区微型消防站，自 2016 年 9 月运行以来，累计排查火灾隐患 247 处，开展灭火演练 15 次，宣传培训 11 次，参火灾扑救 8 次，辖区火灾起数同比下降 75%，财产损失同比下降 80%，在宝鸡市渭滨区桥南街道办事处 6 个板块型社区中，中滩路社区火灾起数和财产损失数量最低。

（二）"3分钟"作战单元卫星消防站

一是落实防消一体化。发挥卫星站优势，建立以卫星站为核心的"消防巡防互动微信群"，每日上传工作信息，专人负责监督、指导；同时，通过直接宣传，推动防消一体有效落实。截至上半年，全市卫星站已直接指导微型站 786 次，排查火灾隐患 652 处，开展消防宣传 523 次，参与活动安保 113 次。二是探索训战高效化。研发"卫星站信息管理平台"，记录分析全市卫星站灭火救援相关数据信息，为作战训练工作提供参考依据。今年以来，运行作战数据分析结果，全市先后开展针对性真火和烟热训练 12 批次，创新编排实战操法 10 套，举办专项业务大讲堂 7 期，拍摄作战训练"视教片"2 个，有效提升了卫星站"快出快处"能

力。三是实现执勤精干化。结合装备特点设定执勤编程，城市卫星站4到6人一队，配置微型高效高压喷雾消防车，站上实行2人常态值守；乡镇卫星站10人一队，配置轻型高效高压喷雾消防车，站上落实4人常态备勤。今年以来，全市卫星站共接警出动1165次，其中扑救火灾313次，应急救援232次，社会救助619次。利用支队研发的卫星站出警信息管理平台，对上半年主城区722起灭火救援数据进行分析，卫星站单站处置385起，多站联合处置163起，协助公安现役站处置174起，卫星站平均到场时间为7分钟，较公安现役站早到6分钟，"打早灭小"预定目标全面实现。

（三）"5分钟"作战单元公安现役站

按照"普通中队特勤化、特勤中队专业化"建设思路，先后组建7支"特专化"队伍，设立17个"特专化"班组，自主创编17套"特专化"训练科目，通过定期实战训练、联合演练，实现了单兵、班组、分队的密切协同、无缝对接，部队专业化处置能力大幅提升。同时，以"全域机动、聚合提升、专业处置"为目标，建立起"34211"灭火救援力量调派机制（市区、东片、北片3个灭火救援圈，全市4小时、200人调派无盲区，救援圈内1小时、100人重点县镇全覆盖）。今年以来，在"4.13"川陕路槽罐车苯泄漏事故、"4.21"金台大道在建工地高层火灾、"8.16"连霍高速西宝段危化品槽罐车侧翻泄漏事故处置中，119指挥中心调度特专化队伍到场处置，有效保证了事故处置结果，防止了次生灾害，公安现役部队"能打胜仗、善打硬仗"的风采得到了充分展示。

（四）"四级灭火救援力量"一体化指挥调度

支队按照"一点着火、多站调派、协同作战"的原则，实行"微型站就近调派，卫星站多站联动，辖区消防中队遂行出警"的一体化调度模式，确保快速有效处置灾情。2016年12月24日凌晨，宝鸡市新世纪购物广场一层周大福金店发生火灾，指挥中心实行一次性调度，经一路卫星站、开元卫星站分头到场，周边的银座商城微型站到场警戒。4名卫星站队员用 2 只喷雾枪有效阻止了火势蔓延，为 5 分钟后赶到的辖区中队赢得了时间，及时扑灭了火灾。"灭早灭小"作战能力和一体化调度模式在实战中得到了检验。

三　用发展的眼光谋划建设，逐步实现社会大救援目标

"1 + 3 + 5 + X"灭火救援体系是一个系统工程和社会工程，必须用发展的眼光谋划建设，通过警民深度融合、统筹布局建设、完善管理模式、推行综合保障、加大智慧消防建设等举措，更好推动灭火救援大体系建设。

（一）推动警民深度融合

把政府专职队员作为联动的纽带，通过 1 个公安现役站管理联动若干卫星站，1 个卫星站管理联动若干微型站，逐步实现警民相互交织、力量层层倍增、管理层级明确的良性运行模式。充分借助公共信息化平台，建立包含四级消防力量的"管理互动微信群"，并借助"陕西消防力量云平台"，通过线上交流、沟通互动等，实现各级消防力量"互联、互通、互动"。

（二）聚焦发展统筹建设

一是完善标准。提请政府出台《微型站建设指导意见》和《卫星站建设标准》，明确两站建设各项要求，完善"管、训、备、战、调"等制度，推动两站建设规范、高效。二是统筹布局。提请政府将各级消防力量建设纳入城市公共基础建设范畴，城建规划初期对各级消防力量布局建设进行规划，明确由建设单位代建、由消防部队验收，实现同城市建设同规划、同布局、同建设。三是以考促建。提请党委政府将"1 + 3 + 5 + X"灭火救援体系建设纳入目标责任考核和领导班子和领导干部考核的重要内容，定期由党委政府组织考核，推动建设。

（三）完善体系管理模式

一是建立备案验收制度。在各级消防力量建成后，向辖区消防部门进行备案，由消防部门考核验收后纳入 119 指挥中心进行统一指挥调度。二是建立政府专职队员管训基地和管理办公室。建立市级政府专职队伍训练基地和县区级的专职队伍管理办公室，创新模式，分别管理，从根本上解决现役队伍与专职队伍混编带来的管理难题。三是建立政府专职消防队员发展机制。推动符合条件的政府专职队员纳入事业单位管理，扩宽队员发展空间，增加职业吸引力；同时，提请政府明确灭火救援高危工作属性，提升各项待遇确保提升队伍稳定性。

（四）推行综合保障机制

一是推行等级保障制度。依据灭火救援现场情况，推行体系作战等级保障制度，设立作战保障关键模块组，确保一旦发生灾害事故，后勤保障工作及时启动、合理保障。二是实行社会联勤保障。摸清辖区内保障能力底数，建立台账，制定预案，录入"陕西消防力量云平台"；同时，政府统一签订战时保障联动协议，做到平时有掌握、调用有机制、战时有保障。三是建强专业保障力量。以战勤保障大队为基础，平战结合，建立消防专业技术保障服务队，战时按需求遂行出动，全程保障车辆装备有效运行、器材装备完整好用。

（五）加大智慧消防建设

一是高位谋划推动。借力智慧城市建设，积极向党委政府汇报，将"陕西消防力量云平台"作为智慧消防建设的重要组成部分，纳入当地城市建设框架体系内进行构架建设，同步建设或预留接口，方便最终实现无缝对接。二是优化体验感受。不断提升"陕西消防力量云平台"的操作流畅度和数据获取准确度，优化"云平台"体验感，增加吸引力。三是升级功能作用。升级"云平台"，实现各级力量即时调派、实时指挥，聚合提升体系作战能力，确保灾情发生，指挥调度科学有序，官兵处置胸有成竹。

加氢裂化装置危险性分析
及火灾处置的几点思考

富新龙[*]

加氢裂化是集炼油技术、高压技术和催化技术为一体，是重质馏分油深度加工的主要工艺之一。加氢裂化装置在高温、高压、临氢、易燃、易爆、有毒介质操作环境中，其强放热效应不可控制。氢气具有爆炸危险性，产生有毒 H_2S 气体，高温、高压设备引起管线、阀门、仪表的泄漏致灾或爆炸。因此，针对其火灾危险性，研究制定出科学的火灾扑救对策，才能减少灭火救援过程中的人员伤亡和财产损失。

一 装置简介

加氢裂化实质上是加氢和催化裂化过程的有机结合，能够使重质油品通过催化裂化反应生成汽油、煤油和柴油等轻质油品，可以防止生成大量焦炭，还可以将原料中的硫、氮、氧等杂质脱除并使烯烃饱和。

---

* 富新龙，男，1970 年 3 月出生，籍贯上海浦东，上海市金山区公安消防支队支队长。

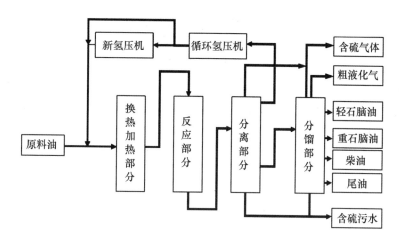

图1　加氢裂化工艺流程示意图

　　加氢裂化按操作压力可分为：高压加氢裂化和中压加氢裂化，高压加氢裂化分离器的操作压力一般为16MPa左右，中压加氢裂化分离器的操作压力一般为9.0MPa左右。

　　加氢裂化按工艺流程可分为：一段加氢裂化流程、二段加氢裂化流程、串联加氢裂化流程。串联加氢裂化流程既具有二段加氢裂化流程比较灵活的特点，又具有一段加氢裂化流程比较简单的特点，该流程具有明显优势，如今新建的加氢裂化装置多为此种流程。

二　危险性分析

（一）有毒物质的危险性

　　由于加工高硫油和脱除油品中的硫是加氢工艺所固有的特性之一，尾气、低分气、粗液化气中的硫化氢含量升高以及再生塔高浓度酸性气的存在，有发生中毒的危险。加氢裂化装置物料属性见表1。

表1　　　　　　　　　　　　加氢裂化装置物料属性

物料名称	物料性质	爆炸极限/%	自燃点/℃	闪点/℃	火灾危险性分类
尾油	可燃				丙 B
柴油	可燃、可爆	1.5—4.5	350—380	50—90	丙 A
液化气	易燃、易爆、中毒	1.0—15	430—446	< -68	甲 A
氢气	易燃、易爆	4.1—74.2	570—590		甲
硫化氢	可燃、可爆、中毒、	4.3—45.5	246		甲
石脑油	易燃、易爆	1.2—6.0	480—510	36—177	甲 B
航煤	易燃、易爆	1.4—7.5	380—425	28—45	乙 A

（二）高温高压的危险性

高压加氢裂化装置的反应温度大于350℃、压力为14.0MPa，高于一般的中压加氢裂化装置，因此高压加氢裂化装置各个区域的危险性也较高。

（三）装置特点的危险性

装置采用连续化生产，反应部分是高温、高压，而反应后的生成物分离、分馏时，则相应压力较低，所以在其整个工艺过程中，容易造成高压窜低压的部位较多，尤其是高压分离器至低压分离器、循环氢脱硫塔至富胺液闪蒸罐、高压换热器管束（破裂时）到脱戊烷塔，一旦发生高压窜低压的现象，极易造成爆炸、火灾、乃至人身中毒伤亡事故。

（四）氢气泄漏的危险性

加氢裂化装置处于高温高压氢气环境下，或处于常温高压的氢气中，氢气易与空气混合引起爆炸及二次灾害。高温氢腐蚀有两种形式与特征：一是表面脱碳；二是内部脱碳与开裂。氢腐蚀使钢材强度和韧性显著下降，产生了氢脆的钢材，其延伸率和段面收缩率显著下降，这都可能会造成高压设备或管线突然撕裂，引发爆炸、火灾或人身中毒伤亡事故。

（五）设备腐蚀的危险性

在硫化氢和氢气共存的条件下，比硫化氢单独存在时对钢材产生的腐蚀还要剧烈和严重。在装置的不同部位有着不同的硫化氢腐蚀，高温硫化氢腐蚀主要存在于高压换热器、反应器及其相连接的管线，低温湿硫化氢腐蚀主要存在于高压空冷器、高低压分离器、脱硫化氢分馏塔及上述设备相连接的管线，以及胺液再生系统，一旦泄漏或腐蚀穿孔，极易发生火灾、爆炸或人身中毒伤亡事故。

（六）反应失控的危险性

在加氢精制反应器中，氮化合物对含分子筛的加氢裂化催化剂是一种毒性物质，会吸附在催化剂的活性中心，降低催化剂的活性，并引起结焦，严重影响催化剂的功能发挥。要达到较好脱氮水平，须克服高温可能引发裂化催化剂床层的超温乃至"飞温"。

三　火灾特点

（一）易发生燃烧爆炸

加氢装置生产中涉及的化工原料都为易燃液体、易燃气体，加氢裂化装置生产的粗液化气、石脑油、硫化氢以及原料之一的氢气极易与空气形成爆炸性混合气体，尾油、柴油的自燃点都低于装置的操作温度，装置的反应部分有大量高温高压氢气和混合油料，这些物质一旦泄漏极易发生燃烧爆炸。加氢裂化装置发生着火爆炸后，在一定范围内形成高温燃烧区，同时由于生产中的原料和产品沸点低，挥发性强，绝大部分物质具有易燃烧，易爆炸的性能，起火后燃烧速度非常快，尤其是可燃气体，燃烧时蔓延速度快，常常以爆炸形式出现，瞬间全部燃烧，增加了火势瞬间扩大的危险性。

（二）易形成立体火灾

加氢装置的火灾大多由于装置的物料泄漏造成的，生产装置高大且管线排列复杂紧密，火势容易沿容器、管线向各个方向蔓延，甚至引起爆炸，进一步形成更大面积的燃烧。由于高温、临氢的条件，燃烧速度极快，蔓延迅速，无论是装置的上部着火还是装置的下部着火，若控制不当，极易发生连锁反应。同时燃烧产生的高温、强烈的辐射热会加速燃烧的猛烈程度，加速火势的发展蔓延，在较短的时间里形成立体火灾。

（三）易形成流淌火灾

加氢装置的原料和产品大都是易燃易爆的气体、液体，气体液体物料着火后，由于它们的流淌扩散性，导致了液体火焰流淌到哪里，火势就扩散到哪里。特别是可燃气体，燃烧迅速，火势瞬间扩大的危险性更高。当容纳流体量较大的设备遭受严重破坏时，其内流体便会急速涌泄而出，失去控制，到处流散，造成大面积的流淌状火场局面。物料和反应设备爆炸时的飞火，也能造成大面积火灾。这些特点都给消防员就近灭火带来了致命的危险。

（四）易造成人员中毒

据统计，火灾中死亡人数的 80% 以上是由于烟雾中毒、缺氧窒息而死。有毒物质经呼吸道、消化道和皮肤等进入人体后破坏人体的正常生理机能，导致中毒性危害甚至死亡。石化企业发生火灾时，有些物质在分馏过程中析出有毒、有害性气体，对环境空气污染极大；有些物质在化合，分解，重整时需要某些有毒气体元素做添加剂；有些用来降温、冷凝等也需要大量的有毒气体，这些物质都具有强烈的腐蚀性，对于扑救火灾有很大影响。此外，如果处理流淌液体不及时有效，若大量泄漏液体流入河流将会使其直接受到污染，影响到人们生活饮用水。装置中的油品蒸气、硫化氢、液化气等会造成人员轻度麻醉，对呼吸道和眼部有明显的刺激作用，严重时会产生意识丧失及中枢神经系统症状，甚至造成人员死亡。

四　扑救对策

（一）加强第一出动力量

加强第一出动力量，适时启动大型石化企业火灾灭火作战预案，第一时间调集高喷消防车、举高消防车及其他灭火救援力量，使其占据有利位置。第一时间调足泡沫、干粉等灭火物资，以快制快，赢得灭火战斗的主动权。由于石油化工火灾燃烧速度快，火势蔓延快，如果在火灾初级阶段就控制住是十分理想的。因此，必须与火灾的燃烧争时间、抢速度，尽力做到出动快、展开快、火场扑救时行动快，以快速行动来制止住火灾的迅速燃烧。

（二）强化个人防护等级

在划定危险区域等级之前，全体官兵下车前应佩戴好空气呼吸器等安全防护器具，进入装置内部人员应视情着轻型防化服或者重型防化服，防止发生人员中毒。距离火焰较近的消防员应着隔热服，同时要有水枪保护。全体参战官兵要事先明确紧急撤退信号，防止出现爆炸征兆时，人员未及时撤离造成伤亡。

（三）科学制定作战方案

接警后要第一时间问清火场情况，做好相应的准备工作，在接近火场的途中，要根据火光判断燃烧大致部位，根据烟雾判断好风向，并选择正确进攻路线。到场后，首先迅速查明燃烧物质、燃烧部位、火势蔓延方向、有无人员受火势威胁及中毒危险、有无建筑物坍塌危险和有无爆炸危险，在查明情况基础上，制定科学合理的作战方案。

（四）积极采取工艺处置

在冷却灭火的同时，积极配合工厂的技术人员，采取相应的工艺措施，对灭火救援的开展能起到事半功倍的作用。关阀堵漏是减轻石油化工类火灾的有效手段。在关阀堵漏时，须首先找到企业相关技术人员，在其指导下摸清阀门位置、关闭措施、物料流速等，堵漏时要根据泄漏装置的具体情况，选配合适的堵漏工具，运用正确的堵漏方法，关阀堵漏时必须做好个人防护，并在水枪掩护下进行，如遇突发情况应第一时间及时撤离。

（五）坚持先控制后扑灭

在扑救化工火灾时，原则上先扑外围，然后进行内攻，以控制火势向周围蔓延扩大，尤其是在战斗力量不足时，可根据着火部位的不同情况，先重点，后一般，先易后难，待增援力量到达后，一举扑灭火灾。对于加氢裂化装置而言，处于较大氢气泄漏并已经燃烧的高压高温管线，辐射热很高，本身又处于充分的热膨胀，难以忍受冷态常温的灭火剂的作用，很可能使裂缝扩展，给外界空气的入侵开了个"缺口"，极易形成氢气—氧气爆炸混合物，导致爆炸。因此，氢气泄漏导致的着火，切记不能使用二氧化碳和高压水等具有冷却作用的灭火剂来扑灭火灾，要在控制其稳定燃烧的同时，加强临近设备的冷却保护。

五　几点思考

（一）以快制快与有序展开的关系

从燃烧曲线可以看出，火灾分为四个阶段，即火灾初起阶段、火灾发展阶段、全面燃烧阶段和熄灭阶段，火灾发展阶段，火势发展迅速，燃烧程度极具增加，火灾的危害也成指数增长。因此对于火灾扑救，尤其是化工装置的火灾扑救，将火灾处于初起阶段时扑灭是最好的结果。但是我们在追求快的同时，要有序进行战斗展开，防止展开混乱给后续应援力量进入火场带来不便。这就需要我们指挥员对作战方案、驾驶员对行车路线、停车位置、战斗员对自己的任务、供水人员对水源情况等都清楚，一旦发生火灾，就可以按计划行动，抓住有利时机，利用地形、地物准确侦察情况，以最快的战斗行动，控制火势。

（二）加强出动与明确分工的关系

以金山石化为例，石油化工装置发生火灾后，第一出动力量近6个中队，30辆车，能否最大限度发挥出参战力量的作战效能，不仅对火灾扑救过程有着极大的影响，更是对检验各级指挥员指挥能力的考验。金山支队根据辖区灾害事故灾情类型，危险程度，处置难度等因素，组建石油化工灾害事故处置轻型、重型化工编队。主要有灭火冷却、举高喷射、抢险防化、战勤保障、通信指挥5个作战单元，重型化工编队另外增设一个远程供水作战单元。通过这样的方式，使全体参战力量分工明确，各司其职，形成合力。

（三）打击火势与控制燃烧的关系

在火灾扑救过程中，基层指战员很容易有这样的错误思想，就是要第一时间把火灭掉。殊不知在这样的想法下，往往会使火越救越大，对化工装置火灾而言，甚至有发生爆炸的危险。石油化工类火灾中会产生大量辐射热，当热量达到一定程度，即使未起火的相邻罐体也会由于储存的物质达到燃点而发生燃烧甚至殉爆，因此冷却防爆是消防官兵到场后的首要任务。消防官兵在灭火过程中，只要把握火场主要方面，正确判断火势蔓延方向，将火势控制在可控范围之内，待时机成熟、力量到位、灭火药剂充足后，一举将火灾扑灭。

六　结束语

尽管我们针对石油化工单位的重点部位制定了详细的灭火救援预案，但火灾发生时，面对石油化工事故具体如何处置仍然需要我们随机应变。在火场进攻之前，我们要分析火灾是否有再次扩大的危险，是否需要厂方人员采取工艺措施，是否需要安排人员关阀堵漏等，重新制定合理有效的扑救方案。这就需要我们在平时针对各种火灾可能性加以演练，在真正面对石油化工火灾时不惊慌、不盲目，从而获得合理有效的救援效果，保障人民生命财产安全。

参考文献

[1]《中国消防手册》，上海科学技术出版社2009年版。

[2] 张晓兵：《260万T柴油加氢精制装置安全评价》。

［3］《加氢装置脱硫化氢汽提塔系统腐蚀调查》，《腐蚀控制对策》。

［4］蒋国民：《高压加氢裂化装置危险性分析及预防》，《安全、健康和环境》2013年第6期。

［5］李立权：《加氢裂化装置安全性分析》，《炼油技术与工程》2004年第5期。

火场中移动排烟的技战术研究

游　淳*

一　火场中烟气的危害及对灭火救援行动的影响

有关数据显示，建筑物火灾伤亡中因烟气而死亡的所占比例最大，最高可达80%，可见烟气危害之大。在火场中要对战烟气，首先就要了解火场烟气的组成和危害性，并准确把握烟气对实战灭火救援行动的影响。

（一）火场烟气的组成

根据组成成分划分，烟气可分为：①气相燃烧产物；②未燃烧的气态可燃物；③未完全燃烧的液、固相分解物和冷凝物微小颗粒。一些常见的可对人类产生刺激作用的气体如 H_2S、NO_2、SO_2、Cl_2、NH_3、HCl 等都是火场烟气的重要组成部分。

（二）火场烟气的危害

火灾烟气的危害性主要有三个方面：

（1）毒性。火场烟气绝大多数都具有毒性，有些甚至剧毒。例如 CO，它是火场烟气的重要组成部分之一，表1为 CO 浓度百分比与对人

* 游淳，男，1975年11月出生，籍贯福建福清，福建省福州市公安消防支队参谋长。

体伤害的关系①。

表1   **不同 CO 体积浓度对人体的伤害**

CO 体积浓度（%）	对人体损害
<0.01	正常空气中含量，对人体无害
0.5	20 分钟即会死亡
1	呼吸就会失去知觉，在此环境 1—2 分钟 会严重中毒，严重的甚至导致死亡
1.28	人能生存的 CO 浓度极限值
2	1—2 分钟即死亡，一般为火灾猛烈燃烧时期 CO 浓度

（2）减光性。火场烟气可阻挡光线的传播，降低视力、引起心理恐惧等。烟气的流动速度远大于人的移动速度，其扩散会造成非燃烧区甚至整个火场一片黑暗。

（3）高温性。燃烧会放出大量的热，产生灼热的火场烟气。高温烟气的流动不仅会引起新的燃烧，还会威胁到人的生命安全。人在 120℃ 的空气下呼吸 15 分钟就会造成不可恢复的伤害，而一般火场中心烟气温度可达 600℃—800℃，有时甚至更高。

（三）火场烟气对灭火作战的影响

（1）影响进攻路线的选择。烟气在火场会蔓延到疏散通道或者消防人员进攻的通道。在进行内攻前，要根据现场的火情、建筑结构特点、风向等，选择出其中最适合的送风口进入。

（2）影响消防队员自身安全。烟气的毒性、高温性、减光性都会影响消防员在火场中的行动，甚至给消防员造成伤害。因此，在进入火场展开灭火救援时自身的防护是必不可少的。

（3）影响技战术决策。火场进攻方向的选择、送风口的选择、排烟

---

① 李海江：《特重大火灾人员伤亡统计与分析》，《中国减灾》2013 年第 23 卷第 3 期。

机的摆放、排烟方式的选择等决策部署都是受火场烟气影响的。火场救援的开展、技战术决策的下达都要考虑火场烟气。

二　排烟方式及移动排烟设备简介

对排烟方式和排烟设备的认识是开展排烟工作的基础。

（一）排烟方式

排烟方式可分为[①]：

（1）自然排烟。在自然力的作用下，造成空气对流达到排烟目的的方式称为自然排烟。

（2）固定设施排烟。使用排风机进行强制排烟的方式称为机械排烟或固定设施排烟。

（3）移动排烟。基层部队使用最多的排烟装备是移动排烟机，在部分经济发达地区，还会配备排烟车。电风扇、排风扇等在必要情况下也可用于排烟。

（二）常用移动排烟装备

消防部队中常见并经常使用的移动排烟装备有：

（1）移动式排烟机：在动力源上划分，可将移动式排烟机分为汽油排烟机、水力驱动排烟机、电动排烟机和柴油排烟机。

①汽油排烟机：以汽油机为动力源的排烟机具有质量小、机动性好等特点，功率可达 2—5kW，但可能会出现漏油和中途熄火等现象，且防爆性差。

②水力驱动排烟机：水力驱动排烟机的特点是易操作，排烟量大、质量小、移动方便、噪声小、防爆效果好等。水力驱动排烟机可分为冲击水轮式和反力驱动式两种驱动形式。

---

① 李晓卫：《浅谈自然排烟与机械排烟的适用性》，《中国科技财富》2012 年 10 月。

③电动排烟机：此类排烟机耐高温，转速快且启动方便，但在基层消防部队使用并不普遍，原因是它启动需要较大的电流，而且无法在易燃易爆场所使用。

④柴油排烟机：此类排烟机虽然防爆性能优于汽油排烟机，但其质量较大，不宜用于需要长时间作战的火场排烟。

（2）排烟消防车：大型排烟消防车功率大、排烟量大，适用于大型火灾现场如隧道、地下建筑、矿坑、机场、地铁、高层建筑楼房、大型娱乐场所、复杂地形等场所。

（3）消防水枪：在火场中使用的喷雾水能完全汽化的可达90%，可控制烟温，降温除尘。为了达到吸收烟雾的效果，还可在喷雾水中加入化学添加剂，不仅能掩护消防灭火作业，还可开辟救援通道。使用喷雾水枪进行排烟时，其压力保持在0.7—0.9MPa之间，角度保持在600—620，排烟效果达到最佳。

三　移动排烟技战术研究

下面就移动排烟机的具体技战术应用作简要探析。

（一）移动排烟方式的选择

根据火场情况的不同，应采取不同的排烟设备和方式，达到排烟效果最大化。

（1）正压送风排烟。排烟风机将空气经风机送入火场后，锥形气流覆盖着火房间的入口，大量的空气通过通道进入着火房间内部，最终将烟雾从着火建筑的另一出入口排出的方式称为正压送风排烟，如图1所示[1]。

---

[1] 张杰：《浅谈正压送风排烟方式在地下建筑火灾扑救中的应用》，《中国公共安全》2003年1月。

图1 正压送风排烟基本原理示意图

正压送风排烟有诸多优点：第一，将冷空气送入火场深处与热烟气进行热交换，可以降低火场温度；第二，排烟机设置于火场外部，不会发生排烟机在火场内熄火的情况，保证不间断作业；第三，排烟机架设于火场外，操作者不受浓烟影响，人员安全有保障。第四，使用正压送风排烟输送新鲜空气，减少了排烟机的清洗和维护保养，提高了排烟机的使用寿命。

火场中应用正压送风排烟应注意以下几点：①在建筑物内，排烟机摆放位置的相对面要开设一个供热烟气排到室外的排烟口。排烟口的选择需考虑以下三点：a）排烟口应尽可能的靠近着火部位；b）可选用可看见明显火焰或烟气的开口作为排烟口；c）当要进行破拆排烟时，在不明确的情况下，应先开个小口，之后再根据情况扩大开口。②排烟机进行正压送风排烟时要保证锥形气流完全覆盖送风口。③正压送风会向火场提供更多氧气，可能加速火势蔓延，要重点预防火势蔓延到相邻建筑。有数据显示，自然通风情况下，火焰蔓延到室外的长度大约为0.91m，使用正压排烟机时，室外火焰长度大约为1.83m[1]。由此可见，正压送风排烟对邻近建筑的危害更大。

---

① 荀迪涛、李思成、王万通：《灭火战斗中火场排烟方法探讨》，《消防科学与技术》2014年第1期。

下面举例说明正压送风排烟战斗的开展。如图 2 所示，一多层单体民用建筑发生火灾，火源在一层，烟气蔓延至整个建筑空间。

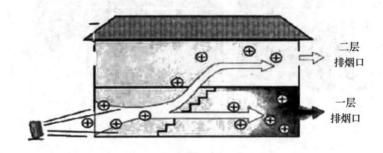

二层
排烟口

一层
排烟口

图 2 正压送风排烟战斗示意图

在对图 2 建筑一层进行排烟前，要确定先关闭二层对外的窗户，此时可以按照单层民用建筑排烟方法进行操作。如果要对二层进行排烟，排烟机的摆放位置依然在一层，但要关闭一层的出入门窗，且有选择地关闭二层的窗户。

（2）负压抽风排烟。负压排烟多用于火场后期清理，是利用排烟机风机的吸力把烟雾从火场抽出的方法，如图 3 所示。

负压排烟机可与单节或多节串联排烟管配合使用，将烟气经火场的出入口向室外引导扩散。

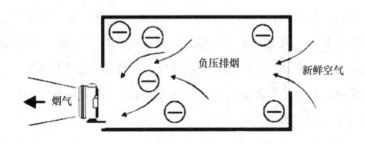

负压排烟

新鲜空气

烟气

图 3 负压抽风排烟基本原理示意图

使用负压排烟的优点有以下几点：第一，负压抽风排烟不受建筑热压作用和外界气象条件影响，排烟效果较稳定；第二，负压排烟机使用的排烟管道可深入火场，可提高排烟效率，达到更好的排烟目的。

使用负压排烟的限制条件主要有：①负压排烟作业时，高温烟气会通过排烟机，对排烟设备的耐高温性能要求较高；②负压式排烟需用到排烟管道，有可能会阻碍救援通道，给消防员进入火场内部和运送消防器材等造成影响。

下面以某一单层建筑发生火灾为例，说明负压排烟的战斗展开。如图 4 所示，房间内充满烟气，将排烟机设置在房间 3 的出口。假设要对房间 1 开展排烟作业，则需关闭房间 2、4 的所有门窗，并且打开房间 1 的窗户，保证在房间 1 和 3 之间能够形成一个空气畅通的通道，新鲜空气进入房间 1，将烟气从房间 3 出口排出。

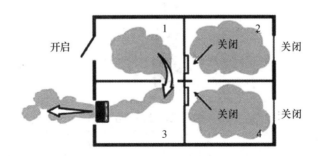

图 4　房间 1 排烟示意图

如图 5 所示，对房间 2 进行排烟，要在房间 2、3 间形成气流通道，就需要关闭房间 4 与 2、3 之间的门和 1 与 4 的窗户。

（二）移动排烟机的摆放位置

正压排烟机与送风口保持 1.8—3.0m 的距离可达到较好的排烟效果，如图 6 所示。也可依现场情况减小距离，但不能离送风口过近，否则排烟机形成的锥形气流无法完全覆盖整个送风口，密闭效果得不到保障；也不能离送风口过远，太远就会降低增压效果。

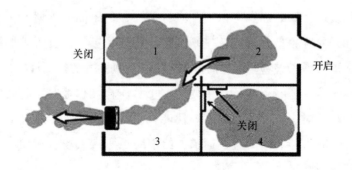

图5 房间2排烟示意图

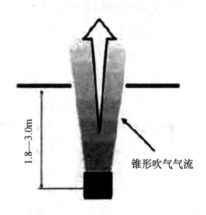

图6 排烟机位置设置示意图

单个正压排烟机的最大封堵直径为 1.4m①，在实战中要注意观察锥形气流是否完全覆盖送风口，是否存在烟雾倒灌现象。若出现烟气倒灌的现象，则可将送风口上部分封住。

负压抽风排烟机因为可与排烟管道组合使用，因此，负压排烟机的摆放位置更加灵活多变，可以远离火场也可将排烟机深入火场。

（三）排烟时机的确定

对排烟时机的选择应考虑以下三点：

---

① 王丽晶、傅建桥：《移动式排烟装置在地铁火灾中的应用研究》，《消防科学与技术》2005 年第 24 卷第 5 期。

（1）移动排烟开始时要确保人员疏散完毕，外力的排烟会扰乱火场内部烟气的扩散，甚至将烟气排至无烟区，这些区域是人员逃生或避难的重点区域，在不清楚人员疏散进程的情况下贸然进行排烟，很有可能造成不必要的人员损伤。

（2）在火灾发展初期，还无浓烟时不能立即进行排烟，无论是送风还是抽风都会带入大量新鲜空气和氧气，而且风势会助长火势，加速火势蔓延，造成更大面积的燃烧，甚至导致轰燃的提前到来，给前期灭火和救人造成不利影响。

（3）火灾发展后期火场温度降低，且人员也已疏散完毕，积极主动地开展火场排烟，便于消防人员进行火场清理。

（四）移动排烟机的连接方式

正压排烟机战斗连接主要包括以下几种：

（1）单台排烟机。送风排烟机单台作战多用于传统住宅火灾。

（2）多台排烟机。此种连接可分为串联、并联和混联。

当采用串联时，第一台排烟机距门 0.6—0.9m，第二台距门 2.5—3.0m。串联作业时，流量小的应更靠近火场，流量大的应远离火场，确保增压的空气能全部进入火场，如图 7 所示。

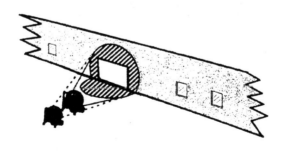

图7　串联排烟示意图

并联排烟时，要根据送风口的大小设置排烟机的位置和数量，以满足锥形气流将送风口完全覆盖，如图 8 所示。

图 8　并联排烟示意图

混联排烟机既能增大流量，又能增大覆盖面积，大大提升排烟效果。如图 9 所示。

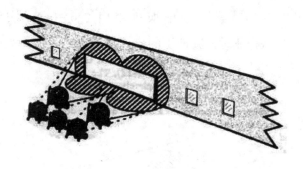

图 9　混联排烟示意图

四　实战中移动排烟的注意事项

火场排烟难度大、要求高，在技术还是战术层面都有很多需要注意的事项。

在技术方面应注意以下几点：

一是使用前做好设备检查，确定正、负压方向。

二是正压送风应安装在上风向，负压抽烟应安装在下风向且地势较低的出入口处。

三是排烟机工作时要保持周边无障碍物，防止异物进入排烟机。

四是使用时，应注意火灾场所及排烟风机的使用范围，若是易燃气体场所发生火灾，进行排烟时应选用防爆型排烟风机。

五是当用到排烟管道时，要注意排烟管道的使用事项，管路越短，转弯越少，则排烟量越大；而且要留意管道对疏散通道的影响。

在战术方面应注意以下几点：

（1）与火灾单位交流沟通，商定排烟方式。消防部队在成立指挥部时可将火灾单位相关负责人纳入其中，结合他们对场所情况的了解来确定排烟方案。

（2）做好射水准备，防止火势流窜。要预先对高温烟气排出过程中会途经造成新火源的部位做好射流准备；在排烟口周边部署好必要的防御力量，防止排出的高温热烟气威胁到上层建筑或邻近建筑。

（3）加强自身安全保护。担任排烟任务的消防人员必须穿着战斗服，佩戴空气呼吸器，用开花或喷雾水枪进行掩护，并保障通信顺畅。

（4）防止"中性面"下移。不应在着火层以下开设排烟口（包括门窗），而应选择在顶部或着火层以上楼层开设排烟口，将烟气排出。

五　结论

由以上论述，可得出以下几点结论：

一是正压送风排烟和负压抽风排烟能够有效地排出火场内部烟气，为火场救援创造有利条件，在火场中发挥重要作用。正压送风排烟多用于火灾发展初期有浓烟产生时，负压抽风排烟多用于火场发展后期。正压排烟对邻近建筑的危害大，负压排烟对火场空间要求更高。

二是排烟作业要确保烟气排出通道的畅通并且保证人员安全疏散完毕。

三是根据火灾现场环境和消防部队装备人力等实际情况来采取不同的排烟机连接方式，以获得最好的效果。

关于三峡大坝五级船闸危化品通航中
灭火救援的几点思考

高　攀*

三峡大坝五级船闸 1994 年 4 月正式开工兴建，2003 年 6 月 16 试航运行，2004 年三峡大坝五级船闸正式运行，单向通过能力 5000 万吨。据交通运输部政策研究室副主任李杨在 2014 年 5 月 22 日例行新闻发布会上确认，通过三峡的货运量在 2011 年便达到饱和状态，提前 19 年达到设计通过能力。另据长江三峡通航管理局 2016 年 1 月 6 日消息，2015 年三峡船客货能量达到 1.196 亿吨，较 2014 年增加 30 万吨。目前，其设计的各项能力正经受着考验，部分学者们已经开始着手三峡通航扩能的研究。近来年，天津港爆炸、江苏靖江"4·22"爆炸、湖南"3·19"油罐车爆炸、湖北宜昌中兴化工"5·31"事故等，给运动中的危化品船只也敲响了警钟，消防部队也接受着通航饱和状态下新一轮的考验。本文结合三峡消防建队以来，危化品护航数据统计与分析，立足船闸现有消防能力和辖区装备实际，未雨绸缪、防微杜渐，浅淡危化品通航中灭火救援方面的几点思考。

* 高攀，男，1986 年 1 月出生，籍贯湖北汉川，湖北省公安消防总队宜昌市支队三峡坝区特勤大队左岸中队中队长。

一　船闸危化品通航调查情况分析

据可查资料显示，三峡大坝五级船闸通航以来，截至 2016 年 6 月 16 日，消防官兵共出动 2186 次，出动人员 21653 人次，出动车辆 3611 台，保护船只 10996 艘，危化品 1691.7749 万吨。笔者结合近来年消防部门保留数据，对危化品过闸情况进行统计比对分析。其危化品通航呈现以下特点。

（一）危化品通航船只吨位呈现上升趋势

经过对比 2009 年、2010 年直至 2015 年数据，除 2015 年（通航船只 1388 艘，过闸危化品量 2105236 吨）与 2014 年基本持平外，2009—2014 年，每年通航船只分别是 423 艘、588 艘、624 艘、720 艘、890 艘、1334 艘，同比上一年分别增加 39%、6%、15%、23%、49%；每年过闸的危化品量分别为 480397 吨、633358 吨、834417 吨、1135833 吨、1202471 吨、2177856 吨，同比上一年增加 31%、31%、36%、5.8%、81%。（图 1）

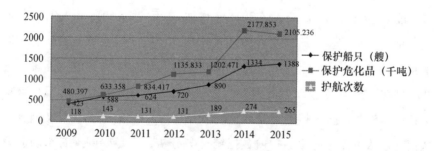

图 1　2009—2015 年护航对比图

（二）危化品种类呈现相对固定态势

对比 2014 年、2015 年、2016 年（截至 6 月 16 日）通航的危险化学品种类均达 20 余种，且危化品种类相对固定，主要以汽油、甲醇、乙酸甲酯、乙酸乙烯酯、苯等为主。按照南线下行和北线上行的分类，选取2015年数据分析显示，南线危化品汽油、甲醇、乙酸乙烯酯、苯、乙酸甲酯等，分别占到南线总量的1.06%、64.12%、15.64%、7.61%、9.51%；北线危化品汽油、甲醇、乙酸乙烯酯、苯、乙醇、丙酮、乙酸正丁酯等，分别占到北线总量的90.13%、2.16%、3.17%、0.33%、1%、0.9%、0.7%。即南线危化品以甲醇、乙酸乙烯酯、乙酸甲酯、苯4类危化品为主，北线以汽油、乙酸乙烯酯、甲醇3类为主。（图2）

表1　　　　　　　　2014—2016年通航危化品所占比重对比表

	汽油	甲醇	乙酸乙烯酯	苯	乙酸甲酯	其他
2014	38.48%	43.06%	5.74%	4.33%	3.16%	5.26%
2015	52.31%	28.47%	8.46%	3.42%	4.13%	3.20%
2016	58.23%	26.10%	6.76%	2.86%	4.02%	2.03%

表2　　　　　　　　2015年通航危化品南线、北线比重对比表

	汽油	甲醇	乙酸乙烯酯	苯	乙酸甲酯	其他
南线	1.06%	64.12%	15.64%	7.61%	9.51%	2.06%
北线	90.13%	2.16%	3.17%	0.33%	0.17%	4.04%

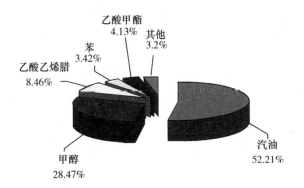

图2　2015年危化品所占比重图

(三) 通航危险品理化性质及灭火剂选择分析

闪点越低，危险性越大，发生灾害概率相对越高。对比通航中过闸二十余种危化品，查询危化品辅助决策系统，对比其理化性质，危害特性、闪点等系列参数标准。发现通航中二十余种危化品燃烧性能都为易燃烧（除聚苯乙烯、氟分别为可燃、助燃）；在发生火灾时灭火剂的选择均为可采用抗溶性泡沫、干粉、二氧化碳、砂土（除氯甲酸甲酯、氟分别忌水、雾状水外）；危险性以汽油、丙酮、二硫化碳、苯、乙酸甲酯、乙酸乙烯酯、甲基戊烷居高，乙基苯相对最低，氟助燃（见表3）。

表3　　　　　　　　　过闸危化品相关参数对比表

序号	名称	闪点	燃烧性	灭火剂	备注
1	汽油	−50	易燃	泡沫 干粉 CO2	水无效
2	乙酸甲酯	−10	易燃	抗溶泡沫 干粉 CO2 砂土	水无效
3	乙醇	12	易燃	抗溶泡沫 干粉 CO2 砂土	
4	乙酸乙烯酯	−8	易燃	抗溶泡沫 干粉 CO2 砂土	
5	二硫化碳	−30	易燃	泡沫 干粉 CO2 砂土	雾状水
6	石脑油	−2	易燃	泡沫 干粉 CO2 砂土	水无效
7	氯甲酸甲酯	18—23	易燃	干粉 CO2 砂土	忌水
8	哌啶	16	易燃	泡沫 干粉 CO2 砂土	水无效
9	聚苯乙烯	—	可燃	泡沫 干粉 CO2 砂土	雾状水
10	甲醇	11	易燃	抗溶泡沫 干粉 CO2 砂土	
11	乙酸乙酯	−4	易燃	抗溶泡沫 干粉 CO2 砂土	水无效
12	丙酮	−30	易燃	抗溶泡沫 干粉 CO2 砂土	水无效
13	苯	−11	易燃	泡沫 干粉 CO2 砂土	水无效
14	二氯乙烷	13	易燃	泡沫 干粉 CO2 砂土	水无效
15	乙基苯	57	易燃	泡沫 干粉 CO2 砂土	水无效
16	乙酸异丙烯酯	18	易燃	泡沫 干粉 CO2 砂土	雾状水
17	氟	无	助燃	——	雾状水
18	甲基戊烷	−6.6	易燃	泡沫 干粉 CO2 砂土	水无效
19	乙酸正丁酯	22	易燃	抗溶泡沫 干粉 CO2 砂土	水无效
20	乙基苯	15	易燃	泡沫 干粉 CO2 砂土	水无效

二 船闸及固定移动消防设施作战效能分析

（一）船闸及闸室固定消防设施灭火供水效能

（1）船闸基本情况。五级船闸主体长 1607 米，上游引航道长 2113 米，下游引航道长 2722 米。第一闸首顶部高程 185 米，最大坝高 181 米；第六闸首顶部高程为 96.42 米。连续五级双线船闸平行布置，两线船闸中间为 60m 宽的混凝土护面岩石中隔墩。船闸闸门的开（关）时间为 4—6 分钟，充（泄）水时间为 8—12 分钟左右。水充满后，水面离坝面的高度在 8、10、12、14、16 米。

（2）闸室内固定消防设施。三峡双线五级连续船闸消防系统由消防水系统、防火排烟系统、气体灭火系统、灭火自动报警系统以及常规消防器材等系统构成。其中，消防系统供水水源由两条 D630① 干管分别自坛子岭上 215 M 高程中位水池和船闸北坡 247M 高程 3200M3 高位水池中取水。在每级闸首人字门②两侧闸壁安装了水力摆动远程喷嘴共 48 台，设置移动消防水炮 4 台。

（3）效能分析。船闸固定灭火设施在每级闸首人字门两侧闸壁设有水力摆动远程喷嘴 24 台和移动消防水炮 4 台（参数 32 L/S），主要用于冷却保护钢质人字门，远程喷嘴主要是防护冷却，其喷水流量测试分别为 3.33 L/s（迎水面）、5.05L/s（背水面），则：

按消防管网最大流速 2.5m/s 计算，消防管网枝状供水能力：Q 支 = 0.5D2 × V = 0.5 ×（478/25）2 × 2.5 = 456.97L/S。

闸室两边消防管网供水总量：Q 总 = 2Q 支 = 2 × 456.97L/S = 913.93L/S。

闸室人字门水幕及水炮用水量：Q 冷 = 1/2 × 24 ×（3.33 + 5.05）L/

---

① 管道直径 630mm。
② 人字门是左右两扇门叶分别绕水道边壁内的垂直门轴旋转，关闭水道时，俯视形成"人"字形状的闸门。

$S + 4 \times 32 L/S = 228.56$ L/S。

（二）移动消防设施及灭火效能分析

（1）辖区移动消防装备情况。三峡坝区消防特勤大队作为船闸增援力量，共有执勤车辆 15 台，一次性载水量 45 吨，载泡沫量 16.3 吨，载干粉 7 吨。现库存氟蛋白泡沫 34 吨，A 类泡沫 7.5 吨，干粉 9.5 吨。长航公安作为水上主责力量，在船闸上下游引航道内各设 2 艘消防艇，仅对一、五闸室灭火救援能发挥功能，对其他闸室均不能发挥灭火救援功能。

（2）移动消防装备灭火效能分析。易燃易爆等危险化学品船舶火灾是闸室内船舶火灾中险情最复杂、扑救难度最大的火灾。船闸最大可一次性通过 6 艘载有 3000 吨一级危化品的船只。正常情况下，船只通过每级船闸的时间约为 40 分钟，全部通过的时间约为 4 小时。

若船闸发生火灾，按照"打大仗、打恶仗"标准，闸室有效尺寸 $280m \times 34m = 9520m^2$，灭闸室内船舶火灾时，泡沫混合液供给强度取 $0.2 L/s \cdot m^2$，则泡沫灭火供给强度为 $q = 1.2 L/s \cdot m^2$。假设整个闸室形成流淌火，则：

灭火时需要泡沫量 Q 泡沫 $= Aq = 10000 \times 1.2 = 11424$（L/s）

泡沫混合液 Q 混 $= Q$ 泡沫$/6 = 1904$（L/s）

泡沫液 Q 液 $= 6\% Q$ 混 $= 6\% \times 1904 = 114.24$（L/s）

用水量 Q 水 $= 94\% Q$ 混 $= 94\% \times 1904 = 1789.76$（L/s）

泡沫液常备量（即 30 分钟连续灭火）Q 液备 $= 0.108 Q$ 混 $= 0.108 \times 1904 = 205.632$（T）

若全部使用泡沫炮（流量为 60L/s），则 N 炮 $= Q$ 混$/60 = 1904/60 \approx 32$（支），如果 1 支炮对应 1 辆泡沫车，则需要泡沫消防车 32 辆。同时对供水也有严格的要求。

三　危化品通航过程中闸室灭火救援的几点思考

按照"预防为主、防消结合"的方针，在源头上下功夫，可贯彻"闸前强检、精准控防、减少存量、分类通航"的措施，同时，根据灭火效能分析、危化品特点等，第一时间科学处置。

（一）救人第一、分隔划片、泡沫抑爆

坚持救人第一的指导思想，发生火灾时，迅速对闸室内的被困人员进行疏散和营救。引导被困人员向未着火船舶疏散，按照"先救着火船舶，再救相邻船舶"的顺序进行。其次在力量到场后，迅速利用泡沫水幕对着火区和未着火区进行分隔，并充分利用抗溶性泡沫对着火区域重点进行冷却灭火，破坏爆炸所需环境条件链式反应等，防止爆炸发生。

（二）船只自救、密切配合、初期控火

若船只在通航过程发生火灾，闸室船既要充分立足船只自身的消防设施，开展自救与互救，迅速将人员疏散到未扑火船只，集中力量对着火船只进行灭火。特别是危化品船只和客轮进入闸室时，船长作为安全责任主体，应对工作人员进行明确分工，严格遵守操作规程，对危险部位安排人员值守，在战术措施上实施预先展开，确保一旦出现紧急情况进行第一时间处置。

（三）闸室联动、冲泄水位、适度分流

三峡船闸火灾扑救，要充分考虑其地理位置及长江流域整体航运及政治影响，将护闸作为主要任务，对人字门、闸壁等船闸主体作为重点保护对象。第一时间选择快速冲泄水位，对事故船进行牵引，拖出引航道至安全水域，对未着火区域船只进行分流。

（四）泡沫覆盖、固移结合、强化储备

灭火时要树立第一时间利用泡沫覆盖的思想，并结合近年来通航危化品的固定性，有针对性提升固定消防设施作战能力，进一步完善完备

抗溶性泡沫、干粉等应对危化品灾害灭火物资储备系统、输送系统。同时，移动消防设施与通航危化品接轨，结合船闸实际情况，开展消防艇、大功率、大流量消防车辆装备的革新升级，建立危化品处置物资调集和储备机制，做到术业有专攻。按照主备、固移的双重准备，提高灾害发生后的把控能力与打击能力，提升一次性灭火成功率。

（五）分级防护、强化研判、凸显专业

结合通航的20多种危化品的理化性质、灾害等级、处置措施等系列参数指标，对灾害进行最大化的预见，将危化品过闸的多样性，分批或合理调配危化品通航的单一性或兼容性，根据其数量、体积等，精准评估、提前预防，增强发生事故的处置能力。同时，制定不同危化品通航灾害处置预案，强化灾害发生的研究判断，立足"打大仗、打恶仗"准备，定期分析灾害形势，进行灾害预警，并加强批次梯次、干粉泡沫等作战战术研究，提高专业素养。

参考文献

［1］牛跃光：《消防员基础理论》，南京大学出版社2015年版。

［2］陈伟明：《灭火救援装备手册系列丛书》，群众出版社2014年版。

［3］王永西：《火场供水》，云南人民出版社2005年版。

［4］陈家强：《消防灭火救援》，中国人民公安大学出版社2003年版。

［5］李金文：《化学危险物品事故处置指导手册》，鄂省图内字第63号，1998年。

高铁列车脱轨事故救援技术研究

符斯然[*]

引 言

　　高铁列车脱轨事故具有灾害性较强、人员伤亡大、救援难度大、事故地点不定等特点。目前国内外面对高铁列车脱轨事故少有作出明确的救援方法指导，只针对于如何预防以及应急处置此类事故的发生及社会联动等问题有过一些探讨。对于我国消防部队来说，高铁列车脱轨事故也是难度系数很大的救援问题。因此，科学有效的高铁脱轨事故救援技术对消防部队如何去处置此类问题有良好的指导作用，为加强消防部队作战能力，提高消防部队专业性和技术性提供了有利的保障。

一　高铁列车概述

　　高速铁路是新建设计开行 250km/h（含预留）及以上动车组列车，初期运营速度不小于 200km/h 的客运专线。从我国现阶段铁路发展状况来看，中国铁路总体运营的里程仅仅占到了全世界的 7%，却完成了全世界 22% 的运输量，具有高频次、高密度的特点，一旦发生事故，必将对

　　* 符斯然，男，1994 年 2 月出生，籍贯湖南常德，湖南省益阳市桃江县公安消防大队桃江县中队副中队长。

旅客的生命财产安全形成重大危害，造成大量人员死亡和受伤。如图1所示：

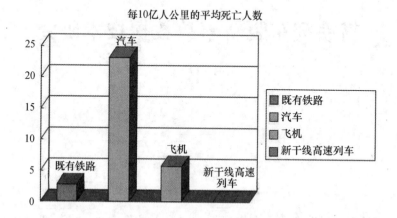

图1 每10亿人公里平均死亡人数

铝型材是高铁列车实现轻量化最好的材料，拥有优良的耐火性、耐电弧性和耐腐蚀性。虽然车皮的主要组成铝合金的密度大约是钢密度的1/3，但是添加一定元素形成的合金具有比钢合金更高的强度。如图2所示：

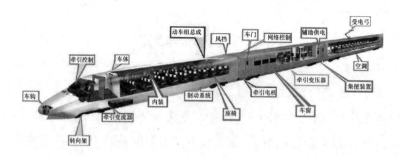

图2 高铁内部结构示意图

二 高铁列车事故的案例统计

虽然高铁在中国的运行时间不到 10 年，但就全球而言，早在 1964 年第一条高铁线路便在日本运行。法国、德国等国家随日本之后也相继出现了高铁。

在这 50 多年里全球各个国家出现高铁列车亡人事故的案例寥寥，但是高铁一旦发生脱轨亡人事故那人民就会付出惨痛的代价。近十年来发生高铁脱轨事故的国家人员伤亡情况统计如下。

国外发生高铁脱轨事故统计：

表1　　　　　　　　　近十年国外高铁列车事故图表

发生地点	发生时间	发生原因	受伤人数	死亡人数
德国萨克森	1998 年 6 月 3 日	一个有缺陷材料的车轮发生了故障	88	101
日本尼崎	2005 年 4 月 25 日	速度过快	549	107
日本长崎	2003 年 7 月	连接处松动	46	17
英国波特斯巴	2002 年	未知	23	7

国内高铁列车脱轨事故统计：

表2　　　　　　　　　近十年国内高铁列车脱轨事故图表

发生地点	发生时间	发生原因	受伤人数	死亡人数
沪杭高铁	2011 年 7 月 18 日	车体向左倾斜 15 度	0	0
京沪高铁	2011 年 7 月 10 日	供电设备故障	0	0
合肥	2011 年 4 月 11 日	突发故障	0	0
南京站外 30 多千米	2010 年 8 月 12 日	电路故障	0	0
距辽宁锦州南七八千米	2010 年 2 月 24 日	因雨雪	0	0

发生地点	发生时间	发生原因	受伤人数	死亡人数
济南铁路局内胶济线	2008 年 1 月 23 日	路外事故	9	18
甬温线	2008 年 7 月 23 日	动车追尾	191	41

统计结果表明，70%的一般高铁事故可以在 2h 内被有效处置，但由于大型灾害事故的处置时间较长，事故发生后大量旅客滞留，事故善后处理和财产赔付等问题较为敏感，处置不力，极易引发严重的社会问题。

以甬温线动车事故为例，说明一下在高铁列车在这种高速运行下乘坐人员大约会受到多少的伤害。

根据动能定理：

$$w = \frac{1}{2}mv_t^2 - \frac{1}{2}mv_0^2$$

一辆速度为 300km/h 的高铁列车载客加自重大约 600—1000 t。单位换算可以得出质量 m = 600000—1000000kg，速度 v = 83m/s。那么根据动能定理 $w = \frac{1}{2}mv_t^2 - \frac{1}{2}mv_0^2$，一辆高铁列车在撞击下所产生的能量大约在 2066700 — 3444500 kJ 之间。一般人可以承受自己体重 4 倍大小的冲击力，而高铁列车撞击产生的强烈冲击力远远大于一个人一瞬间所能承受的能量。

三　高铁列车脱轨事故救援的难点分析

高铁列车脱轨事故突发性强，事故发生地区道路交通极为复杂，救援器材有限、救援难度大、装备器材运输困难、人员伤亡数量大等一系列严重的问题。

（一）事故的不确定性

高铁线路遍及祖国大江南北，这样大范围的运行导致事故发生地的不确定性。尤其是在荒野山区，即使高铁上安装了 GPS 定位系统，但在人员实地进行搜救时也会很难确定事故发生地点。如图 3 所示：

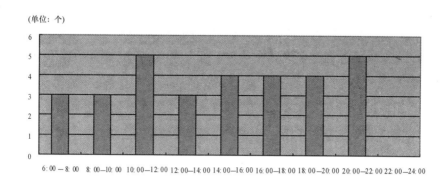

图3

发生原因的不确定性，如图 4 所示：

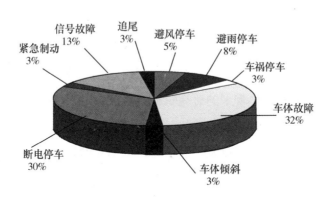

图4　发生原因的不确定性数量百分比

（二）救援展开难

高铁列车一般架设在高架或者道路交通不通畅的地区。事故发生后，一方面通过高铁部门专门的运输车抵达事故发生地点，另一方面就只能寻找离事故发生点最近的高速公路入口来到达事故发生点附近，然后通过登高起吊等方法到达事故灾害发生地点。若脱轨后高铁列车坠落在复杂地形环境或山体隧道内，搜救力量和装备器材无法及时的运输到位，则更增加了救援展开难度。

（三）人员搜救难度大

高铁列车的材质硬度高，车体密封稳固。在消防部队现有的装备器材中，只有少数的破拆工具能够完成对车体表面材料进行直接破拆。然而工具是有限的，如何在现有的条件下利用满足绝大多数消防部队实际情况的器材进行破拆救援就是一个很重要的问题。人员搜救是一门难题，如何送出遇难的受害者更是一门难题，救援人员如何到达救援点、如何把无法活动的受害者交托给 120 等专业救护救助人员都是一项艰巨的任务。

四　高铁列车脱轨事故救援技术

（一）装备器材防护

装备器材的日常维护保养，在基层消防中队是最基本，也是每天落实最彻底的一项工作任务。这也突出了装备器材的重要性，拿得出去用得了。在没有专业运输装备的途径时，距离长、颠簸大等一系列因复杂的交通问题给装备器材带来的碰撞负荷都可能会对装备器材的使用造成影响。所以处理高铁列车这类事故时，准备装备器材过程中就更要对装备器材进行更安全的固定以及保护措施，比如在器材周围放一些能增加缓冲的物品（软橡胶、棉花）等。

（二）装备运输技术

经过各种数据处理，可以得出高铁列车脱轨事故的发生原因多种多样，事故发生地点，大多都是荒山野地。在此类救援行动开展中，便携式的手动破拆工具如消防斧、撬棍、破拆工具箱等必然是第一批进入战斗的力量。这些破拆工具便于携带，在人员进行攀爬的时候不至于阻碍到救援人员的前进，但在高铁列车脱轨事故中明显受到很大局限。在高铁列车材料结构坚固的前提下，液压破拆组和机动破拆组相比于手动破拆工具具有更大操作效果。但这些装备器材在救援过程中都有一个特点，就是非常不方便携带，它们的重量普遍偏重，并且液压破拆工具还需要加之高压软管和液压机动泵才能使用。

1. 消防结绳法的实际运用

在登高平台车、消防云梯车没有到位的前提下，能更好更快地起到运输作用的就是我们的消防结绳法以及运用绳索，滑轮制造出来的省力运输装置。一般快速固定能够起吊的结绳法：捻结、三套腰结和交叉连接、活扣连接。

运用这些结绳的方法可对上述所说的各种液压破拆，机动破拆工具进行起吊、运输。快速、准确地针对不同工具的不同形态，去选择不同种类的结绳方法也能达到良好的装备运输效果。

2. 交通工具的运输

由遇到本文事故发生地的不确定性以及人员装备在救援过程中遇到的运输型问题可以得知：交通工具有节约时间、节约人力、节约材料等特点。而消防部队在高铁列车脱轨事故灾害中，能起到良好的运输作用的运输车辆就有消防云梯车和消防平台登高车。此类车相比于上述结绳技术能够更远距离、长时间、大跨度地进行装备器材的运输。

据现有情况得知，每阶段的高铁路段都有相应的道路测试车辆。笔者认为在高铁列车脱轨事故中，能起到最佳运输作用的非这种车辆莫属。不承担客运任务，拥有较大的承载能力，速度快、安全性能高，并且能够准确抵达事故发生地点不用消防部队驾驶消防车辆因四处寻找路径而浪费搜救时间。

3. 人员登高运输

在上述的温州"7·23"动车事故中，在距离事故发生现场不远的地方有一山体隧道，消防救援人员正是借助山体攀爬到达高铁路面，展开的救援。因此在实际救援情况中，在大型消防救援车没有及时到位时，综合运用绳索、挂钩梯、6m拉梯、单杠梯等基本配备器材完成登高作业都是非常必要的。加之现在高铁路段的高架都装配了登高的登高梯，消防救援部队还可以利用桥墩上的梯子来到达作业面。

(三) 破拆技术

目前消防部队普遍配备的破拆器材仅包括：机动链锯、无齿锯、双轮异向切割机、液压扩张器、液压 U 形剪、液压多功能剪等)。在温州"7·23"高铁列车事故中，列车采用了铝合金板材、条材和挤压型材焊接加工而成的"一体式"车厢。车窗为无法开启的双层钢化玻璃，玻璃的强度大、硬度高、抗拉伸和变形能力很强。救援人员使用消防部队现有的装备器材进行破拆救援，根本难以对车体进行有效的切割破拆和扩张，从车体外部开辟救援通道的速度，直接影响到灾情侦查救援行动的开展。

破拆是整个救援过程开展中最为关键的一项内容。破拆前对整个事故发生的列车车体情况要有一个初步的了解，有多少人员被困、具体被困位置、车体哪些部位破损严重、发现适合破拆的部位进行破拆、车体有无漏电等都是一些必要的判断。

1. 破口处的破拆

盲目地从外部进攻，浪费的只是大量的救援时间。笔者认为，高铁列车既然材料材质都不普通，破拆难度大，就不应该直接从完好的外部进行破拆要寻找已经破损破裂的车体部位。当坚固的结构遭到了破坏，相比于完整的结构，破拆的难度会大大降低。甚至在切割牵引等工具没有运输到位时，救援人员也能用消防斧，撬棍等简易的便携式破拆工具进行第一时间的人员抢救。

2. 车门的破拆

车门是整个车体中属于最为脆弱的部分。当救援毫无头绪的时候，第一时间对车门的损伤变形程度评估。若是变形程度大，直接暴露出了车门与车体连接的部分，那么直接选择无齿锯等金属切割机对链接部分切割移除车门。若是变形程度无法直接切割车门与车体的链接部分，那么破拆思路跟破拆普通汽车车辆思路相似。首先通过液压扩张器的扩张对车门进行扩张直到露出铰链，再通过对铰链的接切达到对车门的破拆。

当然在某些条件下还能选择牵引技术。牵引技术是利用承载能力比较强，能够受较大力的拉伸的绳索或者钢丝，一端连接固定在需要被牵拉的车体上，另一端固定在消防车上，然后利用消防车的启动所具备的牵引力对车体进行牵引，开辟救援通道。但有一点需要注意的是，由于牵引力的效果可能对车体内部的被困人员造成二次伤害，所以在通过牵引技术进行破拆时要避免对整个车体实行牵引，尽量减少车体的位移，同时注意绳索和钢丝的使用，确定大概使用所产生的应力根据 $\delta = W/A$（w：拉伸或者压缩载荷 kg，A：截面积 mm^2），通过公式能得到一个大概的数据从而确定需要绳索钢丝的数量。

3. 车窗的破拆

相比较于列车车体，车窗应该是整个列车结构中最为脆弱的部分，同时车窗也是累计表面积最大的一个部分破拆车窗的方法分两种：一种是从外部进行破拆，一种是进入车体内部进行对车窗的破拆。从外部进行破拆是由于无法进入车体内部进行人员抢救，为了开辟进攻通道从而使用的方法。选择车体内对车窗的破拆是因为在进行人员救助时发现撤离路线对于受伤人员而言过于复杂，在进行伤员的运送中容易再次对伤员造成伤害。

五　结论

（一）高铁列车脱轨事故突发性强，事故发生地区道路交通极为复杂，救援器材有限，救援难度人，装备器材运输困难，人员伤亡数量大。

（二）高铁列车脱轨事故救援中，根据地形地势的实际情况灵活运用人力、绳结、道路交通运输方法进行运输，提高装备运输效率。

（三）在进行破拆救援中应当寻找正确的破拆点，选择正确破拆方式加快完成人员搜救任务。

参考文献

[1] 朱昆：《基于"动态立体灭火救援圈"理论的高铁救援》，2012 年，文章编号：1009 - 0029（2012）12 - 1342 - 0。

[2] 刘立文：《抢险救援技术》，中国人民武装警察部队学院，2013 年。

[3] 伍和员：《消防战训工作的改革与发展》，东南大学出版社 2008 年版。

[4]《中国消防手册》第十一卷，《抢险救援》，2006 年。

[5]《中国消防手册》第十二卷，《消防装备·消防产品》，2006 年。

[6]《应急救援装备选择与使用》，2007 年。

[7] 陶鹏：《高速列车交通事故应急救援对策研究》，《中国公共安全》2012 年第 3 期。

[8] 杨中平：《漫话高速铁路》，中国铁道出版社 2009 年版。

[9] 陈家强：《在救援力量体系建设中充分发挥公安消防部队的突击队作用》，《消防科学与技术》2005 年第 5 期。

论消防部队"基本作战素养"的内涵与养成

胡万吉[*]

近年来，随着我国经济社会快速发展，新材料、新工艺、新能源层出不穷，各类灾害事故频频发生，给公安消防部队灭火救援工作带来了极大压力与挑战。必须抓紧抓实练兵备战工作，注重基本作战素养，锻造一支业务精湛、作风优良的钢铁队伍。

一 "基本作战素养"的释义

"素养"与"素质"意思相近，但两者的内涵却大不相同。素质是一种状态，一种结果；而素养不仅包括素质这种结果状态，同时还暗含一种素质养成的过程。《汉书·李寻传》："马不伏枥，不可以趋道；士不素养，不可以重国"；宋代陆游："气不素养，临事惶遽"，说的都是这个意思。

所谓作战素养，是指作战行动所必需的，通过日常反复学习、训练和实践所获得的一种气质、技巧、能力和素质的综合表现。它不仅是一种能力要素，同时也是一种精神要素。

消防部队的基本作战素养，核心要义在"专业性"和"安全性"两

* 胡万吉，男，1986年9月出生，籍贯甘肃武威，甘肃省公安消防总队司令部战训处工程师。

个方面。具体内容包括以下四个方面：一是应变能力，表现为"遇险不乱，沉着冷静、思路清晰，措施得力"；二是作战技能，表现为"技能娴熟，规范有序，精益求精，灵活高效"；三是战术水平，表现为"运筹帷幄，知己知彼，目标明确，科学合理"；四是安全意识，表现为"提前预判，突出防范，养成习惯，化为本能"。

二 部队缺乏"基本作战素养"的几种表现

（一）指挥能力不过硬

灭火救援工作是一门实践科学。客观来看，我国消防指挥员成分新、资历浅、经验少的短板比较明显。究其原因，一是学习热情不高，知识储备不够系统。部分指挥员缺乏"干一行、爱一行、钻一行"的热情，学习积极性欠缺，业务理论水平不高，很难在灭火战斗行动中融会贯通。二是人员流动过快，实战经验缺乏。目前基层中队指挥员主要来源渠道有三种：当兵考学提干的"战士生"、高中直接考入武警学院的"地方生"和地方大学毕业后招录入警的"大学生"。除了极少数班长骨干提干的同志外，其他大部分中队干部都面临实战经验不足的现实问题。三是实践机会偏少，全勤指挥难当重任。指挥员一定要多去火场，近距离感知水与火、烟与热，大量积累感性认识，才有可能成长为一名优秀的指挥员。目前，相当一部分总队、支队指挥员由于生长渠道所限，缺乏一线历练，遇到大型火场后难以担负起指挥多个支队、中队联合作战的重任。

（二）现场秩序不规范

良好的现场秩序，是一支部队作战素养的最直接体现。灭火救援现场混乱的问题一直是消防部队头疼不已的"老大难"问题，因为混乱就意味着隐患和风险。尤其是一些大型灾害现场，参战力量多、灾情瞬息万变，往往产生多个方面的混乱：有的地方党政领导到场后看到灾情蔓延扩大心急如焚，不由自主地插手具体作战行动，造成不必要的干扰；

有的全勤指挥部到场后缺乏有效组织，多头指挥且层级不明，让一线指战员无所适从；有的战场区域混乱，各参战力量扑救区域和主要任务不明确，队伍各自为阵，车辆随意停靠，器材乱堆乱放，为后续力量调整带来很大困难[1]；有的人员管控不力，未根据危险区域划分提升人员防护等级，未建立安全员制度随时观察现场，出现官兵伤亡事故不能第一时间发现、第一时间采取救助措施等，需要引起各级高度重视。

（三）作战技能不专业

近年来，部消防局开展的各类专业技术培训班对于提升队伍的专业化水准发挥了积极作用，但具体到每个作战环节，还有很多不尽如人意的地方。比如，火情侦察方面：对应当侦察了解哪些内容和如何全面侦察现场情况缺乏清晰认知。日本消防部门有个不成文的规定，无论建筑规模大小、火情是否严重，不确定是否有被困人员，应先默认存在被困人员，并以此为前提进行搜寻工作[2]。水枪阵地设置方面：过分关注现实灾情，对潜在的危险研判不足，缺乏预防性部署水枪的意识。内攻方面：时机把握不准、路线选择错误、风险防范意识薄弱、个人防护不到位、射水方式不灵活等。人员搜救方面：对重点搜寻区域把握不准确、相互之间缺乏协同配合、搜寻标识不规范、紧急撤退路线不明确。尤其是对于大量人员被困的灾害现场，在疏散通道被浓烟或火焰封堵后，缺乏行之有效的救援方式，暴露出我们日常的针对性训练还有很多不足。

（四）器材装备不熟悉

根据现行的《城市消防站建设标准》，部队配备的消防车有4大类30余种、灭火救援器材有9大类130余种、灭火剂有4大类20余种、防护装备达到50余种[3]。器材装备日益高效、精良，但官兵在运用中掌握不透，既有浪费现象，也有带险操作问题，未能达到"人与装备的最佳结合"。一是对常用装备一知半解。比如，中队最常使用的正压式空气呼吸器，一些一线战斗员只是会简单的佩戴，但对在不同环境和不同作业状态下的使用时间究竟有多大差异、使用过程中需要注意哪些事项等问题并不清楚。二是对先进装备学习主动性不强。由于厂家后续培训没有及时跟上，官兵在学装、管装方面非常欠缺，发生事故后不知怎样科学合理地调派和使用先进的消防装备，对装备的工作原理、性能特点、突出作用、适用范围等也缺乏了解。三是装备"束之高阁"的现象不同程度存在。认为先进的消防车辆装备价格昂贵，培训、演练或实战使用后如出现问题或故障维修不方便且成本较高，不好向领导交代、担心领导批评，因而不敢使用。有的单位耗资千万买来进口车辆，却一次都没有使用过，只是定期开出车库进行简单的维护保养，投入与效益严重不成比例。

（五）安全管控不到位

据统计，2000—2016 年，全国共有 300 余名消防官兵在灭火救援中牺牲。其中，涉及化学危险品、易燃易爆物品爆炸事故伤亡的消防官兵占总数的 64%，建筑坍塌造成的人员伤亡所占比例较大，占总数的 26%[4]。一是风险意识薄弱。永远都是跟在事故后面跑，对于如何"防患于未然"重视不够。官兵在灭火救援现场往往对潜在的风险缺乏应有的警惕，有的甚至"单枪匹马"深入火场执行任务。二是掩护意识不强。攻坚组深入火场内部搜救人员时，没有水枪跟进掩护，或者掩护不到位，危险发生时猝不及防。三是撤退意识匮乏。有的内攻时不事先明确紧急撤离路线，眼里只有"敌人"，浑然不觉周围环境；有的安全员履行职责不到位，只是简单地记录进入火场的人员和空气呼吸器压力，不能及时发现危险情况，不能及时发出撤离信号；有的指挥员对部属具体在火场什么位置不清楚，出现短暂通信不畅时也习以为常，等到发现情况不妙时往往已经为时晚矣。

三　提升消防部队"基本作战素养"的路径分析

（一）坚持常态化的理论学习，提升基础业务素质

理论是行动的先导，没有专业的知识，就不可能有专业的能力和素

质。习近平主席曾经指出："只有加强学习，才能增强工作的科学性、预见性、主动性，才能克服本领不足、本领恐慌、本领落后的问题。"在灭火抢险救援任务日益繁重、处置难度不断加大的时代背景下，不仅要求各级指挥员具备扎实的业务理论功底，同时也对普通消防员的能力素质提出了更高的要求。强化专业理论知识学习。特别是要深刻汲取哈尔滨"1·2"火灾、天津"8·12"特大火灾爆炸事故等造成大量官兵伤亡的事故教训，系统学习燃烧常识、建筑常识和危险化学品专业知识，增强防伤害意识，提升专业水平。强化士兵职业技能鉴定和干部指挥能力考试。积极开辟"战训大讲堂""战训沙龙"等学习交流平台，利用各类培训班强化业务知识集中培训，以考促学、以学促训。强化最新科研成果学习。灭火救援理论研究成果更新速度较快，在遵循大纲权威和依据的前提下，需要吸收最新科研成果，保持学习的前沿性。总、支队全勤指挥部人员要重点掌握大型灾害事故的组织指挥和综合协调知识；基层指挥员要重点掌握初战指挥的临机处置知识；各岗位战斗人员要重点掌握独立或协同配合完成作战任务的基本知识。

（二）坚持复盘式的战例研究，增加官兵感性认知

《孙子兵法》开宗明义："兵者，国之大事，生死之地，存亡之道，不可不察也。"战例研究是研究作战问题的最直接探索，也是获得间接经验的最佳渠道。正如一名老战训工作者所讲，一名指挥员，如果头脑里装着大量的典型战例，眼界就会开阔，思考问题的参照系就会增多。要严格落实"每战必评、特战特评"的制度。坚持部局每年、总队每季度、支队每月、人中队每周开展一次典型战例研讨活动，有官兵牺牲或重大社会影响的特殊战例及时开展专项研讨，并形成长效机制。要牢牢把握"眼睛向内、抽丝剥茧"的原则。在开展战例研究时，要坚持眼睛向内，切实改变作风，善于"解剖麻雀"，据实提炼成功之处，侧重研究不足教训，即便是公认的成功战例也要理性评估作战效能，从中找出差距、短板和失误，探索制胜之道。要始终坚持"换位思考、以利再战"的目标。开展战例研讨的过程中，要将自己摆进去，结合理论基础和实践经验，换位思考如果自己是这场战斗的指挥员又将如何去做，最大限度地保证战例研究的全面性、客观性和指导性。

（三）坚持专业化的发展方向，提高作战行动效能

消防部队灭火救援工作走向专业化，不仅是作战训练改革的必然趋势，同时也是提高基本作战素养的必由之路。扎实开展专业训练。重点围绕"干什么，练什么"，突出职能相符、按岗施训。在完成共同科目普训的基础上，根据不同层级、不同岗位，明确每个岗位、每名官兵的具体训练内容及标准，实现了练兵工作任务部署与专业岗位、实战需要相挂钩。持续强化专业培训。切实加大危险化学品处置、内攻与紧急避险、车辆交通事故处置、水域救援等专业技术培训力度，深化基层战训骨干赴港培训工作，总结石油化工灭火救援"师傅带徒弟"工作经验，为基层培养一批具有较高专业知识和实践能力的"明白人"。大力加强专业化编队。以"实战牵引、科学规划、做专做强、攻坚制胜"为目标，瞄准高层、地下、大型综合体、石油化工、地震等灭火救援专业领域难题，科学谋划、优化调整、强力攻关，逐步建立功能完备、梯队有序、攻坚克难的攻坚专业力量体系。

（四）坚持精细化的安全养成，确保战斗行动安全

安全工作永远在路上。要经常性开展安全教育。通过持之以恒的安全教育，从源头上固牢各级风险意识，引导官兵特别是指挥员充分认识作战行动的危险性、突发性和不确定性，消除麻痹大意思想，切实遵章守纪，将安全意识融入灵魂深处和血脉之中。2016 年年底，甘肃消防总队部署开展了为期 4 个月的作战训练安全"两抓一促"专项活动（即抓思想源头、抓制度落实，促安全养成——笔者注），事实证明是一项有利于队伍安全稳定的务实之举。要前瞻性开展紧急避险和搜救训练。在开展日常识险、避险训练的基础上，充分借鉴美国消防部门"紧急干预小组"机制，积极探索建立"消防员紧急搜救小组"，平时加强针对性训练，大型灾害现场发挥关键性作用。要系统性强化战训基础工作。积极

发挥基层官兵的主动性和创造性，进一步拓展灭火救援预案形式、丰富预案内容、创新辖区情况熟悉方法、规范实战演练程序，确保战训基础工作数据翔实、要素齐全、图文并茂、实战实用，最大限度地发挥战时辅助决策作用。

参考文献

［1］《中国消防年鉴2017》，云南人民出版社2017年版。

［2］伍和员：《消防战训工作的改革与发展》，东南大学出版社2008年版。

［3］李建华、康青春、商靠定：《灭火战术》，群众出版社2004年版。

［4］《消防行动安全管理》，群众出版社2016年版。

［5］魏捍东：《关于解决火场混乱问题的实践与思考》，http：//10.2.60.1/html/news/201511/17/20151117105629981lcx.aspx，2015年11月17日。

消防作战训练安全问题及对策研究

计生荣*

一 绪论

（一）研究背景

伴随着经济建设的快速发展，我国消防部队面临的救援任务越来越复杂，环境更加危险，相对应的训练量也大幅度增加，导致消防员伤亡数量越来越多。据统计，仅 2013 年全国参加作战的消防队伍中有 15 人在作战中死亡，其中现役 14 人，其他 1 人；作战中受伤 37 人，其中现役 28 人，其他 9 人①。2005—2013 年内，训练死亡 3 人，训练受伤人数不详②。由此可以发现，因作战和训练导致消防员意外伤亡的现象十分普遍，为减少消防员伤亡，更好地保护消防员的人身安全，已是摆在我们面前十分紧迫而现实的课题。

（二）国内外研究现状

1. 国外研究现状

以美国为例，美国有 NFPA、国际消防局长协会等组织，都在从事全

　＊ 计生荣，男，1995 年 1 月出生，籍贯宁夏同心，宁夏自治区中卫市沙坡头区公安消防大队特勤中队代理副中队长。

　① 《中国消防年鉴》，中国人事出版社 2014 年版。

　② 康青春、姜自清等：《灭火救援行动安全》，化学工业出版社 2015 年版。

美消防员伤亡的相关研究。1995—2004 年的 440 名心脏病猝死的受害者中，有接近 50% 的消防员是在执勤中死去，接近 50% 的人有记录在案的心脏病的病史[①]；据统计，1996—2005 年，共有 100 名美国消防员在训练中死亡，占在职消防员死亡人数的 10%，其中消防员器械与装备训练中死亡人数最多，有 36 人，其次是体能训练，有 30 人死亡，现场灭火训练有 14 人死亡，器械与装备训练、体能训练、现场灭火训练是造成美国消防员训练死亡的主要原因[②]。这些调查分析的基础上，NFPA 还制订了 NFPA1582 消防队综合职业医疗规划标准[③]，NFPA1500 消防机构职业安全与健康标准[④]，为的是降低美国消防员的伤亡人数。

2. 国内研究现状

随着我国消防员伤亡数字日益增长，已经引起国内专家和学者的关注。1994 年，我国第一次出版的《中国火灾统计年鉴》中没有公布消防员伤亡的情况。2004 年，《中国火灾统计年鉴》改为《中国消防年鉴》，第一次公布了 1997—2003 年消防员的伤亡情况，但仅限于牺牲人数和受伤人数。到 2008 年，除了公布消防员伤亡的人数，还增加了牺牲原因、受伤原因和受伤部位。据统计，2000—2008 年间，我国消防员在各类灭火事故救援中牺牲 157 人，其中建筑倒塌牺牲 44 人，爆炸牺牲 29 人，爆燃或轰燃牺牲 16 人，坠落牺牲 14 人。2009—2013 年在各类灾害事故救援中牺牲 44 人，受伤 185 人，其中建筑倒塌牺牲占 21%，所以建筑倒塌事故是中国消防员伤亡的最主要原因[⑤]。

相比于美国 NFPA 等机构对消防员伤亡情况的统计和研究，我国消防

---

① 王华：《1995—2004 美国消防员因心脏病猝死情况分析》，《消防技术与产品信息》2007 年第 8 期。

② 王丽红：《1996—2005 年美国消防员训练死亡的统计分析》，中国石油安全技术研究所，2007 年 1 月。

③ NPFA1582 Comprehensive Occupational Medical program for Fire Departments，2007 edition.

④ NFPA1500 Standard on Fire Department Occupational Safety and Health Program，2008 edition.

⑤ 余青原：《从中美消防人员伤亡统计看救援人员实战化训练的必要性》，《水上消防》2015 年第 15 卷第 6 期；王长江：《消防部队作战训练安全问题及对策研究》，《武警学院学报》2014 年 6 月 28 日。

员伤亡情况的统计存在很多漏洞，我国对于消防员的伤亡偏重于问责制，这就可能导致伤亡统计不全面。当前我国消防员伤亡数据缺乏大量翔实案例和翔实数据的支撑，对我国消防员伤亡的总体性、规律性分析论证不够，也没有根据消防员身体状况制定相应职业标准。

（三）研究目的和意义

通过对消防员的伤亡原因的研究，更加透彻地分析作战训练中的常见危险，并发现作战训练存在的安全问题，采取相应措施，最大程度地减少消防员伤亡，为保护消防员的生命安全有着非常重要的作用和意义。

二 国内外消防员作战训练伤亡统计

根据国内外统计数据显示，作战与训练是导致消防员伤亡的两大方面。作战与训练虽然性质不同，但从作业对象、方法和技术等方面存在一致性，因此可以一并进行解释说明。

（一）国外消防员作战训练伤亡基本概况

表1　　　　　2005—2013年间美国年度消防员作战训练伤亡人数

	美国接警出动次数	作战死亡人数	作战受伤人数	训练死亡人数	训练受伤人数
2005	23251500	76	72980	11	7120
2006	24470000	81	75735	8	7665
2007	25334500	93	72365	13	7735
2008	25252500	98	71555	7	8145
2009	26354500	71	70215	11	7935
2010	28205000	62	65600	11	7275
2011	30098000	55	62575	6	7515
2012	31854000	56	62260	8	7140
2013		90		7	
合计		682		82	

从表 1 和图 1 分析可知，2005—2013 年间，全美共有 764 人死亡，其中 37.2% 的消防员在火场扑救任务过程中死亡；26.0% 的在接警往返途中死亡；7.9% 在抢险救援现场死亡；10.7% 在训练中死亡；18.2% 在其他任务中死亡。

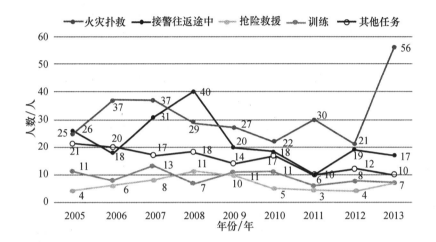

图1　美国消防员2005—2013年执行不同任务死亡人数

从表 1 和图 1 可知，2005—2012 年间，全美在火场扑救任务过程中受伤人数占总受伤人数的 47.0%；接警往返途中受伤占总受伤人数的 6.1%；抢险救援现场受伤占总受伤人数的 18.4%；训练受伤占总受伤人数的 9.9%；其他任务受伤占总受伤人数的 18.6%。

（二）国内消防员作战训练伤亡基本概况

从表 2 和表 3 可以看出，2005—2013 年间，我国消防部队在作战中共有 85 名消防员殉职，共 163 名消防员在作战中受伤。表 3 是 2005—2013 年间我国消防员在作战中伤亡的直接原因，其中爆炸是造成我国消防员作战伤亡人数最多的原因①。

①　范茂魁：《我国消防员灭火救援中伤亡情况研究》，《工业安全与环保》2015 年第 41 卷第 2 期。

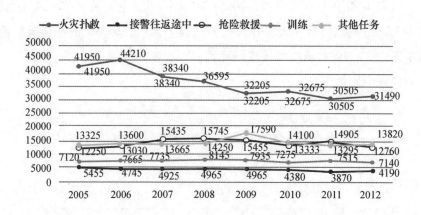

图2 美国消防员2005—2013年执行不同任务受伤人数

表2   **2005—2013年间我国年度消防员作战伤亡人数**

	接警出动次数	死亡人数	受伤人数
2005	444984	7	21
2006	497699	7	18
2007	504264	8	13
2008	513819	15	50
2009	535940	5	19
2010	586835	10	3
2011	655832	8	5
2012	687692	8	13
2013	715682	17	21

表3   **2005—2013年我国消防员作战伤亡的直接原因**

	坍塌	中毒	爆炸	洪水卷走	被火围困	交通事故	坠落	触电	爆燃
消防员死亡人数	18	11	10	10	9	8	6	3	0
消防员受伤人数	16	25	62	2	5	13	5	0	16

（三）国内外消防员伤亡数据对比分析

从表4可以看出，2005—2013年间，在作战过程中，美国消防员死亡人数是我国的约8倍。美国消防员受伤人数是我国的3388倍。从表5可以看出，2005—2013年间，我国平均每出警67540次有1人死亡，美国平均每出警387270次有1人死亡；我国平均每出警539868次有1人受伤，美国平均每出警395次有1人受伤。

2005—2013年间，在训练过程中，美国消防员共死亡82人，受伤60530人。而目前我国没有关于消防员训练伤亡的权威数据。

表4　　　　　　2005—2013年间国内外消防员作战训练伤亡人数对比

	美国消防死亡人数	我国消防死亡人数	美国消防受伤人数	我国消防受伤人数
作战	682	85	552315	163
训练	82		60530	

表5　　　　　　2005—2013年间国内外消防员接警及伤亡对比

	我国接警次数/死亡人数	我国接警次数/伤亡人数	美国接警次数/死亡人数	美国接警次数/伤亡人数
2005	63569	21190	305940	319
2006	71099	27650	302099	323
2007	63033	38789	272414	350
2008	34254	10276	257679	352
2009	107188	28207	371190	375
2010	58683	195611	454919	430
2011	81979	131166	547236	480
2012	85961	52899	586679	528
2013	42098	34080		

从死亡人员与出警次数的比值来看，美国每次出警导致消防员死亡

的概率远小于我国，但从受伤人员与出警次数的比值来看却恰恰相反。

三　消防员作战训练伤亡原因分析

综合考虑国内外消防员伤亡原因，并结合我国消防部队实际情况进行伤亡原因分析。

（一）救援任务复杂多变

随着经济社会城市化、工业化、市场化的快速发展，消防面对的作战对象不但种类繁多，灾害情况也越发复杂，救援行动也呈现难度大、时间长、涉及面广，处置技术要求高等特点。从表1.2可以看出，2005—2013年出警次数逐年递增，消防员伤亡的概率也随之增加。

（二）安全意识淡薄，安全制度不完善

我国基层消防员在作战和训练中，安全意识不强，缺乏对自身的安全保护意识，存在指挥员和老兵思想松懈，随意性大，义务兵无知无畏，意识不到危险就在身边。我国对消防员伤亡的调查分析制度还不完善，对风险识别、风险评估、风险监控制度方面还比较欠缺，不能及时地发现和预防风险。

（三）消防员缺乏经验

一是指挥员指挥能力弱，经验不足。我国指挥员的来源主要由部队生长干部、消防院校毕业生和入警大学生组成。一线指挥员年纪轻，流动性大，且岗位调动频繁，极大地限制了一线指挥员整体能力的提升。

二是战斗员过于年轻，缺乏经验。由于消防部队是现役制，培养一名消防战斗员所用的时间就几个月，且出现了培养一批有经验的消防员退伍一批的怪圈，这是消防部队的一大损失。

（四）基层警力不足，疲劳导致伤亡

由表2可知，我国消防部队出警数量逐年增加，从2005—2013年，

出警次数几乎快翻了一倍，同时，消防员面对的灾情也变得更加多样，更加难处理，但消防员人数几乎不变，人均出警次数不断增加，基层警力严重不足。加之灾害现场存在的危险因素，导致消防员休息不足，心理压力大，极易出现伤亡。

（五）缺乏严格的作战规程

在作战训练中，必须严格按照作战规程进行，才能最大程度的避免消防员出现伤亡事故。如何全面侦查现场、消防车辆的停靠位置、指挥所设立位置、水枪阵地的选择、内攻火场的方法、内攻救人与自救的方法、火场破拆的方法、交通事故救援程序等，都需要有科学合理的操作规程。例如，通过 25 例危险化学品事故案例分析，造成消防员伤亡的直接原因中，情况侦查不到位与中毒的相关度达到 77.78%[①]。

四　减少消防员作战训练伤亡的对策

（一）做好日常工作

（1）提高安全意识。为提高我国消防员自身的安全保护，在日常安全教育中，重点强调作战训练存在的危险性及可能造成的严重后果。安全教育要内容丰富多样，切合实际，尤其是作战训练过程中出现的问题，采用观影、典型案例分析等方式进行安全教育，防止官兵因思想松懈，麻痹大意造成安全事故。

（2）完善安全制度。我国消防应完善消防员伤亡的调查分析制度、风险识别制度、风险评估制度和风险监控制度，及时地发现和预防风险。

（3）加强执勤训练。科学制定训练内容和科目，贴近实战，战术训练为主，心理训练和其他训练为辅，统筹规划实施，合理分配时间，防止出现疲劳训练，造成消防员身体损伤。

---

① 范茂魁、李海江等：《危险化学品事故应急救援时避免消防员伤亡的对策》，《消防技术与产品信息》2011 年第 6 期。

（二）增加消防员经验积累

加强消防员业务理论知识学习。通过岗位培训加强理论学习，提高消防员理论水平。让消防员认识和掌握各类灾害事故的处置规程，用更加科学的方法去作战、去训练，降低安全问题出现的概率。每次任务结束后，都应该统一进行分析讨论、发现问题、解决问题，这样日积月累会使消防员的经验迅速积累，加快他们的成长速度。

（三）增加基层警力，避免过度疲劳

一是我们要减少非战斗人员的数量来增加现役出警警力，再根据各地区的实际情况增招合同制消防员来增加基层消防队的战斗力。二是根据各地区出警任务的轻重和次数，合理地分配消防队的位置、数量以及中队的人员的组成和数量，使救援力量运用最合理。三是要加大消防宣传，提升国民安全意识和个人素质，减少火灾或其他安全事故的发生，避免出现误报、谎报火警的情况。

（四）制定和完善作战规程

根据灾害种类和特点，制定和完善作战规程，通过日常训练不断规范官兵处置灾害的方法和流程。对现场警戒、火情侦查、火场破拆、内攻避险等各个方面，全部制定科学合理的作战规程，可以大大降低官兵伤亡概率。例如浙江消防总队历时两年，分析各类内攻安全事故，反复实验，制定了火场内攻和救援避险的操法，并在全国进行推广学习，反响良好。

（五）成立调查组织

应成立权威调查组织，对消防员伤亡事故的调查不仅调查其本人情况外，还应该包括现场事故的基本情况、事故原因、事故经过，涉及的器材装备、车辆、周围环境和应急救援的情况、总结经验教训。建立统一的数据采集录入系统并制定严格的录入制度和监督制度，严禁出现瞒报、虚报、错报的现象；对消防员伤亡的案例

和调查报告进行永久保存，以便查阅和研究；确保得到的数据真实有效，定期进行统计分析，找出规律性，采取有针对性的措施保护消防员的安全。

智慧消防

全面拥抱大数据 开启"智慧消防"新时代

吴瑞山[*]

习近平总书记深刻指出:"谁掌握了数据,谁就掌握了主动权。"近年来,在部消防局和省委、省政府的领导下,我们始终坚持问题导向、坚持创新引领,抢抓贵州作为国家大数据综合试验区的有利契机,按照"拓宽数据来源、挖掘数据价值、创新数据运用、服务消防治理"的工作思路,主动拥抱大数据,强力推进"云上贵州·智慧消防"建设,初步形成"大数据+消防"综合管控模式,着力破解信息化、动态化条件下消防治理的源头性、基础性问题。

一 突出战略导向,深刻认识"大数据"

在大数据产业迅猛发展的大背景下,必须主动运用大数据,全面拥抱大数据,用大数据引领警务革命,为消防工作"破局突围"提供核心驱动力。

(一)发展大数据是新形势下抢抓消防发展机遇的迫切需要

2015 年,国务院连续发布《关于积极推进"互联网+"行动的指导意见》《关于促进大数据发展行动纲要》等纲领性文件,标志着我国大数

---

* 吴瑞山,男,1965 年 11 月出生,籍贯河北滦南,贵州省公安消防总队政治委员。

据产业已经上升至国家战略。目前,以"云上贵州"平台和"7+N"朵云为标志的大数据建设已经初具规模,也为贵州消防大数据建设奠定了坚实基础。特别是今年以来,省领导多次召开会议研究消防大数据建设工作,把消防大数据建设纳入省级财政重要项目,在政策、经费和人才上给予高度支持。贵州大数据产业的迅猛发展和省委、省政府的关心支持,为消防大数据建设提供了难得的机遇。

(二)发展大数据是新时期下破解消防发展难题的迫切需要

当前,贵州经济社会飞速发展,传统与非传统消防安全因素相互交织、相互渗透,火灾防控压力不断增加,灭火救援风险越来越大,部队管理形势日趋复杂。传统的方法手段,面临着管理对象无法动态感知、火灾隐患无法实时掌控、指挥调度无法智能支撑等突出矛盾。在警力有限、责任无限的现实条件下,充分运用大数据手段,对现有数据资源进行深度挖掘应用,寻找潜在规律、提前预判风险、优化警力配置、精准调度指挥,这是攻克"难点"、解决"痛点"的可行之策,也是必由之路。

(三)发展大数据是新常态下创新消防发展理念的迫切需要

大数据的价值在于预测未知领域,预测非特定因素的未来趋势。随着物联网、大数据、云计算等技术的不断发展,"智慧消防"必将引领一场新的警务革命,为消防事业创新发展注入新的活力。在这一过程中,拥有对海量数据占有、控制、分析、处理的主导权,推动决策机制从"业务驱动"向"数据预测"转变,管理机制从"死看死守"向"预知预警"转变,作战机制从"经验主义"向"科学决策、智能调度"转变,把大数据优势转化为战斗力优势,将成为"智慧消防"的制胜关键。

二 突出问题导向,长远规划"大数据"

在充分汲取国内外大数据建设先进技术和成熟经验的基础上,我们编制了"云上贵州·智慧消防"大数据建设三年规划，建成了以五个基础网络、五类业务平台、26 个应用系统为主要内容的消防信息化体系，基本形成了立体化应用的格局。

（一）围绕"五大体系"搭建整体框架

目前，正在推进的"云上贵州·智慧消防"大数据建设，到 2019 年将建成消防大数据基础设施、支撑平台、基础应用、数据融合、运维保障五大体系。其中，基础设施体系包括网络设施、存储设施、安全设施将为大数据建设提供硬件保障；支撑平台体系包括大数据、云计算、视频监控、组件化开发和情报支撑等平台，将为大数据建设提供软件保障；基础应用体系围绕防火灭火、部队管理等工作的实际需求开发应用系统，将为大数据建设提供应用保障；运维管理体系主要为大数据建设提供运维管理、数据应用和安全保障；数据融合体系运用大数据进行融合分析、预知预警、辅助决策，实现大数据环境下"动态数据可用、工作流程可溯、风险隐患可控、调度指挥可视、管理形势可判"的目标。

（二）依托"四个一"打造数字消防

围绕调度指挥"一张图"、火灾防控"一张网"、管理训练"一芯片"、权力监管"一铁笼"的战略规划，全力打造数字消防。调度指挥"一张图"：将调度指挥所需车辆、人员、水源、预案、重点单位、实时路况、人口信息、消防设施、视频监控、三维地图、街景地图等全要素、全过程信息在地图上实时显示，指挥员可以直观掌握火场动态，动态标注作战意图、战斗任务、力量部署等作战指挥要素，实时立体化指挥作战；火灾防控"一张网"：充分利用移动互联网、物联网等技术，实现一张网联系消防管理相关人员，一张网处理消防执法相关事项，一张网统计分析火灾防控相关数据的目标，形成功能完善的火灾防控网络；管理训练"一芯片"：充分利用射频芯片等技术，研发训练管理系统，采集官兵日常训练信息、身体状态、运动轨迹等数据和装备日常使用数据，建立"一对一"的官兵训练云动态档案，科学分析部队训练管理情况，形成智能化的训练管理体系；权力监管"一铁笼"：同购等全过程进行可步采集整合业务系统、音视频等数据信息，对监督执法、物资采视化监控，对时间、结果、程序等进行对比分析，自动预警权力运行可能存在问题的"环节"，切实把权力关进"数据铁笼"。

(三) 盯准"聚通用"筑牢数据链条

以"聚"为前提，打通数据通道。建设大数据集成系统，汇聚现有业务系统数据资源，联通云上贵州数据平台、警务云、交通云、国土云等第三方平台，接入天网工程、城市消防远程监控系统和物联网等动态数据，借助增量数据监测、数据日志分析等技术，让消防相关人的行为、物的状态、事的流转无所遁形。以"通"为基础，消除数据壁垒。积极主动与相关行业部门对接沟通，建立协调机构，完善工作机制，实现数据资源实时共享，消除行业壁垒；对部署在不同网络上的业务系统，通过边界接入平台进行数据共享，消除网络壁垒；整合现有业务系统，实行权限统一授予和管理，消除系统壁垒。以"用"为目标，统一数据标准。建立大数据标准体系，对现有数据资源进行标准化处理，为新的平台、系统制定统一的数据格式和开发标准，保障数据资源的完整性、唯一性、合法性、一致性和及时性。

三　突出需求导向，聚力建设"大数据"

我们研发了"云上贵州、智慧消防"大数据云平台，建立多维度分析评估模型，提供可视化展示结果，以"精准指挥、精准预防、精准服务、精准管理和精准教育"的理念，为消防工作插上"大数据之翼"。

(一) 打造精准指挥的"智多星"

在灭火救援中，充分利用大数据资源，为作战指挥提供强力支撑。战前，通过大数据平台汇总国土、气象、水利、交通、安监、通信等行业部门数据，搜集现场物联传感、视频监控等信息，对各类数据信息进行自动分类、整理、分析，精准评估灾情。同时，将多种形式消防队伍和相关应急部门纳入指挥调度平台，根据灾情、等级进行科学调度，实现整体调度、精准调度。战中，通过大数据平台实时采集现场数据，同步推送国内外相关救援现场案例，提供灾情处置决策辅助信息，升级优化现场作战力量编成，开展作战会商，部署作战行动，即时计算灭火剂、战斗车辆、后勤保障等作战参数，通过移动指挥终端实现现场指挥中心对灾害现场的信息支持和交互以及灾害现场的救援力量掌握和协同，全面提升指挥决策效率。战后，图像化、数据化、可视化记录参战力量、车辆装备、相关物资保障等数据，自动更新上传作战信息及灾情处置情况，分析评估作战行动效能，为战评总结提供强力依据。目前，我们已经完成了微信报警和部分城市高点热成像监控自动巡检报警系统建设，通过微信公众号引导群众上传图片、视频和地理位置等关键报警信息，为接警员提供更直观更准确的警情信息。安装在贵阳等城市制高点的热成像视频监控，24 小时不间断对方圆 5—8 公里城区进行巡检，发生火灾时可以自动聚焦并立即报警。

（二）精准预防的"阻火阀"

在火灾预防上，大力应用物联网、云计算等技术，实时监测单位消防管理情况和消防设施运行状况，汇聚用电用气、人流密度等数据，对单位、建筑火灾风险进行等级评定，对区域、行业火灾风险进行综合评估，从传统的运动式治理、人海战检查变为主动发现、超前预警、精准执法。特别是结合贵州农村木质房屋集中连片，城市高层、超高层建筑和大型城市综合体数量众多的特点，我们坚持用大数据抓好火灾防控现实斗争和预判预警。在火灾防控现实斗争中，我们针对木质村寨建设了农村电气火灾监控云平台，在木质房屋总进线处安装灭弧式电气保护装置，实现短路过载安全保护，电气故障实时监控，用电数据分析预警和用电安全系数评估，自动预警异常用电状况，该平台在黔东南州部分重点村寨安装运行近一年来，成功预警隐患 5685 次，消除电气火灾隐患1384 处，纳入平台的 5000 余户农户实现火灾"零发生"；针对高层建筑开发了建筑消防信息平台，"一张图"展示全省建筑整体情况，动态采集建筑基本概况、设施监测维保、消防管理情况等数据，接入建筑内、外视频和建筑消防设施物联网信息，运用视频分析和云计算技术，自动分析发现并预警火灾隐患，对建筑消防管理情况和火灾风险进行分析研判；针对重点单位建设城市消防远程监控系统，采集消防安全重点单位和火灾高危单位的消防控制室、消防设施物联传感等数据，及时掌握单位消防设施运行管理状态。在火灾防控预防预警上，我们建立了区域火灾风险评估模型，通过对区域历史火灾、消防设施、消防队站、场所分布、火灾隐患等多维度的分析，评估区域火灾危险指数和危险因子，为精准投入消防监督力量提供数据支撑。

（三）打造精准政工的"指南针"

习近平指出，政治工作过不了网络关就过不了时代关。针对新形势下官兵的思维习惯和信息需求，我们综合运用大数据手段，推动政治工作传统优势与大数据技术高度融合，为"生命线"加载"数据链"。一是创新研发"红门E学"APP，搭建政治工作掌上平台，使网络成为政治工作的"新阵地"和"好声音"；二是搭建了"网上政治工作终端"平台，融合海量数据客观描绘政治工作开展情况的全景画像，为掌握官兵思想状况的特点规律提供量化参考依据；三是开通了心理健康大数据平台，具备心理测评、档案管理、重点人员监控等功能，科学分析研判官兵心理健康状况；四是研发干部工作智能管理系统，采集整合干部工作相关数据，分析研判干部工作形势，为干部工作决策提供依据。

（四）打造精准管理的"千里眼"

综合应用移动终端、智能传感等技术手段，实现部队一日生活秩序执行情况的全程留痕，为掌握部队实时动态、提前预警事故苗头提供数据支撑。我们已建成了车辆智能化管理系统，实现对车辆实时位置、车速、油耗、电压等数据实时监测；研发了训练管理系统，实现对全省官兵各项训练数据的实时管理和分析；推行了实力管理和专职队管理系统，实现对各灭火救援力量的管理和联动；研发了智能装备管理系统，通过物联网等技术实现对装备的智能化管理；运行了警营管理"一卡通"系统，具备办公考勤、电子门禁、电子查铺查哨、请销假、人员车辆出入登记等功能，实现营区数字化安全管理。

（五）打造服务群众的"贴心人"

移动互联网时代，信息交流互动更加便捷，消防部门点对点实时服务群众成为可能。目前，我们自主开发的消防便民服务移动平台已经正式上线运行。社会单位、群众安装微信 APP 后，一是可以申请消防审批资料预审，网上预先对行政审批资料是否齐全、符合法定形式进行审查，确保行政审批一次性受理，在线查询消防审批办理情况，真正实现"让数据多跑路、让群众少跑腿"；二是可以预约消防安全服务，网上预约消防站、消防教育馆参观、单位员工消防安全培训等服务；三是可以提供线上隐患排查指引，图文并茂、手把手指导群众排查整改家庭火灾隐患；四是可以在线举报、报警，群众用手机随手一拍就能在线举报火灾隐患。如遇火灾事故，群众通过微信，一键报警同时发送地理位置信息，消防队快速出警，最大限度减少火灾损失和人员伤亡。

基于大数据构建电气火灾隐患治理体系建设智慧电气火灾隐患监管"防控网"

严晓龙[*]

近年来，我国电气火灾多发，造成重大人员伤亡和财产损失。据统计，2011—2016 年，我国共发生电气火灾 52.4 万起，造成 3261 人死亡、2063 人受伤，直接经济损失 92 亿余元；其中重特大电气火灾 17 起，占重特大火灾总数的 70%。电气火灾由于其发生概率高和社会影响大，已经成为新的社会问题，传统的防范电气火灾的技术、理念和模式已经不符合消防安全管理要求。为了真正有效防范电气火灾，使电气火灾的发生率能够大幅度下降，亟须对电气火灾的防范技术、规范、理念和模式上进行创新。

一 传统电气火灾防范存在的问题

（一）技术的局限性

传统的电气火灾防范主要采用人工排查，结合传统电气火灾监控技术进行。

人工排查是通过电工使用工具和依靠其工作经验开展隐患检查的方

---

* 严晓龙，男，1966 年 1 月出生，籍贯浙江金华，浙江省公安消防总队总工程师。

式。因电气线路隐患存在隐蔽性、间歇性和突发性等特性，这种方式难以察觉和发现多数电气隐患，造成隐患虽然客观存在却不被发现，致使隐患长期存在，而且会因电工误诊为一切正常，从而降低对用电安全风险的警惕。

传统的电气火灾监控技术是通过检测线缆温度和剩余电流的大小，与事先设定的阈值比较，进行阈值报警。这种技术不仅检测的参数太少，而且判断逻辑过于简单，无法全面评估供电回路的安全状态，存在电气火灾预警误报、漏报的问题。

（二）理念的滞后性

从安全管理要求来看，风险评估要前置于隐患预警，隐患预警要前置于火灾报警，火灾报警要前置于火灾事故的应急处置。目前电气火灾防范主要集中在预警和报警阶段，电气线路和电气设备的风险评估，以及电气线路和电气设备的隐患分析预警则处于研究空白。

同时，政府及职能监管部门、企事业单位责任主体、保险公司以及第三方服务商未能形成信息共享、互相联动的隐患治理体系，无法协同社会电气火灾防范工作。

鉴于上述问题，电气火灾的防范亟须技术及模式的创新，构建一整套基于大数据的电气火灾隐患治理体系，建设电气火灾隐患的监管"防控网"。

二 基于大数据的电气火灾治理体系构建

基于大数据的电气火灾隐患治理体系是通过传感终端采集并上传电气线路实时运行数据、通信传感器网络传输数据和大数据平台分析数据并查找隐患原因，电气火灾隐患预警平台实时在线监测隐患信息并将信息推送给用户，电气火灾隐患管理平台全面监管隐患信息并向政府监管部门提供电气火灾隐患风险评估报告，通过线下第三方服务商开展隐患治理服务，最终形成电气火灾隐患从发现、管理到治理的有效闭环（如

图 1 所示)。

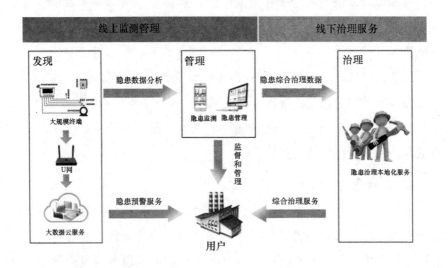

图1 基于大数据的电气火灾隐患治理体系

(一) 电气火灾隐患治理体系的技术创新

1. 传感器通信网络的创新

基于大数据的电气火灾隐患治理体系需要建立在城市级的传感器通讯网络上，并通过大规模、全覆盖、无缝隙的发展思路实现，因此需要创新能够大规模即插即用各种传感器的通信网络。

物联网多网融合通信平台，也称传感器网络通信平台（简称 U 网），它实现了各种传感器的"即插即用"，可实现大规模传感数据的聚合，在设备功耗、传输距离、障碍穿透、自组网能力、数据安全、组网成本等方面均具备领先优势。同时，U 网和大数据中心的结合将成为智慧产业发展的基础架构，为未来建设智慧消防的商业生态奠定基础。（如图 2 所示）

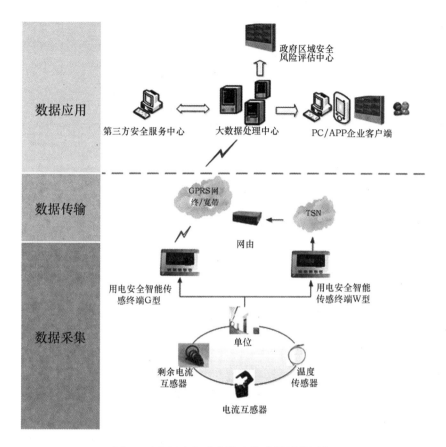

图2　城市级电气火灾隐患传感器通信网络

2. 大数据平台隐患分析技术的创新

基于大数据的技术路径是通过对历史数据的分析，建立数学模型，分析判断电气线路存在的安全隐患，并将风险评估报告推送给用户，提醒、指导和帮助用户进行隐患分析和整治，以达到防患于未然的效果。

通过大数据分析，在一段时间内如果某电气线路相应传感数据（多传感器的组合）存在静态的偏离度，这是静态安全隐患指标。通过静态偏离度能够区分现有电气线路常见的8种隐患类型和隐患原因。静态安全隐患只需要提醒用户提前排查和整治，不需要实时预警和报警。静态安全隐患反映了电气线路的安全等级，属于电气线路风险评估范畴。因此，基于大数据的电气火灾隐患治理体系比传统的电气火灾监控探测器增加了电气线路风险评估功能。

而动态安全隐患则可以对短时间内迅速发生的传感数据的异常（不是单一传感数据的阈值变化，而是多种传感器数据通过数学模型计算分析）判断其数据异常偏离的原因，如插座短路、超负荷运行等。动态偏离度一旦发生需要及时预警和报警。因此，基于大数据的电气火灾隐患治理体系在预警电气火灾的机理上是通过了数据模型的智慧判断而不是简单的阈值大小判断。（如图3所示）

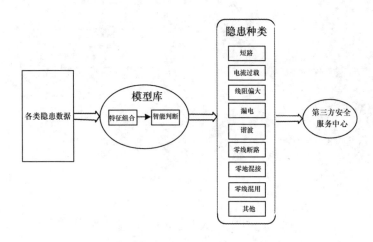

图3 大数据隐患模型智能判断分析处理流程

（二）电气火灾隐患治理体系的模式创新

基于大数据的电气火灾隐患治理体系融合了多种社会资源，提高了社会公共服务的效率和效益，同时解决了长期困扰消防部门的防火模式问题，将防火从消防部门的被动检查转变成社会各种资源主动投入、积极参与和协同工作，形成社会面齐抓共管的良好局面（如图4所示）。

图4　电气火灾防范新模式

1. 为终端用户提供电气火灾隐患预警平台

终端用户可以通过手机 APP 或其他智能终端，使用电气火灾隐患预警平台在线监管其单位的电气线路隐患。根据安全管理主体责任的原则，终端用户是安全管理的主体责任方，终端用户需要借助于平台了解自身电气线路是否存在安全隐患或安全隐患的发展趋势等，并依据电气火灾隐患管理规范对已存在的电气火灾隐患危险等级进行及时和合理的处置。

2. 为消防部门提供新的城市级电气火灾隐患管理平台

长期以来消防等监管部门缺乏监管企业电气火灾隐患的专业化工具和平台，电气火灾隐患管理平台可以为各级消防部门提供地区和行业电气火灾的隐患分布情况，这将有助于消防部门及时掌握电气火灾的发展趋势和风险等级，把握工作重点，从而提高消防部门的合理资源配置能力和工作效率。

3. 支持第三方服务商提供电气火灾隐患治理综合服务

通过建立本地化和专业化的电气火灾隐患监管服务中心，整合区域专业服务资源，为终端用户提供隐患"体检"、隐患排查整改、企业托管等服务，第三方服务商可承担起电气火灾隐患的治理综合服务。

4. 为保险企业提供风险控制产品

中国电气火灾连续五年占火灾总数的 30% 以上，且有逐年上升趋势。基于大数据的电气火灾隐患治理体系推动了我国第一个电气火灾险的诞生，其提供的电气火灾隐患分析报告将成为保险企业提供风险控制的重要依据。

三　基于大数据的电气火灾隐患治理系统的应用

通过技术及模式的创新，基于大数据的电气火灾隐患治理体系在我省得到了很好的应用。目前浙江省共有 16519 家企业安装了创新电气火灾监控系统 45081 套，取得初步成效。2016 年，浙江省共有 9914 家企业安装终端设备 25638 套，发现电气火灾隐患 20252 个、排查隐患 13257 个、整治重点隐患 994 个，隐患解决率达 65%，隐患预警率大大降低。2016 年上半年，湖州市吴兴区试点共计安装终端设备 2688 套，覆盖以童装企业为主的 1394 家企业。据吴兴区消防数据统计显示，该区 2016 年上半年电气火灾起数同比下降 42.13%。2017 年，衢州江山市贺村镇完成了近 200 家重点竹木企业终端设备安装覆盖，发现较多的用电隐患。通过监管治理隐患，该镇电气火灾从 2014 年的 11 起下降到 2016 年的 1 起。

四　结束语

防范电气火灾是一项复杂的系统工程，简单化思维都难以解决电气火灾的防范问题。大数据、物联网等信息技术的涌现，给我们提供了一次难得的历史机会。我们要紧紧地抓住此次机遇，加快对现有技术和模式的创新，建立电气火灾隐患治理体系，全面提升火灾防控智能化、信息化水平，实现由"传统消防"向"现代消防"转变。

参考文献

［1］Hadoop 技术 http：//hadoop. apache. org/ 2017.

［2］Hbase 技术 http：//hbase. apache. org/ 2017.

［3］Spark 技术 http：//spark. apache. org/ 2017.

［4］The Google File System, Sanjay Ghemawat, Howard Gobioff, and Shun – Tak Leung19th ACM Symposium on Operating Systems Principles, Lake George, NY, October, 2003.

［5］MapReduce：Simplified Data Processing on Large Clusters, Jeffrey Dean and Sanjay Ghemawat, OSDI 04：Sixth Symposium on Operating System Design and Implementation, San Francisco, CA, December, 2004.

［6］Bigtable：A Distributed Storage System for Structured Data, Fay Chang, Jeffrey Dean, Sanjay Ghemawat, Wilson C. Hsieh, Deborah A. Wallach, Mike Burrows, Tushar Chandra, Andrew Fikes, and Robert E. Gruber, OSDI06：Seventh Symposium on Operating System Design and Implementation, Seattle, WA, November, 2006.

［7］GB 14287. 2 – 2005，电气火灾监控系统，第 2 部分：剩余电流式电气火灾监控探测器。

［8］李海学：《智慧式电气火灾隐患监管系统的应用》，《消防技术与产品信息》2015 年第 11 期。

关于对"智慧消防"建设的
探索与思考

金建立[*]

近年来，宜昌消防支队在部消防局和湖北消防总队党委的正确领导下，针对消防工作面临的"两少、两低、两差"（即在线数据少、管理手段少；技术含量低、运行效能低；预测研判差、动态监控差）等瓶颈问题，抢抓"智慧城市"建设机遇，充分运用物联网、云计算、大数据等信息技术，嵌入融合各方资源，构建以"一云、两网"（"一个大数据云平台"，织密火灾防控、灭火救援"两张网"）为核心的"智慧消防"，有效提升社会抗御火灾风险能力，特别是在全市经济社会高速发展（GDP 年增幅 8.9%，连续三年超过全国平均水平，居全省第二）的背景下，火灾"四项指数"逐年下降，亡人火灾得到有效遏制，2016 年实现了火灾"零亡人"，全市消防安全环境明显改善。

一 坚持问题导向,以改革的思维谋划"智慧消防"建设

近年来，我们紧紧围绕破解消防发展的难题和矛盾，主动顺应经济社会发展趋势，高度契合推进"智慧城市"建设的时代要求，审时度势、

---

* 金建立，男，1971 年 10 月出生，籍贯河南固始，湖北省宜昌市公安消防支队支队长。

大胆变革，充分运用大数据技术和信息化手段提升社会消防治理的智能化水平。

（一）"智慧消防"是融入时代发展潮流大势所趋

伴随经济社会高速发展，互联网、物联网、云计算等技术应运而生，大数据变革时代悄然而至，深度改变人们的生活、工作和思维方式，"智慧城市"① 建设应运而生。消防安全作为城市公共安全的重要内容，"智慧消防"更是"智慧城市"有机组成部分，我们紧紧抓住宜昌作为全国首批38个"智慧城市"建设试点的有力契机，提请市政府将"智慧消防"纳入国民经济和社会发展总体规划，纳入"智慧城市"建设三年行动计划，同规划、同部署、同建设，配套出台法规制度、落实经费保障、完善顶层设计。

（二）"智慧消防"是破解消防瓶颈难题形势所迫

为了适应城市发展需要，提高对社会单位的监管效能，解决好城市火灾防范和警力不足带来的消防安全挑战和日益突出矛盾。我们紧紧依靠"智慧消防"建设，通过对3大类18项消防专业数据的"一体化采集、全过程共享、精准化应用"，及时掌握消防事件的关联性、增强工作的洞察力，做到及时准确"预警监测复杂的消防安全形势，动态感知众多的消防监管对象，实时掌控大量的社会火灾隐患"，有效破解了消防安全风险防控难题，提高了整个城市的火灾防控能力。

（三）"智慧消防"是创新社会消防治理职责所在

安全发展必须创新安全管理。我们按照调研论证、整体设计、分类试点、固化机制、有序推进的办法，经过近两年的探索与实践，大力开展"智慧消防"建设，实现"互联网＋消防"的深度融合，推动各项消防安全工作更具系统性、科学性、前瞻性，一改以往凭经验、靠直觉、

---

① 智慧城市就是运用信息和通信技术手段感测、分析、整合城市运行核心系统的各项关键信息，从而对包括民生、环保、公共安全、城市服务、工商业活动在内的各种需求做出智能响应。

拍脑门的决策模式，有效解放了警力资源，优化了工作流程，驱动了传统消防管理模式从根本上转型发展，推动社会消防治理从"被动向主动、包揽向指导、盲目向精准"转变，我们也切实尝到了甜头，明确了方向，提升了效能。

（四）"智慧消防"是深化消防机制体制改革所向

随着社会建设发展变革，破解传统的消防工作机制性、体制性障碍势在必行。我们始终坚持以数据资源整合为基础、平台开发建设为支撑、服务警务实战为目标建设"智慧消防"，服务和支撑消防监督、灭火指挥、服务公众、部队管理等各项工作，坚持用智慧的手段监控、排查、整改火灾隐患，用智慧的手段辅助决策、指挥调度、处置灾情，坚持用新技术、新手段解决人工办法、传统方式解决不了的难题，真正通过创新治理手段，做到"预防再细一点，灾害再少一点；应急再快一点，伤亡再少一点"。

二　坚持科学布局，以精准的定位 开展"智慧消防"建设

（一）"智慧消防"是社会消防管理创新的生动诠释

近年来，在部消防局、省消防总队的坚强领导下，我们立足网格化管理实际，结合灭火救援指挥、音视频综合集成、"一体化"业务信息等系统，先后研发了"智慧消防"1.0版本的"防消互联"信息系统、2.0版本的"一库三网"信息平台。2016年6月28日，全国创新社会消防安全管理现场会在我市召开以后，我们按照《湖北省智慧消防项目总体设计方案》的统一部署，再度借势发力，构建了"智慧消防"3.0版本的"一云、两网"的消防工作新格局。一路走来，我们感觉到，"智慧消防"就是立足公众消防安全需求，以"开放、共享、智能、融合"为理念，运用物联网、云计算、大数据、空间地理信息集成等新一代信息技术，强化科技创新、联动融合、开放共治，改善消防基础设施，优化消防工

作机制，促进消防规划、建设、管理和服务智慧化的新理念和新模式。

（二）构建一个"消防大数据云平台"

网络的本质在于互联，信息的价值在于互通。只有打破信息壁垒，连通信息孤岛，使原来分散的、碎片化的数据高度汇集和深度挖掘，才能真正为消防工作提供有力支撑。为此，我们联合市政府智慧办，分析找准数据整合共享、系统运行管理、科学决策指挥、社会公众参与等4项业务需求，将政府政务、公安云、消防业务系统、智能物联网、互联网5个方面作为主要数据来源。把外部数据"拿过来用"，主动对接公安、房管、工商、气象等部门数据库及社会第三方平台，共享互通城市部件、单位基本信息及危化品的仓储及物流等动态信息；将内部数据"联起来看"，整合接入消防部队现有的作战训练、后勤装备、消防监督、户籍化管理等业务系统，实现内外数据的相互交合和综合研判；对未知数据"走出去采"，设计开发基于移动终端、物联网等的信息采集平台，网格员、消防官兵、社会单位在平时工作中实时采集各类动态信息。从而建立起以城市公共基础信息、管理对象信息、消防业务信息3大类数据为主要构成，提供海量数据存储、访问、交换及系统运行支撑服务的消防大数据云平台。

（三）织密火灾防控和灭火救援"两张网"

科技发展和信息互联，为防灭火工作提速增效、精准发力提供了可能。在海量数据支撑的基础上，我们迅速布局建立了"两张网"：①适时响应的火灾防控网。对2949家重点单位推广打卡扫码巡查技术，将482个消防控制室接入远程监控系统，在1803套自动消防设施安装传感终端，通过鼠标巡逻、探头站岗、物联放哨，实时掌握消防监管动态信息，大量节省人力物力，实现防控手段从人防向技防的延伸；搭建城市火灾风险评价模型，从消防能力和火灾风险两个维度开展城市、单位火灾风险评估，并即时分色预警，指导合理布设小型、微型消防站点541个，新建市政消火栓281具，开展重点布防234处，实现防控决策从被动向主动转变；借助监管服务云，全面打造消防宣传"两微一端""WIFI 热点提示""空中课堂①"、全民消防知识库、"村村响""掌上关照网"等点对点、面对面、线上线下宣传网络，实现防控范围从局域向全域覆盖。②高效精准的灭火救援网。以 2016 年"5.31"猇亭区中兴化工泄漏爆炸事故为例，接警后，我们利用城乡一体综合应急救援快速反应网，自动按照灭火救援处置程序确定力量编程，1 分钟内将调派指令、到达地点及任务要求推送至各消防作战单位和供水等相关应急部门，从单线联系到一键调度，联勤联动更加高效；通过语音、文字、视频等全要素接警模式和合成作战平台，现场指挥员、战斗员及处置人员第一时间在电子沙盘上掌握事故定位、灾害性质、车辆摆布、进攻路线等现场决策信息，到达现场后 3 分钟内完成力量部署，并成功处置，从"背靠背"到"面对面"，现场指挥更加精准；事故发生后，通过全程记录灭火救援过程，网上实景再现战斗经过，智能比对数字化作战预案，进一步优化处置对策 11处，针对事故暴露消火栓供水不足等问题生成并向政府、单位提交整改意见 8 条，从两线作业到互联互通，防消结合更加紧密。

（四）实现社会共治、责任共担、成果共享"三项目标"

我们把现实应用作为发挥系统功效的关键环节，发动全员参与，倒逼责任落实，确保实现消防工作群防群治。①社会共治。在消防安全委员会分设建设工程、化危场所等 7 个专业委员会，建设、规划等 36 个部门参与处置消防事件，工商、安监等 8 个行政派出机构联动查处消防隐患，社区民警、网格员等 6 类人员开展常态化排查。②责任共担。出台基层消防安全责任规定等 8 个规范性文件，明确县级政府 9 项、乡镇街办4 项、行业部门 10 项消防工作职责，并对履职状态进行监控跟踪，做到全程留痕、可查可溯。③成果共享。社会单位通过"智慧消防"申报工

---

① "空中课堂"是运用移动互联网技术，依托微信客户端，在全国率先研发"消防安全宣传培训空中课堂系统（Air School）"，全面实现消防安全知识精准推送，消防安全服务个性化定制、消防监督管理可量化评估等成效，具有内容标准化、形式多样化、过程互动化、结果可量化等特点。

程建设项目，只需在窗口一次性受理，便能网上流转、同步审查、并联审批；社会群众通过"两微一端"，便能在网上开展自主培训，预约消防服务，举报火灾隐患，不断增强人民群众对消防安全的获得感。

三　坚持统筹推进，以长效的格局保障"智慧消防"建设

（一）党委政府是"智慧消防"建设的主心骨

作为一项复杂的系统工程、创新工程，"智慧消防"建设必然面临着资源整合、数据共享、经费保障、政策支持等诸多需求。我们充分借助党委政府的主导作用，有效统筹"智慧消防"有序建设，实现了"智慧消防"建设"五个纳入"，即纳入国民经济和社会发展总体规划，纳入"智慧城市"建设三年行动计划，纳入各级党委政府重要议事日程，纳入各级领导干部考核体系、纳入责任法规制度拟订计划，完善了顶层设计，做到了"要钱给钱、要物给物、要政策给政策"。

（二）科技创新是"智慧消防"建设的催化剂

在实践探索中，我们逐渐认识到以物联网、云计算、大数据、空间地理信息集成等新一代信息技术的兴起，为消防工作的创新变革提供了充分的技术可能性和可靠性。我们先行先试，以技术为支撑，开发完善了城市消防远程监控、重点单位云服务管理①、网格化矛盾化解、作战指挥调度、精准化宣传培训等"智慧消防"工作模块，成功地为"智慧消防"系统插上了科技的翅膀。

（三）网格管理是"智慧消防"建设的压舱石

落地见效是检验"智慧消防"建设的关键指标。为此，我们因地制宜，突出网格化工作机制，将涉及消防工作的人员、职责、资源进行网

---

① 系统由一个手机 APP 终端和消防器材上的二维码组成，运用于居民小区、企业单位消防管理，通过手机 APP 扫描的方式详细记录消防器材的好坏数量，保证损坏消防器材及时更新，督促安保人员定期开展消防巡查，促进企业单位消防管理。

格化划分，建立起"市—县（市、区）—街办（乡、镇）—社区（村）—网格"的五级组织管理体系，整合辖区消防监督干部、社区综治专干、网格管理员、单位消防安全管理人等六类"基层消防工作责任人"，通过痕迹化管理、可视化监督、指标化考评，倒逼各类责任主体主动履责，各项消防业务工作网上流转，受理、分派、办结、反馈、评价等各个环节全系统运行、全过程留痕，实现"职责简明化、任务订单化、工作程式化"。

（四）变革精神是"智慧消防"建设的孵化器

变革精神不仅表现为顺应形势的抢抓机遇，更应该体现在深思熟虑后的主动作为。在探索"智慧消防"的实践中，我们保持了机不可失、时不我待的变革精神，一方面抢抓机遇、顺势而为，积极争取党委政府在组织、资金、政策方面的重视支持，以长效的顶层设计统筹"智慧消防"建设全局。另一方面，我们不等不靠、先行先试，主动对接前沿信息技术，建强消防责任组织，打破固有工作流程，以点滴的进步、局部的创新为构建"智慧消防"格局夯实基础。

以"大数据"思维构建新一代
消防智慧指挥体系

王仕国*

大数据开启时代转型，改变了数据使用方式和解决问题的方法，数据已成为信息时代的核心资源，给消防灭火救援作战指挥领域带来新的机遇，我们要迅速从以往的小数据思维转换成大数据思维，灵活运用新技术、新理念，构建适应新时代要求的新一代消防智慧指挥体系，掌握"大数据"这一战斗力生成的核心要素和制胜关键，提高灭火救援作战指挥的信息化、智能化水平，打造一支"能打仗、打胜仗"的首都消防铁军。

一　大数据带来的思维变革和基本原理

在维克扎·迈尔—舍恩伯格及肯尼斯·库克耶编写的《人数据时代》中，大数据指不用随机分析法（抽样调查）这样捷径，而采用所有数据进行分析处理。IBM提出，大数据具有5V特点：Volume（大量）、Velocity（高速）、Variety（多样）、Value（低价值密度）、Veracity（真实性）。与之对应，大数据时代，人们对待数据的思维方式会发生如下三个变化：

＊　王仕国，男，1968年9月出生，籍贯河北丰南，北京市公安消防总队参谋长。

（1）要分析与某事物相关的所有数据，而不是依靠分析少量的数据样本，即不是随机样本，而是全体数据的总体性思维。

（2）接受数据的纷繁复杂，而不再追求精确性，即不是精确性，而是混杂性的容错性思维。

（3）不再探求难以捉摸的因果关系，转而关注事物的相关关系，即不是因果关系，而是相关关系的相关性思维。

由此而衍生的大数据思维核心原理主要是数据价值原理、数据效率原理、数据全样本原理、数据洞察原理、数据预测原理等，运用"大数据"思维来解决指挥体系建设问题，就是灵活运用大数据思维原理，创新指挥模式，由传统的以经验为主导的指挥模式向以数据驱动的模式转变，借助"机器"辅助人，把"机器"运用到新的指挥模式当中去。

二　传统作战指挥信息系统的缺点和不足

与大数据相对应，我们将高度依赖样本分析法，追求数据结构化、精确化，强调数据因果关系的时代称为小数据时代。构建于小数据时代的信息系统普遍具有数据关联程度不高、利用率低下、业务智能化水平较低的特点，具体分析总队现有的以119接处警系统、地理信息平台为核心的信息化灭火救援作战指挥支撑体系，存在有以下的缺点和不足：

（一）基础数据严重不足

现有系统基础数据来源严重受限，仅有源自部队内部、由部队自行采集的数据较为完善，但同时存在更新不及时、准确率较低等问题。在横向与外单位的数据共享方面，仅在GIS地理信息平台中使用了部分商用地图数据，实现了对市公安局PGIS的简单调用，对跨警种、跨网络的数据对接、共享应用基本为零。

（二）功能架构设计不能满足日益发展的首都消防事业需要

随着首都消防事业的跨越式发展，我们的灭火救援作战队伍迅速从单一的现役队向现役队、小型站、微型站、政府专职队、企业专职队共同发展迈进，合同制消防队员、混编队、单编队等新生事务不断出现，现有信息化指挥支撑体系面向现役队、全市集中接警、统一调派的架构功能设计已严重滞后于"消防队伍统一管理、分级分类调派"的现实需求。

（三）接处警指挥整体应用智能化水平低

现有119接处警系统所具有的警情受理、力量调派、过程处理、统计分析等功能仅能实现对电话、电台、口头指令等数据录入的电子化，所有调度处置过程完全依靠接处警员和各级指挥员的个人经验和水平，不能利用已有条件自动给出调派意见，如夜晚自动给出按照距离远近排列的照明车、高层自动给出云梯车、高喷车；不能智能生成一键式调派方案、调派的随意性较大。系统缺乏基本的业务关联推导能力，更不具备从海量历史数据推演事态发展，智能化指导当前工作的能力。

（四）灾害现场数据收集、信息综合应用手段不足

经过多年建设，目前我总队基本形成了以电台、3G单兵图传系统、移动作战指挥系统为核心的灾害现场信息应用系统，完成了灾害现场语音、图像的采集和对车辆、装备、水源、预案等现场需要的各类灭火救援要素的初步整合，解决了信息综合应用的有无问题，但与作战密切相关的火场周边环境（温度、风力、风向）、空气成分分析等数据采集、应用手段缺失，缺乏有效技术手段及时掌握现场力量部署展开情况，通信方式繁杂未能有机整合。

（五）运用数据指导日常部队管理和防灭火工作开展的效率低下

现有信息化灭火救援作战指挥支撑体系始建于2007年，受限于当时的思维理念、技术水平，对数据的汇集总结、深入分析层级较低，数据利用率低下，无法运用已有数据指导日常消防工作开展，例如利用地理空间水源分布密度指导水源建设和接处警力量调派，利用地理空间火灾发生密度趋势分析指导防火工作开展，利用火灾出动到场时长分析指导

前置备勤布点等。

三 构建新一代消防智慧指挥体系

（一）总体构想

以大数据思维构建新一代消防智慧指挥体系，必须以"挖掘消防数据价值，提高科学决策能力，提升指挥调度水平"为指导思想和建设目标，在物联网、云计算、可视技术等新平台、新技术的支撑下，紧密围绕灭火救援作战指挥这一中心，充分运用全局性、容错性、相关性思维，建立完善"用数据分析研判、用数据预知预警、用数据辅助决策、用数据指导实战"的消防工作新机制，形成"信息导消、数据强消"的消防工作新局面。

从建设内容上看，要围绕"五个平台"开展建设，即云计算架构硬件平台、基础数据核录报备平台、智能接处警指挥平台、大数据分析研判平台和现场综合信息应用平台，共同构建新一代消防智慧指挥体系。

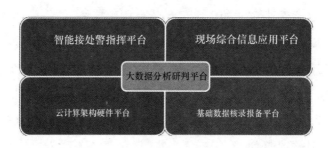

图1　总体架构图

（二）聚焦底层架构缺陷，立足现有硬件基础，建设云计算架构硬件平台

采用云计算体系，将系统现有基础架构向云计算基础架构转型，充分利用现有资源，通过基础架构管理系统将物理服务器、网络、存储资源统一在一起部署与调度，通过服务虚拟化，构建服务器资源池，动态

调度资源运行业务系统，最大限度地考虑系统安全性和业务连续性、最大限度地实现系统均衡性和灵活调度、最大限度地提高系统运行效率，解决系统在安全性、计算能力、管理复杂度以及可扩展性方面的不足。

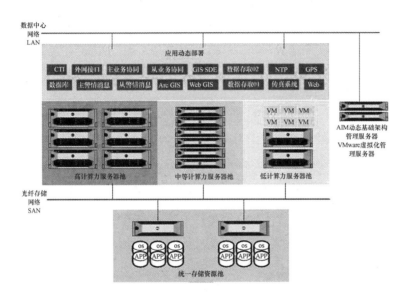

图2　动态基础云计算架构图

（三）建立数据核录新机制，打通网络壁垒，建设基础数据核录报备平台

建设基础数据核录报备平台，扩大数据收集范围、提高数据质量，夯实智慧指挥体系数据基础，从三个方面入手：一是在公安部公安信息网安全管理技术标准框架下，建设双向跨网数据交换平台，打通公安信息网与政务网、互联网、物联专网间的数据交换通道，为实现与政府部门间的数据共享和互联网海量信息资源利用奠定基础；二是梳理内部数据，建立实名报备机制，围绕灭火救援作战，从"人、地、事、物、组织"五个维度开展内部数据梳理，结合各业务主管部门管理需求，建立统一核录平台，实现对灭火救援作战要素的全维度覆盖核录，建立实名制报备平台，对重点核心资源，进行精确到点的精细化管理；三是开展

外部共享，理顺沟通对接渠道，建立数据对接共享长效机制，分步分批接入交管局实时路况、环卫洒水车、建委大型施工机械、急救、安监化危品产、存、售、用等信息，完成警情共享，依托互联网，开展关键信息查询检索，有效弥补专网资源不足。

（四）改造119接处警系统，强化流程关联分析，建设智能接处警指挥平台

（1）完成多种形式消防队伍统一管理，实现分级调派。将全市所有现役队、小型站、微型站、企业专职队、政府专职队等多种形式消防队全部纳入119接处警系统一体化管理，改变现有的"集中接警、统一调派、支队跟踪"调派模式为三级调派模式，根据警情级别、距离、消防队伍性质不同，总队、支队、中队分级负责调度，落实支队作战指挥中心职能。改造119接处警系统，研发非现役队接警终端，强化新调度模式软件支撑，增加支队调派、跟踪、管理功能，完善支队级灭火救援作战指挥"一张图"建设，围绕软件构建支队信息处理展示中心。

（2）深化流程关联调研，实现接警调度智能化。结合接处警各环节数据处理特点，依据数据间的关联关系，逐步推导，生成智能化调派方案。例如，电话受理，通过手机报警定位，自动获取最近前置备勤车组，显示联系方式，提取主管队及周边中队车辆装备，第一时间调派处置；确定受理时间，入夜则自动获取距离由近至远的照明车列表；确定警情场所，高层则自动获取高喷云梯列表。以此类推，当全部警情要素录入完毕后，系统根据上述自动推导结果，结合历史警情AI分析建议，自动生成一键式调派方案，实现接警调度的初步智能化。

（3）构建现场动态指挥网络，实现多手段融合通信。依托119接处警系统，实时掌握出动单位信息、车辆、装备，关联实名制报备数据库，获取出警人员信息，掌握所有人员通信方式，按照各单位层级组织架构，自动构建现场动态指挥网络。配套建设融合通信系统，有效整合固定电话、无线电台、手机、卫星电话、计算机软电话等多种通信方式，实现对现场指挥网络全体人员的单点、多点、全覆盖、一键式通信。

（4）汇聚重大安保勤务指挥需求，实现防灭火工作一体化。充分借鉴吸收大型活动消防安保防、灭两个部门的不同业务实战经验，在地理信息一张图的基础上，实现勤务保卫图上作业、力量部署实时展现、任务目标巡检记录、信息上报综合显示等多种功能，自动生成安保指挥网络体系。

（5）整合现有业务系统，完善灭火救援作战指挥一张图。推进公安部消防局"智慧消防"建设，围绕 GIS 地理信息平台，整合 119 接处警、火灾隐患情报、图像监控、3G 单兵图传、北斗定位等现有业务系统，对接基础数据核录报备平台，完善消防灭火救援实战指挥平台建设，实现调度过程中的资源可视、调度可视、过程可视。

（五）搭建现场传输链路，完善数据采集手段，建设现场综合信息应用平台

充分运用卫星、自组网技术，搭建现场至作战指挥中心的双向数据传输链路，在灾害现场布设一张由风速仪、测温仪、有毒气体探测仪等末端探测设备以及手机报警定位、北斗车辆定位、物联网消防远程监控、3G/4G 单兵图传和现场无人机平台等数据感知采集子系统共同构建的多形态、多维度立体感知网，全方位捕获灾害事件的接报警调度信息、力量行进部署、环境数据，采集现场音视频，以移动作战指挥终为核心，建设现场综合信息应用平台，汇总、处理现场采集的数据并回传总队作战指挥中心，同时接收总队智能接处警指挥平台推送的数据，开展现场图上作业，为各级指挥员决策部署提供数据支撑。

（六）深化业务关联性研究，以实战需求为导向，建设大数据分析研判平台

在大量基础数据以及 119 警情、96119 隐患举报、人员任职经历等业务生成数据、历史数据的基础上，运用总体性思维和容错性思维开展业务关联性研究，建设大数据分析研判平台，挖掘数据对消防工作的深层次价值所在，指导日常部队管理和消防工作开展。例如，将人员实名制

报备与 119 出动、人员任职经历相结合，分析人员任职作战经验，动态生成特定类型灾害处置专家组；分析水源分布密度与火灾力量调派、扑救处置时长间的趋势关系，指导开展水源建设；分析高层建筑分布密度与灾害类型、力量调派、出动到场时间的对应性，科学开展装备配备；分析历史数据中同一中队对辖区不同地点、不同季节、不同时段的出动到场时间变化曲线，结合实时路况，精确设置前置备勤点位等。

　　将大数据应用于灭火救援作战指挥领域，意味着灭火救援作战指挥将更加刚性，人为因素对决策指挥的影响不断降低，且更加自动化。为此，我们必须要抓住这一契机，构建新一代消防智慧指挥体系，加快提升灭火救援作战指挥智能化水平，提高接处警效率，打造一支胜任信息化环境，反应快速，指挥精确的现代化消防强军。

参考文献

[1] 伊恩·艾瑞斯 (Ian Ayres)：《大数据思维与决策》，人民邮电出版社 2014 年版。

[2] 陈竹津：《大数据在指挥信息系统中的应用探析》，《信息化建设》 2016 年第 2 期。

关于加强灭火救援指挥数据
支撑能力建设的思考

张修栋[*]

恩格斯指出："当技术革命的浪潮在四周汹涌澎湃的时候，最需要的是更新更勇敢的头脑。"消防部队作为一支以抢救人民生命为主的武装应急力量，应以更强的政治责任担当和"更勇敢的头脑"，主动适应灭火应急救援实战需要，从理论和实践层面，厘清大数据引发灭火救援指挥变革、提高灭火救援指挥数据支撑能力建设为什么、是什么、怎么办等现实问题。

一 大数据的影响与引发灭火救援指挥的变革

（一）大数据促进作战指挥基本理论发生变化，数据成为消防部队战斗力的核心要素

大数据的发展牵动了信息本体地位的位移，作战指挥基本理论也由人的活动层面转到了以指挥信息系统为核心的信息活动层面上来。在传统数据为主的阶段，灭火救援指挥表现为基于物质、能量本体导向的"用数据说话"；大数据时代，灭火救援指挥表现为用大数据中所蕴含的规律来指导、驱动物质和能量，即"让数据说话"；使战斗力的构成要素

* 张修栋，男，1966年3月出生，籍贯河南虞城，河南省公安消防总队副总队长。

及要素间相互关系发生了深刻变革，战斗力由人、装备及人与装备结合的三要素构成，发展为增加了"数据"的四要素结构，并且"数据"逐渐成为战斗力的核心要素。

（二）大数据重构了作战指挥理论的体系结构，大数据优势成为确保灭火救援指挥优势的关键因素

大数据的到来为深度开发与高效利用数据资源，直接以大数据中隐藏的模式、趋势和相关性来谋划、控制作战指挥活动，"让数据指挥"模式的建立具备了必要条件，并引发了从"用数据指挥"到"让数据指挥"的灭火救援指挥实质变革。在灭火救援行动中，作战指挥优势很大程度上取决于指挥信息数据的收集、传输、处理和利用水平，对指挥信息有关大数据进行全面收集、实时传输、高效处理和科学利用的大数据优势，理所当然地成为灭火救援指挥数据支撑能力建设的关键因素。

（三）大数据在原有基础上创新发展作战指挥理论，指挥自动化、智能化将成为灭火救援指挥的主要发展方向

大数据覆盖的作战"全"样本范围，是现场态势的直接反映，是承载信息、生成信息的基础，其中蕴含的作战要素、单元、系统间的复杂关系，对催生新的指挥理论、指挥方式和指挥手段，推动转变灭火救援指挥能力生成模式具有很高价值。现阶段，消防部队大数据基础工程建设促进了灭火救援现场数据收集实时化、现场态势感知精细化、现场数据传递自动化、数据分析处理智能化，使指挥自动化得以实现，也为灭火救援指挥自动化、智能化建设指明了发展方向。

二　大数据背景下部队灭火应急救援指挥数据 支撑能力建设所面临的困难与问题

（一）对大数据在灭火救援指挥中的应用认识不足

一些指挥员虽然非常关注大数据时代的发展与特征，但对大数据的理解还很片面，对大数据的概念并不十分清楚，还不知怎么建、怎么用。灭火救援指挥数据支撑能力建设从理念到行动、从顶层设计到体系建立、从软件到硬件、从组织机构到人才建设，都需要投入大量的人力、物力、财力，对大数据本质、作用和功效认识不足，势必会影响大数据在灭火应急救援指挥中的推广与应用。

（二）对灭火救援指挥数据的现场收集能力还比较差

目前消防部队灭火救援现场缺乏对现场全维空间监视、探测类的专用传感器和各种光学观测设备，传感器识别目标的精度和准度等关键分辨能力弱，数据获取传感器化和前端化水平低；侦检、监测类传感器复合性差，不能根据不同传感器的不同特点进行科学合理组合，缺乏集成多种传感器和侦察手段的复合型平台，致使监测有盲区、侦检有死界、部署受限制，还不能对灭火救援现场达到全特征覆盖、全域覆盖。

（三）灭火救援现场态势数据处理自动化水平低

当前，消防部队灭火救援现场态势数据一方面数量庞杂、冗余量大、价值密度低、非结构化数据多，影响数据快速准确处理；另一方面有效数据的融合、处理、分析工作还主要依靠人工判断来完成，数据的自动化融合处理水平低，现场数据海量体增与难以进行及时处理、利用之间的矛盾，抑制着作战信息的快速准确处理，达不到灭火救援指挥准确、快速、高效的要求，最终使灭火救援决策失去速度与准度。

三　大数据背景下消防部队灭火救援指挥数据支撑能力建设的基本对策

（一）加大统筹力度，夯实数据融合共享根基

为保证灭火救援各战斗行动的顺利实施，必须实现灭火救援指挥数据跨区域、跨专业、跨层级的融合共享，着力解决好顶层设计不足、综合集成不够、数据标准不一等问题，切实为灭火救援指挥数据融合共享

提供基础条件。

（1）搞好顶层设计，规范全面建设。要按照《公安消防部队信息化建设总体方案》统一规划的要求，紧贴灭火救援指挥实际，切实把指挥需求搞准、把建设思路理清、把保障任务查明，既要设计好灭火救援指挥数据建设的"路线图"，又要制定出具体可行的"施工图"。合理定位灭火救援指挥数据支撑能力涉及的范围、内容，理顺数据间的逻辑关系，切实打破"壁垒"、消除"烟囱"，为实现灭火救援指挥数据由条块分割向深度融合、由基础数据保障向全维动态数据保障提供根本支撑。

（2）强化综合集成，构建共享机制。随着灭火救援指挥数据日益纷繁复杂、结构多样，必须通过综合集成，对各类数据资源进行整合，依托"资源池"和"共享库"，搭建信息共享和数据交换环境，为灭火救援指挥系统提供统一的数据存储、查询、访问和处理方法。要采用混合式数据集成方法，对各类相对独立、分散配置的灭火救援指挥数据进行功能融合，实现基于数据转换共享机制的快速查询和应用。充分发挥超媒体技术的链接作用，通过设置共享访问引擎，开发数据抽取和查询工具，实现各级、各类灭火救援指挥数据库的互联互通，把分散独立的数据融合为一个分布式的数据体系。

（3）推进标准落实，提高服务效能。要着眼未来灭火救援指挥数据支撑能力建设的需要，建立面向不同灭火救援对象、涵盖各个专业力量、不断动态更新的数据标准体系。通过对数据的规范化描述，统一信息分类与编码，使数据能够在灭火救援指挥系统的各组成要素之间顺畅地流通并被正确地理解和使用。要构建以元数据为核心的面向服务的数据标准体系，按照数据元字典建好数据库，规范数据内容和体系结构，保证数据采集与应用标准的规范与统一，进一步提高数据的可见性、可访问性、可理解性、可信任性和互操作性，为实现灭火救援指挥数据高效融合共享提供便利条件。

（二）突出管理重点，提升数据综合保障水平

复杂条件下灭火救援指挥数据来源渠道多、数据体量大、现场瞬息万变、更新变化快，只有不断强化管理、严密组织调控，确保灭火救援指挥数据鲜活、实用、可靠，才能为灭火救援指挥向数据决策模式发展提供可能。

（1）结合作战需求动态管理，保证数据鲜活性。灭火救援指挥数据不过期、时效性强才能为灭火救援指挥所用。要着眼复杂条件下灭火救援指挥要素发展变化较快的实际，及时更新数据资源，建立常态化数据采集更新机制，确保灭火救援指挥数据建设横向同步、纵向一致、整体联动。拓展灭火救援指挥数据链应用范围，扩展传感器信息源，使数据采集网络向末端延伸、向基层拓展，形成全维现场感知网络，实现灭火救援指挥数据多源感知、全域获取、高效传输。

（2）依托数据中心分层管理，增强数据实用性。为保证灭火救援指挥数据的可靠性、可用性和扩展性，应按照分层设立、集约高效的原则，设立三类数据中心，对灭火救援指挥数据进行分层管理和服务。消防局设立"灭火救援指挥数据服务中心"，主要进行战略规划、顶层设计，规范功能需求及实时数据的抽取、转换、加载和归类汇总、综合分析、分布查询、按需分发；总队设立"灭火救援指挥数据管理中心"，按照标准构建所属业务数据库、综合数据库及共享数据库体系；大队设立"灭火救援指挥数据维护中心"，主要进行专用数据采集、清理、分类和入库等工作。各级、各类数据中心要为灭火救援指挥提供数据目录服务、信息功能服务和相关技术服务，提高灭火救援指挥数据的实用效能。

（3）着眼安全稳定科学管理，促升数据可靠性。要运用科学的管理理念、先进的管理方法、配套的管理机制，规范灭火救援指挥数据支撑能力建设使用的各个环节，建立由内到外、多层次、全方位、多手段的综合防护体系，增强数据库和资源网络的安全防护能力。建立数据容灾备份系统，避免因软硬件故障、操作失误、病毒攻击等造成损害，实现关键数据的同步复制，保证灭火救援指挥数据及时有效恢复，能够为用户提供不间断的实时服务。

（三）注重建用结合，提高数据实战支撑能力

灭火救援指挥数据建设模式应由"建设推动应用"转变到"应用主导建设"上来，通过建与用的紧密结合，推动灭火救援指挥数据支撑能力的快速提升。

（1）彰显实战特性，充实完善内容。从实战化标准来看，当前灭火救援指挥数据支撑能力建设还存在着不准、不精、不新、不联等问题，迫切需要完善数据内容体系，充实高价值灭火救援指挥数据，细化数据颗粒、扩展数据字段、丰富数据格式。要针对现有灭火救援指挥数据库中，一般性常识数据多、有针对性实用数据少，定性描述灭火救援指挥数据多、定量分析灭火救援指挥数据少，传统领域灭火救援指挥数据多、现场实时感知数据少等问题，强化灭火救援指挥数据支撑能力建设的针对性，不断丰富和完善基础灭火救援指挥数据，强化动态灭火救援指挥数据建设，按照灭火救援指挥数据支撑能力建设标准，抓好丰富的数据资源、完善的数据体系建设，保障灭火救援指挥数据应用需求，做到灭火救援指挥需要什么，灭火救援指挥数据就能保障什么。

（2）立足实战环境，营造支撑体系。灭火救援指挥数据的实战化运行需要实战化的体系支撑，应按照"机制健全、网络完善、平台对接、力量充实"的原则建立共享交换机制，使灭火救援指挥数据的应用与保障制度化、规范化、常态化。要完善数据传输网络，扩展优化光纤通信网络，增设路由、拓宽信道、改造设备，构建以固定平台为基础，数据链、卫星通信和战术指挥网等机动平台为补充的栅格化基础网络，确保灭火救援指挥数据纵向可抵单兵，横向可以链接各战斗区域。依靠专业数据机构、技术人员为部队建设指技合一的专业保障力量，形成功能完善、层级负责的灭火救援指挥数据保障力量体系。

（3）紧贴实战需要，加强常态演训。要确立面向实战的数据导向，引导官兵正确认识数据在灭火救援指挥中的地位作用，激发官兵自觉养成数据生产者、消费者和维护者的意识。引入灭火救援"兵棋"推演系统，模拟仿真灭火救援指挥数据应用环境，在数据的导控下，以实兵、

实景、实装运用各类数据实施推演。通过实际应用及时梳理问题、查找原因、完善机制和更新数据，使灭火救援指挥数据支撑能力建设真正面向指挥人员和作战部队，切实符合灭火救援指挥实际应用需求，为灭火救援指挥提供及时可靠的数据支撑。

参考文献

［1］李树主编：《灭火战术基础》，机械工业出版社 2014 年版。

［2］孙儒凌：《作战指挥基础概论》，国防大学出版社 2011 年版。

［3］《危险化学品事故处置研究指南》，湖北科学技术出版社 2010 年版。

［4］任连生主编《基于信息系统的体系作战能力教程》（修订版），军事科学出版社 1990 年版。

［5］顾金龙、薛林主编《城市消防物联网研究与应用展望》，上海科学技术出版社。

［6］范茂军主编《信息化武器装备的神经单元——传感器技术》，国防工业出版社 2008 年版。

［7］维克托·迈尔 – 舍恩伯格（Viktor Mayer – Schönberger）、肯尼思·库克耶（Kenneth Cukier）：《大数据时代：生活、工作与思维的大变革》，浙江人民出版社 2013 年版。

［8］吴军：《智能时代：大数据与智能革命重新定义未来》，中信出版社 2016 年版。

基于大数据的建筑火灾风险预测应用

朱亚明[*]

社会单位火灾防控是公共安全领域的重点之一。长期以来，政府及消防安全管理部门依靠行政式、命令式、运动式、大呼隆的传统方法，工作模式经常是"运动式进行部署、人海战开展检查、轮番性过滤重点"，主动发现、超前预警的能力薄弱。近年来，随着大数据分析技术及机器学习智能算法的不断成熟，通过学习海量历史数据作出前向预测，指导日常防火安全和监督管理业务开展、提高社会消防安全工作效率的技术日臻成熟，并开始在国内外陆续涌现了创新性应用。

一 系统背景

大数据开启了一次重大的时代转型，利用历史积累的海量数据、学习蕴含的特征规律，进而预测事情发生的可能性是大数据的核心。与单纯依靠人类经验判断的传统模式相比，数据驱动的分析在长时间跨度、全局性规律的提取与掌握方面优势明显，可以显著提升预知预警的水平。

2015年，苏州消防支队利用大数据技术，通过对历年火灾记录、建

---

* 朱亚明，男，1970年12月出生，籍贯江苏东台，江苏省苏州市公安消防支队支队长。

筑、违章、行为等多种数据进行火灾风险预测，成功开发了火眼大数据火灾风险预测系统，指导社会单位日常火灾防范及消防安全监督管理工作。目前火眼系统的主要预测性能指标 PACR（Pre – Arrival Coverage Rate，灾前预测覆盖率）已达到国际领先水平，并在实际应用中取得了良好成效。

二 火眼系统工作原理

由于消防安全工作面广量大，日常消防安全监督管理中一个迫切的需求就是提高防火监督检查的针对性，即如何将有限的警力投放到未来最有可能发生火灾的场所地点，从而最大可能发现并消除火灾隐患，减少火灾事故的发生。

从数据分析角度，上述需求可以转化成这样一个问题：如何用量化的方法分析预测数以万计的社会单位在未来一段时间的火灾发生风险概率。

数据是计算机的"经验"，利用机器学习算法、通过对历史数据的关联分析，可以形成针对业务需求的大数据智能预测模型。下图简要说明了大数据火灾风险预测的概念流程：

（1）针对历史火灾、建筑、单位、隐患等不同来源的海量数据进行综合、评估、清洗、关联。

（2）根据具体业务需求、设计相应机器学习算法，利用并行计算架构对历史海量数据进行分析处理，通过对历史海量数据的机器学习生成预测模型。

（3）通过向预测模型输入相关的动态数据，预测模型生成每一单位建筑的火灾风险预测结果。

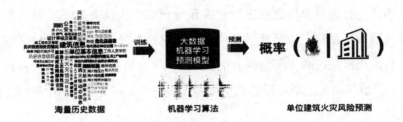

图1 基于海量历史数据的机器学习与火灾风险预测

通过对单位、建筑的各类特征提取，依靠 BP 神经网络算法预测未来 3 个月内单位的火灾风险大小，并以预测结果为依托提升高风险单位的检查优先级。一个典型的 BP 神经网络由三层构成，即输入层、隐含层、输出层，各层之间全互连接，如图 2：

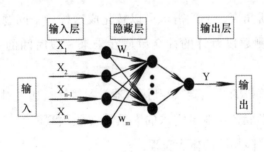

图2

隐藏层中第 i 个神经元的输出为（f 表示激励函数）：

$$y1_i = f(\sum w1_{ij}x_j + b1_i)$$

输出层第 k 个神经元的输出为：

$$y2_k = f(\sum w1_{ki}y1_i + b1_k)$$

误差函数为（其中 yk 是真实的观测值）：

$$E(W,B) = \frac{1}{2}\sum(y_k - y2_k)$$

激励函数一般采用相对平滑的 sigmoid 函数：

$$f(x) = \frac{1}{1 + e^{-x}}$$

Sigmoid 函数取值在 0—1 之间：

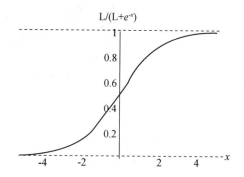

将采集到的单位相关特征（X1、X2、X3 等）放入输入层，通过对各层神经元之间的连接权重进行最优化调整，使得在输出层中输出的单位的风险值最为接近真实观察值 Y（即最小化误差函数）。

三　火眼的性能

火眼系统的模型训练与应用一般会经历两个阶段：模型算法验证阶段和实际防火指导应用阶段。在算法模型验证阶段，火眼于每个季度的固定时间生成辖区各单位未来三个月火灾风险预测值，由高到低排列成预测表；并于三个月后校验全部发生火灾的单位在预测列表中的位置，目的是为了在不人为干预的情况下、实际校验火灾风险预测引擎的精准度。在实际防火指导应用阶段，则以火眼风险预测清单指导消防、派出所和社会单位开展针对性安全管理。

2016 年第二季度，针对苏州 9.6 万幢建筑，火眼用 5% 的预测量命中了 35% 的实际火灾，在苏州市下辖的常熟市用 10% 的预测量提前命中了 70% 的实际火灾。

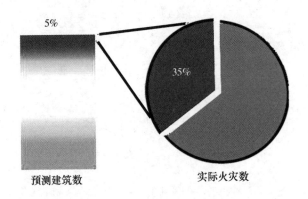

图3　2016年第二季度，针对苏州9.6万幢建筑
火眼用5%预测量命中35%的火灾

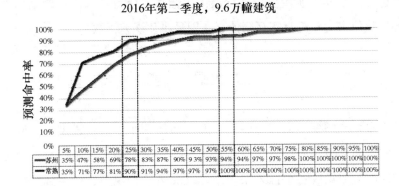

图4　2016年第二季度，苏州9.6万幢建筑火眼预测高低风险
单位的实际火灾比率参照

火眼系统实现了对海量单位火灾风险的量化分析，为日常消防安全管理提供了科学引导。通过对历史火灾数据的学习，火眼可以在不增加消防部门人力投入的情况下、将日常防火安全效率提升6—8倍。

四　火眼的应用

传统的消防安全管理基于定性的静态分类方法，将单位分为消防安全重点单位和一般单位，缺乏科学的定量分析与评估。火眼系统可以实现对火灾风险概率的动态预测，从而改变过去"一人得病、全家吃药"、运动式、撒网式的粗放工作模式，帮助消防安全监管部门将有限的资源投放到最需要的地方，实现警力的无增长改善，真正实现基于风险的常态化管理。

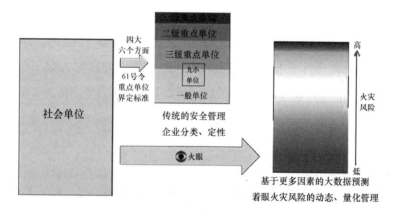

图5　从定性分类式传统安全管理，转向数据驱动、基于风险的安全管理

目前苏州市公安消防支队的火眼系统每月定期自动生成火灾高风险的预警信息，支队防火处根据预警信息调整辖区参谋的检查名录，使警力投放更加有针对性。此外，通过火眼与微消防社会单位消防服务系统的结合，预警指令可以同步推送给单位和主管部门，督促高风险单位增加自我巡查与检查频次，并将检查结果在线上传，从而提高全社会火灾防御能力。

在实际火眼指导防火工作阶段，考核指标是日常火灾检查的针对性（PACR值），即针对发生火灾的单位，校验有多少比例曾经在火灾发生前的三个月被指定检查过。

通过与户籍化系统、监督管理系统及社区警务平台对接，火眼系统成为了日常消防安全管理的"智慧大脑"，推动单位落实主体责任、提高单位安全管理精细化水平，同时帮助消防及派出所相关人员提高日常监管效率。

五　火眼的发展方向

未来火眼系统将拓展大数据预测的广度与深度。目前苏州市公安消防支队正在从其他政府部门及上级单位汇聚更多的相关数据，力争将火眼的基础数据提升一个量级。

火眼2.0版本将从单一的火灾风险预测拓展至涵括火灾发生风险与人员财产损失风险等多重指标的综合火灾风险预测，并探索大数据条件下预测警务应用新模式，真正做到"数据强消、预知预警"，将更多的火灾隐患消灭在萌芽状态。

参考文献

［1］Jeff Roth & Jeff Chen, FDNY's Data Science Strategy for Risk Management, Fire Department of New York, May 22, 2014.

［2］Joe Flood, The Fires: How a Computer Formula, Big Ideas, and the Best of Intentions Burned Down New York City—and Determined the Future of Cities, Riverhead Books; Reprint edition (April 5, 2011).

［3］周志华:《机器学习》，清华大学出版社2016年版。

［4］傅永财:《探索大数据思维下的智慧消防》，《消防科学与技术》2016年第35卷第12期。

［5］余威、李海涛、张德成:《大数据时代消防工作面临的机遇和挑战》，《消防科学与技术》2014年第33卷第9期。

人数控制系统在人员密集场所消防监管中的应用

王　亿[*]

人员密集场所发生火灾，极易造成群死群伤。2000 年 12 月 25 日，河南省洛阳市东都商厦火灾致 309 人死亡；2004 年 2 月 15 日，吉林省吉林市中百商厦火灾致 54 人死亡、70 人受伤；2009 年 1 月 31 日，福建省长乐市拉丁酒吧火灾致 15 人死亡、22 人受伤，等等。以上火灾事故，造成重大人员伤亡无不是因为场所超员，导致逃生疏散不力酿成惨剧。加强场所容留人员总数控制，可以有效减少致灾因素和提升疏散能力，杜绝群死群伤火灾事故发生。结合信阳市消防支队研发的"人数控制系统"，阐述分析推广应用的必要性、可行性和有效性。

一　人员密集场所人数控制的现状及问题

（一）当前人员密集场所人数控制的法规依据

从消防安全角度来看，对建筑内人数总量的控制，仅仅停留在相关技术标准规范上的宏观规定，根据建筑规模、使用性质、火灾危险性等对不同建筑情况的安全疏散进行了明确。如《建筑设计防火规范》

---

* 王亿，男，1974 年 3 月出生，籍贯四川达州，河南省信阳市公安消防支队支队长。

（GB 50016 - 2014），结合建筑的火灾危险性、使用性质、建筑规模等多方面因素，对歌舞娱乐放映游艺场所、商店、有固定座位场所的人数总量控制进行了规定；《饮食建筑设计规范》（JGJ 64 - 89），对餐馆、食堂等人数总量控制进行了规定；《全国民用建筑工程设计技术措施规划？建筑？景观》，对无标定人数的房间人员密度值进行了规定。纵然有相关技术标准规范的宏观规定，但如何确保设定值切实执行到位，目前尚无操作性强的具体措施。要保证技术规范规定的设计值达到预期，还要有有效的控制手段来配套保障。

（二）当前人员密集场所人员容留状态缺乏有效监管

人员容留状态的实时管控主要通过单位场所主体来实施，行业监管、消防执法部门仅能对其进行监督抽查，但也缺乏相应的可行性机制和技术支撑。现实中，由于种种原因，人员密集场所超员情况时有发生，难以及时发现和处置超员经营，有些经营效益较好的场所超员现象经常存在。

（1）单位场所对"超员效益"难割舍而不愿管。单位场所思想认识不足，尤其是消防安全责任人、管理人普遍不重视超员问题，没有认识到"超员就是风险""超员就是违法"，反而认为"人多生意好"，一味追求经济效益，罔顾安全，从根本上忽视了超员所带来的严重危害。此种情况下，造成人员密集场所人数总量超过技术标准规范所设定的最大值，人满为患，潜在致灾因素增多，一旦发生火灾因疏散困难极易造成大量人员伤亡。

（2）消防监管对是否超员难衡量而不重管。不同类型、不同场所、不同面积等，对人员容留密度有着不同要求，消防部门在监督检查中难以判定单位场所是否超员，仅能靠个人直觉作以提醒防范，导致操作难。因此，消防部门往往将监督检查的重点放在了单位是否履行消防安全职责、消防设施器材是否完好有效、建筑物是否符合消防技术标准要求等方面，缺乏对超员情况的监管。同时，消防部门监督执法人员数量有限，工作任务繁重，纵然采取"5 +2""白 + 黑"等工作措施，仍然不能保证对动态人数的变化实现无盲区、无盲时监管。

（3）消防管理对动态因素难把握而不好管。受主客观等多方面因素影响，不同的时段、不同的管理主体、不同的经营状态都会影响到人数的容留状态，如无相关技防措施，动态环境下很难准确把握人员容留量。在节假日、商店促销等时段，商家只注重商业运营，吸纳客流，不注重超员控制，人员容易到达顶峰。在春节、元宵节、圣诞节等重要节点，歌舞娱乐场所往往人员聚集，人流量较大。在举办室内大型晚会、演唱会、集会时，容易出现人员超过最大核定量的现象。

二　人员密集场所"人数控制系统"的探索应用

如何确保人员容留数不超过技术标准规范允许范围值，保证火灾情况下能够第一时间快速有效疏散，从机制建立、技防措施等方面加强人员密集场所超员控制，避免因疏散不力导致群死群伤火灾事故，信阳市消防支队积极探索，专门成立调研组，广泛征求消防部队官兵、单位场所负责人和消防安全管理人意见建议，专门研发了人员密集场所"人数控制系统"，并在大型商市场、医院、养老院、KTV等场所推广应用，以技防手段提升消防安全管理能力。

（一）"人数控制系统"的功能

"人数控制系统"下设"超员报警""热度分析""客流分析""事件中心""日志查询""视频预览""灭火救援""图像传输"8个子系统，根据场所类型、面积等，确定每个场所、每个分区最大容纳人数，并在"人数控制系统"中科学设定超员报警值。其中"超员报警"子系统实时统计单位场所进入人数、离开人数和实有人数；"热度分析"子系统实时监控单位场所内每个分区、每个房间的人员数，一旦超员迅速触发报警装置。

（二）"人数控制系统"的设置

在单位场所视频监控中心安装"人数控制系统"综合管理平台，设置主服务器、报警器等装置，在各进出口、每个防火分区分别安装"人数统计终端""热力监控终端"，并与单位场所视频监控中心、消防部门"人数控制系统"对接联通，超员"双向报警"，实现单位场所和消防部门的实时动态监管。

（三）"人数控制系统"的现场应用及处置

消防部门负责各单位场所"人数控制系统"应用的日常监督、分析调度等工作。单位场所明确消防安全管理人为"人数控制系统"运行应用第一责任人，负责日常监控以及超员报警后的人员疏散、限制入内等组织工作。单位场所在"人数控制系统"发出超员报警后，迅速启动应急处置程序，安排人员驻守各出入口，限制人员入内，有序引导疏散。对单位场所未第一时间启动应急处置程序的，消防部门及时下达《超员报警处置指令》，同时以手机短信形式告知单位场所消防安全责任人、管理人。

（四）"人数控制系统"的功能扩展

"人数控制系统"不仅可以有效阻止超员情况发生，还可应用于防火、灭火范畴。一方面，"人数统计终端"安装在各出入口处，消防部门可通过其视频监控，巡查检查安全出口是否处于正常疏散状态，如有被擅自锁闭、占用等情形可以及时发现和预警。另一方面，单位场所微型消防站人员可在手机安装"可视化监控系统"，与"人数控制系统"互联互通，一旦发生火灾警情，可将现场图像实时传输至消防部门，为灭火救援提供第一手视频资料。

三　人员密集场所"人数控制系统"
在消防监管中的使用成效

目前，信阳市已有 27 家试点单位场所的"人数控制系统"投入使用，超员报警处置 160 余次，阻止人员进入保有量 2 万余人，大大降低了发生群死群伤恶性火灾事故的风险。

（一）为发现和处置超员提供技术保障

"人数控制系统"可以有效实现建筑内容留人数的实时动态监控，及时发现超员情况，采取有效处置措施，减少因人员超员可能带来的不确定致灾因素和疏散困难。消防部门可利用"人数控制系统"这一技术支撑，对超员经营的单位场所消防违法违规行为予以责令整改。

（二）为消防管理和监督执法提供大数据分析支撑

"人数控制系统"收集的人员容留信息数据，经过科学统计分析，可以帮助单位场所准确掌握人员容留状态特点，以此针对性地布置值班、保卫人员，参考调整建筑内平面布局，提高消防安全管理水平。消防部门可根据"人数控制系统"数据分析，有针对性地制订消防安全监督检查计划，合理分配执法监督资源，加强重点区域、重点时段的监管，提高消防监督检查效率。

（三）为消防部门快速高效救人灭火提供准确信号

消防部门通过"人数控制系统"监测短时段内离开人数的急剧变化，比对远程视频情况，可迅速调动灭火救援力量。消防支队指挥中心根据"人数控制系统"数据分析结果，可以在单位场所发生火灾时准确掌握人员容留状态，为现场指挥员制定人员搜救、疏散方案和灭火力量部署提供有效决策辅助。

参考文献

[1]《建筑设计防火规范》（GB 50016-2014）。

[2]《饮食建筑设计规范》（JGJ 64-89）。

[3]《全国民用建筑工程设计技术措施规划·建筑·景观》，2009年。

消防装备

推动消防装备统型发展提升部队实战水平

黄　胜[*]

消防装备是消防部队战斗力的物质基础，灭火救援车辆装备建设，直接影响着战斗力的生成。近年来，公安消防部队配备的灭火救援装备数量不断增加、性能不断提升，为提高灭火救援战斗力提供了重要保障。但面对日益多样化、复杂化、大型化的现代火灾和日趋繁重的消防保卫任务，装备配备不科学、不合理的情况仍然存在，特别是型号规格繁杂、实战通用性差等情况还比较突出，消防装备统型发展是摆在消防战线面前迫切需要研究和解决的课题。

一　消防装备统型发展重要性和必要性

古语有言："工欲善其事，必先利其器。"对于消防部队而言，"器"就是消防设备，是配备在部队中，官兵借以日常训练，或通过现场的科学运用完成灭火救援的一切硬件装备设施。因此，认识到消防装备的重要性，用发展的眼光看待装备建设，才能加快消防装备统型发展，不断提升消防部队灭火救援能力。

（一）消防装备是提高战斗力的前提条件和物质基础

随着我国城市化进程加快，给经济发展、经济结构、人口比例带来

---

* 黄胜，男，1969年4月出生，籍贯湖北武汉，黑龙江省鸡西市公安消防支队支队长。

了巨大的变化——目前全国经济总量的80%、人口就业的50%、消费的86%、投资的90%以及各类资源、社会活动都在城市集中进行。随之带来的变化是：城市的规模不断扩大，城市各种系统日趋复杂，人口不断增多，资源的保障凸显不足，发展中的各类矛盾、各类资源保障不足的矛盾与各种自然灾害叠加，大大增加了城市公共安全的复杂性。与之对立的是，当前消防部队装备配备不科学、不合理的问题依然突出。消防装备的优劣，是一支队伍战斗力的体现，反映了一个国家消防技术水平的高低和灭火救援能力的强弱。

（二）个人整体防护装备是保障战斗力的核心要素

现代的火灾扑救，打的是装备战。个人防护设施在灭火救援战斗中十分重要，拥有并合理使用个人防护装备可有效避免消防官兵在战斗中的伤亡。可以说，防护装具是消防队员用于保护自己、抢险救援的重要武器。消防部队的灭火救援就是以保护人民的生命财产安全为第一目标。优良高效的装备，消防战士可以更好地保护自己，才能有力快速地消灭火灾，这是作战的基本原则。可以说，保护消防员健康安全，就是对人民群众的安全保障。

（三）火灾与各类灾害事故预警处置需要高新消防装备

高层建筑不断向上延伸，地下设施持续向下拓展，石化企业高度集中，建筑体量的增大、火灾荷载的增大，使火灾扑救难度越来越大。因此，现代条件下灭火救援作战，基于战场环境复杂恶劣，外线与内线、前线与后方的天然分界将日渐模糊，要求作战力量必需具备全纵深、全方位、全天候和高立体的综合打击能力，以往那种梯次推进、逐级前伸的平面线型作战方式已不适应复杂条件下灭火救援战斗的需要。装备建设要适应这种提高部队"打大仗、打恶仗、打硬仗"的能力、"一高一低、一大一化工"的作战环境，就必须具备直达纵深、远程遥控、持续保障等能力，这无疑对装备性能提出了越来越高的要求。

二 消防装备统型发展中存在的突出问题

消防装备型号多、规格乱，结构多样、功能各异、通用性差，给日常管理及作战训练等带来了非常不利的影响。

（一）消防装备的统一性、通用性不强

现行《城市消防站建设标准》等国家和行业标准界定的消防车有 4 大类 30 余种、灭火救援器材 9 大类 130 余种、防护装备 50 余种、灭火剂 4 大类 20 余种。各地车辆装备品种较为繁杂，虽然近年来同一个执勤中队的同类器材装备统型情况较之往年有所改善，但仍存在部分装备的品牌、型号不相一致的情况，尤其是空气呼吸器、防护手套等防护装备，液压、电动破拆工具组等破拆装备以及热成像仪、生命探测仪等侦检装备，加之部分器材装备更新换代较快，装备的延续性不够高，装备资源无法共享，导致相关装备零部件不能通用互换，器材操作熟悉和维护保养的难度加大，协同作战效能更大打折扣。

（二）消防装备的互补性、配套性不强

为了进一步做好火灾扑救和社会救援工作，消防部队经常跨区域进行灭火救援作战，各协作区往往通过资源共享、互补合成形成战斗力，而现实生活中，基层单位在配备器材装备时，个别单位主要追求"多""大""贵"，装备多而不全、华而不实，有些单位不结合实际，仅是效仿他人。现代火灾和救援需要的是通过装备有机融合和协同作战产生"战斗力"，在龙江这样经济欠发达地区，地方财力紧缺的时期，我们要主动适应火场作战需要，加强装备系统的配套建设。

（三）消防装备不统型带来的直接影响

一是影响车辆作战编成。同一作战单元车辆参数和作战效能参差不齐，难于匹配协同，对优化车辆作战编成带来很大不便。协同作战区域内车辆装备不成系列、缺乏通用性，不同队伍之间难以形成战斗合力，

或形成合力的时间长，贻误战机。不同单位不能利用同一装备完成长时间的攻坚作战，导致人员和装备需要一同替换，影响持续战斗力；二是影响灭火剂供应链。大面积火场作战时间长、用水量大，需及时形成完整的灭火剂供应链，装备通用性差，容易切断灭火剂供应链；三是影响现场协调保障。零部件互不通用，对作战现场装备的耗材供应、药剂供应、应急供气、抢修等带来一系列问题；四是影响学习操作培训。操作方法各异，增加了学习培训的时间，导致官兵在有限的服役期内，难以掌握使用要领；五是影响操作安全。操作不熟练，既影响实际作战成效，又容易产生安全隐患，甚至发生事故，导致官兵伤亡；六是影响装备完整好用。售后维修能力不高、缺乏零部件、周期长、成本高，甚至型号停产，使用和维修时间倒挂，致使装备完好率下降。

三　消防装备统型发展工作的意见建议

按照"标准化、系列化、通用化"的要求，以现有国家和行业标准为基础，分门别类地对配备基数大、新购数量多、使用频率高、实战作用强的各类装备的"外形尺寸、结构型式、主要参数"等作出合理的安排与规划，进行原则性统一，提高同类装备及零部件的"尺寸互换性、功能一致性、使用重复性"，尽量减少不必要的装备型号规格。

（一）加强装备统型，推进标准化建设

一是装备统型是解决装备型号繁杂、补齐装备建设短板、促进战斗力提升的重要手段，是当前全国消防部队推进装备建设的重点工作之一，也是现代化部队提升战斗力的重要举措。同时，也可以建议通过修订国家标准、行业标准等方式，对消防装备的配置型号、技术要求进行规范统一，加强装备关键零部件的"标准化"建设，进一步增强装备的"通用性"，最大限度实现装备的组合配套、通用互换。由于装备统型工作时间跨度较长，在未落实装备统型前，可在支队、大队范围内对现有装备进行灵活整合，各中队的器材按照不同规格、品牌进行调剂，尽可能保

证同一单位同类装备能够相互匹配，提升日常训练、实战、维护效率。

（二）突出个人防护，提升安全性保障

消防部队由于作战理念更注重于"安全防护"，对个人防护装备相对重视，对安全性、可靠性和科技含量的要求更高，因此有必要突出加强个人防护装备建设，首先是对照《城市消防站建设标准》，补齐以 12 类基本防护装备为主的灭火救援防护装备，其次要在推进装备统型的基础上，加快消防员防护装备的更新换代和性能提升，重点提升防护装备的防护水平和舒适性，最后，还可以通过建立"装随人走"的个人防护装备使用、管理制度，推广防护装备的"标识化"，进一步做好"人装结合"工作。

（三）优化管理模式，强化全寿命建设

要针对消防装备建设出现的新情况、新问题，研究装备管理的新制度、新方法，建立科学的管理体制、有效的管理方法、良好的运行机制，提高装备管理的科学性和有效性。结合消防装备建设的发展方向，建议运用现代化、信息化管理思维，尤其是要紧盯实战需求，树立"全寿命"的装备管理思想，细化装备使用、维护保养、退役报废等管理环节，将战训、装备部门、基层单位、生产企业紧密联系在一起，实现装备决策、采购、调配、培训、维修等环节的有效衔接，逐步形成要素齐全、上下衔接、职能分明、高效运转的管理体系。同时，以"智慧消防"建设为契机，积极运用"物联网""大数据"等信息技术，建立更为高效、动态、共享的装备管理、评估、调配系统，进一步提升装备管理效率。

（四）抓好专业培训，加强实战化应用

在现有的岗位编制下，进一步加强装备技师队伍建设，定期组织装备岗位人员进行系统性的培训，通过基础理论和实践操作相结合的培训方式，针对性的提高装备岗位人员的业务素养，并通过建立长效考评机制、开展业务比武等手段，进一步提升专业水平。同时，要将装备操作熟悉、实战应用、维护保养等内容纳入其他岗位的培训范畴，并采取以

点带面的方式，发挥装备岗位人员的"传帮带"作用，让全体官兵尽可能接收相对系统的装备业务培训，使现代化的消防装备在专业人才手中发挥出真正的战斗力。

四 消防装备统型发展工作的具体举措

立足"实战、实用、实效"原则，秉承创新驱动发展战略，坚持把握科技发展脉搏，不断丰富和优化装备结构，积极探索建立装备统型管理新模式，车辆装备基本形成"种类齐全、型号配套、功能互补"的新格局。

（一）立足实战实用，实现装备配备科学化

针对执勤车辆器材配备参差不齐的问题，要在全省或者全市将消防执勤车辆进行分类，包括 A 类泡沫消防车、干粉泡沫联用消防车、供水消防车、防化洗消消防车等九大类，对每类消防车的主要信息和具体参数进行采集，并根据《城市消防站建设标准》，认真分析不同类型消防车辆的具体车型、主要功能等因素，结合器材装备的应用和配置，依据消防部队消防车辆装备配备原则，对各类消防车的整车、各分区器材箱及车顶的随车器材配备进行统一，制定消防车器材的具体配备方案。在增强消防车辆的功能化和专业化水平的基础上，有效提高消防车辆装备利用率。

（二）立足统一规范，实现装备配备标准化

采用数字图形识别技术，根据二维码信息容量大、编码范围广、容错能力强、译码可靠性高、成本价格低等特点，对现有的执勤车辆和装备的具体参数、驾驶员信息等进行编码，制作成可记录二维码，建立消防装备和消防执勤车辆二维码信息库。该信息库能随时查看了解车辆具体状况，同时能实时记录车辆维修、保养和油料等信息；对各类装备的图像、主要参数和维护保养等信息进行编码，建立装备二维码信息库，

并制作具备防水功能的二维码器材标识卡，张贴在消防车的醒目位置。

（三）坚持基本原则，实现装备配备法制化

依法依规原则。遵循《产品质量法》《消防产品监督管理规定》等法规关于市场准入、质量要求等方面的规定以及国家和行业标准关于技术要求、检验检测、产品性能等方面的规定；尊重市场原则。装备统型是一种纯粹的技术活动，不针对任何装备生产企业的装备产品，不干涉任何装备企业的生产销售，不影响任何合法正常的装备采购，严格遵循《政府采购法》《招标投标法》；内部适用原则。装备统型只限于各地公安消防部队，不对除公安消防部队外的其他任何消防力量使用的装备提出统型要求。如其他消防力量参照当地公安消防部队的做法对装备进行统型，应当完全出于自愿；需求导向原则。装备统型的主要目标是提高战斗力，必须坚持需求导向，始终围绕完成灭火救援任务进行；同时，还必须结合部队装备配备实际、企业装备产出实际，不能完全另起炉灶、另搞一套，造成不必要的浪费。

初论(旋转)滑梯在消防员
接警出动中应用的可行性分析

刘　锋*

近年来，随着消防部队职能的拓展，消防部队承担的火灾扑救、应急救援任务越来越繁重，加之高层建筑、地下空间、石油化工、城市大型商业综合体数量不断攀升，新的火灾风险和致灾因素层出不穷，"养兵千日、用兵一日"的特殊工作属性给消防官兵的体能、身心带来巨大挑战。兵贵神速，消防官兵在灭火救援中分秒必争，哪怕早一秒到场展开施救，国家和群众生命财产安全少一分损失，"灭早、灭小、灭初期"的效果多一份保障，部队官兵救援多一分安全。公安部消防局罗永强副局长在夏季消防检查工作第三次视频调度会议上也曾指出："不能因为滑杆训练不足导致了受伤问题便因噎废食、停用滑杆。"并提出了鼓励安全使用滑杆，提升快速出动水平的建议。本人作为一名基层消防警官，带着问题深入基层部队帮扶指导过程中，了解到当前官兵出动速度的现状及制约官兵出动速度的因素，并从现实生活中儿童游乐场"滑滑梯"得到了启发和灵感，初步形成将（旋转）滑梯应用于消防员出动的初步设想。

* 刘锋，男，1984 年 9 月出生，籍贯山东济阳，江西省景德镇市公安消防支队政治协理员。

一　当前消防部队接警出动的现状

消防部队《执勤战斗条令》对接警出动速度有明确的规定：公安消防中队执勤人员听到出动信号，必须按照规定着装登车，首车驶离车库时间一般不得超过 1 分钟。然而，随着公安消防部队营房建设的发展和执勤官兵人数的增多（政府专职消防队员充实基层执勤力量），消防车数量增加导致车库面积大跨度长，营房紧张导致官兵不得不在三楼（含）以上住宿的，如果官兵接到出动命令，采用楼梯下到车库，跑动距离长，楼梯空间有限跑动中身体接触难免出现推挤，容易造成官兵滑倒受伤，造成非战斗减员。这种矛盾在夜间尤为突出。因此，在当前严峻的消防安全形势下，如何在保障安全的前提下，通过革新手段提升出动速度研究势在必行、迫在眉睫。

二　消防员（旋转）滑梯的独特优势

在讲述消防滑梯之前，首先分析下垂直滑杆和楼梯各自的利弊。从目前全球消防队现状看，滑杆的应用比较早，范围比较广，国外很多消防员仍在沿用滑杆出动。滑杆的优势是占据空间小、直达车库距离短、速度快捷，劣势是存在安全风险，突出表现为二楼平台护栏防护网维护不到位造成人员从平台跌落受伤；出动时人员集中如果下降速度把握不准容易造成下方人员头部、颈部受伤，在夜间接警出动中人精神恍惚昏昏欲睡的状态下，安全风险隐患就会数倍放大。鉴于滑杆安全事故频发，消防部队在二十世纪末逐步取消了滑杆，取而代之的是跑楼梯出动。

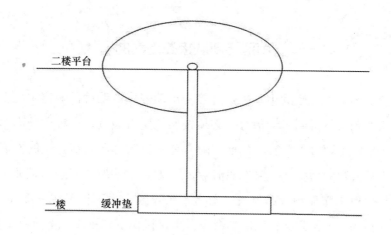

图1 滑杆示意图

当前，我国消防员接警出动时绝大多数采取跑楼梯的方法。与滑杆相比，跑楼梯安全性较高，但是跑动距离明显加长（包括平面距离和楼梯斜面距离，如图1、图2所示），下到一楼车库的时间明显增长，很多新建中队由于楼层高，车库横面跨度大，很难达到1分钟出动的标准，提升速度的空间极为有限。从近年来基层中队的调查来看，楼梯带来的安全事故也屡见不鲜，拥挤、推搡、滑倒都容易造成官兵受伤，跑楼梯也因此广受官兵诟病。

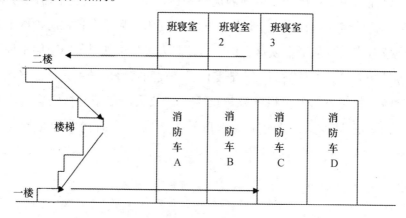

图2 楼梯跑动距离示意图

消防专用（旋转）滑梯。生活中儿童游乐场"滑滑梯"的启发，使笔者萌生将"滑滑梯"应用于消防员接警出动的设想。它集滑杆和楼梯两者之优，去其弊病，兼具安全、快捷、节省空间等特点。以层高 4 米为标准，除去滑梯尾部 50cm，垂直高度仅为 3.5 米，斜度方便可调。在此基础上发散思维，如果设计成 180 度或 270 度旋转滑梯（如图 3、图 4 所示），更可解决车库空间受限，个别官兵恐高的问题。为安全起见，滑梯两边设置扶手，地面设置防滑缓冲垫，消防员下滑过程中可以自行控制调节下滑速度，下滑到末端距地平面 50cm 的一体化矮凳上起身即可快速着装，最大程度上保障人员安全。

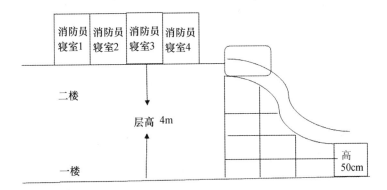

图 3　消防员专用滑梯示意图

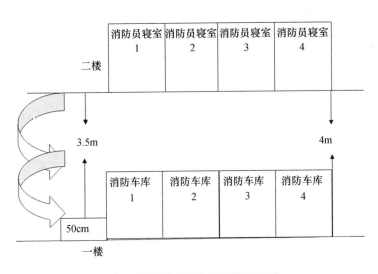

图 4　消防员专用旋转滑梯示意图

三 从技术设想到实践应用需解决的问题

（一）思想准备

消防员专用（旋转）滑梯是一件新鲜事物，目前还停留在纸面设计层面，尚未进入应用推广阶段，在现行的消防队站建设标准中尚找不到参考和依据，以后还有很长一段路要走，更重要的是还需接受基层部队官兵的实践检验。基层消防官兵要克服传统固化思维，在安全保障的前提下，敢于大胆试验，更换尝试应用新材料，分别汇总白天、夜间出动数据及单兵、编组出动数据，为下一步推广应用积累第一手素材。

（二）推广支持

在广泛试验的基础上，汇总各方面数据建立（旋转）滑梯大数据库，时机成熟将设计文本及图纸完善后申请专利，待通过国家专利部门审核后，选取有资质厂家定制产品，积极争取政策支持向基层部队推广。通过"先试点、后铺开"的稳妥战略，逐步提升其在基层中队的普及率。鉴于目前消防队站建设现状，新建消防队站在设计时提前将消防（旋转）滑梯纳入综合设计，已投入使用的消防队站可进行施工改造，施工条件不具备的靠考虑在二楼平台外挂（旋转）滑梯。对于官兵在三楼（含）以上住宿的，可在同一纵向空间设置到二楼的（旋转）滑梯，与楼梯相比跑动距离及体能消耗更少，提升出动速度优势更明显。

（三）安全保障

消防员以扶危救困为己任，确保自身安全是第一位的任务。在出动环节，必须首先确保（旋转）滑梯安全可靠。（旋转）滑梯顶部设立 1m 高双层防护栅栏，醒目位置悬挂安全警示牌，防护栅栏开小窗上锁，防止官兵不慎跌落造成受伤；（旋转）滑梯板宜选用轻质坚固弹性材料，可尝试瓷砖、有机玻璃、高强度亚克力材料等，兼顾结实耐用、性能安全可靠，更考虑与皮肤接触的舒适感，宽度宜为60—80cm，两侧设有安全扶手，扶手用轻质海绵材料包敷，滑梯板下方有固定钢架支撑，可承载300kg重量；滑梯板斜度控制在45°—60°范围内，滑梯中段、底部设立两个缓冲区，不得超过两人同时使用；滑梯底部缓冲结束后设立一体化坐凳，距地面高度50cm，地面设1m×2m×20cm海绵垫。

（四）维护管理。滑梯可集中设置，也可分散设置，具体视情况而定

中队应指定专人负责（旋转）滑梯的维护管理，定期开展滑板的外观检查，一旦出现裂纹严禁使用；定期检查扶手，发现螺丝松动立即整改，定期检查底部支撑钢架，采用滑梯外挂的平时要做好防晒工作以防老化开裂，雨季做好防水防雨措施，定期更换海绵垫，滑梯周边3m范围内严禁堆放杂物、停放车辆等。

四　结论

消防员专用（旋转）滑梯的设计，集中了楼梯和垂直滑杆两者之优点，克服了两者其安全性的不足，改变了长期以来消防官兵单纯依靠楼梯或垂直滑杆的方式，将在一定程度上提升官兵出动的速度和安全性。该设计丰富了我国消防队站建设标准的内容，填补了消防员接警出动领域革新的空白，具有一定的创新性和可操作性。鉴于笔者经验欠缺，在设计上难免还有不足之处，还请消防领域专家学者、基层消防官兵批评指正。

浅议从作战效能方面推动
装备"质量效能型"建设

"工欲善其事，必先利其器"。面对火灾损失、伤亡与经济发展呈正比之势，在各级政府的关心与支持下，消防装备建设完成了从"数量规模型"向"质量效能型"的初步转变；但是一些单位对消防装备管理在思想上没有引起足够重视，存在消防装备管理制度不够健全以及"重突击轻管理、重硬件轻软件、重形式轻内容"等现象。如何管好、用好消防装备，更好地为消防工作提供良好的装备保障，是当前消防部队面临的一项新的挑战。为此，笔者从提高装备发展管理出发，以提升部队战斗力为抓手，谈装备"质量效能"与战斗力关系的几点粗浅的看法。

一 充分认识消防装备在灭火救援中的决定性作用

（一）消防装备是实现"练为战"训练目标的物质保障

近年来，全国消防部队通过实战化训练、模拟训练、大型演练来提高消防部队的灭火救援能力。要使模拟训练、实地演练能取得更佳效果，就必须配置相应的训练器材装备，这就要求必须发展配备与现代灭火救

---

[*] 李云鹏，男，1977年3月出生，籍贯山西长子，青海省海西州公安消防支队后勤处处长。

援相适应的装备器材。

（二）消防装备是发挥消防部队社会救援作用的基础

器材装备配置的优劣，直接影响到消防部队战斗力的强弱。要出色完成灭火救援任务，必须具备精良的车辆装备和灭火救援器材，不能单凭消防"英勇哥""浓烟哥"的英勇与顽强，不能依赖"人拉肩扛"的原始模式；现代化火灾火场形势瞬息万变，有时就是因为装备不良或缺乏必要的器材，只能望火兴叹，束手无策，造成巨大损失。

（三）消防装备的改革是现代火灾形势的需要

随着经济建设迅猛发展，具有现代火灾特点的重特大恶性火灾事故不断发生，如高层立体火灾、石油化工火灾、飞机船舶火灾、有毒气体火灾、人员密集场所火灾等日趋复杂多变，这就要求消防器材装备必须不断改进与更新，做好打恶战、灭大火、救大灾的充分准备。

（四）消防装备的配备是消防部队全面建设的重要标志

《城市消防站建设标准》规定了消防站建设项目由场地、房屋建设、装备和人员配备等部分构成，装备主要指消防车辆、灭火及抢险救援器材、消防员防护装备及灭火剂等组成，装备建设是其中一个非常重要的内容。所以说，消防器材装备的配备完善与否是衡量消防队站全面建设的一个重要指标，也是衡量一个城市抗御火灾能力的重要标志。

二　目前部队装备器材管理中存在的主要问题

（一）发展失衡，消防装备结构层次不够合理，消防装备整体保障水平不高

一是地区差异大，发展不平衡。有的单位除五大件和空气呼吸器基本符合配备要求外，其他如防化服、防化手套、避火服、防爆服、强制呼吸器等个人防护装备人均拥有量较低，不能满足大规模火灾扑救和复杂场所抢险救援工作的需要；二是个别基层部队对消防装备的认识不足，

掌握不多，对当前消防装备的发展趋势认识不清，一味追求大而全、小而全，而不能充分利用新技术、新装备；有的没有对装备器材的实用性、合理性、可行性进行调查摸底，存在盲目配置的倾向，造成功能重复，损失浪费。

（二）消防装备管理不到位，管理制度不落实，档案建立不规范，造成人为损坏或短缺时有发生

一些基层单位对消防装备管理在思想上没有引起足够重视，没有把消防装备的配备、管理、维护当成是部队建设的大事，存在消防装备管理制度不够健全、"重配轻管"的现象。一些装备刚配备不久，就造成人为的损坏和短缺；一些单位平时不钻研器材装备使用方法，对一些常见故障视而不见，到实战时，生搬硬套，甚至违章操作，造成机件的使用寿命降低和损坏；有的中队对消防装备管理不善，装备报废随意性很大，把一些不常用的消防器材或损坏待修的器材当废旧品丢弃导致器材丢失；还有的单位在干部调离和战士调动、退伍时无消防装备的清点与交接，造成管理的空当和消防装备的丢失。

（三）技术装备技术性能和操作方法掌握不全面，维护保养的措施跟不上，不能充分发挥装备的战斗效能

随着大量新科技、新技术的应用，在部队装备质量不断改善、部队战斗力不断提高的同时，也给使用和维护保养工作提出了更高的要求。一些单位忽视了技术装备的工作原理、使用功能和维护保养等更深层次的专业知识和先进技术，出现高新技术装备配备部队后却不能发挥其应有的功能；个别单位没有把高新技术装备当成精密仪器看待，而只把它当成"铁打的工具"在训练和使用，把大量的高新技术装备用于时间限制的速度性训练，因而导致消防装备的严重损坏；有的单位缺乏有关基础技术资料，不了解各类装备储存、使用和维护上的要求、禁忌，因为违规存放、过度使用、带病作业、不按时维护等失误造成装备损坏。

三　加强消防装备建设与管理的方法

（一）现有器材装备经常性管理工作，关键在人

要坚持以人为本，发挥管装用装人员的主观能动性，核心的问题是教育启发人。首先，要搞好经常性思想教育，增强全员管装爱装意识。要采取多种教育形式，加强宣传力度，提倡"会管会用的指挥员才是合格的指挥员，会管会用的兵才是合格兵"的风气，形成浓厚的管装爱装氛围。其次，要加强"四会、五知、一能"训练，提高官兵管装爱装能力。在训练内容上，要突出对现有器材装备管理的"多面手"和"一专多能"，在训练程序上，要采取先干部后战士，先简单后复杂，由简到繁，循序渐进，逐步普及"四会、五知、一能"知识。最后，要注重专业技术人员的选拔、培养、使用和保留，保持管理人员相对稳定。在选拔上，要真正把那些思想稳定，作风正派，技术过硬，乐于奉献的人员选拔到技术岗位上来；在培养上，要通过培训、代训和在职训练，确实提高各类专业技术人员的素质；在使用上，要强调专业对口，合理使用，充分发挥其技术专长；在保留上，要从严控制，关心爱护，营造栓心留人的良好环境。

（二）消防装备建设要从实际出发，坚持走依法管装、科技强警之路

装备建设是消防部队的重要组成部分，受部队建设的制约，又直接为部队建设服务，要实现装备建设与部队建设的协调发展，保证灭火救援的战斗力，一是要提高认识，加大消防装备的投入，按标准配置，努力实现消防部队后勤装备建设与部队建设的协调发展；二是城市消防站装备配置的原则是根据火灾发展的规律、消防队到场时间以及能够在火灾发展阶段有效控制火势的装备实力等因素确定，现代灭火救援是"打装备""打技术"，要打赢现代灭火救援就得要消防装备建设"投入、投入、再投入"。三是加强管装人对器材装备管理规定的学习，要用条令条例规范装备管理工作秩序，约束广大官兵自觉维护法规的权威性和严肃

性,使各级各类人员熟悉现有器材装备管理法规的基本知识,明确现有器材装备管理的责任,达到人人都做依法管装的"明白人"。四要适应火灾扑救和抢险救援的需要,就必须按配备标准配置,彻底改变消防器材装备经费少、常规消防器材装备陈旧老化、更新缓慢、各种特勤器材装备配备严重不足、灾害事故处理能力低的局面。

(三)确立齐抓共管的思想,把现有器材装备经常性管理渗透到各项工作中去

现有器材装备经常性管理是一项涉及面很广的工作,与其他工作有十分密切的联系,必须在经常性上打基础、求实效上下功夫,要克服"重突击轻管理""重硬件轻软件""重形式轻内容""重试点轻普及"等问题,真正把现有器材装备经常性管理工作贯穿于部队教育、训练、管理、保障等各项工作任务的全过程;首先要强化"重经常"的意识,只有注重日常养成,从点滴培养,不厌其烦地抓,持之以恒地做,才能出长效;其次要在勤检查常督促中求落实,抓好现有器材装备经常性管理工作,贵在经常,难在落实,管理者要经常组织力量对基层落实管装制度情况进行检查督导,帮助基层发现和解决问题;最后要建立有效的奖惩制度,激发官兵的荣誉感和内动力,使这项工作层层有人抓,经常有人抓,经常有人管,事事有人问,人人有责任,确保消防装备经常性管理工作形成良性循环。

(四)加强教育,落实责任与奖惩,增强官兵的管理意识

要在部队上下叫响"器材装备就是官兵的第二生命"的口号,增强官兵日常的管理意识,把爱护装备、提高管理意识作为对部队经常性教育的一个重要内容,经常讲、经常抓,通过教育把管装爱装转化为官兵的自觉行动;按照"谁分工,谁负责""谁使用,谁负责"和"谁出问题,追究谁"的原则,签订车辆装备器材管理责任状,实行按级负责与分区定人包干管理相结合,并在此基础上完善使用管理责任制,使"建管并重,以管促建"的原则得到有效落实。基层中队要在做好日检查周保养的基础上，每月要对本单位器材装备管理情况进行总结讲评，把对车辆装备器材的管理列入年终检查考评的主要内容，及时进行通报讲评，充分调动官兵做好车辆装备器材管理工作的主动性和自觉性。

（五）建立新型管理模式，实现装备现代化管理

在消防装备合理配置、科学革新的基础上，还应重视消防部队装备管理。为杜绝和减少非正常的耗损和浪费，消除装备使用量日渐增大，而管理维护跟不上的弊端，避免消防部队执勤战斗、训练受到制约，必须创新思路，改进管理手段，建立新型简洁、高效的科学方式。对于装备采购，要做到严格把关：首先要选用政治合格、责任心强，有采购经验或熟知相关法律知识、规则的人员，做到严格把关，宁缺勿滥，使选购装备符合预定标准。同时，要加强采购的针对性，针对部队当前薄弱环节及执勤训练和执行任务中欠缺方面，所购装备要切实显著提高部队整体或局部战斗力；以支队为单位，各个中队为基本单元，建立器材装备管理模式，建立相应的系统对装备的购入时间、价格、厂家、型号、性能参数、售后服务等内容进行备案，并按使用年限、寿命、保养情况制作成标签，详细记录各种器材的使用、损耗、维修、更新等情况，以便基层单位及管理人员可以更快速、准确地明了装备相应信息。

（六）加强各级执勤人员的训练和学习，提高使用和管理水平

性能先进的装备只有在高素质人才的手中才能充分发挥其战斗力。要结合消防部队的特点，把技术培训与岗位学习锻炼有机地结合起来，保证培训工作落到实处。一是要加强技术人员的自我锻炼，促进其自学成才、岗位成才。对那些乐于奉献、热爱本职的同志，加强引导提高他们自学的积极性、主动性和学习技术的兴趣，以提高其业务技术水平。二是要采取"走出去请进来"的办法，进行业务技能培训。充分利用社会技术资源，采取请技术人员现场辅导和参加地方技术培训班等形式，

提高各类技术人员的管理使用装备的水平。三是对装备器材进行综合训练，加强对消防部队执勤器材装备技术性能的掌握，实现人员和装备有机结合，提高综合技术应用能力，适用火场的需要。

四　发挥各战斗因素相结合的最大效能，实现人与装备的和谐发展

武器装备固然非常重要，但战斗的成败决定于人。这就要求我们要进一步优化战斗编程，使消防员进一步发挥手中武器的最大效能，从而实现人与装备的和谐发展。必须加强对装备器材的应用训练，以提高部队的战斗力。对于常规器材，经过一段时间训练基本上能实现人与装备的结合，但对于特殊装备很难达到预期的目的。主要原因有：一是特殊装备数量少，而训练人员多，难以集中训练；二是大多数装备制造精密、价格昂贵，主要依赖进口，稍有不慎就可能导致无法使用。针对此类情况，我们可以研制在外型构造上一致，成本低，制造工艺不高的替代品，用以解决训练问题，提高部队的战斗力。在战术的研究上，要针对现实火场和执行其他任务的弱点发挥现有器材装备的优势，给常规器材和传统的战术赋予高科技含量，积极探索高科技条件下以劣胜优的战术，使现有器材装备发挥其最大的使用效能。

参考文献

[1] 李进兴：武警学院统编教材《消防技术装备》。

[2] 《中华人民共和国消防法》。

[3] 《城市消防站建设标准》，建标〔2017〕75 号。

[4] 《管装爱装教育讲课指南/部队经常性教育讲课指导丛书》，蓝天出版社 2007 年版。

关于正压式消防空气呼吸器
统型工作的思考

顾国富*

正压式消防空气呼吸器（以下简称空呼器）是消防官兵的重要防护装备，全国消防部队配备使用的空气呼吸器已达 22 万余具，是配备最为普遍、最为实用、高频使用的呼吸保护器具，对完成灭火救援任务发挥着举足轻重的作用。但目前部队配备的空呼器品牌型号众多，产品质量和实战效能良莠不齐，不同程度威胁着参战官兵自身安全，影响了灭火救援实战成效，基层消防部队希望对空呼器产品进行统型升级，以此推动产品质量和性能提高，提高空呼器的操作方便性、作战实用性、性能可靠性、维护简捷性。笔者通过参与空呼器的统型工作，对目前市场上24 种品牌的空呼器产品，采取市场调研、试穿试戴和问卷调查等形式进行了深入的测试与总结分析，以问题为导向提出改进建议，以供大家参考。

一　空呼器产品市场调研情况分析

通过召开全国30 多家主流空呼器生产厂家和国家消防产品质检中心

* 顾国富，男，1965 年10 月出生，籍贯江苏泰兴，公安消防部队士官学校装备应用教研室主任。

相关人员座谈会，并对各厂家提供的 24 具空呼器样品，按照结构分解成 7 大项 62 个部件，进行逐一核对和分析，得出以下结论：

（1）目前市场上销售的空呼器均通过 3C 认证，功能结构符合 GA 124 - 2013《正压式消防空气呼吸器》新标准。

（2）24 具空呼器样品中结构差异较大的部件，主要有面罩形状、供气阀形状、气瓶阀、压力表、通信装置等，另外在产品外观颜色、电子组件的开关、电源型式、指示灯的位置和颜色、扩展功能等方面也存在不同程度的差异。

（3）24 具空呼器样品的高压气瓶接口、中压导管接口、他救接口、快充接口均已统一，与其对接的高压气瓶、供气阀、快充输气管可任意对应互换（高压气瓶互换连接测试中有 2 具出现漏气，调整密封圈后故障消除）；经测试，中压压力范围在 0.69—0.8MPa 之间，供气阀互换连接后，经实测可正常使用。

（4）由于功能设置、结构、制造材料不同，24 具空呼器样品重量差异较大，重量从 7.2—9.1kg，集成了压力平视、近/远距离通话等功能的面罩及整机普遍较重。

（5）24 具空呼器样品的压力平视显示系统，有 7 具采用独立的压力侦测发射模块（通常安装在背架上）+ 显示装置；其余 16 具采用电子压力表组合式压力侦测发射模块 + 显示装置。上述两种形式中，显示装置设置为面罩外置式和面罩内置可拆卸式两种，均采用无线连接方式，存在操作开关较多、标示不明确，不易识别，操作不便等问题。有 1 具样品采用有线连接，一键操作，启闭方便。

（6）24 具空呼器样品中，有 8 具设置了近/远距离通话功能，装置配置形式有两种：一是骨导式通信，即骨导式麦克风 + 扩音器（近距离对话），骨导式麦克风 + 远距离 PTT + 对讲机（远距离通话）；二是内置麦克风通信，即面罩内置固定麦克风 + 扩音器（近距离对话），面罩内置固定麦克风 + 远距离 PTT + 对讲机（远距离通话）。通过专项测试，有 3 具内置麦克风通信的空呼器，即采用的面罩内固定麦克风 + 扩音器（固定在面罩上）近距离通话效果较好，但普遍反映操作复杂，近距离扩音效果不稳定、不清晰，远距离通话中外挂线缆多。

二　空呼器试穿试戴情况分析

（一）测试人员情况

此次试穿试戴测试，有 200 名士官学员及来自全国 30 多个消防总队的 96 名预任士官长参加，对 24 具空呼器样品进行了 12 次近 560 多人次的试穿试戴。士官学员平均身高 174.64cm，平均体重 71.3kg，平均年龄 23.3 岁，身体素质良好；预任士官长平均身高 173.23cm，平均体重 70.8kg，平均年龄 33.3 岁，身体素质良好。

（二）测试内容与方法

试穿试戴进行了原地佩戴体验、烟热训练室佩戴使用训练、模拟实战综合训练等科目。模拟实战综合训练设置了攀登六米拉梯上训练塔二楼、携水带负重跑 80 米、敲击轮胎 30 次、钻地笼 10 米、拖拽假人 10 米、沿操场徒手跑 400 米等火场救援作业科目，分别记录空呼器使用时间、起始与结束压力以及实地感受，进行统计分析方式进行。

（三）测试中反映出的主要问题

（1）空呼器使用中普遍存在背架与头盔相抵碰撞干涉现象，特别是在攀爬二节拉梯抬头、钻地笼抬头时，仰视动作明显受限。

（2）部分空呼器面罩边框连接处凸出，局部压痛面部，有部分面罩边框、供气阀存在低头撞胸口的现象；部分面罩头带过短不易操作，二点及三点收紧方式还存在面罩与面部难以压紧密合，导致作业过程头顶位置处漏气；存在部分球型面罩视觉失真，锥形、柱形面罩存在与面部贴合不紧、使用中漏气、余光受限的现象；个别面罩密封胶引起脸部瘙痒现象；部分面罩的口鼻罩压迫鼻子引起不适。经测试，五点收紧式凯拉夫网头罩球型面罩更能适合不同脸型的佩戴者，视野、舒适度相对较好。

（3）部分空呼器的机械式压力表存在起雾现象；部分空呼器的电子式压力表集成了呼救器等功能，存在不间断报警现象，加之消除报警操作复杂，对使用者造成困扰，反而妨碍作业。

（4）部分空呼器的分体式供给阀存在难拆装，有 2 具存在呼吸不畅、供气不足、供气时间短的现象；分体式供给阀使用前连接面罩及使用后卸装具时经常出现跑气，卸装具时分体式供给阀容易触地导致易损坏。

（5）部分空呼器背架在使用中存在肩带打结、松动现象，少部分空呼器由于气瓶固定方式不合理，存在跑动或爬楼时气瓶固定处松动、晃动，造成背负受力不均，引起肩部及腰尾部压痛。

（6）通信功能专项测试。24 具空呼器有 8 具设有通信装置，其中 5 具扩音效果不佳；只有 3 具空呼器近距离对话效果较好，其采用的是与面罩一体式的扩音器；对所有 5 具设置远距离通话功能的空呼器测试，通信效果还比较理想，但面罩重量增加多，还存在通信线缆易被攀挂问题，在烟热训练室训练使用中已出现拉扯破断情况。

（7）他救接功能专项测试。Y 形他救接口使用过程中可能会造成被救者扯拉消防员面罩，对消防员安全构成威胁，他救接口应设置成独立式位于胸前或腰间，便于实战安全使用。

（8）快速充气功能专项测试。测试分析认为，快速充气装置应设置为与减压器一体固定式，既减轻重量又减少管线扯拉。

（9）大部分参测者体验认为，三角/六角形＋橡胶套的自锁式瓶阀右侧手轮，戴手套操作时方便，接受度较高。

（10）大部分参测者体验认为：压力平视显示系统、通信装置[2]及多功能电子压力表（集成了呼救器功能、温度报警、余气报警功能等），操作按健多、位置隐蔽、标识不明，操作复杂；电子器件电源规格各不相同，面罩上固定了电子器件，维护不便，清洗不便。

三　空呼器问卷调查情况分析

问卷调查主要针对空呼器在实战和训练使用、维护保养存在的问题，他救、快充、压力平视显示等标配功能，环境旁通、近/远距离通话等扩展功能设置及统型结构意见建议开展调查，主要意见和建议如下：

（1）面屏、头带、供给阀、减压阀、气瓶密封圈、腰夹、背/腰带卡扣、气瓶阀、中压管、气压表都属于易损件，配件难找，维修、维护、保养困难。

（2）空呼器使用时间比理论值小得多；空呼器面罩、中压管、管表/管哨连接处容易出现漏气现象，气密性会随着使用而下降。

（3）空呼器面罩及上面的通信装置与阻燃头套、背架上的腰夹与安全要带、气瓶与头盔在使用过程中易出现干涉现象，建议统型时要统筹兼顾。

（4）空呼器使用中易出现背肩带松动打结、背架压痛、部件过重、背托不稳定、气瓶温度升高等问题，影响佩戴舒适性。

（5）从实战角度出发，空呼器需解决近/远距离有效通话问题，以解决高温浓烟火场中，内部消防员之间无法语言交流、火场内外消防员与指挥员无法沟通的问题；从轻重缓急角度，更亟须近距离通话功能，但目前解决方案还不完善、不理想，需通过论证采用先进实用技术，提高产品质量。

四　问题对策及改进措施

空气呼吸器在新标准的推动下，出现了先进的实用产品，运用了先进的设计理念，产品结构得到进一步完善。但由于型号多，在外观样式、操作习惯、使用舒适度、性能稳定性上还存在较大的差异，产品质量也是良莠不齐，在统型工作中根据问题导向和技术分析，运用使用体验认可度结论，提出如下具体改进建议：

(一) 从外观样式上要做到统一

主要是在面罩、供气阀形式，背架、背带样式的颜色等方面进行统一。建议面罩统一采用球型面罩外形，图1为面罩形状的接受度比例图；面罩与供气阀采用360度快插式连接，图2为样品中面罩与供气阀接口方式比例；供气阀带黑色橡胶保护套（耐脏污），其关闭按钮和冲泄开关分别采用黄、红色设计；反光条位置位于肩部与气瓶，肩部采用灰色条状反光条，橙色气瓶布套＋亮黄色反光条；气瓶保护套使用本体瓶底橡胶保护套＋肩部橡胶保护环，另外采用芳纶材质橙色的阻燃布套。

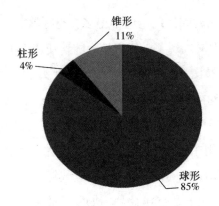

图1 面罩形状的接受度比例

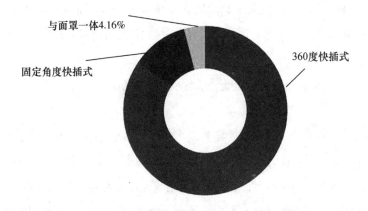

图2 样品中面罩与供气阀接口方式比例

（二）从操作方式上做到简单易行

对一些不能满足使用习惯的部件进行改进，建议气瓶阀统一采用三角形＋橡胶套的自锁式设计，位置置于右侧；对电子压力表的按键位置进行统一，设置简单易辨别、操作的标示；报警哨位于胸前，与压力表集成，报警哨形式采用哨管一体式；他救接口采用独立式、带护套，位于胸前；快充装置采用与减压器一体固定式连接。

（三）从维护保养上要方便快捷

对一些操作复杂、易损配件难寻、清洗困难的功能和零部件要进行改进，譬如压力平视和通信装置要方便拆卸安装，以便于清洗维护；整机电源要采用同一型号的电池，便于管理和维护。

（四）从功能设置上要满足实战要求

调研结果显示，应从实战角度出发，解决空呼器近距离有效通话问题，但由于目前各类解决方案均不理想、不实用，为使面罩外观统一，增强通话效果和实用性，建议在现有成熟技术基础上进行论证，统一设置近距离通话装置，暂不设远距离通信装置。

（五）从性能上要做到稳定可靠

空呼器作为个人安全防护装备，在救援现场空呼器性能稳定的重要性不言而喻，必须做到万无一失。建议采用五点式头带，不锈钢材质头带卡扣，凯芙拉头网，图3为样品中头带形式占有率；肩腰带采用金属卡扣，操作方便，不易松脱，防腐性能好、强度高、易清洗；由于气瓶阀与减压器采用快接形式常因碰撞导致漏气现象，建议采用稳定可靠的螺纹连接。

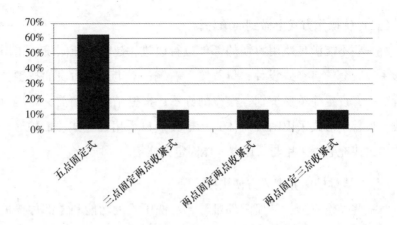

图3 样品中头带形式占有率

（六）在使用体验上要做到轻便舒适

因气瓶与头盔、背架上的腰夹与安全腰带、面罩及上面的通信装置与阻燃头套在使用过程中易出现干涉现象，背架上肩带、腰带易松动打结、背架有压痛身体现象，建议统型时要统筹兼顾。建议口鼻罩采用圆弧形设计；对面罩按脸型设置为大、中、小号；背板采用直板弹性材质，设置腰夹，图4为空呼器改进后示意图。

图4 空呼器改进后示意图

参考文献

［1］《关于加强正压式消防空气呼吸器维护管理工作的通知》(公消〔2018〕61 号)。

［2］《正压式消防空气呼吸器》(GA 124–2013)。

［3］杜希:《针对正压式消防空气呼吸器使用时间的训练研究》,中国消防协会科学技术年会,2010 年。

队伍建设

关于加强和改进部队管理教育
工作的调研思考

刘心元*

公安部李伟副部长在东北三省调研座谈时强调，要深入学习贯彻习近平总书记"四句话、十六字"总要求，以铁的纪律带出铁的队伍，以铁的队伍创一流业绩。公安部消防局于建华局长在上半年部队管理教育暨安全大检查工作视频会议上指出，要把"三不一少"作为衡量队伍稳定的主要指标。李伟副部长的重要指示和于建华局长的讲话要求，为消防部队各级主官抓班子、带队伍、干事业指明了方向，提供了遵循。当前和今后一个时期，加强和改进消防部队管理教育工作，就是要充分认清部队管理教育在队伍建设中的基础性、根本性作用，切实找准影响队伍安全稳定的症结所在，研究如何采取托底的措施，保部队安全稳定之底。

一 部队管理教育工作非常重要，
是事关部队稳定发展的大事

队伍稳不稳，主要看管理教育。如何看待部队管理教育的重要性，

---

* 刘心元，男，1968年7月出生，籍贯内蒙古土右旗，河北省公安消防总队政治委员。

笔者认为应从以下三个方面重点把握：

（一）部队管理教育是建设过硬队伍的"压舱石"

打造一支过硬的队伍，根本路径和方法是加强部队管理教育。其中，思想政治教育是"铸魂"，主要是培养人、塑造人、引导人，是我军的生命线；部队管理是"立样"，主要是正秩序、抓养成、严作风。管理和教育相辅相成，缺一不可，是加强队伍建设的"传家宝"，任何时候都不能丢。

（二）部队管理教育是创造一流业绩的"定盘星"

队伍稳定，干事创业才有心气。今天这"鼓包"，明天那"冒泡"，领导哪还有精力和心思抓工作？只能天天忙着到处去"救火、灭火"！我们过去有过教训，"三基"工程建设期间，河北消防部队的硬件建设突飞猛进，部领导讲，"三年把河北的消防基础建设水平向前推进了十年"。但是，因为业务工作与部队管理教育一手硬、一手软，没有做到科学摆布、统筹推进，最终队伍出现了一些问题。

（三）部队管理教育是完成重大任务的"支撑点"

当前党的十九大消防安保已进入关键阶段。特殊时期必须特殊对待，敏感时段不能出敏感问题。常言道"不打勤的不打懒的，专打不长眼的"，在这样的关键节点，队伍出了问题，没有"后悔药"可吃，没法向官兵交待，也没法向默默支持我们工作的官兵家属交待。如果说社会面发生影响大的火灾，还有政府、部门、单位的责任，我们还有推脱的余地。但是队伍发生了问题，完全是我们的责任，没有人可以分担。

二 客观分析部队管理教育形势，找准影响部队安全稳定的根源症结

从河北消防部队承担的职责使命和管理教育现状看，一方面，队伍付出很多、牺牲很大、形象很好。河北拱卫京畿，区位特殊、使命特殊。

河北消防部队每年承担着护城河、北戴河"两河"重大活动安保任务，持续时间长、标准高、任务重，全省消防官兵枕戈待旦、连续作战，打赢了一场又一场硬仗，赢得了党委、政府和广大人民群众的普遍赞誉。另一方面，队伍存在的问题不断、隐忧不少、危害不小。当前队伍管理教育形势不容乐观，存在不少问题和短板，隐忧、影响和危害都不小。队伍发生问题，从涉案涉事个体看，主要是政治定力、纪律定力、道德定力、抵腐定力差；从管理教育看，主要是领导机关和领导干部存在"散、浮、松、软"的问题。

"散"，主要是班子散。过去，部队各方面的条件有限，但是官兵斗志很高、士气很旺，有一种战天斗地的气概。现在营房翻新了，条件改善了，待遇提高了，但一些官兵的精气神却大不如前，缺少一种"嗷嗷叫"的劲头。这种现象，根子还在班子、在基层党组织。队伍出事，根本是党委班子不坚强；基层不稳，源头是党支部不过硬。如果主官各抓各的，部门各干各的，信息不互通，决策不商议，不分析队伍建设形势、不讨论中心工作，这样的班子本身凝聚战斗力就不强，一定带不出过硬的队伍，也干不成更大的事业。

"浮"，主要是教育浮。党在军队中的思想政治工作主要有两项，一个是思想工作，另一个是组织工作。但有的政治干部特别是有的领导关注点发生偏移，关注更多的是组织工作，投入的精力大，涉及思想工作关注少，研究更少，导致思想政治教育缺乏时代性、感召力。金一南教授讲课为什么受欢迎？听了以后大家都会有热血沸腾的感觉，主要是因为金一南教授对我们党、对我们军队充满了感情，始终用真理和人格的力量传承理想信念的火种和红色传统的基因。反观我们的一些政治干部自身表现出来的理想信念和价值追求，却难以引起广大官兵的认同和共鸣。究其原因，我认为主要还是对党、对人民军队、对消防部队的光荣传统和历史传承缺乏感情、缺乏研究，自己都没有受到教育，怎么能教育别人，自己端出来的是杯白开水，战士们自然不愿喝。

"松"，主要是管理松。基层部队管理松懈、纪律松弛、作风松散，领导机关、领导干部负有不可推卸的责任，不能推到基层，主要是领导机关没有做好，领导干部表率作用不强。有的领导干部一岗双责不落实，肩上的担子一头重、一头轻，眼里只盯着业务工作，对队伍管理很少过问。有的领导干部下基层检查调研，蜻蜓点水、走马观花，静不下心、沉不下身，满足于拍拍照片、发发信息。大多数基层干部非常敬业、非常优秀，也有的基层干部不愿管、不会管、不敢管，个别缺乏对兵的感情，离兵离营离心，没有把心思放在基层，没有把精力放在中队。

"软"，主要是问责软。现在，队伍管理缺乏一种正气、硬气、杀气。往往存在"温水煮青蛙"现象，发现问题都不去碰，都不愿去揭这个盖儿，都不愿意得罪人，而当老好人。一件事不处理，第二件事就很难下手；一个人不去查处，就会有第二个、第三个，时间长了就形成"破窗效应"。

三　加强部队管理教育、维护队伍安全稳定的思考和实践

河北消防总队党委认真学习贯彻李伟副部长重要指示和于建华局长讲话要求，总结继承近年来抓班子、带队伍行之有效的经验做法，进一步明确了加强和改进队伍管理教育的总体思路：以习近平总书记"四句话、十六字"总要求为统领，坚持稳中求进总基调和稳定发展这条主线，把握"三不一少"这条底线、红线，践行以"争建红旗党支部、争做优秀共产党员、争当'四有'新一代革命军人，创建服务京津冀协同发展、人民满意消防队伍"为主要内容的"三争一创"主题实践活动，建过硬班子、带过硬队伍、创过硬业绩。

（一）紧盯党委班子，严实责任链条

加强部队管理教育，根本是抓班子、班子抓，紧紧扭住班子，紧

紧依靠班子，一级抓一级，把班子核心作用强起来；关键是政治主官要把主要精力放在抓班子带队伍、管思想抓教育、强管理保安全上，把主业主责扛起来，形成党委统揽、政治主官主抓、司令部和政治部主责的责任体系。坚持党委统揽主抓。总队、支队党委对部队管理教育负总责，党委常委认真落实"一岗双责"，一手抓业务、一手抓队伍，不仅要干好自己的事，还要管好自己的人。年初，总队制定了《河北消防总队、支队党委常委会议事规则》，明确议教、议管、议训、议防、议审、议廉、议财七议制度，细化23项需提交党委会议研究审定的事项。坚持总队党委每半年、支队党委每季度议教一次，分析一次部队安全管理教育形势，定期议训议审议廉，及时研究解决事关班子和队伍建设全局性、方向性的问题，以"班子过硬"带动"队伍过硬"。把落实总队、支队党委常委会议事规则情况，纳入领导班子考评内容。强化政治主官主责。总队、支队、大队政治主官是部队管理教育第一责任人，要把主要精力放在抓好思想政治教育上，对年度重大主题教育要亲自研究、亲自把关、亲自部署。开设"燕赵红门大讲堂""微课堂"，每月安排一个支队政委通过视频给全省消防官兵授政治教育课。落实部门主管责任。司令部和政治部切实负起战士、干部的主管责任，严格落实队伍形势分析会和政治工作例会制度，及时分析部队思想状况、部队管理、安全防事故和党风廉政建设形势，认真排查风险点，及时跟进工作措施。

（二）紧盯基层组织，严抓指导培训

抓队伍管理教育，重点是强支部、固堡垒，把基层党支部立起来，着力在抓基层党支部、抓一线带兵人、抓带兵骨干上下功夫。狠抓基层党支部。总队党委部署开展了以"三争一创"主题实践活动，抓党建带队建，连续抓三年，指导各支队选取2个中队党支部作为试点，制定红旗党支部创建标准、模范党组织生活基本标准和模范支部党员大会基本标准等5个规范，力争通过三年努力，打造50个红旗党支部。开展创建党员先锋模范窗口、模范岗、模范车、模范铺、模范哨等活动，亮明党员身份，公开承诺践诺。狠抓中队主官。选配中队主官坚持"三不准"原则，即中队长与指导员不准同进同出、大学生干部不准在同一中队担任主官、小远散基层中队主官不准选用责任心不强的干部。聚焦中队主官能力建设，中队长要达到会党务工作、会管理教育、会组训施训、会灭火指挥"四会要求"，指导员要提升掌握思想、抓建组织、服务中心、帮带解难、言传身教"五个能力"。总队每年固化举办中队管理骨干培训班、组织政治干部比武竞赛、安排优秀中队主官赴先进总队跟班见学等培养帮带机制，切实把基层干部素质提起来。狠抓带兵骨干。建立管理骨干实绩考评机制，摸索完善"士官长"制度，切实将政治思想好、纪律作风好、心理素质好、群众基础好、工作能力好和纪律意识强的同志选进骨干队伍。组织支队进行全面排查，每个班、值勤点位至少安排一名教育管理骨干，确保部队发生矛盾有人调解，出现思想动荡有人做工作，发生事故有人报告、制止。

（三）紧盯薄弱环节，严密督察检查

抓队伍管理教育，要害是加强督察检查，织密队伍安全稳定的"防护网"、筑牢部队管理教育的"防火墙"，建立敢管敢严、真管真严、长管长严的督察问责机制，盯紧不放心岗位、不放心部位、不放心时段，切实有效防范各类问题发生。建立常态督察机制。总队成立警务警纪督察组，直接对总队党委负责，由司令部、政治部两名副职任组长，抽调全省6名骨干担任组员，专门从事督察工作。每月通报督察情况，把督察结果与支队级班子考核、工作目标考评和副团以上领导干部进出库、评先评优挂钩。总队党委给督察组撑腰壮胆，明确督察组人员考核不参加所属单位民主测评，由总队党委直接实施评议，督察岗位保持人员相对稳定，对表现突出的在评先评优、干部选拔任用、晋职调级工作中予以优先考虑。突出督察重点。督察以暗访为主，重点督察部队落实条令条例、开展"两个经常性"工作、休息日和八小时以外等时段人员、车辆管控情况以及重大安保任务、专项教育整顿等活动期间制度、措施落实情况，要求在督察中要敢于揭露问题，对问题不遮不掩；敢于亮剑，用党性原则较真碰硬，切实强化部队正规化管理和"四个秩序"。严肃督察纪律。制定督察人员"四不准"禁令铁规：不准接受被督察单位及个人宴请和馈赠；不准借督导检查工作之名游山玩水；不准在被督察单位报销应由个人支付的费用；不准向无关人员透露督导检查情况和私自化解问题。总队对督察人员督察期间不遵守廉洁纪律的，一经查实，一律严肃处理。

（四）紧盯红线底线，严格兑现奖惩

加强部队管理教育，总队紧紧锁定部队管理教育"三不一少"这条底线、红线，严格奖惩措施，倒逼责任落实。一方面，狠抓奖励激励。总队设立4000万元安全稳定专项奖励资金，其中部队稳定2000万元、火灾形势稳定2000万元，对排名靠前、安全稳定的支队、大队予以重奖；单位主官优先给予记功奖励、优先评为优秀干部、优先列为后备干部。另一方面，严肃问责追责。明确督察问责"四个一律"措施，加大追责力度，明确凡是今年以来发生的事故案件没有处理的，依规严厉追究相关人员的责任；凡是部消防局、总队暗访发现的突出问题，支队没有发现的，从严追究相关领导的管理责任；凡是部消防局、总队暗访发现的问题未及时整改到位的，一律顶格问责，区分程度给予通报批评、诫勉谈话、警告、记过、行政撤职、降职（衔）处分。同时，加强对领导干部的问责，队伍出问题领导干部要追责，班子成员出问题书记、副书记要追责，联系点出问题党委常委要追责，以真问责保证部队管理教育措施真落地。

对新时代加强和改进公安消防部队
基层党组织建设的调研与思考

崔　勇*

习近平总书记在党的十九大报告中明确指出："面对强国强军的时代要求，必须全面贯彻新时代党的强军思想，加强军队党的建设""党的基层组织是确保党的路线方针政策和决策部署贯彻落实的基础"。搞好军队党的建设，是军队建设发展的核心问题，是军队全部工作的关键。部队要能打仗、打胜仗，必须抓好党组织建设这个基础和关键，把党的政治优势和组织优势转化为推动部队建设的强大力量。如何进一步加强基层党组织建设，强化基层党组织功能，切实发挥好战斗堡垒作用，是新时代消防队伍建设发展的重要课题。安徽总队高度重视，组建课题小组，制订调研计划，分批组织赴基层实地调研，并在试点单位召开了全省基层党组织建设现场会。下面，结合安徽消防工作实际和探索，对新时代加强和改进公安消防部队基层党组织建设，谈几点认识。

一　求深求实，在问题导向中深入了解、广泛调研，
准确把握部队基层党组织建设的问题症结

安徽公安消防部队，驻守江淮大地，守卫人民安宁。长期以来，全

---

* 崔勇，男，1966 年 6 月出生，籍贯河南襄城，安徽省公安消防总队政治委员。

省 484 个党组织、5100 多名官兵、3000 多名党员在上级党委的坚强领导下，牢记宗旨，锐意进取，圆满完成了各项任务，有力推动了消防工作和部队建设。随着经济社会不断发展，部队职能不断拓展，消防工作任务更加繁重艰巨。党的十九大作出了党要管党、全面从严治党的重大部署，对部队党组织建设提出了新的更高的要求。与上级党委的部署相比、与形势任务要求相比、与人民群众的期待相比，全省消防部队基层党组织建设还存在一定的差距和不足。主要表现为"五个不够"：一是集体领导作用发挥不够好。贯彻首长分工负责比较到位，注重分工负责，忽视统一领导，军政主官各管一块，班子成员参与集体领导的意识不强，集体智慧发挥不够，党组织整体效能没有完全形成合力。二是决策能力水平不够高。一些党组织学习的深度广度不够，理论水平与决策要求不相适应，思考问题的站位还不高，眼界不够宽，不善于审时度势、从全局高度看问题、作判断，吃不透上情，摸不准下情，导致决策质量不高。三是议抓中心不够突出。一些党组织研究人事、财务、奖励的多，而对以防火、灭火为中心的主业以及党的建设、队伍建设研究的比较少，有的即使研究了也只是落实上级要求，不深不透，针对性还不强。四是党组织生活制度不够严肃。有的党组织对组织生活认识不清、重视不够，主动性不强，存在落实不经常、不认真、不严肃的现象；有的内容形式单调，原则性战斗性不强，"三会一课"常常流于形式，民主生活会只辣嘴不辣心。五是党管党员管干部不够。有的认为基层党组织一无任免权抓不住干部，二无奖惩权镇不住干部，三无经费权帮不了干部，缺乏依靠本级组织管的责任感；有的管行为的多，管思想、管生活的少，造成个别党员脱离于组织之外，思想和行为失控。

经过认真分析研判，当前基层党建工作面临的新情况新问题，主要有以下"五个不到位"的原因：一是思想重视程度不到位。有的基层党务工作者对加强基层党组织建设的重要性认识不足，缺乏加强基层党组织建设的责任感和主动性；有的党组织书记对业务工作想的多、安排的多，对加强组织建设思考的少、安排的少，不同程度存在着重业务、轻党建的现象。二是制度落实执行不到位。一些基层党务工作者忙于应付日常事务，认为抓业务是硬杠杠，其他工作都是软指标，大事小事一把抓、很少召开组织会议，有的虽然落实了组织生活制度，却往往因人员、时间、内容落实不够到位，导致组织生活的教育管理功能弱化。三是人员素质能力不到位。部分党务工作者因岗位调整频繁或工作经历单一，导致缺乏应有的党务理论知识和实践经验。在总队调研的 64 个大队、96 个中队中，实际从事政治工作不满 2 年的教导员、指导员分别占 43%、60%。有的对基层党组织建设中的重难点问题把握不准，思考不深，工作能力与职责要求不相适应。四是战斗堡垒作用发挥不到位。有的单位不重视抓组织建设，把部队建设的"宝"压在主官身上，没有把重点放在强化党支部组织功能、发挥整体效能上。个别支部班子不注重学习、思路狭隘、问题辨析不深，忽视了班子自身能力建设。五是基层党组织建设不到位。从基层党组织设置情况看，33% 的支部没有设立党小组，28% 的基层大队没有设立大队部党支部。有的即使设立了，也有名无实，未按规定落实组织制度，未按标准维持正常运行。

在全面从严治党的大背景下，在公安现役部队体制改革的大环境下，在部队任务日益繁重的现实情况下，基层党组织建设不容乐观的现状警示我们，必须大力加强组织建设，充分发挥组织功能，确保部队绝对忠诚、绝对纯洁、绝对可靠。

二　把握重点,在遵循规律中全面推进、系统抓建, 切实把党组织打造成领导部队全面建设的坚强堡垒

习主席强调，党的基层组织是党的全部工作和战斗力的基础，要把军队基层党组织建设成为实现党对军队绝对领导、团结巩固部队和完成各项任务的坚强战斗堡垒。通过开展基层党建试点，召开现场会总结推广经验做法，我们认为要在抓好正副书记、班子成员、党组织和党员队伍上系统抓建、重点用力。

（一）要抓好书记队伍建设，打造素质过硬的"头雁"

一个班子是否坚强有力，很大程度上取决于是否有得力的正副书记。一要当好党代表。不断强化抓党建第一责任人的意识，把抓党建、强功能作为本职。当好班子建设的领班人，集众智、聚合力，强化集体领导，提高决策质量；当好单位发展的带头人，抓大事、谋全局，带领官兵苦干实干、创先争优，把上级党委的决策部署具体落实到单位的各项工作中，确保部队建设的正确方向。二要管好干部。要旗帜鲜明地落实党管干部责任，通过运用思想的力量、组织的力量和人格的力量，真正把党管干部的工作落到实处。在这个问题上，各级正副书记首先要给自己戴上"紧箍咒"，决不能只做裁判员不当运动员，要求别人多约束自己少。三要搞好团结。正副书记之间要相互尊重，荣辱与共，多理解、多支持，合力干事业。要勤沟通，坦诚相见、交心交底，及时消除隔阂；要多担当，做到功中想人劳，错时思己过，难时多补台，以"心神合一"的状态为一班人作表率。

（二）要建好班子，打造坚强领导的"核心"

班子是党组织的核心，班子成员是集体领导中的重要一员。一是班子成员要积极参与集体领导。切实增强政治责任感，克服与己无关的本位思想，打消参与决策顾虑多、压力大、不敢或不愿发表意见的念头，不当局外人、旁观者，充分发表意见，确保在集体决策议事中产生"一加一大于二"的效果。二是班子成员要坚决执行党委决议。主动摆正位置，当好主官助手，积极做好分管工作。特别是在党委作出决议、提出要求、制定规定后，必须坚决带头执行，自觉用一个声音说话，步调一致抓落实，不能决而不行，更不能有任何形式的抵触。三是班子成员要自觉维护团结统一。班子成员要在工作上多探讨、生活上多关心、思想上多交流，大事讲原则、小事讲风格，不搞小肚鸡肠、不计个人恩怨。要相互包容，特别是在产生分歧的情况下，多唱"将相和"、不搞"龙虎斗"，以实际行动凝聚合力、维护团结。

（三）要建强组织，打造坚不可摧的"堡垒"

一是要强化基层党组织的基层定位。党的基层组织作为党在基层的神经末梢，起着承上启下的关键作用。大队党委要围绕"集体领导、聚力主业"、中队党支部要围绕"规矩规范、打赢实战"、党员官兵要围绕"表率示范、冲在一线"的目标，盯着问题做工作、追着问题抓落实，更加清晰地明确定位，更加充分地发挥功能作用，更加圆满地完成职能任务。二是要强化党委统一领导。大队党委是大队集体领导的核心。无论是地方党委政府赋予任务、提出部队建设的意见要求、投入财力物力支持部队建设，还是火灾防控、监督执法等敏感事项，都要由党委集体研究把关、统一组织实施。三是要强化军政主官分工负责。牢牢抓住党委统一的集体领导下的首长分工负责制这个"定海神针"，明确大队长除履行军事和防火职责外，还具有"思想政治教员""后勤监督员"身份；政治教导员具有"党委书记""单位主官""思想政治教员""防火监督员和法核员"四种身份，真正做到分工不分家，补位不缺位。

（四）要建好队伍，打造实干担当的"模范"

党员是党组织肌体的"细胞"，"细胞"没有活力，肌体必然缺乏生机，整体功能也会大大下降。一是党员要在讲政治讲大局中当模范。始终牢记第一身份是党员，第一职责是为党工作，时刻不忘应尽的义务和责任，任何时候都坚决贯彻执行上级命令指示，做到平时守规矩、战时听招呼、关键时刻不含糊。二是党员要在完成重大任务中当模范。自觉在灭火抢险中站排头、打头阵，在完成重大任务中表率示范、冲在一线，积极践行具有安徽消防特色的完成重大任务精神，敢于叫响跟我上、看我的，引领官兵在执行任务中忠于使命、不辱使命。三是党员要在日常工作中当模范。推行"五星制"党员教育管理，推广"一帮一、一对红"工作法，建立"党建直通车"，引导党员官兵立足本职、安心本职、敬业奉献，干一行、爱一行、钻一行、精一行，在一点一滴中奉献忠诚、实现人生价值。

建设坚强的基层党组织的落脚点在于发挥好基层党组织的战斗堡垒作用,要强化抓党建就是抓主业的意识,围绕主业抓党建,抓好党建促发展,以坚强的组织"核心"为防火灭火"中心"提供强有力的组织保证。

三　发挥功能,在抓中心谋打赢促发展中担当作为,为圆满完成各项工作任务提供坚强的组织保证

党组织是单位团结和统一领导的核心,对所属的一切组织、人员和工作实行统一领导,基层党组织要着重发挥以下四个方面功能。

(一) 要发挥好党组织把关定向的功能,把好部队建设的正确方向

基层党组织要发挥好把方向、管全局、谋长远的重要作用,强化组织功能和领导效能。一是要把好政治方向。始终把强化理论武装作为提高执政能力和领导水平的重要基础。当前要认真按照"学懂弄通做实"的要求学习贯彻好党的十九大精神,自觉用习近平新时代中国特色社会主义思想武装头脑、指导实践、推动工作。要坚决维护和贯彻军委主席负责制,牢记全心全意为人民服务的根本宗旨,坚持政治建军、改革强军、科技兴军、依法治军,确保部队始终维护核心、听从指挥。二是要把好建设方向。找准发展定位,明确自身不足,既注重抓显绩,更注重抓潜绩,既注重抓当前,更注重谋长远。多干挂不上号、出不了名但基层需要、官兵期盼的工作,多做周期长、见效慢但利于打基础、管长远的建设,多办费劲大、落实难但对单位有益、群众受用的实事,创造经得起群众、实践和历史检验的政绩。三是要把好正确导向。坚持围绕战斗力标准抓建的工作导向,把能打仗、打胜仗作为检验和衡量部队建设的唯一标准。坚持全面客观评价导向,不能只看硬件设施、单项工作,更要看组织功能、官兵素质、战斗精神、队伍风气等,切实把精力引导到抓经常打基础蓄底气上来。

（二）要发挥好党组织抓主业谋打赢的功能，完成好各项中心工作任务

要坚持指导思想、抓建重心、工作导向都向中心主业聚焦发力。一是议事重点要向中心主业聚焦。基层党组织要自觉把火灾防控、战力提升作为主课主业常抓常议，纠正以往研究主业蜻蜓点水、流于形式的不良倾向，真正把深层原因分析透、管用办法制定好。要按要求定期研判辖区消防安全形势、研究重大消防安全问题，集思广益发现问题，提出有效对策，作出细致部署，确保工作成效。二是工作精力要向中心主业转移。基层党组织要定期分析研判消防安全和队伍建设形势，开展"六议"即议教、议训、议防、议稳、议廉、议财，及时向上级党委和当地政府提出有针对性的意见建议，扎实抓好上级指示和本级党委决议的贯彻落实，完成好保一方平安、带一支队伍的重大责任。三是保障要向中心主业倾斜。要突出战斗力需求和实战需要，把人力、物力、财力投向实战，把保障重点转向实战。特别是要深化消防安全风险评估和政府消防工作考核成果运用，推动多方资源投向基础建设，不断在消防队站、车辆器材装备、多种形式消防队伍、智慧消防等方面实现新的发展。

（三）要发挥好党组织抓思想管队伍的功能，确保队伍安全稳定

基层稳，则全局稳，基层活，则全局活，确保队伍安全稳定是对党组织功能作用发挥的重要检验。一是用组织管党员管干部。党组织要通过组织形式使党员官兵始终置于严格教育、管理和监督之中。要用好严肃党内政治生活这个有效途径，全省普遍实行的组织生活时间节点"四固定"（每月固定召开大队党委会并组织集中学习，每季度固定落实形势分析制度，半年固定落实民主生活会和报告工作制度，年终固定落实民主生活会、报告工作和述职述廉制度），收到了很好的实践效果，有效提高了党内生活质量。二是紧盯官兵活思想管队伍。在开展"维护核心、听从指挥"主题教育和推进"两学一做"教育常态化制度化过程中，用活用好"四级教育"模式（总队大课授课、支队小课辅导、大中队特色串讲、班组讨论辨析），用带有"草根香、泥土味"的语言把道理讲透

彻、讲实在，真正讲到每个官兵脑子里去。针对队伍和官兵存在的现实问题，自主开展"提振精气神、实干走前列"专题教育，引导官兵始终保持奋发有为的精神状态和昂扬向上的工作激情。三是充分调动政治主官和政治干部管队伍的积极性。肩负起抓班子、带队伍、防风险、保稳定的主体责任，把稳方向、抓牢主业、管好队伍。积极把部队管理教育工作层层分解、逐级落实到具体人员，总、支队两级先后分层级、分岗位开展官兵大培训大学习活动，有效提升了能力素质，蓄积了发展后劲，厚实了队伍底蕴。

（四）要发挥好党组织正风肃纪的功能，确保队伍风清气正

基层党组织能不能发挥核心堡垒作用，关键是看有没有原则性战斗性，而原则性战斗性最直接的体现就是作风纪律。一是要强化组织领导。基层党组织要认真落实抓党风廉政建设主体责任，党员领导干部带头落实"一岗双责"，将其作为加强部队全面建设的根本性、基础性工程来抓，定期分析研判党风廉政建设形势，研究制订工作计划、目标要求和具体措施，常态督导，常态落实，使之贯穿于班子建设、消防执法、后勤保障、灭火救援等各领域。二是要突出防控重点。要以紧紧盯住重点领域、重点环节、重点岗位，盯住管钱、管物、管人和监督执法等要害部门和干部，盯住"关键的少数"和"少数的关键"，强化事前监督、民主监督，促进监督关口前移。同时要常态化开展廉政教育，强化党纪政纪和条规禁令的贯彻执行，增强官兵遵规守纪的自觉性。三是要严肃执纪问责。始终保持从严从紧的高压态势，坚持挺纪在前，常扯袖子，常举戒尺，抓早抓小抓苗头，把问题消灭在萌芽状态。积极发挥监督执纪"四种形态"作用，充分用好交叉审计等手段，深入开展"排整查树"和"对整建规"专项治理，扎实推进后勤财经领域突出问题集中整治，对苗头性、倾向性问题，要真正把板子打下去，最大限度地让官兵不犯错误、少犯错误。

党的工作最坚实的力量支撑在基层，最突出的矛盾问题也在基层，我们将始终把抓基层打基础作为长远之计和固本之举，定期研究解决基层党组织建设中带有普遍性、倾向性的问题，努力使每个基层党组织都成为坚强战斗堡垒，真正以党建带队建、以队建促发展，推动新时代消防工作和部队建设再上新台阶。

参考文献

[1]《中国共产党第十九次全国代表大会文件汇编》，2018 年。

[2]《习近平总书记在接见全军党的建设工作会议代表时的讲话》，2013 年 11 月 6 日。

[3]《中国共产党军队委员会工作条例》，2011 年。

[4]《中国人民解放军政治工作条例》，2012 年。

把握机遇　化解问题　理顺体制
扎实推进消防警务辅助人员转隶招录工作

近年来，消防文员和政府专职队员在一线火灾防控人员中的占比不断上升，如何理顺其招募体制，建立保障其高效运行的机制，提高正规化管理水平，成为摆在各级公安机关消防机构面前的重要课题。铁岭消防支队新班子组建以来，在充分调研的基础上，把握公安部将灭火救援等勤务辅警全面纳入警务辅助人员范围的难得机遇，克服困难、顶住压力，不到一年时间顺利完成了原有消防文员和政府专职队员的辅警转隶和首批社会招录辅警工作，并根据业务实际需求，科学设置了灭火救援勤务辅警、消防文职辅警、社区巡防勤务辅警三类岗位，较好地化解了消防文员和政府专职队员自主招募、混编管理、保障无序等历史遗留问题，队伍的面貌焕然一新，战斗力、凝聚力不断提升。

一　转隶招录基本情况

（一）原有情况

铁岭市及各区市县政府从 2004 年 1 月开始面向社会征召政府专职队

＊ 王大力，男，1973 年 4 月出生，籍贯安徽寿县，辽宁省铁岭市公安消防支队支队长。

员，自 2007 年 12 月开始招聘消防文员。截至 2016 年年底，支、大队共有政府专职队员 85 人，消防文员 88 人。政府专职队员和中队现役官兵混编管理，消防文员基本都被安置在支队机关或大队。

（二）工作情况

《国务院办公厅关于规范公安机关警务辅助人员管理工作的意见》（公通字〔2016〕30 号）发布后，铁岭支队立即向市公安局政治部门汇报，提出了具体的工作方案和实施意见，争取到理解和支持。

（1）原有消防文员、政府专职队员转隶辅警。3 月 7 日至 16 日，支队会同市人事考试办公室，严格按照公安部文件确立的程序和标准，开展了对原有 173 名政府专职队员、消防文员的转隶辅警工作，经过政审、体检、体能测试、笔试、面试，其中 127 人成功转隶，46 人被淘汰。

（2）首批社会招录辅警。为完成总队年初下发的政府专职队员、消防文员招录任务，支队会同市人事考试办公室，于 9 月 9 日围绕新组建的乡镇政府小型消防队开展了灭火救援勤务辅警招录考试，新招录 66 人；9 月 22 日至 23 日围绕广大农村地区的火灾防控开展了消防文职、社区巡防辅警招录考试，新招录 24 人。

目前，全市共有消防辅警 217 人。其中，灭火救援勤务辅警 114 人，消防文职辅警 37 人，社区巡防勤务辅警 66 人。

二 化解三大突出问题

（一）通过转隶辅警，化解"身份来源不正规"问题，维系队伍持续健康发展

长期以来，支队、大队招录文员和政府专职队员随意性大，没有严格的学历、专业、年龄、身体要求，没有人社部门全程参与，绝大多数都是直接签订劳动合同，缺少党委政府和公安机关认定的"合法身份"，一旦出现突发情况，支队、大队毫无缓冲余地，会极为被动。比如，截至 2016 年年底，已有 11 名政府专职队员、13 名文员入职超过 10 年，按照《劳动法》应该签订无固定期限劳动合同，而消防机构根本就不具备为他们提供终身保障的条件，放任这种情况延续，极易产生劳动纠纷或群体访事件。针对这些问题症结，支队新班子下定决心，坚决推行了转隶辅警和劳务派遣制。所有的辅警，一律由消防部门提出用人计划，由市县两级财政出资，由人社部门统一组织考试，由全市唯一的国有劳务派遣公司与其签订合同。通过各环节严格把关，最大限度地规避了消防机构在招录地方人员方面存在的风险，也最大限度地保障了招录人员的合法权益，维系了这只队伍的持续健康发展。

（二）通过转隶辅警，化解"岗位职责不明晰"问题，推进队伍全面规范管理

长期以来，由于缺乏配套的考核评价、晋升职级、奖惩等机制、制度，文职和政府专职队员综合素质良莠不齐，不思进取、"磨洋工"现象非常普遍。借助转隶辅警，支队按照部局和总队的指示要求，对灭火救援勤务辅警，坚决推行了11支现役中队、14支政府专职消防队的"单编"执勤，灭火救援勤务辅警的队长、班长、驾驶员、战斗员四个岗位的职级由低到高分为五级、四级、三级、二级、一级，经过一个月的试运行，不仅现役中队的正规化水平大幅度提升，而且政府专职队新选拔培训的队长、班长普遍认真履责，初步实现了自我管理、自我规范；严格按照公安部文件设定岗位，每个大队仅保留3名文职辅警，分别是文书内勤、窗口受理、宣传培训岗位，"一个萝卜一个坑"，文职辅警和社区巡防辅警的职级由低到高分为六级、五级、四级、三级、二级、一级辅员，通过将工资与职级挂钩，实施逐级竞聘、晋升，有力激发了辅警的工作积极性。

（三）通过转隶辅警，化解"警力分布不合理"问题，提升农村火灾防控能力

铁岭地区农业比重大、农村人口多、山林密度高，农林火灾事故一直居高不下，2015年、2016年农林火灾分别占到总起数的83%、72%。而原有的政府专职队员都被安排在城市中心区的建制中队混编执勤，支队机关的文员和临时工接近 30 人，一些大队的文职也超过 10 人，远远超过本队编配的 2—3 名消防监督员数量。广大农村地区却仅有 3 个政府专职队，乡镇街道的消防安全网格化管理因为没有专职人员普遍流于形式。与转隶辅警工作同步，我们一次性在 6 个涉农县市区新建 11 支乡镇政府小型消防队，创新设置了社区巡防勤务辅警岗位，34 个火灾高发的农村重点镇、中心镇和全市所有 32 个城区街道办事处、工业园、开发区全部都派驻了专职巡防辅警，他们依托综治、安监大平台，配合消防监督员、公安派出所民警和街道社区干部深入村屯楼宇、走村入户开展消防宣传教育、组织灭火疏散演练、发现消除"九小场所"动态火灾隐患，真正实现了基层火灾防控"有人抓、有人管"，赢得了市政法委、市综治办和公安机关的高度评价。自 10 月份乡镇政府小型消防队投入执勤、社区巡防辅警派驻以来，所在乡镇街道的火灾起数平均下降 24%，实现了初起火灾 100% 及时处置，杜绝了小火亡人事故，高层住宅小区的消防设施完好率提高 30% 以上。

三　把握四个关键环节

（一）依法推进，尽最大可能理顺体制

首先是严格按照"政策"办事。根据《国务院办公厅关于规范公安机关警务辅助人员管理工作的意见》（公通字〔2016〕30 号）、《关于认真贯彻落实规范公安机关警务辅助人员管理有关文件精神进一步加强政府专职消防队员和消防文员管理的通知》（公消〔2017〕5 号），支队相继召开党委会、办公会 6 次，制定了《铁岭支队政府专职消防队员和消防文员转隶警务辅助人员工作实施方案》《铁岭支队警务辅助人员招录计划》，按进程划分为短期、中期和长期三个阶段性目标。其次是积极争取"党政"支持。支队主动向市委、市政府、市政法委、市公安局主要领导汇报，多次与编办、应急办、人社、林业、综治、安监等相关部门蹉商，全力以赴为消防辅警争取最高的工作平台，最好的工作保障。市综治办

专门召开主任办公会，要求将全市社区巡防勤务辅警纳入综治平台，保证所需的办公、就餐等条件；市林业局出台联建联勤方案，为建立在山林地区的乡镇政府小型消防队提供场地、车辆和风力灭火装备。再次是努力唤起"全员"认同。作为转隶的当事人，许多消防文员、政府专职队员起初抵触心理严重，支队在方案制定、岗位设置、考试录用、福利待遇、合同签订、管理考核等各环节都提前征求意见、及时当面解读，支队主官亲自召开研讨会、答疑会、培训会9次，亲自协调、督促办理欠缴保险、工资级别、新旧合同转换等疑难问题23件，司令部作为主责部门，做到一人一档、一人一策、每周一谈，让他们认识到辅警转隶是大势所趋，是为这支队伍的长远发展负责，许多同志从不理解转化为发自内心的认同、配合，主动放弃了个人的小利益，没有一人闹事、上访。

（二）公开公正，尽最大可能量才适用

在信息发布方面，提前发布招录公告，不仅明确报名、考试时间、招收人数、招收条件，而且公布岗位设置、工资待遇、工作时间等详尽信息，让报考人员根据个人特点、需求进行科学抉择；借鉴高考填报志愿模式，允许报考人员依次填报多个岗位，考前在支队网站及时公布每个岗位的报名情况，为报考人员提供一次调整志愿的机会；采取抽签方式随机确定参考人员的答题座位和面试出场顺序，考试结束后立即在人社考试中心网站上公布成绩，当晚依据填报志愿情况和考试成绩排序确定录用人员、岗位并在支队网站公布；由于系列环节严密紧凑、全程公开透明，报考人员高度认可，无一人提出异议。在选拔考试方面，理论测试按照消防基础业务知识题库及实际工作中应用的公文写作进行命题；面试采取结构化方式，全面了解逻辑思维能力、应变能力和语言表达能力；报考灭火救援辅警队长岗位的增设想定作业科目，全方位考核其组织指挥和灵机处置能力。在岗位设置方面，向报考人员发放调查问卷，征求新组建的11支乡镇政府小型消防队怎样执勤更实效，最终选择了绝大多数人认同的两班轮休模式，新招录的灭火救援辅警流失率从而大大减低；针对前期社区巡防辅警家在城区、上班在乡镇出现的"跑班""上花班"倾向，一方面严格考勤制度，一方面在对社会人员的首次招录中，优先录用定居在岗位所在乡镇及其周边的返乡大学生，即提高了巡防辅警的学历层次，也保证了有效的工作时间。

（三）教育督导，尽最大可能提高素质

细化管培制度。制发《铁岭市公安机关消防机构警务辅助人员管理办法》（试行），规定了9大项50小项管理内容，明确将消防辅警的教育培训工作纳入队伍教育培训计划，进行分级分类培训，灭火救援勤务辅警上岗前集训18天，文职辅警和社区巡防辅警上岗前集训10天，岗前培训不合格视为不符合聘用条件，一律不予录用。凡是在岗履职的消防辅警，年度培训时间累计不少于7天，其中脱产培训不少于3天，培训不合格的，取消年度考核评优资格。每月督察考核。按照"谁使用、谁管理、谁负责"的原则，灭火救援勤务辅警、文职辅警的日常考核由所在大队或支队用人部门负责，社区巡防辅警的考勤、工作过程考核由支队警务督察队负责，利用支队统一配备的手机APP，对在岗在位、工作动态、信息发布等情况进行实时巡查、到场核查，工作绩效考核则由所在大队负责。年度考核由司令部统一组织，汇总各用人单位、警务督察队的每月考核成绩，综合民主测评等相关情况后作出年度考核结果评定。做好业务对接。大队主官带领灭火救援辅警队长主动拜访责任区乡镇党政领导，将专职队纳入当地社会治安维稳重要内容，同计划、同部署；带领社区巡防辅警推进基层政府消防安全委员会的实体化运作，将消防安全与当地的社会治安综合治理、安全生产监督管理、森林防火等工作"融为一体"，同平台、同考核，切实让乡镇街道政府领导感受到消防安全工作的责任和压力，让辅警感受到自己是一个地区消防安全的协调者、维护者，激发了价值感和责任心，打通了火灾防控的最后一公里。

（四）一视同仁，尽最大可能服务保障

落实经费保障。支队督促指导各大队严格按照财政部《关于印发地方消防经费管理办法的通知》（财防〔2016〕336号）和省财政厅《关于

印发辽宁省地方消防经费管理办法实施细则的通知》，将政府专职队和辅警的基本工资、津贴补贴、社会保障缴费、伙食补助、被装费等全数纳入预算开支范围。彰显职业荣誉。消防辅警连续多年考核结果为"优秀"，通过一级公安消防岗位资格考试或高级消防职业技能鉴定并且岗位专业技能突出，在工作中作出突出贡献等，支队给予提前晋级、提请政府颁发五一劳动奖章、申报公安机关录警优先、推荐参加119消防奖评选等精神和物质奖励。提供全方位服务。提请市政府划拨专项资金为灭火救援勤务辅警办理集体人身意外伤害保险，为66名社区巡防辅警配发消防巡逻宣传电动车，所有辅警和现役官兵一起参加年度免费体检和支队组织的疗养休假，让他们真切感受到自己是铁岭消防的一分子，自觉为铁岭消防事业的美好明天同努力、共奋斗。

参考文献

［1］李艳红：《我国警辅制度研究》，山西大学硕士学位论文，2006年。
［2］闵剑：《辅警队伍规范化建设问题探讨》，《公安研究》2011年第5期。

紧盯问题探究寻方　运筹策略掌握主动

——关于部队管理教育工作的思考认识

陈万里*

部队管理教育是一个常谈常新的话题，它紧跟形势任务的变化而不断调整，具有基础性、动态性和常态化的特点。近年来，消防部队各项建设突飞猛进，但一边出成绩、一边出问题，"两头冒尖"的现象时有发生，部队教育管理形势依然十分严峻。

一　当前部队管理教育工作存在的突出问题

（一）"神经覆茧"导致进取意识淡化

一是"追求多元化"带来的价值错位。我们在部队管理工作中经常会出现管理者苦口婆心提要求，喋喋不休讲道理，但往往收效甚微。一些官兵荣誉意识淡化，军人顽强、奉献、奋进的神经就像长满"覆茧"一样，很难被打动、被触动，工作热情很难被调动，更难以持久。主要表现为"三个淡化"：一是利益意识增强，奉献意识淡化。少数官兵思考问题注重算经济账，有好处就上，没好处就"躲、藏、闪"。二是享受观念增强，奋斗意识淡化。工作中怕吃苦，生活上求享受，攀比心重，艰

---

* 陈万里，男，1975 年 11 月出生，籍贯吉林九台，吉林省通化市公安消防支队支队长。

苦奋斗的思想淡化。三是自我意识增强，服从意识淡化。许多老一辈留下来的优良传统慢慢被抛弃和遗忘，集体意识和服从意识淡化，个人主义思想加剧，个别同志总想钻制度和条令条例的空子，导致违法乱纪现象时有发生。四是"荣誉感弱化"带来的动力衰减。业务素质有强弱，工作能力有高低，优秀的群体毕竟是少数，稍有不慎就会形成两极分化，导致有些官兵不愿意为了争得荣誉而付出努力，不愿和战友比能力、比荣誉，减少了前进的动力，导致了工作懒惰、作风懒散，甚至会带坏部队的风气和作风。五是"考评片面化"和"非民主因素"带来的漠视危机。当前，各种考核评比、验收总结、评优创先工作的项目很多，但在考核的方式方法上缺乏对经常性工作的掌握和系统的量化考评，导致了在涉及单位集体荣誉或个人成长进步的关键性问题上，不能全面地、客观地反应单位、个人付出的努力和工作成效，打击了部分官兵的工作热情。

（二）"盲区时间"导致管理风险加大

一是时间上的盲区。部队在夜间、周末休息日、节假日这些时间内的监管容易出现麻痹、松懈的状态，跟踪管理不及时、不到位，容易导致管理出现纰漏。二是空间上的盲区。不难发现，大部分安全事故都发生在营区以外，当战士休假、探亲、外出离开营区，极易受周边环境影响，不可控因素增多，极易发生问题。三是思想上的盲区。管理教育贵在经常，难在经常，特别是一些基层干部或官兵在调转单位、调整岗位时，容易在这段"适应期"内出现"不适应"的现象，导致在特殊时期发生问题。

（三）"逆水锤效应"导致执行力弱化

水锤效应是我们灭火救援铺设供水干线时经常遇到的物理现象，是指压力逐步增加形成力量积聚瞬间爆发的现象。逆水锤效应用在队伍管理上正好与之相反，上热下冷，压力逐步下降，末端力量减弱，执行力层层递减，其具体表现为三个方面：一是大队主官集中精力不够。关键少数上出了问题，对上级的指示、精神当甩手掌柜，不愿意弯腰俯身抓落实，导致了上级的顶层设计、工作谋划在落实层面出现了"中梗阻"。二是中队干部成长较慢。年轻的基层干部由于缺乏带兵经验和钻研苦干精神，上级传帮带和培训指导稍有不到位，容易出现以事故和损失为代价换取经历和成长。三是工作状态和思路不佳。具体表现常常是强调什么抓什么，不能有效把上级的思路和精神转化成具体落实的措施，不会在研究状态下工作，不注重谋划工作，有的单位还会出现工作日等"会"、休息日等"火"，凡事推着干、牵着走的现象比较严重。

（四）"除患不决"导致法纪效力削减

一是对违纪人员处理不果断。对违纪人员在纪律执行上照顾个人利益和感受的多，导致了违纪的单位、个人没有受到触动和教育警示，如此会导致同样的问题在不同单位反复出现。二是部队内部关系兵照顾较多。一些关系兵常常是违纪者中的大多数，在日常工作、执勤训练中，总想与众不同，遇事经常搞特殊、提要求，更有甚者由于长时间被纵容，导致事故案件的发生，对部队风气造成不良影响。三是不良情绪的蔓延。正能量与负能量在队伍管理中永远是两个对立面，一正一负像两只无形的手，"不是东风压倒西风，就是西风压倒东风"，如果引导不好，负面情绪往往容易传染，使整个队伍士气锐减。

二　全面加强队伍管理和教育工作的对策措施

问题是时代的声音，没有问题就没有发展，不解决问题就不会有大的发展。

（一）将"目标建队"的理念根植部队

一是强化目标引领。为什么游戏吸引人，因为每升一级就能得到相应的装备，战斗能力相应得到提升，所以很多人沉迷其中，趋之若鹜。再比如，象征飞行员最高荣誉的"金头盔奖"是每一名飞行员的终生目标和不懈追求，NBA 有名人堂，每名 NBA 球员只要足够优秀就能够进入这一荣誉殿堂。我这里要强调的是部队日常管理训练，缺乏永久的目标引领，大多是运动式、阶段式，没有固定的竞争奋斗机制，举个例子：以一个总队为例，比如战斗员从体能到技能有哪些规定，还有什么标准，设立一个"金水枪"奖，只要经过申请考核，达到标准就授予该荣誉，无论人员怎么更迭，奖项都延续不变，从当兵入伍就朝这个方向努力，其他岗位也一样有奋斗目标，而不是一阵风、一场比武。同理，支队、大队也要参照总队降低评比标准，培养本级人才，形成梯次人才结构，比如我们总队每年都有执法监督岗位"第一方阵""全省优秀基层指挥员"等荣誉，支队、大队级单位也应该参照这种模式设立"第二方阵""全市优秀基层指挥员"，以此不断吸收扩大优秀人才队伍，使各级优秀人才成为大多数，平庸者成为少数，形成"倒金字塔"人才培养模式。二是寻找部队归属感。奉献得越多，感情就越深。想要官兵对部队有归属感，首先，必须给官兵提供舞台，让他们唱主角，并乐于奉献，我们吉林总队近年来不断大力发展警营文化活动，大到总队的"新训团文艺汇演""阳光在路上文艺巡演"，小到支队"好官兵讲好故事"比赛、"一队一精品"创建活动，官兵们的特长和所学得到了发挥和肯定，存在感很关键。其次，常存军人荣誉感。代兵书《吴子》中说："凡治国治军，必教之以礼，励之以义，使有耻也。"当前消防部队由于编制较小，工作任务繁重，许多优良传统在个别单位也得不到坚持，比如按照《纪律条令》规定：获得三等功以上奖励的个人，应当及时向其家庭所在地人民政府或者入伍前所在工作单位寄发受奖通知书，并向其家庭寄发喜报，但是实际上许多单位甚至政治机关都没有坚持做到这一点，只要事关军人荣誉，有关部门都要重视，从而激发官兵奋发向上，"有红旗必扛，有荣誉必争"的积极心态。

（二）将"跟踪管理"的机制落实落地

一是倡导"闭合循环"管理理念。"闭合回路"是重要的物理现象，一个电灯没有形成电源回路，或者中间断路，灯泡就不会亮。抓队伍管理也是如此，如果在管理程序上有头无尾或者中途失控，就不算一套成熟的管理系统。部队管理必须建立"闭合循环"体系，养成有始有终、去必有回的工作机制。以官兵探亲休假为例，常规做法是逐级审批，官兵到家给队单位打个电话就算形成了"句号"，没有后续的责任人对其进行监督管理，时间上就有十几天甚至几十天的盲区。如果按照以下程序，效果就不一样了，官兵休假出发前先签订一份安全承诺书，到家向队里汇报算是个"逗号"，休假期间管理干部定期向官兵发送安全警示短信，通过科技手段与官兵家人保持联系，了解官兵休假期间思想情况，直到官兵归队销假，如此便形成了离队有请示、休假有提醒、归队有报告的"工作回路"。二是推行"纵横联合"管理机制。面对越来越发达的信息化社会，我们抓队伍管理也绝不能只靠部队一己之力。要充分运用信息化手段，如门禁系统、人脸识别、GPS 定位、远程视频等科技手段来提升管理效率，这方面尽可能大胆尝试，特别是对于小远散单位和外借人员，要扩大管理者的"朋友圈"，做到耳聪目明、信息畅通。我们支队去年建立了"红门之家"官兵家属微信群，不定期向官兵家属发布部队训练生活的照片、视频，保持与家属密切联系，实现了"社会—家庭—单位"共抓管理教育的良好互动，效果很好。三是培养"见微知著"管理意识。"每一起严重事故的背后，必然有 29 次轻微事故和 300 起未遂先兆以及 1000 起事故隐患。"这是德国飞机涡轮机的发明者帕布斯·海恩提出的一个在航空界关于飞行安全的法则，也就是著名的海恩法则，其精髓要义是：事故的发生是量的积累的结果。一个个事故教训告诉我们管理者一定要有足够的敏锐性，凡事都要做到"三问"，即遇有情况刨根问底，一问知梗概、再问探原因、三问明实质，只有努力做到成绩面前不忘忧，管理之中不马虎，平稳之时不麻痹，才能真正收到控于未萌、禁于未发、治于无事之效。

（三）将"关键少数"作为落实的抓手

一是强化主体责任、抓各级主官。支队主官既要有热情、有素质，更重要的是有责任心，我们支队近两年始终将军政主官联名签署的《队伍安全稳定管理工作承诺书》悬挂于各基层单位大厅内，畅通官兵信息出口，党委常委与基层单位进行责任捆绑，抓关键少数形成责任链条。大队主官要当好中传手，既要有担当意识，又要有落实能力，对上要准确把握部队管理教育工作的形势需求，对下要熟知队伍的管理现状，把正规化建设作为一项常态化任务抓好抓实。中队主官作为管理末端落实人，要按照"能带兵、会打仗、业务精、关系融"的标准去培养，使他们成为组织可以信赖、官兵可以依靠之人。二是强化传帮带、抓骨干培养。管理教育不可"闭门造车"，许多实用的带兵经验需要依靠传承的力量。上级机关要建立基层带兵人学习研讨的平台，答疑解惑，分享经验，本级单位要开展"师傅带徒弟""一帮一、一对红"的活动，同时要注重带兵经验的积累固化。我们支队通过建立"红门利剑"业务交流群，将支队各级带兵骨干集结到一起，以集体智慧解决了许多部队管理的现实问题，与此同时，我们还开展"烈焰青春之带兵领悟"系列征文，把带兵心得汇编成册，不断积累管理教育的宝贵经验。三是强化统筹谋划、抓措施得力。队伍管理的统筹有两个方面：一方面对整体工作框架的统筹。对于一些新入伍的大学生干部和院校毕业生而言，队伍管理的宏观概念不是很清楚，管窥蠡测，特别是细节工作抓不全、夯不实，经常是哪出现问题抓哪里，反复督查反复有问题，为此，我们支队制定出台了包括值班制度、簿册填写、例会制度等内容的《部队管理和执勤备战"十个务必"及33项具体工作措施》，只要基层干部按纲施策，队伍管理就不会有大的问题。另一方面就是决策周延的统筹，正如蝴蝶效应会产生连锁反应一样，许多决策在实施过程中往往会出现一些小状况，因此，管理者在作出决策时，应该事先准备几块"补丁"，确保决策顺利执行不走样、不跑偏。

（四）将"赏罚分明"的纪律贯穿始终

一是搭好奖励的平台。设奖行赏是历代兵家治军用兵都十分重视的一种行之有效的制度。有人称奖励为"神奇的一滴蜜"，不是没有道理的。我们在带兵过程中要遵循官兵心理需要，对其实施有效激励。二是落下追责的板子。动员千遍不如问责一次。问题就是对工作的客观反映，正是在对问题的不断突围中，各项工作才不断改观、整个部队才变得不断强大。问题冒出来后，就要依规依律追究责任，坚决避免同样的问题反复出现，用好责任追究的杠杆来撬动工作落地见效。三是严格兑现奖优罚劣。先秦时候，商鞅立木赏金，所以他的变法成功了，秦国借此强大起来。一支队伍要强大，就要摒弃"将功赎过""功过两抵"等错误思维，被奖励的必须是官兵所喜爱、所佩服和公认的；被惩罚的也必须是大家所痛恨、厌恶和指责的，真正做到赏得其所、罚者足戒。

融入红色基因　凝聚制胜力量
以"沂蒙精神"提升消防部队基层
思想政治工作水平

张日松*

"沂蒙精神"是在中国共产党主力部队 115 师开辟沂蒙抗日根据地后形成的，是沂蒙人民在中国共产党的领导和培育下，在长期的革命和建设实践中，以马克思主义理论为指导不断升华优秀民族文化品质，逐步砥砺形成的一种具有鲜明时代特色的优秀群体意识和可贵革命精神。大力弘扬和探讨"沂蒙精神"，让沂蒙精神的旗帜高高飘扬在公安消防部队基层思想政治教育的天空之上，不仅是对"红色文化"的传承和追溯，也为消防部队基层探索升华"政治建警、立德树人、知行合一"提供了方向和路径，具有十分重要的现实意义。

一　追根溯源，全面把握"沂蒙精神"所承载的丰富内涵

（一）"爱党爱军"是"沂蒙精神"的灵魂

追溯"沂蒙精神"的深刻内涵，首先要学习沂蒙人民的"爱党爱

---

* 张日松，男，1973 年 11 月出生，籍贯山东莱州，山东省临沂市公安消防支队政治委员。

军"，始终坚信党的领导，始终坚决贯彻执行党的路线、方针、政策，始终在政治上永远跟党保持高度一致。这种信仰的坚定性不仅表现在革命战争年代，沂蒙人民不畏强暴，奋起反击，用无数的壮举倾诉对党的无限热爱，对党领导的革命事业的无限忠诚；还表现在和平年代，沂蒙山区几十万妇女飞针走线，赶制慰问品，送往老山前线，用情怀表达着对人民军队的热爱和支持。沂蒙人民对于党和军队的爱，是发自内心的爱，这种爱是不论岁月如何流逝，时代如何变化也不会褪色的，既是沂蒙人民的传统美德，又是先进思想的光芒闪耀。

（二）"开拓奋进"是"沂蒙精神"的主题

"开拓奋进"的秉性，使沂蒙儿女在翻身求解放中勇于接受新思想、新文化，敢于冒极大的风险支持革命、参与革命。在艰苦的革命战争年代，沂蒙人民在党的领导下，面对着日本侵略者的扫荡和国民党反动派的围攻，不屈不挠，顽强拼搏，用31000多人的生命和鲜血，创立了沂蒙山根据地。回眸中华民族的悠久历史，中华文明之所以更够延绵不绝，光辉不灭，其动力和根源就在于中华儿女的积极进取、弃旧图新的精神。

（三）"艰苦创业"是"沂蒙精神"的基调

世代生息于沂蒙山区的沂蒙人民，既继承了中华民族艰苦创业、勤俭节约的传统美德，也深受革命战争年代中国共产党和党领导下的人民军队的教育与熏陶，艰苦创业、坚忍不拔的品格表现得尤为突出。早在20世纪60年代，就涌现出了厉家寨、高家柳沟、王家坊前等一批先进集体，使临沂成为当时的农业先进地区。进入80年代，又涌现出了宁家沟、九间棚等一批顽强创业的先进集体。90年代刘家团林村、郭圪墩村等一大批小康村脱颖而出，成为共同富裕路上的领头雁。艰苦创业是沂蒙精神的基调，也是沂蒙精神与时俱进的基石。

（四）"无私奉献"是"沂蒙精神"的核心

无私奉献所体现的是沂蒙人民在处理困难时的舍"小家"顾"大家"，自我牺牲、勇于奉献的价值取向。三年困难时期，沂蒙人民节衣缩食，吃糠咽菜向国家交粮3.6亿公斤、油820万公斤，并接收了由政府统一组织的6万余名灾民。沂蒙大地上的无数革命先烈和英雄人物，为了民族自由挺身而出是无私奉献，无数普通沂蒙人在工作和日常小事中做起，尽其绵薄之力也是无私奉献。无私奉献是力量之源，一种不竭动力的来源，作为沂蒙精神的核心内容，它使人感受到了精神的朴实无华。

二　学史明理，准确聚焦"沂蒙精神"所蕴含的育人宗旨

（一）"爱党爱军"契合了深化铸魂育人的时代课题

在沂蒙精神形成的过程中，随处可见以革命为己任、有着坚定理想信念的中国共产党人，他们用自己的一言一行、用鲜血和生命诠释着一名共产党人对马克思主义、对革命的信仰和忠诚。一代代沂蒙人民实践着这样的理想信念，在生死考验面前赴汤蹈火、视死如归，发出了"敌人只能砍下我们的头颅，决不能动摇我们的信仰""试看将来的环球，必是赤旗的世界"的豪言壮语。坚持思想领先，用"沂蒙精神"启迪消防部队思想政治教育工作，有利于广大官兵从这些优秀的共产党人和人民群众身上汲取精神力量，树立坚定的理想信念。

（二）"开拓奋进"扣住了践行强军目标的内在要求

"开拓奋进"是"沂蒙精神"的永恒主题，既体现了沂蒙人民在党的领导下，追求进步、改革创新、敢为人先的先进思想意识，也体现了沂蒙人民不管在什么困难的条件下，都能自力更生、坚忍不拔、不懈奋发的精神风貌。将"沂蒙精神"的学习和传承结合到消防部队基层的训练、备战、出警上，唯有不断开拓奋进的发展战斗力，才能彰显出消防铁军的战斗力。用"沂蒙精神"塑造消防部队，有利于培养有"有灵魂、有本事、有血性、有品德"的新一代革命军人，有利于锻造具有"铁一般信仰、铁一般信念、铁一般纪律、铁一般担当"的过硬部队。

（三）"艰苦创业"倡导了永葆艰苦奋斗的政治本色

艰苦创业一直是中国共产党的优良传统和政治本色，艰苦创业是沂蒙精神的重要内容。在新的历史条件下，消防部队大力弘扬"沂蒙精神"，进一步凸显了艰苦朴素的时代价值，"大兴艰苦创业之风"既是广大消防官兵面对新的物质、精神困苦的需要，也是消防部队继续奋发努力、斗志昂扬的需要。

（四）"无私奉献"回应了担当打赢重任的使命召唤

"无私奉献"是沂蒙精神的核心内容，它蕴含着伟大的爱国主义精神。革命战争年代，沂蒙人民为了国家的独立和人民的解放，不怕牺牲、无私奉献。当时沂蒙山区约有420万人口，其中就有120万人参战支前，20万人参军入伍，10万英烈血洒疆场。乡乡有红嫂，村村有烈士。"最后一口粮做军粮，最后一块布做军装，最后一个儿子送战场"就是沂蒙人民无私奉献最好的写照。学习和践行"沂蒙精神"，有利于进一步增强和感召消防官兵了解历史，根植爱国主义情感和激发爱岗敬业的无私奉献精神。

三　多措并举，着力探索"沂蒙精神" 所开辟的建警路径

（一）搭建红色文化阵地，陶冶官兵情操，强化队伍思想教育

（1）整合资源，优化教育。组织学习"习近平总书记系列重要讲话精神""三亮三比三评"和"警营文体月"等专题活动14个，进一步提升各级党组织活力和广大官兵的学习积极性，努力做到学而信、学而用、学而行。严格落实"党委议教""三会一课"等党组织生活的基本形式，以"沂蒙精神"学习为基本内容，加强官兵真学、活学、深学活动开展，引导官兵筑牢信仰之基、树立清风正气、勇于担当作为。

（2）创新思路，拓展载体。改变过去学习教育只停留在看报、读书、

集中组织学习等陈旧观念，创新"沂蒙理论微课堂"、制作"沂沂蒙蒙说沂蒙"动画、编排"沂蒙精神"题材的文艺作品等新形式，将"沂蒙精神"的深刻内涵融入其中，贯穿到官兵日常学习、工作、生活的方方面面，进一步激发官兵攻坚克难的决心和干事创业的热情。

（3）围绕中心，盘活资源。临沂消防支队以"沂蒙精神"植入基层思想工作教育为契机，组织开展了"弘扬沂蒙精神、助推临沂模式"主题活动，涵盖了与消防部队实际工作相关联的"沂蒙精神"大讲坛、"沂蒙精神大家谈"、编写旨在"弘扬沂蒙精神、助推临沂模式"的主题系列丛书、制作具有消防特色的在线课程、微课、微电影、LOGO、海报设计等。通过全方位多层次的共建活动，引导官兵感悟"沂蒙精神"的革命情怀，进一步了解时代变化发展赋予"沂蒙精神"的新气象、新发展。

（二）汲取红色资源精华，优化队伍建设，营造清风正气氛围

（1）传承"沂蒙精神"，把"讲诚信"作为最基本的道德操守。爱党爱军、无私奉献的沂蒙精神要求我们消防官兵要讲诚信，做到忠于党、忠于祖国、忠于人民、忠于社会主义、忠于法律的战斗信念，坚决在思想上、政治上、行动上始终与以习近平总书记为核心的党中央保持高度一致，时刻听从党的召唤，成为维护社会安全稳定、推进经济社会发展的"尖刀""拳头"部队。

（2）继承"沂蒙精神"，把"守规矩"作为最起码的行为准则。要敢于坚持原则，把政治纪律和政治规矩挺在前面，在重大问题上要旗帜鲜明、立场坚定。要坚持按政策规定办事，公道正派用权，讲党性、讲原则、讲正气，公私分明，兑己奉公，对上尊而不谀，对下一视同仁，对事公而不偏，公开公平公正地处理涉及官兵切身利益的敏感问题，以公道凝聚兵心士气。要坚持修身养德，加强党性修养，塑造高尚人格，坚守道德阵地，不断校正世界观、人生观、价值观，净化工作、生活、交往"三圈"，做到立身不忘做人之本、为政不移公仆之心、用权不谋一己之私。

（3）发扬"沂蒙精神"，把"敢担当"作为最重要的能力品格。作为"养兵千日、用兵千日"的消防部队，要时刻牢记革命先辈给我们留下的宝贵精神财富，担当起履行消防职责的使命，带头干事创业，敢于攻坚克难、敢于啃硬骨头，做到谋划工作高起点、推进工作高标准、落实工作高质量，以精细精准的"绣花"功夫和精益求精的工匠精神，推动各项工作落实落细，坚决杜绝"半、慢、面"等问题。要拿出钉钉子的精神，想方法、动脑筋攻克基层基础建设，解决部队历史遗留问题，进一步深化消防模式革新，提升建设速度，切实担负起"守护一方平安，推动一方发展"的重大责任。

（三）发扬红色优良传统，践行忠诚奉献，誓夺重大战役胜利

（1）确立"党委管战"的抓建导向。引导部队各级党组织把老一辈人民军队领导集体的担当品格传承好实践好，充分担起率领部队冲锋陷阵的职责重任。各级党组织要主动调整工作步调，把心思向实战聚焦，把力量向实战倾斜，对于涉及实战的议题要第一时间研究、千方百计解决，确保将各项工作摆到位、议到位、抓到位。政治机关要牢固树立跟进服务、靠前保障的观念，做到工作推进到哪里，政治保障就跟进到哪里。军政主官要在顾全大局、贯彻落实、遵规守纪上带好头，坚持亲自跟训督战，充分发挥"跟我上"的表率作用，争当战斗员、排头兵。

（2）强化"忠诚为民"的价值共识。要充分利用驻地资源条件，进一步抓好党对军队绝对领导基本理论、优良传统和根本制度的经常性学习教育，让红色资源、红色传统、红色基因在部队中回归，确保党指挥枪原则真正融入官兵灵魂和血脉。着力浓郁战斗文化，大力开展争先创优活动，扎实开展形势战备、职能使命和革命军人生死观教育，使甘于奉献、崇尚荣誉成为官兵普遍共识和不懈追求，激励官兵在安保战场建功立业。大力培育当代革命军人核心价值观，广泛宣传练兵备战表现突出的先进典型，引导官兵发扬令行禁止作风和艰苦奋斗传统，确保备战实战各环节均在警令政令的指导下规范运行。

（3）提升"能打会赢"的能力素质。引导各级把老一代人民军队的善战属性传承好实践好，着力解决问题、补齐短板、提升能力。要紧随实战研究制胜机理，紧盯问题研究防范举措，紧贴部队研究保障机制，从最坏处打算，向最好处努力，切实下好先手棋、打好主动仗。要严格贯彻战训一致原则，坚持实战需要什么就苦练什么，部队最缺什么就专攻什么，在近似实战的环境下摔打锻炼部队。要多搞无方案的压力测试，多搞不打招呼的突击检查，多搞检讨反思式总结，全面深入地找茬揭短，力争把一切可能的影响和问题隐患消除在"爆发"之前。

参考文献

[1] 李纪岩：《当代大学生社会主义核心价值观培育研究》，山东人民出版社 2013 年版。

[2]《习近平在山东考察时强调认真贯彻党的十八届三中全会精神汇聚起全面深化改革的强大正能量》，《人民日报》2013 年 11 月 29 日。

[3] 徐东升等：《基于沂蒙精神育人的社会主义核心价值观教育研究》，山东人民出版社 2015 年版。

[4] 苑朋欣：《沂蒙精神与社会主义核心价值体系建设》，《井冈山大学学报》（社会科学版）2010 年第 3 期。

新形势下专职消防队伍
发展探析的几点思考

王　鹏[*]

2015 年 8 月 12 日天津港危险品仓库发生爆炸，造成了大量人员伤亡和巨大经济损失。这次惨痛的教训，值得我们反思和学习。本文通过深度分析专职消防队伍发展现状、优势和不足，提出一些思路性建议，以期对专职队伍发展有所裨益。

一　专职消防队伍发展现状分析

（一）队伍建设方面

当前泸州专职消防队伍主要由 19 支政府专职消防队和 9 支企业专职消防队组成，现有专职消防队员 662 人，各类执勤、保障车辆 97 辆。目前江阳通滩、龙马特兴、合江九支、叙永水尾专职消防站建设任务尚在推进，已征召新增专职队员 36 名，年底前预计还将新增 29 名专职队员。

（二）队伍管理方面

政府专职消防队在属地消防大队的领导管理下队伍均呈现较好的发

　　* 王鹏，男，1987 年 3 月出生，籍贯湖北汉川，四川省泸州市公安消防支队司令部办公室秘书。

展态势，但企业队由于近年来企业生产效益下滑，队伍发展建设开始走下坡路，除老窖企业队尚呈现蓬勃发展的态势，其余企业队均发展缓慢，特别是火炬、泸天化等企业专职队的建设发展尤为滞后。企业队还普遍存在经常性管理落实不到位、管理干部心不在焉的情况。

（三）经费保障方面

政府队依托县区地方财政支持，依据四川省《四川省地方消防经费管理实施办法》、泸州市《关于做好全市多种形式消防队伍经费保障的通知》等文件，基本达到了人均最低 6.5 万元的经费保障标准。其中泸县专职队 2016 年消防经费保障达 1400 余万元，人均保障经费达 7.5 万元。企业队主要依托企业单位自身经济支持，由于各企业的效益参差不齐，专职队员的待遇也大不相同，最低的月收入仅 2000 余元。

（四）队站装备建设方面

政府队整体建设水平较好，正规化建设逐项达标，其中泸县、合江、古蔺、纳溪正规化建设发展较快，程度较高，其余地区则相比较为落后。企业队受企业的经济效益和发展需要影响较大，队站装备建设水平参差不齐，存在个别单位队站维修维护难保障，器材装备配备和更新换代难跟上的情况。

二　专职队伍的发展优势

（一）兵力优势

首先不受现役编制和体制的影响。专职队伍在建设发展上主要受经费影响，没有士官晋选、晋级上的编制问题，避免了因为岗位缺少、人员部分硬性条件不合格和服役年限的原因而造成人才流失。其次不受兵源素质的影响。专职队伍的征召都是有目的性、选择性和针对性的，征召的队员往往都具有较好的素质能尽快适应和投入工作。专职队员征召也优先招录退役军人，较好地解决了退伍士兵就业难的问题，有效发挥了他们优良军事素质的优势。最后不受个人情感的影响。专职队员大多来自当地，有较为稳定的家庭基础和社会基础，不同于现役官兵的背井离乡以及需要考虑未来生活地和发展方向的情况，没有思乡念家的烦恼和安家移居的顾虑。

（二）专业领域优势

一方面企事业单位在专职队伍的组建和队员的征召上都是针对地区消防形势和具体工作的需要有目的的发展建设，队伍的针对性、专业性和战斗性很强，特别是企业专职队伍，针对企业的具体生产经营和特殊工艺流程情况，有自己较为完善、行之有效的事故处置对策和工作经验方法。另一方面专职队伍中有较大比重的专职队员来自基层员工，有些还是兼职消防员或兼职一线工人，他们熟知单位的各类情况和特殊工艺生产的专业技术，在他们的专业领域随时可以充当事故处置的攻坚队员。

（三）家乡优势

专职队伍的人员几乎全部来自当地，本地人无疑有几个好处，一是地方熟、情况全知道。这些熟知本地或企业厂区情况的队员不需要花费大量时间去熟悉辖区单位的相关情况、资料和信息，立刻就能投入工作；二是人员熟、工作好开展。消防工作也是一项综合性服务工作，有较好的群众基础和人际关系有利于工作开展和推动，本地人往往见一个面便打开工作局面；三是家庭近、好照顾。较好的家庭基础是工作推进的强劲助力，专职队员安家在当地，实行上下班制度，有充足的时间照顾家庭，相比现役消防官兵减少了因家庭矛盾和困难引发的工作情绪和顾虑；四是要面子、努力干。专职队员在当地都有大量的亲朋好友，自身工作的表现和成绩无疑是他们的"面子"，亲朋好友变相地充当了监督他们工作的管理员，督促他们努力干好工作；五是家乡好、安心干。无论是战士还是军官或多或少都有考虑最终归属，工作中的不安因素更多。本地人已经扎了根、定了心，专心干好本职工作，投身家乡建设。

（四）社会面事故处置优势

专职队伍在处置社会面事故时充分发挥出家乡本地人的优势。为民服务中较好的沟通交流，提早化解误会，避免了不必要的警民纠纷和网络舆情的发生。各类灾害事故预防处置中较好的社会熟知度，提前掌握，对各类事故情况提前获得信息，做好预防和处置，减小了损失和伤亡。维稳处突任务中较好的社会层面关系，提早做好联动配合，与各单位和各部门更加紧密的配合促进工作开展。

三　专职队伍建设发展面临的问题

（一）经费保障瓶颈

专职队伍中政府队依托政府文件支撑和地方财政支持，经费保障虽确保了最低标准，但仍有部分地区经费保障难以实际落实和提升，队伍建设只能在维持上打转，实现不了发展。企业队因缺少相关文件的支撑，完全受企业经济效益和企业重视程度的影响，经费保障成为老大难问题。专职队在人员福利待遇、高危岗位津贴、值班加班补助等方面缺少专门的经费保障和相关的机制制度落实。

（二）队伍建设瓶颈

当前专职队伍建设主要是依托政府和企业保障开展建设工作，但由于上级部门的工作要求和任务分工，对于队站建设和队伍发展下发"硬指标"，而这些硬指标中部分内容又和实际情况存在冲突和不相适宜的地方。此外专职消防队普遍存在重建设，不重发展的问题。在大力地建设队站和招收队员的同时，后续的经费保障难以跟上，人员待遇难以满足和提升，管理过于松散，导致出现队站建设低质量、队员高流动性的普遍问题。

（三）安全管理瓶颈

从近年来专职队伍的伤亡情况看，安全形势不容乐观。主要是管理者责任心不强，个别管理人员只是被动落实，缺少主动作为，对队伍安全管理中遇到的新情况、新问题不研究、不思考，安全工作流于形式。

底线思维不牢，在日常执勤、训练、工作和生活中抱有很多侥幸心理，对安全防范工作认识不足，标准不高。安全管理制度落实不到位，相关管理和安全规章制度未能严格贯彻落实，人员违规违纪现象时有发生，在管理措施上也缺乏长期性、持久性和连续性。

（四）战勤保障瓶颈

战勤保障体系建设是应对当前日益复杂的灾害形式的必然需求，是完成应急救援任务的重要支撑，是遂行战斗任务的需要，是深化专职队伍改革的内在要求和必然选择。当前专职队伍中存在着机制不够健全、职责不够清晰，队伍管理和运转机制不完善，部门协调和联络制度混乱，实战化保障能力和保障水平不足的问题。

（五）思想教育瓶颈

思想教育是育人铸魂的工作，也是做好各项工作必要保障。但当前在专职队伍中缺少以党支部为堡垒开展思想教育工作。专职队伍不重视思想工作，大部分队员缺少对职业的认同感，对事业的奉献精神，一味追求高工资、高待遇。招录的队员成分复杂，个体差异大，工作动机多样，没有正确认识消防工作的神圣使命，自我定位为"打工仔"，普遍政治素质不高，思想教育开展困难。

（六）队伍管理瓶颈

专职队伍管理难，分析原因主要在于背景差异较大，动机复杂多样，复杂的背景和动机增大了队伍管理教育工作的复杂程度；个体区别明显，素质参差不齐，管理者在引导时稍有不慎就容易出现"小团体"孤立某些人等现象；制度约束发展，管理面临挑战，队员现实利益需求限于制度难以满足，引发管理问题；个体差异突出，容易顾此失彼，教育开展难以顾及周全，管理工作也难以深入；共性特点鲜明，容易"盲目跟风"，专职队员大多为年轻群体，行为上容易受情感的支配，容易出现队伍整体思想波动，加大管理难度。队伍点多面广，支队难以顾及周全，支队缺少人员和精力对点多面广的专职队伍进行指导，在管理上有心无力。

（七）发展出路瓶颈

当前专职队员大多是劳务派遣和合同雇佣性质，由于消防工作的特殊性质和要求，难以实现他们"终身制"和"有前途"的目标，加上工资待遇和发展前景的不理想，找出路成为他们通常考虑的问题。部分地区较差的待遇、营房、装备条件，人员流动、流失严重。

四　几点措施和建议

（一）抓保障不放松

一要抓好思想保障。利用部队优秀政治资源，做好专职队的政治教育指导工作。要给专职队员发好"精神福利"，善用鼓励方法；减轻"精神负担"，注意思想疏导；建好"精神灯塔"，着力思想导向。二要抓好经费、待遇保障。全力争取政府支持，因地制宜地出台符合当地实际的经费保障办法和标准。积极探索提升专职队员待遇的办法和途径，提升专职队员的工资福利保障水平。三要抓好队站、装备建设保障。依托十三五消防规划，提请政府和企业增加消防投入，强化队站和车辆装备器材的建设发展力度。四要抓好战勤保障。提请国家、地方政府出台法律和政策支撑战勤保障建设，并纳入财政预算落实经费保障；结合自身实际制定各类预案和规章制度，使战勤保障"有准备、准备足"；注重培养人才，提高人才专业化水平，使保障工作"有人为，做出彩"；依托政府，科学整合社会联勤保障资源，运转好战勤保障体系。五是抓好出路保障。积极协调政府，拓展事业编制道路解决专职队员长远发展问题。通过协调企事业单位，解决老队员的工作调整和再就业安置。通过建立岗位分级机制，优化评级考核，健全奖惩制度，进一步激励专职队员工作热情和积极性，解决专职队员的升职问题。

（二）抓好管教不轻心

一要求同存异，有序组织。在组织训练、学习上有针对性地制订和实施计划，确保队员们的素质全面发展。在开展经常性思想教育时，善于把握全队思想走势，适时适当做好教育引导，把队伍的"思想潮流"引入正轨。在日常工作和生活中，适时进行鼓励和表彰，做到平等对待，提高队员的工作积极性；二要紧贴实际，按需开展。要着眼实际，根据客观需求因时制宜、因地制宜地开展教育工作，使队员们在学习过程中逐渐树立起责任意识，坚定理想信念，增强职业认同感，提高道德修养；三要教管搭配，有机结合。要辩证地看待行政制度约束和思想教育工作的关系。管理教育要从细微处找准突破口，打开管理局面；四要以身作则，亲力亲为。管理人员要摒弃私信，在"保"公平上建立威信，在"强"能力上赢尊重；五要遵循科学，敢于创新。要大胆运用新东西，使管理教育的信息更加丰富，形象更逼真，提升管理教育的"更新"，真正掌握工作的主动权。

（三）抓好战训不松手

首先实战化训练需要摒弃传统思想，确立全新的训练理念；需要改革训练内容，建立全新的训练体系；需要创新组训形式和训练方法；需要突出专业性和系统性，完善督导考评机制。其次要坚持理论练透，加强理论学习和情况熟悉，切实学懂学透、全面掌握各类情况；体能练强，夯实体能基础，提升各项身体素质，锻造打铁硬身板；技能练精，千锤百炼、精益求精磨炼过硬本领，掌握精湛技术；装备练熟，熟练掌握使用手中装备，懂原理、会使用、精保养、会修理，将装备使用效能最大化；战术练活，灵活运用各种战术，熟练应对各类情况处置；演练求实，训练当实战，实战如训练，切实将演练工作发挥实效；促训突考，严格考核和奖惩机制，真正检验队伍战斗力和促进战斗力提升。

参考文献

[1] 乔旭：《天津市城市消防规划编制和实施过程中的问题探索及应对策略》，公安部消防局《公安消防部队调研文集》（第六辑），公安部消防局2014年版。

［2］李立志：《提高政府专职消防队伍生命力和战斗力探析》，公安部消防局《公安消防部队调研文集》（第六辑），公安部消防局2014年版。

［3］张文杰：《加强多种形式消防队伍建设的实践与思考》，公安部消防局《公安消防部队调研文集》（第六辑），公安部消防局2014年版。

［4］岳卫强：《浅析如何提高灭火救援实战能力》，http：//10.172.122.9/ind ex. php？ m＝content&c＝index&a＝show&catid＝11&id＝35746。

消防部队智库建设思考

朱飞勇[*]

所谓智库，是指由若干专业人才组成，从事前瞻性工作研究并提出合理化建议的智囊性机构或组织，所提建议能够为领导决策提供辅助性参考，具有指导性、科学性、创新性。所属人员既可以是本单位内部专职人员，也可以是聘请外单位业余人员，或由两部分人员共同组成。消防智库，主要为消防工作和部队建设发展进行前瞻性研究的人才团队。目前，我国消防智库建设相对滞后，亟须加强建设和推进发展。公安部消防局于建华局长多次指出，各级消防部队要在研究状态下工作，通过反复钻研、认真研究，找准工作方法、摸清工作规律，增强工作的预见性、前瞻性。加强消防部队智库建设，有助于提高工作效率，更好地完成各项工作任务。

一 智库组成

目前，我国消防智库组织较不健全，特别是消防职能拓展，承担防、灭火和应急救援工作职能后，现役消防警力捉襟见肘，亟须结合现实斗争进行前瞻性研究。但除了部消防局设有政策研究处外，总、支、大队

* 朱飞勇，男，1972 年 10 月出生，籍贯江西九江，江西省公安消防总队总工程师。

均尚未设置专门机构。研究形式主要通过内部下发调研题目方式进行，或零星进行一些内部工作研究。从目前情况来看，总、支队办公室承担了调研工作职能，受人员编制限制，此项工作开展不够深入、有效。从目前繁重的消防工作而言，在理论务虚层面，坚持"从消防看消防，从政府看消防，从部门看消防，从百姓看消防，从外域看消防，从未来看消防"等角度进行一些探讨性研究，确实还有很大的深挖空间。围绕这些角度，紧扣消防专业研究、人才培养、业绩考评、职能定位、队伍管理、编制改革等重大课题，以内部人才为骨干，引进外部人才，组建研究团队。只要是可以提供智力支持、愿意参与的人才，都可以吸收进来，为消防发展献计献策。

（一）消防业务骨干，重点是专业技术干部

消防行业牵涉诸多学科，由于现役体制特点，多数行政干部同一岗位工作时间相对较短，加之部队内部"双考"等晋升考试，其精力相对有限，难有足够时间开展研究。而专业技术干部工作岗位长期相对固定，工作精力相对宽裕，且为了自身技术职称的评审，也需要发表一定量的论文，调动其积极性，开展研究，有助于形成稳定的人才团队。据2016年2月份统计，江西省消防总队共有行政干部1592人，专业技术干部777人，其中行政兼任技术干部119人。单纯管理指挥类警官833人。客观上看，一些单位业务骨干研究动力不足，不愿意去钻研和撰写论文，与消防专业杂志太少，论文难以发表存有一定的因果关系。

（二）外省消防专家，包括部局业内专家

部消防局相关处室领导对消防业务工作研究较深。全国有一些兄弟总队在相关领域都有一些专家。对于装备、防火、灭火专业知识，一些发达省份，相对实践更多，其理念和做法往往经过了实践检验，更切合工作实际，对于部队管理、政治教育工作，有些内地总队往往积累较好的做法，通过引智支持，可以少走弯路。

（三）大学相关专业师生，包含部分研究机构

武警学院和高等专科学校、南京士官学校都是专门研究消防工作的

专业学校，可以通过本总队考出的学生与学校的相关专家教授进行引智。如 2017 年江西消防总队在读或江西籍武警学院消防专业在读研究生就有 17 人，可以通过与其导师联系、请教为总队引智。另外，还可以与总队所在本地大学、研究所、社科院、党校、政府参事室等机构进行协议合作，引进智力支持。2016 年 8 月，江西消防总队就已经与武警学院签订了教学实践合作协议。2017 年 6 月，又与南昌大学签订了战略合作协议。特别是南昌大学公共管理学院专门组织了若干研究生到总队跟班学习，专门就消防行政管理工作进行研究。总队也派出了多名干部就读南昌大学在职公共管理学研究生，通过相关理论的学习研究，以期解决消防工作瓶颈性问题。

（四）相关行业部门专家，强化横向联合研究

可以就相关专业问题，与当地党政部门进行联合研究，通过跳出消防看消防，有助于相得益彰、共同发展。如研究消防信息化，可以借助公安机关的各种平台共建共享、共同开展，可以通过移动、电信、联通运营商数据库为基础，建立消防大数据库，方便消防监管和预知预测。如消防宣传问题，可以配合党委宣传部门进行联合研究，可以与教育部门对学生消防宣传教育一并推进落实。

二　研究方向

消防是应用性科学，既有事先的预防性宣传和审批监管，更有后期应急处置、原因调查。消防智库可以从主要问题、前沿问题、敏感焦点等大方向上入手，从制约发展的瓶颈性问题着手探讨解决。当前有 13 个问题亟待深入研究：

（一）信息化暨"全警情录入 +"建设

消防信息化是提升消防工作效率，弥补警力不足的重要手段。如何用物联网加强社会单位的监管，如何用"一张图"强化消防调度指挥，

如何发挥"业务一体化"软件的综合作用，如何用消防"大数据"提前预测预知灾害事故，全面实施司政后防业务的精确有效，是一项现实而紧迫的课题。

（二）综合应急救援

承担应急救援职责是政府和群众的重要期待，目前相关法制、机制、体制还不够健全完善，是一个边实施、边完善的消防职能拓展过程。特别是警力不足，导致大量的政府专职队员征召，专职队伍建设管理，必须尽快进行研究探讨。

（三）实战化训练

注重研究部队职能拓展后，业务训练如何贴近实战，加快训练基地建设，实施"集中训练、分散执勤"业务训练模式。要结合部队职能拓宽和灾害事故新特征、企业工艺特点，研究编写结合实际的相关的战法，编写更新业务训练教材，开展有针对性的实战演练，拍摄编写实战化演示光碟，提高实战化训练水平，防止救灾现场官兵伤亡事故。

（四）部队正规化建设

信息化时代、独生子女兵源情况下的部队正规化建设具有新的特点和规律，要开展信息化条件下正规化建设规律研究，实施全面依法治军。

（五）扁平化指挥

现代灾害发展快、损失大、影响恶劣，如何及时快速调度到场，利用现代化通信手段进行指挥，同时建立与之相适应的训练机制、调度机制、指挥机制，彻底走出腿跑口传、电话指挥的落后模式，不断提高现代化的灭火救援能力。

（六）网格化监督

落实网络化监督，发动人民群众来群防群治，是强化社会力量加强防火监督工作有效途径。如何发挥网格员和社区专兼职消防力量，尚有诸多难点，亟待不断进行进一步总结和加快发展。

（七）消防宣传社会化

消防工作，宣传系于一半。利用当前微博、微信等自媒体手段进行创新宣传，利用学校、家庭、企业、社区等传统平台进行宣传也要常抓常新。还有电动车、三合一场所、电器防火、群众自救逃生技能等防火重点必须全面提升。

（八）规范监督执法

高层、地下、化工、大型综合体等新业态大量出现，工业化、城市化、信息化不断推进，计划经济全面向市场经济转轨发展，国务院行政审批"放管服"调整，要求消防监督执法规范化和行政审批规范化，如何处理好审批监督"终身负责"和"优化服务"等关系问题亟待研究。

（九）消防装备创新

结合现在战法调整，根据当地灾害特点，研究相应装备革新技术，研究装备购置的重点，尽最大可能发挥现有装备经费作用，使购买装备科学合理。

（十）党内廉政建设

围绕当前"从严治党"大背景，积极改进消防纪委监督机制体制，在监督、执法、用人、财物、装备采购、基建等方面精准发力，提高监督执纪问责效率。

（十一）思想政治教育

新形势下官兵思想多元化，如何利用多种形式方法，让官兵真学真信，坚定理念不动摇，安心本职作奉献，激发官兵建功立业的热情。

（十二）单位业绩和官兵业绩考评体系

如何建立科学的单位年度工作业绩、官兵能力素质考评体系，提高选人用人的科学性和公信力，科学组织官兵培训、教育、管理、评价，必须结合实际进行总结创新。

（十三）消防机构改革发展

目前，全国消防机构"头小脚大"，实行"小马拉大车"。县级基层多数大队为副团建制，相比地方单位更高，省、市两级基本与地方单位平级，但顶层机关——公安部消防局却相对其它部委级别较低，与中央党政机关协调工作相对较难。未来消防机构如何改革、职能如何定位更为科学合理，也可作些前瞻性研究。

三　创新发展

消防智库建设虽是一个新话题，却也是一个历久弥新的重要课题。"一个民族，要有一些仰望星空的人才有希望"，同样，"一个行业，也要有一些仰望星空的人才有希望"。公安部消防局充分发挥政策研究处职能作用，建立特约研究员机制，每年出版调研文集，对相关热点问题进行集中研究，应该说取得了一些成效。但越往基层，研究工作、调查钻研还不够。整体潜力还没有激发，研究活力尚未完全释放，必须在机制、体制、应用上深入创新，充分发挥智库作用。

（一）机制上创新

（1）机构上创新。总队可由总工程师牵头负责和具体分管，建立由司令部办公室具体实施，战训、监管、财务、装备等相关处室参与的智库人才团队。支队可由一名副职具体分管，相关科室为成员进行研究。现行总、支队两级实行军政首长领导，司、政、后、防四部门并行体制，部门内部方便协调沟通，但部门间的容易出现各自为战现象，一些工作安排联系不够，能否跨部门进行研究思考和联系工作十分重要。特别是在《"十二五"消防事业发展规划》、信息化发展规划、年度工作考评标准制订等方面，加强部门联系调度格外重要。

（2）横向上联合。组织智库研究，关键是要打破部门壁垒，如研究装备就要战训和装备共同配合。研究信息化和大数据要多部门全面参与；研究防消联勤，也要防火、灭火两部门共同参与；消防宣传研究即有外部社会宣传培训规律研究，也有牵涉司、政两部门的内部典型宣传研究等。

（二）方法上创新

（1）举办仪式明确身份。要通过组织专门会议，对智库专家颁发聘书，增强成员身份认同感。要明确研究工作规则，下达一定工作量，明确智库成员调研权利，定期组织智库专家召开会议。

（2）组织论坛碰撞观点。总支队要经常组织专题研讨会，定期针对部分内容进行研讨，把前瞻性工作提前研究，开辟新的工作办法措施。如江西消防总队每两个月定期组织一次"赣鄱消防论坛"专门课题研究会，进行专业论文交流和观点碰撞，通过不同视野观点相互交锋，产生新思维，让真理越辩越明。

（3）．制定措施激励人才。对优秀论文、专著、创新发明成果要评奖，对部队内部智库成员单位要给予年度奖励加分，对于智库成员可给予证书荣誉激励、物质奖励，在立功受奖、提拔晋升方面给予倾斜。对于立足技术岗位不断创新研究的技术干部，要在给予评审职称给予照顾。一些有创新观点和成果，要组织到全省部队视频授课或晋职培训班授课。

（三）应用上创新

（1）总队编印出版专著。总队每年要组织出版多本专著或论文集，配专门书号，可在全国书店公开发售，固化智库成果。配发全省官兵学习应用，把智库作用在基层发挥好。通过官兵系统学习新成果，又可以激发更多人员参与创新研究，形成人人创新、个个研究的全新局面。如江西总队 2017 年把智库建设作为为基层办十件实事之一，年内准备出版 3—5 本消防专著，发放到基层官兵，人手一册。

（2）协调专业杂志发表。对于优秀专业技术论文，要通过总队名义和渠道，直接向《消防科技》《消防产品技术与信息》《武警学院学报》等技术杂志推荐发表，方便作者今后评审技术职称级别。这对于激励消防部队内部技术干部研究学习热情，必将发挥积极作用。

（3）组织征集调研征文。根据中国消防协会和部消防局征文题目，年内分别组织智库团队进行研究，及时召开专题会议进行交流，把阶段性优秀论文予以推荐发表。在总队内部，也可根据实际需要，组织召开综合应急救援、信息化等内容进行专题征集论文，并择优评奖选用。

（4）总队内网及时发表。在总队调研论文栏目应及时刊发智库成果，既方便广大官兵应用推广，提高工作效率，更是让大家见贤思齐，都以研究状态去对待工作，激发大众创新。对于务虚会、读书班、技术革新成果等新成果，要借鉴公安部研究室在总队主网页上开辟专栏进行推广，形成创新光荣、成果共享的运行机制。

基于社会时空理论的公安
现役院校管理人才培养路径研究

——以轮任管理为例

潘向明[*]

　　吉登斯在《社会的构成》中提出了"社会系统是经由时空而构成""时空是社会理论的核心"的观点。社会的一切结构性和过程性的变迁，不仅都是在时空维度上进行的，而且，时空变化构成了一切社会变化的最基础层面。吉登斯指出，在前现代社会，空间和地点总是一致的，"现代性的降临，通过对'缺场'（absence）的各种其他要素的孕育，日益把空间从地点分离出来，从位置上看，远离了任何给定的面对面的互动情势"[①]。空间的虚化进一步导致时空的分离。时间和空间的虚化并分离后，时间和空间在形式上的重新组合（再结合），使得跨时空的社会活动成为可能。按照吉登斯的观点，公安现役院校人才培养工作也是在时空维度上进行的，而且，时空变化构成了公安现役院校人才培养工作的最基础的层面。基于社会时空的理论视角，如何把时间和空间在形式上重新组合，进行跨时空的公安现役院校人才培养工作，探索一条合适的公

　　* 潘向明，男，1975年1月出生，籍贯浙江东阳，公安消防部队高等专科学校训练部副部长。

　　① ［英］安东尼·吉登斯：《现代性的后果》，田禾译，译林出版社2000年版，第15—16页。

安现役院校管理人才的培养路径以达到所培养的人才满足部队需求，就成了一个合乎事理逻辑的课题。

一 公安现役院校人才培养工作中的时空困惑

困惑一：后顾与前瞻。人才培养是一项面向未来时空的工作，而现实的人才培养工作却是在当下的时空中进行。如何让未来的管理时空呈现在当下的人才培养工作中，是这对矛盾前进的方向和动力所在。在现实的公安现役院校管理人才培养中，教师、中队干部习惯于后顾，用过去的知识、经验和方法传授给学员。教师、中队干部虽然知道教育应该是前瞻的，却因学校制度和课程内容的滞后，人才培养模式的时空限制，只能无耐地让毕业学员到部队后自己去适应时空已经变化的管理情境。

困惑二：纪律与成才。部队是一个特殊的群体，肩负的特殊使命使部队必须有铁的纪律作为保障。在部队这个集体中军人是否对纪律具有铁的执行力，是部队战斗力的标志之一。作为培养人才的公安现役院校也必须培养学员具有极强的组织纪律性，以此促进学员成才。但在人才培养过程中为了强化学员纪律意识，公安现役院校把校园空间区隔为教师、中队干部空间和学员空间，教师、中队干部和学员俨然是两个时空的人，显然不利于人才培养。教师教、学员学，中队干部管、学员被管的这种主导教学模式和管理模式，使人才培养很难发挥团队的作用，很难发挥学员群体的协作和互助，取人之长，补己之短，互动成才。

二 轮任管理的社会时空分析

公安现役院校人才培养工作中的"后顾与前瞻""纪律与成才"两大时空困惑，能否通过轮任管理加以解决，对轮任管理的社会时空进行分析，无疑具有重要的理论意义和实践意义。

轮任管理是以学员为中心，以基层部队的现实、发展需要为导向，提高学员管理实践能力、综合素质，由学员中队提供平台，让每个学员在校期间轮流担任班长、区队长、队长助理，实施对班、区队、中队各项事务的计划、组织、指挥、协调、控制和评估等活动。[①]

轮任体现的是一种先后顺序，是时间概念；管理显示的是一种人与人、人与事物之间的关系状态，对轮任管理者本身来说，显示的是对这些关系的理解，属于空间概念。可见，轮任管理是在时空维度上进行的，而且，其时空是在不断变化着的。时间和空间是决定轮任管理培养人才的重大影响变量，时间和空间是理解轮任管理的重要维度。

（一）轮任管理是面向未来的教育活动

轮任管理，从位置上看，是在当下开展的一项人才培养活动。但从活动内容和过程来看，轮任管理把远离的将来可能发生的面对面的互动情势搬到了当下，通过联系课堂内外所学、已有经验应用，以管理者的角色处理管理事务的活动。它是把过去、现在、未来都放在同一时空中，让管理者在较短的时间内经历管理的各个环节。它更是对未来时空可能发生的管理活动的一种预演和体验。由此可见，轮任管理是对时间和空间在形式上的重新组合，是对管理时空的一种压缩性体验，是跨时空的人才培养活动。

（二）轮任管理是融合纪律性和主体性的活动

开展轮任管理活动的中队设有班长、区队长和队长助理，班长管理一个班，区队长管理数个班（区队），队长助理管理所有区队（中队）。班、区队和中队为相对封闭的空间，每个人都被安置在这个等级的空间中。因此，轮任管理是贯彻纪律的封闭空间。同时，在这个封闭的空间中，充斥着他们对管理的不同认识和理解。由于每个人的需要、目的、方式、意志等的不同，轮任的班长、区队长和队长助理，不会被自然时间和自然空间束缚，而是能通过自身的主观能动性在管理过程中创造出

[①] 潘向明、吕显智：《试论轮任管理》，《经济研究导刊》2010 年第 20 期。

社会空间。

（三）轮任管理是满足各类学员不同时空需求的活动

在教育时间和空间上，轮任管理不是把管理或教育局限在学校的第一课堂里，而是延伸到第一课堂外，由中队干部管理学员走向由学员轮流管理和自我管理，由中队干部主导管理走向中队干部引导管理和学员自我选择管理有机结合。轮任管理突破了学员处于被管理的时间和空间限制，走向实施管理的时间和空间层面并从中学习体验管理，使得学员有较多的时间、较大的空间发挥各自的主观能动性，接受多次（时间）受教育（管理）的机会或者说多层次（空间）学习体验管理的机会，从而有针对性地弥补短板，最终提高学员管理能力和综合素质。

三　轮任管理的时空规划与开发

轮任管理作为公安现役院校管理人才培养的一种教育方式，它是一种底线公平，是一种创造性学习。在充分认识轮任管理的教育特征基础上，按照轮任管理教学设计模式，对公安现役院校轮任管理的时空要素进行规划与开发，是轮任管理培养管理人才必须面对并加以解决的问题。

（一）制造不平衡状态

教育的本质是"培养人的社会活动"。教育的根本目的是"为了一切学员的发展和学员的全面发展"。正是基于这种以人为中心的教育公平的理念，轮任管理把真实的情境和理想的公平在平等的地位上尽可能结合起来，为了保障每个学员在受教育基本权利上的公平，可以让每个学员能参与班管理的基本意愿而采用的公安现役院校管理人才培养模式。但毕竟学员在校学习的时间有限，每个学员无法都能轮流当上区队长、队长助理，学校只能让相对优秀的学员去轮任区队长、队长助理，这样，既可以守住教育公平的底线，让所有学员都有机会参与轮任管理锻炼管理能力，同时又可以体现适当的差别。①

　　要避免后进学员被边缘化，确保底线公平，制造出空间与空间之间的不平衡状态（差别）是轮任管理时空规划与开发的选择。首先，学员在校时间的限制，客观上决定了队长助理、区队长只能是少数人才能轮流担任；其次，只有在轮任管理中设立竞争机制，才能有效促使学员用心参与轮任管理；最后，由于每个学员在轮任管理中的表现，或者管理效果的差异，使得对每个学员的评价和任用不可能相同。因此，班长、区队长、队长助理的任职时间要视其管理能力的培养情况而定，具有弹性和可控性，不能搞理论上的公平和平衡。另外，既然时间和空间是决定轮任管理培养管理人才的重大影响变量，那么中队干部就决不能把轮任管理简单地停留在替代干部带队伍、开展队列指挥有限的工作中，而是要不断拓展轮任管理的新空间。如轮任者参与班、区队、乃至中队的重大事务决策，因为只有这样，学员的管理能力才能真正得到培养。

（二）建立全景敞视主义的规训机制

　　学员在轮任管理活动中，为了获得管理能力的提升，面对管理活动中的即时场景和行动的情境，只能作出面向班、区队、中队的新行动选择。这一选择涉及的层面是广泛而深入的，既涉及管理的要求，又深入到学员个人的心理。为了他日更好地实现自己的管理思想，学员将会认识到约束自己就是配合他人管理，只有自己配合他人管理，才能在自己管理他人的时候得到他人配合。这样，轮任管理促使学员态度发生转变，从"我被管"变成"我要管"，从以往的"刺激—反应"的被动态度进入到"着眼全局—积极应对"的主动态度，最终经历一次身份角色的转变，由被管理者转换成管理者。学员成为管理者后，促使每个学员必须确立自主意识，独立地作出判断和决定。积极参与不同层次从局部到整体的决策过程，并且意识到自己和班、区队、中队之间的关系，承担起责任，自我约束，相互尊重，以便参与对未来的控制，而不是被动地执

---

① 潘向明：《轮任管理的动力机制建构》，《经济研究导刊》2014年第35期。

行自上而下的决策。

轮任管理让学员轮流参与管理，并在此过程中培养学员着眼于获得对付未来挑战的能力，预见即将来临的事件，评估当前决策和行动中长期后果的能力。但轮任管理中的管理者、被管理者是个动态的概念，今天的被管理者，明天可能就是管理者，反之亦然。管理者与被管理者之间的关系只是暂时的，真正无法改变的恰恰是同学关系。这就会造成学员对管理的认识和理解存在一种普遍现象：与他方便就是与己方便，对他人严格意味着将来他人对自己的严格，出现不好意思管，甚至不敢管的情况。要改变这种情况，干部就要每时每刻监督轮任者的表现，统计其功过，并及时给予评估和对应措施，让轮任者无时无刻都要感受到干部是否在监督却又无法确知。由于轮任者不能确定自己是否被监视，使其不敢越雷池半步，从而使轮任管理更为轻松有效。

四　公安现役院校人才培养路径的启示

启示一：人才培养工作是面向未来时空的，把未来时空引入当下教育是公安现役院校管理人才培养路径的必然选择。同时，轮任管理只是公安现役院校培养管理人才的路径之一。当前部队开展的实战化训练，以实战需求为准则，以未来作战任务为导向，在实战模拟情境下进行针对性训练，最大限度地缩短训练与实战的距离，实现训练效益的最大化。这样的实战化训练，其实就是把未来的时空放在当下教育中，或者说是把当下教育时空延伸到未来时空的一种人才培养路径。

启示二：未来时空引入当下教育是一种创造性的重新组合和拓展。未来时空虽然是客观存在的，但毕竟是想象的时空，它的基础是当下的真实时空，离开了当下时空，就无法落实未来时空。因此，既要对当下的真实时空进行反思，又要对未来时空进行评估，在此基础上，形成真实时空和想象时空的最佳组合。如轮任管理和实战化训练两种培养路径均是以现实教育条件为基础，将想象的未来时空引入当下教育的真实时空，形成一种新的时空的人才培养路径。

启示三：未来时空进行重新组合建立科学完善的保障机制。无论是轮任管理还是实战化训练，一方面，要求公安现役院校为学员创造积极投入建构主义学习的情境条件，把学员已有的知识经验等特征作为人才培养的出发点；另一方面，要求学员对自身的心理状态、能力、任务目标、认知策略等方面有清醒的认识，并能对认知活动及时进行调节、控制、反思，确保学员意义学习建构过程得到科学评价和有效监控。

参考文献

［1］景天魁、何健、邓万春等：《时空社会学：理论和方法》，北京师范大学出版社 2012 年版。

［2］党乐群：《现代教育理论》，云南教育出版社 1998 年版。

［3］潘向明、吕显智：《经济研究导刊》2010 年第 20 期。